Growing Path and Practice of the Learning-innovative Organization

企业创新有路可循

学习、创新型企业的建立运营和操作全书

徐立岩　李向春◎编著

中国市场出版社
China Market Press
·北京·

图书在版编目 (CIP) 数据

企业创新，有路可循：学习—创新型企业的建立运营和操作全书 / 徐立岩，李向春编著 . —北京：中国市场出版社，2018. 12

ISBN 978-7-5092-1658-3

Ⅰ . ①企… Ⅱ . ①徐… ②李… Ⅲ . ①企业管理 Ⅳ . ① F272

中国版本图书馆 CIP 数据核字 (2017) 第 298500 号

企业创新，有路可循：学习—创新型企业的建立运营和操作全书

qiyechuangxin,youlukexun:xuexi–chuangxinxing qiye de jianliyunying he caozuo quanshu

编　　著　徐立岩　李向春

责任编辑　辛慧蓉（xhr1224@aliyun. com）

出版发行　中国市场出版社 China Market Press

社　　址　北京月坛北小街 2 号院 3 号楼

电　　话　编 辑 部（010）68033692　读者服务部（010）68022950

发 行 部（010）68021338　68033577　68020340

总 编 室（010）68020336　盗 版 举 报（010）68020336

经　　销　新华书店

印　　刷　河北鑫兆源印刷有限公司

规　　格　170 mm × 240 mm　16 开本

印　　张　28.75　　字　　数　500 000

版　　次　2018 年 12 月第 1 版　　印　　次　2018 年 12 月第 1 次印刷

书　　号　ISBN　978-7-5092-1658-3

定　　价　78.00 元

PREFACE

絮　语

这是一本探索中国当代企业长生之路的新著。

本书由“学习—创新型”企业管理工作者和资深企业文化教育者联手编著，是理论和实践融合的结晶，其实用性和普及性自不待言，毫无理论和实践“两张皮”之嫌。

作者邀请我为本书校审定稿，是考虑到我对书中的核心理论——“五项修炼”——并不陌生。20世纪八九十年代，中国改革开放大潮风生水起，美国学者约翰·奈斯比特、阿尔文·托夫勒等人在《大趋势》《第三次浪潮》等畅销世界的新著中对世界和社会经济以及人类生活发展趋势的预测，引起了国人的高度关注。我曾在北京几所高校和科研机构、学术团体做过多次专题讲座和介绍发言，与学术界和企业同行交流。

徐立岩，北京城建八公司项目部经理，本书作者之一，从2005年起，即尝试用本书的管理理念管理他的团队，生产经营业绩和人才迭出，随即成为集团公司、北京市和全国同行中的佼佼者。对于他的典型事迹，《中华建筑报》曾于2015年2月6日进行整版专栏报道，标题为“责任情怀，实干圆梦”。作为刚过不惑之年的基层管理工作者，他已经具有多项专业技术高级职称、职务：国家一级建造师、高级工程师、高级经济师、全国和北京市优秀建造师、全国和北京市优秀项目经理、北京市危大工程专家库专家、北京市招投标专家库专家……是企业大力培养“学习型”管理人才的硕果之一。

本书的实践内容无疑已融入他和他的团队，成为公司的“经验之谈”。

“老牛自知夕阳晚”。借此难得的动笔机会，絮叨几句我和窗友李向春兄60年来相识、相交、相知的题外话。

向春的80万言包罗万象的人文体裁大作《神州赋》出版之时，我们的学长、作家苏叔阳兄为之作长序《发自心底的长歌》。

序文说道：

1956年夏，中国人民大学首次于全国统一高考之前，招收部分应届高中毕业生。考题之难自不必说，政治条件是报名者必须是中共党员或共青团员（刚由新民主主义青年团更名为共产主义青年团），而且须是学校或领导单位推荐者……，所以一个个都充满自豪自傲，以为天之骄子。本书作者和我都是这批不知天高地厚的小青年之一（他比我长3岁，大约20岁），……1957年忽地一声雷，反右派运动开始了！李向春——本书作者，因发表“不当言论”而被定为“右派分子”，从此陷入泥淖。……他从此去劳动改造，回校后又降一级毕业，始终在煤矿产业摸爬滚打。……

苏兄的序文把我拽回到冰封心底深处60年的重创巨痛的记忆中……

我也忝列那批“不知天高地厚的小青年”之中。我和向春同系而不同班，因被分在同一餐桌吃饭而相识，又同是东北地区［他是黑龙江省绥化县（现绥化市）人］土地改革中翻身农民子弟，彼此有种自然的亲近感。“忽地一声雷”，又同时把我俩打成“反党同盟”（与章伯钧、罗隆基的“反党联盟”仅一字之差）的“干将”。

此后，我俩就一路同时发配劳动改造，后又同时被允许返校，降一级于同班复课，又同时“摘帽”毕业，同时“分配”到京西矿务局去“挖最深最深的矿洞”（鲁迅语）。我俩依然交往不断，直到1965年他为解决夫妻两地分居申请随援黔矿建队而去了贵州六盘水“大三线”的深山工地，我俩才暂时“形离”但心未离。1979年因党中央改正错划“右派”，他终于有机会从中学语文教师而校长、而党校高级教师、副校长，虽然已“夕阳西下”近退休年龄，却不停笔，尚有70高龄时所作的《神州赋》等陆续出版。

在那随时能把个体生命碾成齑粉的政治运动大磨盘的夹缝中挣扎生存着的向春，依然对学问“咬定青山不放松”，叔阳赞他“以拳拳之心，殷殷之情”从事着“组织”分配的事务工作、管理工作、教育工作，并将思考和体验不时书之成卷。自参加工作伊始，始终笔耕不辍，有约百万字的文、史、政、经、法、诗文等不同题材的著作留世。

每每见到或想到向春时，心底总会浮现出鲁迅书赠瞿秋白的条幅：人生得一知己足矣！斯世当以同怀视之！

看看老一辈学人跋涉过的风雪驿路，对照肩负复兴中国梦的年轻一代学习型企业管理者的成长之旅，此番“废话”对读者诸君掂量本书的真实分量或许有些微启发之处，我希望如此！

余成木

2018 年 6 月于北京

CONTENTS

目 录

第1章
什么是学习—创新型企业

- 学习—创新型企业的时代背景
- 学习—创新型企业的含义和特征
- 创建学习—创新型企业的条件和原则

学习—创新型企业理论的出现，不是某些学者的标新立异，而是当代社会经济、科学、技术和文化发展的必然趋势，确切地说，是第二次世界大战结束之后的世界，有其鲜明的时代特征。不独企业将是学习—创新型的企业，社会也将是学习—创新型的社会。各国综合国力的竞争，归结到一点上，将是学习和创新能力的竞争。

SECTION 1.1

学习—创新型企业的时代背景

学习—创新型企业是在知识经济兴起、企业管理呈现新模式和世界学习—创新型大潮涌起的时代背景下出现的。

1.1.1　知识经济的兴起与挑战

1. 高新技术的蓬勃发展

第二次世界大战后，相继出现了两次对人类生活产生重大影响的科学技术浪潮。一次是 20 世纪 50—60 年代出现的核裂变反应堆、半导体和第一代电子计算机等，被称为“新技术”，随即掀起了新技术革命。另一次是 70—80 年代出现的微电子技术、生物工程、新能源、新材料、空间技术、海洋工程、环境科学和管理科学等，被称为“高科技”。这些高新科学技术促进了科学技术的飞跃发展和各学科之间的相互渗透，打破了自然科学、社会科学和哲学之间的原有界限，出现了许多横向学科、交叉学科、边缘学科和各种各样诸如未来学这样的综合性学科，这些学科都呈现出加速发展的趋势。

在这次高新技术革命中，原子能、半导体、激光器和电子计算机被称为 20 世纪的四大发明，而计算机技术和信息技术则是其中发展最快、最具代表性的技术门类。任何一门新的科学技术的发现或发明，其技术手段都将更新人的劳动技能；其科学思想，都将影响人的世界观。第二次世界大战后，粗略统计，大约有 2 000 多类、400 多万种新科技如雨后春笋般涌现。它对人们的世界观、人生观、价值观乃至社会组织、产业结构、劳动结构、工作方式和生活方式的影响都是极其巨大的。马克思主义认为：社会发展的基本动力是社会的基本矛盾，即生产力和生产关系、经济基础和上层建筑之间的矛盾运动。社会矛盾运动的发展总是以生产力的发展为起点的。生产力是最活跃最革命的因素，经常处于不断发展的过程之中，具有无限发展的必然性。当生产力的发展使生产关系不能适应时，便引起了生产关系的变革，而生产关系（即经济基础）的变革又要求上层建筑的相应变革。正是这种生产力从发展到被解放的循环运动，推动了生产方式的依次更替，社会形态由低级向高级发展。生产力是一个复杂的系统，主要由劳动者、劳动资料和劳动对象三个基本要素构成。其中，劳动者是起主导作用的要素，掌握先进科学技术的劳动者是首要的生产力。劳动资料中的生产设备和工具是生产力水平的客观尺度，是科学技术发展的主要标志。劳动对象，不但包括物质资料，而且也应该包括非物质资料。此外，生产力系统还包括劳动组织、生产管理和科学技术等。技术是科学理论在生产实践中的应用，用于生产的设备、工具、工艺和方法等，从来就是生产力的一部分。科学是反映自然、社会、思维等客观规律的知识体系，有认识世界和改造世界的功能，对社会发展起着巨大的推动作用。在它未进入生产过程之前，还是一种特殊的意识形态。当它通过技术等环节进入生产过程之后，就渗透到劳动者、劳动资料和劳动对象等要素之中，转化为现实的生产力，促进劳动生产率的提高。所以，科学技术是第一生产力。邓小平对科学技术属性的这一新界定是对马克思主义基本原理的重大发展和贡献，对我们继续解放思想，坚定走改革开放、发展具有中国特色社会主义经济之路具有不可估量的重大历史意义。

2. 知识经济的兴起

一个新时代的兴起，总是先由技术革命为其开道，经产业革命改造旧的生产方式，促进上层建筑的改革，最后引起社会性质的革命。20 世纪末的这场大革命，是由第三次技术革命开道的，经第四次（或第五次）产业革命改造旧的生产方式，促进了政治等上层建筑对科学技术、知识和教育的空前重视，最后引起了资本主义社会性质的部分变革，于是出现了“知识经济时代”。不管如何称呼这个新的经济时代，它都强调了两样东西：一个是信息化；一个是知识化。我们对信息和知识必须有清楚的认识，否则，就不能在传播和创新方面获得进展。

信息，不是客观事物本身，而是客观事物（自然界、人类社会）所产生的消息、报告、指令、数据和信号中包含的内容。信息是没有经过加工的原始的非物质材料。虽然提供了时、地、人、事和简单的因果关系，但是未提供深层的因果关系和联带关系。信息是接受某种信号的产物，因此，格雷戈里・巴特逊把它定义为“任何产生影响的差异”。一旦数据到达人们的感官，就可能赋予它一定的含义，这一过程显示了人们在信息传输的过程中起到的重要作用。信息是普遍存在的。在人类社会中，一般表现为文字、图像、图形、语言、声音等形式。信息、物质和能量构成物质世界的三大支柱，成为人类社会活动、经济活动和生产活动中，除了可再生资源、非再生资源之外的第三资源。信息和反应都是物质的属性，信息和反应的联系为人们的认识提供了可能性。人们利用感官和大脑神经生理系统及认识工具，对某一客观对象进行感知和接受，这就是信息收集；经过大脑的思维或电脑的加工、改造、整合，形成思想观点，这就是信息处理；思想观点导致认识世界的飞跃或决策的成功，这就是信息利用。信息化就是信息生产达到规模化工业化的水平。

知识，是人们在改造世界的实践中、科学实验中和信息加工中获得的认识和经验的总和。一般表现为经验、表象、印象和语言所表述的思想观点，或者以图书、杂志、图表、音像等形式所表现的书面内容。知识来源于实践，并随着实践的发展而发展，反过来又指导着实践。人类发展史，实际上就是知识的发展史。毛泽东说：“一个人的知识，不外直接经验和间接经验两部分。而且，在我为间接经验者，在人则仍为直接经验。”人们在实践中，通过感觉、知觉和表象，获得对某一事物的感性知识。在感性知识的基础上，借助思维活动对感性知识进行加工、整理、概括，形成概念、判断和推理等理性知识。理论知识揭示了事物的本质、全体及内部联系的规律性，并能释放出具体的科学知识和方法，在具体科学中产生相应的技术知识和方法。而这些具体科学知识、技术知识和方法，正是人类改造世界的中介和工具。有关知识的定义很多，圣吉所采用的定义是“有效行动的能力（约翰·西尔）”知识一词的本义有“去了解”“过程”和“行动”等。知识是创造的产物。知识是经过加工提炼出来的，是对许多信息材料进行分析、阐释，按其内部联系进行综合后得出的系统性结论，并做出有意义的行动方案和采取行动达到预期成果的能力。诸如“合成知识”“知识工程”的说法是荒诞的。现在对知识管理的诸多困惑，其根源就在于概念不清。企业投资信息技术系统去捕捉和传播信息，然后就把所获得的信息叫做“知识”，这是错误的。根据定义，知识不能转换成一个对象，也不能由一个人给予另一个人。只有当学习过程出现，培养人有效行动的能力时，才能在这个过程中得到传授。信息技术虽然能传播信息，但不能传播知识，只有人才能做这样的工作。人们把能反映客观事物规律，并能改造世界的知识称为真理。然而，随着实践的发展，这种真理既具有绝对性，也具有相对性。如当石器、青铜器、铁器、蒸汽机、电动机等发明出现的时候，它是绝对的高科技，但和当代的电子计算机等比较起来，这些发明只能成为相对的高科技了。由此可见，特定的时代，有特定的知识与之相适应。苏格拉底的思想引导雅典人进入了最初的民主政治，牛顿的发现为英国的产业革命铺平了道路，福特的生产流水线为美国经济的大突破奠定了基础，比尔·盖茨“把计算机放在每一张办公桌上”的理想使美国首先跨入了信息时代。还是弗朗西斯·培根说得好——“知识就是力量，力量就是知识”。有人总结出了一个公式：信息＋逻辑思维＝知识。这个公式有一定的道理。

知识的力量，在今天，可以说是无法衡量呵！知识化就是公民的知识素质达到与信息化社会相适应的水平。信息和知识相比，信息是个大概念，知识是个小概念。所有知识的传递都是信息，但所有的信息不一定都是知识。知识可分为五种；回答“是什么”的是事实知识；回答“为什么”的是原理知识；回答“怎么做”的是技术知识；回答“谁知道”的是人力知识；回答“在哪里”的是信息知识。过去，人们对知识的认识偏重于事实知识和原理知识，轻视技术知识，且不把人力知识和信息知识当作知识。现在看来，这后三种知识在改造世界中起着非常重要的作用，是非常重要的知识。

经济是知识的重要来源。经济总是在知识的引导下发展的，而经济的发展又丰富了知识。没有知识的丰富，就没有经济的进步。财富的来源，在农业经济时代主要是土地，在工业经济时代主要是资本。到 20 世纪 50 年代以后，资本、劳动力、土地的最优化组合使利润最大化的原理开始发生变化，知识逐渐取代资本而成为最重要的生产要素。90 年代初，美国总统里根组织了一个研究委员会，课题是“对日本的挑战应该采取什么对策”。研究发现，美国经济已经分为两块：一块是旧的，发展缓慢；另一块是新的，即以计算机为特征的中小企业，发展迅速。微软只有 1.5 万名职工，而其资产却高达 1 500 亿美元，超过三大汽车公司的总和。由此提出的对策是：“依靠高等学校与工业界相结合”“发展自己的特长”，加大对计算机、半导体、芯片和软件的投资。而日本仍在大力发展钢铁和汽车等工业。结果是，美国很快超过了日本。

20 世纪 80 年代，国际经济界争论的一个焦点问题是：如何获得投资的最大效益。一种回答是削减一般管理费用，因人员经费是管理费的大头，所以大量裁员；另一种回答是培养职工学习知识的能力，人才至关重要。经济界对这两种观点摇摆不定。到了 90 年代，人们从产品的知识含量贡献率中，看到了知识这个无形资产比资本更重要的事实，1996 年，经济合作与发展组织在报告《科学技术和产业展望》中正式提出了“知识经济”这个概念。一般认为，美国微软公司的出现就是知识经济开始形成的标志。1997 年，美国总统克林顿采用了知识经济这个概念。1998 年，江泽民指出“知识经济已初见端倪”。知识经济是人类物质精神财富长期积累的产物，是当代科学技术对社会、对经济的作用日益高级化的结果，是农业经济、工业经济发展的必然趋势。彼得·德鲁克说：“知识生产力已经成为生产力、竞争力和经济成就的关键。知识已经成为首要产业，这种产业为经济提供必要的和重要的生产资源。”[1]

---

[1]　[美] 约翰·奈斯比特. 大趋势——改变我们生活的十个新趋向 [M]. 北京：新华出版社，1984：2.

关于知识经济，经合组织的定义为“以知识为基础的经济”，目前被广泛使用。我国学者张骞依据马克思主义哲学原理，表示不能接受这个定义。因为知识属于上层建筑范畴，在经济基础之上。如果把知识作为经济的基础，就会推导出“知识是社会基础的基础”的结论，颠倒了经济基础与上层建筑的关系，出现了恩格斯所说的“头脚倒立”现象。他认为，知识经济的定义应该是：“以现代知识为生产、分配、交换、消费，社会再生产过程服务的经济”。此外，我国还有学者把知识经济定义为：“建立在知识和信息的生产、分配和使用之上的经济”“以知识资源的占有、配置、生产和使用为最重要因素的经济”等。总之，知识经济是以现代技术为手段，以知识为首要资源，进行开发、生产、分配、交换和消费的经济。知识经济在知识与产品、技术创新与市场之间找到了最恰当的结合点。

3. 知识经济的挑战

进入知识经济社会是有条件、有标准的。

其条件是：国家的工业化建设达到了先进的水平，知识成为继土地、劳动力、资本之后的核心要素。使知识经济产值在国内生产总值中占 50% 以上。其标准主要有两条：一条是信息化，一条是知识化。信息化建设有三个层次：一是以企业和市场为主的经济信息化；二是以国家权力机构为主的政治信息化；三是以人民日常生活为主的社会信息化。有的学者认为，如果一个国家在经济方面达到 70%~80% 的信息化，在政治方面达到 60%~70% 的信息化，在社会方面达到 50% 左右的信息化，就达到了信息化的标准。就美国而言，仅企业界在 20 世纪 80 年代用于信息化建设的投资就高达 1 万亿美元。到 1995 年，国内计算机联网率达 90% 以上，有 45% 的家庭使用电脑，使用的多媒体超过 1 000 万台。用上述标准衡量，美国在 90 年代已经达到了信息化的标准。

知识化也有两条标准：一条是人的素质大幅提高，一条是人的地位大幅提高。人的素质提高是通过教育和学习，使全民成为有高水平教养和自我价值观的知识分子，使所掌握的信息成为创造的基础。在新的工作程序和团队中，能和别人具有同等的素质，同样的视野和相同的价值观，否则，社会将因为没有共同的语言而无法协调，因为不能取得平等地位而无法工作。人的地位提高是个人价值观的重新定位。不是因为职务、地位的不同，而是因为教养、专业的不同，思考问题的角度不同，能提出不同的观点，进行知识和智力的碰撞，作为社会的主人去参与、去创造。不仅人格受到充分尊重，而且，其观点也受到充分尊重。在资本主义企业中，人的素质和地位的提高并不是企业的善举。因为在知识经济时代，员工面临着越来越复杂的设备和任务，只有博学多才，才能胜任工作。企业只有开发知识资源这个最后提高效益的途径，才能应对激烈的市场竞争。这使得企业别无选择，要么知识化，成为“朝阳”产业，如日东升，迅猛发展；要么成为“夕阳”产业，不断衰退，最终沦为“企业坟地”中的“墓碑”。[1] 然而，知识化又是知识经济的一个标准。1991 年，在美国企业的员工中，高中文化程度的占员工总数的 41%，大专学历的占 21%，本科以上学历的占 25%，合计高中以上的占 87%，实现了知识化。美国企业，在 90 年代实现信息化、知识化的过程不是一帆风顺的，绝大部分企业是被社会发展拉着，被自身利益推着，跌跌撞撞地完成的，却使企业发生了根本性的变化，成为其他所有变化的基础。同时，这也标志着美国在 20 世纪末率先进入了知识经济社会。世界银行在 1997 年的《发展报告》中预测，到 2030 年，全世界将进入知识经济时代。现在看来，日本和欧洲的发达国家将紧随美国之后进入知识经济时代，新兴工业化国家将紧紧地追赶，广大发展中国家将在一段较长的时间里，陆陆续续地进入知识经济时代。有专家认为：知识经济可能经历信息经济阶段，生物经济阶段，纳米经济阶段……总之，知识经济时代也是分阶段的。

走向知识经济时代是不可抗拒的历史发展趋势，对所有国家都是一种挑战。这种挑战包括经济的、政治的、文化的和社会生活的，其中主要有两个方面的挑战：一个是以高科技为先导的综合国力的挑战；另一个是信息化、知识化建设的挑战。综合国力的挑战，对二十多个发达国家来说，由于生产力发达，人民生活富裕，从工业经济到知识经济是一个自然

[1] [美] 约翰 · 奈斯比特. 大趋势——改变我们生活的十个新趋向 [M]. 北京：新华出版社，1984：3.

发展的过程，是如何循序渐进地登上一个台阶的挑战。虽需努力，但不会吃力。如果保守，就有落后的危险。对十多个新兴工业化国家来说，由于已经实现或基本实现工业化，是如何登上一个半台阶的挑战。对一百多个发展中国家来说，由于经济落后，进一步发展的难度大，是如何登上两个或更多台阶的挑战。这里所说的挑战，主要是对发展中国家的挑战。发展中国家需要打破常规，走跨越式发展道路，将工业化和现代化合并起来建设，直接奔向知识经济社会。应对这种挑战，既需要勇气，也需要高新技术的支撑。如果选准了突破口，就能够发挥自己的优势，不但能在知识经济中占有一席之地，而且还可能在某些领域取得领先地位。由落后变为先进，由弱国变为强国。因此，这种挑战对发展中国家来说，又是一种难得的历史机遇。

1.1.2 企业管理呈现的新模式

关于现代企业管理的“现代”，理论界有两种说法：一种说法是指从第二次世界大战后到现在；另一种说法是指从 1856 年英国颁布世界上第一部有限公司制的《股份公司法》和随后确立的董事会法律地位到现在。本书为了体现管理模式的历史发展过程，将现代企业管理的“现代”定位在第二种说法，即从 19 世纪中叶到现在。在这一个半世纪中，现代企业管理模式经历了三次创新，即规模模式、质量模式和美国等发达国家正在创建的新模式。规模模式和质量模式属于工业经济时代，正在创建的新模式属于知识经济时代。现将三个管理模式介绍如下。

1. 规模模式

规模模式是从 19 世纪 50 年代开始探索的，形成于 20 世纪初的美国企业。欧洲企业几乎与美国同时进行规模化管理，但由于长期的动乱和战争，规模化管理未能与美国同步发展。俄国十月革命后，在列宁的领导下，也曾借鉴科学管理原理，但在列宁逝世后停止了这种借鉴。第二次世界大战之后，欧洲和日本向美国学习。一方面引进美国的设备和技术，另一方面引进美国的管理思想和管理制度，终于在 40 年以后，使规模模式成为世界性的管理模式。从探索到成熟经历了 100 多年的时间。

规模模式是以分工为基础，以标准化、规模化为主要特征，以规模求效益的现代企业管理模式。可以把规模模式的特征归纳如下：①它的前提条件是有规模化的市场需求，并且是卖方市场；②它的主要方法是标准化和规模化；③它的核心标志是以规模求效益，追求的目标是利润最大化和销售收入最大化；④它的组织结构特点是纵向等级制和横向部门制的金字塔结构，制度化、集权、稳定；⑤它的企业文化是经理人文化，员工的基本职能是服从；⑥它的投入是高资本、低科技、低人才。规模模式的功绩是：能大幅降低成本，能大量连续地提供商品和服务。它的缺点是：集权制的组织机构，导致封闭、僵化、官僚主义和不灵活；其价值观导致忽视人的能动作用。规模模式比较适合垄断程度高和较平稳的市场环境，不适合竞争激烈的市场环境。

2. 质量模式

质量模式是指企业从市场细分化的需要出发，建立全员参加的、贯穿产品开发到销售全过程的、覆盖企业活动全部工作的质量管理体系，实现以质量求效益的企业经营管理活动。质量模式的探索始于 20 世纪 40 年代，60 年代末在日本成熟，正式出现于 1973 年的石油危机时期，并在 70 年代获得了极大的成功。80 年代初，美国向日本学习质量模式，并在理论上予以总结与提高。此时，国际标准化组织颁布 ISO9000 系列标准，使质量模式国际化。质量模式不是对规模模式的否定，而是添加。专家预测，由于各国发展程度不同，质量模式将持续到 2020 年左右。可以把质量模式的特征归纳如下：①它的前提条件是市场细分化，买方市场；②它的投入是加大技术和人才投入，实现生产要素重组；③它的核心标志是以质量求效益；④它的制度特点是在某种程度上承认员工的企业主体地位；⑤它的企业文化是社会人，有较好的人际关系和工作环境，对员工自我实现的某种支持，但所有这些仍以服从为代价，管理者以“家长”自居；⑥它的组织特点是等级结构基础上的改良，如矩阵结构、横向结构和团队等。质量模式的功绩是：为消费者提供了多品种的高技术、高质量的比较廉价的商品；对企业文化重要性的认识，说明发展中国家如果能发挥自己文化的特点，把握市场时机，建立高效企业机制，也能实现高速发展；它为20世纪90年代的创新准备了基础，提供了新思想、新观念。质量模式的缺点是：它是规模模式在新形势下的改良，虽然宣扬完全为顾客着想，但仍然带有虚假成分、可能误导过度消费，为社会和经济的进一步发展埋下隐患。

3. 知识经济时代的管理模式

知识经济时代的企业经营管理模式正在探索之中，现在还不能整合为一种模式。即使整合成某种模式，也仍然是对规模模式和质量模式的加入，而不是取代。20世纪90年代，在主要发达国家，由于信息的网络化，使市场由细分化走向个性化，要求企业管理随之进行创新。早在80年代，当美国制造业从日本引进准时制、并行工程和制造资源计划，并把它们连接起来时就发现，仅用信息设备代替人脑和手还不能大幅度地提高生产率，必须改变传统的工作方式、工作程序和组织结构，拆除设在市场和企业之间的重重壁垒，使这多项工作齐头并进，才能加快企业对市场反应的速度。这表明，以信息化为背景的企业管理冲击着以分工和部门制为基础的企业管理。信息化对企业的要求不仅是多、好、省，而且更要求快。计算机集成制造系统虽然解决了某些环节快的问题，但还不能全部解决，更不能解决企业外部快的问题。由此，明确了改革的总目标——快。1990年，美国麻省理工学院哈默教授提出了重新设计工作流程问题，受到企业界的欢迎。重新构建就是“对企业流程的最根本的重新思考和最彻底的重新设计，以达到当代重要绩效衡量方面如成本、质量、服务和速度上的戏剧性的进步”。这里的“流程”是指由一种或多种投入创造成对顾客有价值的产出的行为集合。进行流程设计的一个重要原则是“同步工程”，就是把过去在分工制度下需要由各部门顺序完成的工作整合起来同时进行，以压缩流程中的时间成本。组织结构也要随着流程的改变而改变，把不同岗位上的员工组合成为一个共同的工作小组，用共同讨论的方法同时完成各自不同的工作。也就是说，随着流程的重新设计，组织结构、员工素质和规章制度等都要发生根本性的变化，这就是重新构建公司。

美国等发达国家的许多公司，按照重新构建公司的要求进行了实验性探索。总体来看，这种实验探索主要是在企业重新构建、组织结构重建、企业制度改革和企业文化重塑四个方面进行的。可以把知识经济时代经营管理的特征大致归纳如下：①它的前提条件是市场细分化、趋势个性化，买方市场；②它的核心标志是以速度求效益，基本方法是程序重组、重新构建公司；③它的投入主要是信息和知识；④它的制度特点是要达到平等和效率高度结合的新型权利结构，办法是企业权利的二次分离；⑤它的企业文化是文化人和团队文化；⑥它的组织特点是正式组织和灵活多样的非正式组织的混合体。这个新型的企业经营管理体系，是主要发达国家刚刚跨入知识经济门槛时探索的成果，还没有成套的理论和方法，还不成熟，还在探索之中。有专家认为，要在 2010—2020 年前后，才能整合成为一个完整的模式。然而，这一新模式的推广，肯定要比规模模式和质量模式快得多，它对社会发展的影响将是不可估量的。

规模模式、质量模式、知识经济管理模式的三种模式的创新，都不是对前一种模式的全盘否定，而是加入了一些新的特征。就像上楼梯一样，每经过一段攀登之后，到达一个更高的楼层。前一模式是后一模式的基础，后一模式既有新的特征，又保留了规模模式的成本优势和多销。知识经济的管理，既有信息化、知识化、高速度等特征，又保留了质量模式、规模模式的许多特征。尽管管理越来越复杂，但每一种模式都有存在的必然性。这为发展中国家既指明了方向，又明确了模式的基本定位。

1.1.3　学习大潮在全球的涌起

自 20 世纪下半叶以来，由于高新技术革命的发展，引起了人类生活方式和工作方式的重大改变。短短几十年，冷战结束、经济全球化、知识经济时代到来，这一切来得太突然，简直使人眼花缭乱。但有一点是清楚的，那就是，在这个迅速变化的时代里，不学习的、学得慢的都会落伍。为了生存与发展，除了学习，别无选择。因此，学习不断升温，终于，掀起了世界范围的学习热潮。

学习的基本手段是教育，学习热必然带来教育热，教育的发展又必然促进教育理论的发展。教育，过去是指学校的正规教育，现在则包括一切含有教育因素的活动。联合国教科文组织把教育分为三类：第一类是由教育机构或培训系统主办，学生注册，获得文凭、学分或专业技术证书的教育，称为正规教育；第二类是由非教育系统主办，学生无须注册的教育，称为非正规教育；第三类是把人们在日常生活中获得技能、价值、观念、知识，或由家庭—社区、工作、娱乐、图书馆和大众媒体施加的教育影响，称为非正式教育。过去只重视正规教育，现在对非正规教育和非正式教育也重视起来了。具体表现为：

（1）各国政府都非常重视青少年的正规教育。通过教育立法，增加教育投资，进行教育改革，普及高等教育，加强大学与新兴行业的联系，通过智力开发，提高国民素质。各种形式的短期大学和开放大学成为主要的办学模式，加快了国民的知识化进程。

（2）各国企业都非常重视员工的非正规教育和非正式教育。20 世纪 60 年代以来，各国企业先后开展了员工培训。多数企业自办教育，进行入厂教育、岗位培训、安全培训和继续教育。有的企业还自办大学，培养自己的专门人才。有的国家以大学为依托，把继续教育、科学研究和生产经营结合起来。集中高级科研人员，进行高精尖的研究工作，联合相关企业，帮助企业培训人才，将科研成果用于现代化生产。

（3）各种教育理论纷纷涌现。现代成人教育学认为，成人的经验是宝贵的学习资源。成人教育重在立即应用，应以问题为中心，提高解决问题的能力。继续教育是现代科学技术迅速发展的产物，是完成正规教育参加工作以后所接受的补充教育。回归教育是学习与工作不断交替的循环教育，用以代替传统的连续教育，以适应生产与科技迅速发展的需要。人力资本理论是美国经济学家西奥多·舒尔兹提出的，他指出教育投资是人力投资的重要组成部分，并计算出它的丰厚回报率。终生教育是 60 年代兴起的国际性教育思潮，认为教育培训应贯穿生命的全过程，经联合国教科文组织推广后，已成为各国普遍接受的理论。

综上所述，第二次世界大战之后，高新技术的迅速发展，催生了知识经济时代的到来，向我国企业提出了新的挑战。企业经营管理模式，由规模模式迅速发展成为质量模式，正在向知识经济时代的新模式迈进，也向我国企业提出了新的挑战。世界的学习热、教育热，使综合国力竞争的焦点集中在知识上，又向我国企业提出了新的挑战。在这三种挑战面前，国家何以应对？企业和员工何以应对？结合美国彼得·圣吉博士的“学习型组织理论”，我们把企业管理理论称为“学习—创新型理论”，依此理论所创建的企业，即为学习—创新型企业。

SECTION 1.2

学习—创新型企业的含义和特征

1.2.1 学习—创新型企业的定义

美国麻省理工学院高级讲师彼得·圣吉博士在1990年完成的《第五项修炼——学习型组织的艺术与实务》一书中，提出了“学习型组织”这个概念。他在描述学习型组织的状况时说：“你我或者都有过这种经验，成为出色团队中的一分子；在这个团体中，一伙人以极不寻常的方式在一起工作，彼此信任，互补长短，为共同的大目标全力以赴，而创造出惊人的成果……就是一种学习型组织的雏形。”这段话有如下四层意思：①学习是人与生俱来的天性，活到老，学到老。如果能培养出新的思考方式，就能使集体的学习能力大于个人学习能力相加的总和。②每个出色的团体都有一个大家衷心拥护的共同目标，每个人都愿意为共同目标的实现而奉献自己的一切。③每个人都有长处和短处。在集体学习能力提高的前提下，通过巧妙的搭配，能架构出新的组织结构，既可弥补每个人的短处，又能发挥每个人的长处。④由于目标明确，彼此信任，结构合理，共同合作，就能创造出新的工作方式，克服困难，战胜挑战，创造出惊人的业绩。如中国工农红军两万五千里长征，在遇敌立体式围追堵截几近绝境的大自然条件下，硬是凭借团队的坚定信仰、精密组织、众志成城达到了自己的目的，真是闻所未闻的故事。中国女子排球队在“五连冠”的骄人业绩后“泪洒汉城”，唯“女排精神”在，“遗传因子”在，在老主攻手“铁榔头”郎平的带领下，12年后重登里约奥运会冠军领奖台，被习近平主席在2017年新年致辞中列为国家的新成就之一，是“奇迹”？是“真功夫”，是团队的过硬“修炼”。这些实例都符合学习型组织的内涵。正如彼得·圣吉博士所说，在学习型组织中，“人们得以不断扩展创造未来的能量，培养全新、前瞻而开阔的思考方式，全力实现共同的愿景，并持续学习如何共同学习”。

彼得·圣吉博士并没有给学习型组织下定义，只是在《第五项修炼·实践篇》中介绍了下定义的步骤。目前，国内外关于学习型组织的定义很多。上海明德学习型组织研究所张声雄教授认为：学习型组织是“全体成员全身心投入，并有能力不断学习的组织；能让组织成员体验到工作中的生命意义的组织；通过学习能创造自我，扩展到创造未来能量的组织”。对于众多的学习型组织定义，没有必要去统一。因为各国的情况不同，每个企业的具体情况不同，因此，所定义的内涵和外延都不会相同。但是，为了在创建学习型组织时有所遵循，每个组织又必须给学习型组织下一个适应本组织特点的定义。本书认为，给学习型组织下定义，应该利用形式逻辑的定义方法，即被定义概念＝种差＋属概念。因此，学习型组织的定义应该是：全体成员能自觉地针对组织目标进行共同学习，在互动中分享信息、生产知识、培养能力，不断质疑现行的组织结构、规章制度和习惯做法，通过共同合作，不断进行改革和变革，使组织的应变能力超过环境变化强度，并使成员逐步实现人生价值的社会单位。把上述定义用于社会，就可以衍生出学习一创新型社会的定义；用于政府，就可以衍生出学习一创新型政府的定义；用于社区、学校、医院乃至家庭、个人，都可以衍生出相应的定义；用于企业，就可以衍生出学习一创新型企业的定义。按照上述定义逻辑，学习一创新型企业的定义应该是：全体员工能自觉地针对企业的经营目标进行共同学习、在互动中分享信息、生产知识、培养能力，不断质疑现行的组织结构，规章制度和习惯做法，通过共同的合作，不断进行改革和变革，使企业的竞争力超过市场变化的强度，并使员工逐步实现人生价值的社会经济单位。为了方便记忆，也可以把学习一创新型企业理解为：把集体学习作为改变现状的主要动力，不断扩展发展自我的能力，以适应经营发展需要的企业。要把传统企业改造成为学习—创造型企业，必须进行自我超越、改善心智模式、建立共同愿景，团队学习和系统思考等五项学习技术的修炼，使学习—创新型企业成为我们应对 21 世纪挑战的最佳对策。

1.2.2 学习—创新型企业的主要特征

学习—创新型企业顺应工业经济时代向知识经济时代过渡的管理理念，它的本质是通过开发全体员工的智力来增强企业的竞争力。学习—创新型企业有如下五个特征。

1. 兼具生产经营和组织学习双重职能

企业主管既是生产经营者，又是学习的组织者。企业既出产品和服务，又出知识和人才。这两者似乎是矛盾的，又能结合在一起。传统的企业是为生产经营设计的，不是为学习设计的；传统的学校是为学习设计的，不是为生产经营设计的。如果按照学校模式设计企业，必然影响利润。那么，企业如何才能把利润和学习两者兼顾起来呢？这是个前所未有的问题，彼得·圣吉认为，解决这个问题的办法，主要不是改造现有生产经营管理，而是改造学习。他从人力资源开发入手，变“用人”工作为工作“育人”，把学习和工作紧紧地结合在一起，并为此制定了一套具体的方法，使学习成为企业日常工作的一部分。用工作和学习培养人的能力，激发人的创造力，从而做到“磨刀提高砍柴工”，使生产经营和学习知识相得益彰。其结果是，既可以用提高的能力和激发出来的创造力来提高劳动效率，获得更大的利润，又可以从利润中提取更大比例的经费来改善学习条件，奖励学习和工作的积极性，从而使企业走上工作—学习—工作—学习相互促进的良性循环，不断增强企业的市场竞争力。这是一种不同于以往任何企业的新型企业。

2. 以学习为主要特征

在当代，成功的企业家同时也是教育家，企业的主要管理者是学习的倡导者、组织者和推动者，把学习视为企业发展的主要动力，提倡组织学习、持续学习和终生学习的理念。相信团体的智慧大于个人智慧，引导员工更聪明地工作，要比竞争对手学得更快更好。要对学习提出要求、做出规划，提供条件、给予机会、进行评价。学习对象是包括董事长在内的全体员工，必要时，还要邀请客户和供应商参加学习。学习地点主要是工作场所，其次是本企业的教育培训中心，最后是社会上乃至国外的办学机构。学习内容主要是工作中遇到的问题和将会遇到的问题，包括经验教训和即时信息。每个员工都要学习从生产到财务再到销售的知识，了解本职工作的质量给其他员工的工作和最终产品与服务带来的影响。学习方式主要是团队学习，其次是组织学习和个人学习。通过团队学习完成组织学习和个人学习。在干中学、集体学、个人学、向他人学、相互学习。学习与工作结合，把工作过程当作学习过程。学习方法主要是对现状提出质疑，对行为进行反思、对话、讨论、研究、探索、加工信息、生产知识、训练能力、实验方案、自我批评，创新和成果共享等。学习步骤是工作—学习—创新—决策—工作的无限循环。学习的激励机制主要是表彰、奖励。学习的目的主要是观念、结构、程序和制度的创新。创新是企业的灵魂。通过创新改变思想、行为，使知识在生产经营过程中增值，实现员工的人生价值和企业的经济效益与社会效益。总之，学习是企业的第一要务，是企业生存发展的根本保证，是学习—创新型企业的主要特征。

3. 特别重视提高员工地位和企业利益

“耕当问奴，织当问婢”，实践者往往最聪明。可是企业管理者常常以自我为中心，强不知以为知，用制度来控制、压制员工。员工为了生计，不得不以服从为代价来换取报酬，是变相地奴隶式劳动。学习—创新型企业是符合人性的企业，有崇高的信念和使命，有实现这种信念和使命的机制。它尊重员工，把管理者看作是平等的伙伴关系，重视员工的潜能，用激励学习的方法，使员工的潜能迸发出来。让员工认识到工作对自己对企业对社会的重要意义。了解自己的工作与他人的互助关系，视彼此为合作的伙伴，具有共同的目标，从而积极学习，创造性地工作，能做自己从来未做过的工作，创造出不同寻常的成果。因而，企业必须尊重员工的人格，提高员工的地位，关心员工的生活。同时向员工授权，管理自己的工作，实行利益共享政策，让员工的发展与企业的发展同步。学习—创新型企业不仅在生产经营上紧紧地依靠全体员工的智慧，而且在经济利益上也要把员工与企业紧紧地结合在一起。不仅要落实员工民主管理的参与权和监督权；而且，还要落实员工工资、奖金、股票等，不断提高经济权。

4. 具有灵活的文化

文化是个复杂现象，影响力越来越强。既根深蒂固，又不断变化。企业文化是企业体制的“软件”部分，是指导和约束行为的精神力量。学习—创新型企业，由于没有等级制度，不再靠过去的僵化制度来约束和控制员工，所以特别重视企业文化建设。学习—创新型企业文化的特点主要是灵活性。认为企业的生命力是员工能量的发挥。员工个人目标和企业目标可以统一起来。员工的能量发挥得越充分，企业的生命力就越强。好的企业文化能激发员工的潜在能量，反之亦然。只有灵活性的企业文化，才能使员工能量得到最大限度的发挥，主动地学习、创新和变革，增强企业的活力。因此，学习—创新型企业文化在价值观念、经营战略、职业道德和文化氛围等方面都有许多新的特点。其价值观的核心是全体员工共同拥有的价值观，是团队精神，员工通过学习认识到人生意义，就会重新塑造自我，改变思想、行为和工作方式，变个人主义为集体主义。如果追求私利是唯一的动机，就成为个人主义者；如果能认识到自己追求的目标不是仅仅为了个人和家庭，还包括企业、社区和国家，就必然愿意为集体做出奉献，成为集体主义者。集体主义者自然会把自己融入到团队中去，关心他人、信任他人，产生合作意识，互补长短，这就是团队精神，就是核心价值观。虽然仍旧是从个人的角度出发，但所涵盖的范围却远远超过了个人的私利。在团队目标实现之时，也实现了个人目标。没有真诚的团队精神，就无法超越个人私心。团队精神的另一项重要内容是开放的心态。有开放的心态，才有讲真话的安全感，才能在相互探询中有所创新。其经营战略的主要内容是以人为本。旧的管理思想、组织和控制，将被目标、价值观和学习所取代，使管理者和被管理者的主从关系变成平等合作的伙伴关系。管理者的主要任务是研究企业内部力量的变化，设计适应这种变化的学习过程。让管理者和被管理者共同学习、讨论并确定经营目标。当员工对自己的行为负有责任时，学习和应变的速度能力的提高就会达到最快的程度。这就是提倡决策权下移、管理权下放的原因所在。给基层管理者以灵活经营的权力，并对结果负责，这在瞬息万变的当今尤其必要。这样就必然要改变企业的控制方式。高层领导，一方面主要通过设计新的学习过程进行控制；另一方面还要通过工作流程中各环节的制约关系进行控制。新的控制方式将使企业更协调、更灵活。其职业道德，除提倡敬业精神、平等和谐、团队意识、互助合作等基本职业道德外，特别讲究诚信，尤其是对顾客的诚信。树立良好的企业形象。其文化氛围主要是学习文化，求知、求乐、求美、求健康以及这种文化环境中所形成的蓬勃向上的精神风貌。学习是认识人生理想和信念的途径，是变革创新的基础，是享受生活的重要内容。每个员工都以文化人的姿态，自觉参与到群体中去。企业文化是企业经营管理、改革创新的基础，它既有民族的传统、时代的特征，又有鲜明的个性。它是动态的、发展变化的，可以借鉴、改造而不可移植，这是在建设企业文化时必须注意的。

5.具有广泛的适应性

学习一创新型企业不是在企业经营管理水平、技术装备水平和员工素质水平必须达到一定阶段的企业管理模式，而是一种新的管理理念加上若干支撑这种理念的管理方法和管理工具的管理模式。这种管理理念虽然是在质量模式基础上诞生的，却能兼容当代的规模模式、质量模式、知识经济时代的新模式以及这些模式相互交错形成的一切管理模式，具有广泛的适应性。当然，它是最适应质量模式和知识经济新模式的企业。创建学习一创新型企业，不是对原有管理模式的全盘否定，而是在原有管理模式基础上加入新的理念，并在这种理念的作用下，逐步改造原企业不适应新理论、新观念的陈旧部分，使之逐渐发展成为适应各种管理模式的新型企业。在具体运用时，应结合本企业管理模式的具体情况。首先，进行管理模式定位，制定创建规划；其次，用学习一创新型企业的理论、方法、工具武装全体员工；最后，找到创建的切入点，开始创建。有条件的企业也可以一开始就进行全面的创建工作。随着创建工作的推进，规模模式的企业也可以较快地进入对知识经济新模式的探索之中。对个别规模模式的企业来说，也有可能通过跨越式的发展，直接转变为知识经济新模式。创建的机遇是均等的，不论是处在什么管理模式的企业，都可以立即进行学习一创新型企业的创建工作。

1.2.3 学习一创新型企业理念在我国的传播

学习一创新型组织理论传到中国的时间并不晚。还在彼得·圣吉博士从事这项研究工作的初始阶段，复旦大学管理学院教授，上海交通大学、同济大学兼职教授杨通谊先生（1930 年毕业于美国麻省理工学院，后为该学院的终生院士）于 1980 年代赴美国参加校友会 50 周年活动时，就将这一理论从美国引介到中国，并积极宣传这一理论。1993 年在上海国际成人教育研讨会上，美国教授尼本介绍了学习型组织在美国及世界的发展情况，为中国教育界和企业界提供了新的信息和资料。1994 年，经原上海市市长、海峡两岸关系协会会长汪道涵先生的推荐，东方编译所翻译了《第五项修炼》这本书，由三联书店出版，为国内的学习和研究提供了资料。到 1995 年，台北中山大学副教授杨硕英先生到清华大学举办讲习会之后，由北京鸿达公司率先在国内推广学习型组织理论，并在《科技日报》上开辟专栏，介绍了五项修炼的主要内容。1996 年，中美上海施贵宝制药公司宣布创建学习型组织，成为我国创建学习一创新型企业的先行者。同年，国家教委成教司把学习型组织列入“人力资源开发理论与实践”培训计划的文件。上海市成人教育协会、同济大学等 17 家单位的 36 名专家教授成立了“学习型组织研究推广中心”。北京大学、中央党校等单位组织了十多期学习型组织与五项修炼专题研讨班，并邀请台湾张景宁教授前来讲课。1997 年，北京商业管理干部学院成立了北京冠儒“组织学习管理推进中心”。同年，上海船舶工业总公司、同济大学成人教育学院、内蒙古电力公司等宣布创建学习型组织。1998 年，上海成人教育学院等六个单位举办了首届学习型组织研讨会，国家经贸委经济研究咨询中心邀请 15 个省（自治区、直辖市）60 余家企业的代表召开了创建学习型组织研讨会。同年，上海金星电视机总厂、江苏油田勘探局、鞍山第一轧钢厂等 15 家企业宣布创建学习型组织。至此，学习型组织的研究、宣传和创建工作在我国大规模地开展起来。上海同济大学学学习型组织研究室副主任、明德学习型组织研究所所长张声雄教授，对学习型组织的研究与推广贡献甚丰，不仅到各地宣讲学习型组织的理论，还亲自辅导上海药材公司、鞍山第一轧钢厂、江苏油田、内蒙古电力检修公司、兖州矿业集团兴隆庄煤矿等创建学习型组织，为我国早期宣传和创建学习型组织做出了突出的贡献。

SECTION 1.3

我国创建学习—创新型企业的历史机遇

世界经济已经从工业经济时代发展到知识经济时代，这是历史的必然。恩格斯说，要“最充分地适应自己的时代”。我国所处的时代特点是：从20世纪下半叶开始，发达资本主义国家先后对经济结构和发展模式进行了调整，恢复了活力，经济文化快速上升，社会趋于稳定。与此同时，苏联模式的社会主义国家思想僵化，经济文化趋于下降。这一升一降导致了苏联与东欧的剧变。剩下的社会主义国家接受教训，进行了调整，即改革、革新和开放。于是，世界进入全面调整的历史时期。社会主义和资本主义国家开始穿越“铁幕”相互沟通、交流并开展一定程度的合作，各自在自己重新选定的轨道上向前发展。这种沟通、交流与合作，对我国经济、文化建设是有利的，自然，对我国企业创建学习—创新型企业也是有利的。

1.3.1 我国创建学习—创新型企业的有利条件

党和国家领导人对学习和创建学习型社会高度重视。江泽民在1998年说，“当今时代是要求人们终生学习的时代”；在1999年说，“21世纪的中国应该成为人人学习之邦”；在2001年发出“构筑终生学习体系，创建学习型社会”的号召。胡锦涛说：“为了建设有中国特色社会主义事业的成功，要从战略的高度看待学习，以高度的历史使命感来强化学习。”党和国家领导人的倡导和号召，必将给创建学习—创新型企业带来巨大的支持和鼓舞。

国民经济持续快速发展，使我国社会生产力不断跃上新台阶，国家的经济实力和国际竞争力空前增强，为我国创建学习—创新型企业提供了雄厚的物质基础。

科教兴国战略的实施，使正规教育、非正规教育和非正式教育蓬勃发展，为我国创建学习—创新型企业提供了巨大的智力支持。

经过30多年的改革和发展，国有企业建立了现代企业制度，有着规范的公司制和股份公司制。从企业管理的整体看，有少量的规模模式和质量模式，有大量的规模与质量交叉的混合模式，还有个别的知识经济型管理模式，这些不同管理模式的企业都有条件建立学习—创新型企业。

我国企业具备独特优势。国有企业中有党的组织领导，有独具一格的思想政治工作，集体主义的价值观，这是创建学习—创新型企业的保证条件。传统企业的诚信美德，讲究和气生财，那种爱厂如家、友好合作的精神，与学习—创新型企业的理念是相通的。人类一直在追求效率与公正，又一直没有实现。如果我国通过创建学习—创新型企业能在这方面探索成功，那就不仅会优于所有的发达国家企业，而且会对世界经济和文化做出奉献。

1.3.2　我国创建学习—创新型企业的不利条件

我国社会知识化、信息化的基础薄弱，仍处在以劳动力、物质资源和资本为核心的生产要素阶段上。这种社会条件决定了我国创建学习—创新型企业不能急功近利，不求立竿见影。

我国的现代企业制度还不成熟，企业管理者素质偏低，一些企业领导人对创建学习—创新型企业还茫然不知，似乎仅仅视之为研究者的空论。

另外，学习—创新型企业理论本身的难度较大，彼得·圣吉等人的《第五项修炼》等三部主要著作，不是一般企业管理者所能轻易读懂的，原因是它的理论新、概念新、涉及面广，理解难、操作难。即使在发达国家，推行也非轻而易举，对我国企业来说，就更加困难了。因此，必须辅之以解读性的书籍，才能理解和实施。

综上，有利条件和不利条件相比，有利条件是基本的，具有决定性的，我国企业应当抓住这个历史机遇，果断地推行与创建最具生命力的学习—创新型企业。

1.3.3 我国创建学习—创新型企业的基本原则

学习—创新型组织理论是一门科学，科学是没有国界的，不分姓“资”还是姓“社”。我国创建学习—创新型企业，除必须遵循这一理论的科学规律外，还须坚持如下的基本原则。

1. 中国特色原则

任何一种创新，都是在其民族的历史的具体环境中进行的。学习—创新型企业理论是一种个性化的创新的的理论，中国要创建学习—创新型企业，必须结合中国的国情、地情、行情和企情，建设成许许多多的个性化的学习—创新型企业。从历史上看，我们有长达 4 600 余年是处于世界领先地位的，有 400 余年处于同期世界落伍的地位。长期先进所积累的优秀文化，富有极强的生命力和包容力；长期的落后，又产生了一种崇洋惧外的民族自卑感。中华人民共和国成立后，基本或全盘照搬苏联的经济管理模式，思想僵化，错过了战后世界经济大调整和大发展的良机，拉大了与发达国家原有的差距。改革开放虽然取得了巨大的历史性进步，但由于人口多，底子薄，与发达国家仍有不小的差距。这就是基本国情。结合国情创建学习—创新型企业，必须彻底转变计划经济时期的旧思想、旧观念，剔除封建等级思想和崇洋惧外的思想残余，发扬民族文化的包容性，虚心学习国外先进的管理思想和管理理论。做到立足现实，以我为主，洋为中用，古为今用。总结经验教训，探索创建有中国特色学习—创新型企业的理论与实务，用以指导本企业的创建工作。

中国的地情是东部比中西部相对发达。中国的行情是，既有纺织、轻工、航天、生物和通信等优势行业，有冶金、石化、化工、建材、机械等处于中间状态的行业，也有汽车（特别是轿车）等劣势行业。结合地情和行情创建学习—创新型企业，必须在认清国情的前提下，分别不同地区和不同行业的具体情况，创建有本地区特色和本行业特色的学习—创新型企业。中国的企情是，社会主义市场经济地位已经确立，企业管理基本上是规模模式和质量模式相交叉的混合模式，初步形成现代化企业制度，但企业管理者缺知识、缺经验，又承担着必须面对现代化市场进行决策的任务。许多企业主管，特别是国有大型企业的主管，善于向发达国家学习先进的管理理论和经验，闯出了许多成功的路子。但也有不少企业主管，不善于学习和借鉴，或者盲目模仿，单纯引进，不求创新。结合企情创建学习—创新型企业，必须把发扬本企业的优势和学习外国结合起来，重借鉴而不是模仿，重创新而不是单纯引进，走自己的路，而不是跟在别人的后面亦步亦趋。要做到从本企业的个性出发，探索有本企业特色的创建理论和方法。只要能在创建中有所收获，有所前进，就表明是找对了路。只要找对了路，就能创建出有本企业特色的学习—创新型企业。有本企业特色，就是有行业特色的，有地区特色的，当然也就不是东施效颦。

2. 转换领导角色原则

从集权性企业到学习—创新型企业是一场脱胎换骨的改造，是一场深刻的思想革命。不更新观念，一切皆空。企业上层管理人员，特别是董事长和总经理，要有放弃等级权力的决心，由大权在握的企业主管角色转变为创建学习—创新型企业的设计师，指导员工创建的教练和为经营目标服务的仆人。如果不抛弃等级权力制度，学习—创新型企业是无法建立起来的。只有董事长和总经理才能撕掉等级权力的封条，才能使所有的管理人员都转变角色，才能推动创建的车轮前行。专业技术人员和操作人员也要转变角色。这些人，首先要把自己看成是学习者，然后才是技术人员和操作人员。当然，转换角色的工作，不是用命令的方式所能完成的，而是在创建的过程中，逐渐地自觉地完成的。同时，上层管理者还应清醒地认识到，创建学习—创新型企业是有风险的。随着创建工作的深入，结构性矛盾必然出现，如果产品结构资产结构和组织结构等矛盾同时出现，将面临生死考验。如果没有管理人员、专业技术人员和操作人员的角色转换，这些矛盾与危机将难以化解。

3. 共同创建原则

学习—创新型企业的特点之一是激发全体员工的潜力，非常重视员工，特别是一线员工，因为他们的地位不高，利益常常被忽视；因为他们的潜力最大，是企业必须依靠的基本力量。学习—创新型企业理论把管理人员和被管理人员视为平等的伙伴。因此，在创建学习—创新型企业时，企业高层领导必须动员、组织和引导全体员工的共同参与，共同学习和共同决策。共同确定企业经营目标和发展战略；共同选择管理改革项目；共同学习非本专业的知识与技能；自愿组成团队，共同改革工作程序和组织结构；共同制定利润分配方案，奖金和福利标准；不断与客户商讨改进产品质量和服务质量；与供应商商讨供应的质量与价格；与股东、工会、学者研讨政府新出台的政策和法规；与同行竞争者，商讨如何避免恶性竞争；共同探讨企业文化、理想、信念等问题，共同商讨企业内部矛盾如何解决等问题。总之，对于企业的所有问题，都要共同学习，共同商讨解决。做到企业目标和个人目标至少能够相容，员工的价值观和企业的价值观能够相似，至少不会抵制变革，使每个员工都愿意提出建议，参与变革并对结果负责。只有这样，才能建成学习—创新型企业。这样高的要求，在创建工作开始时期是不可能达到的，员工的思想水平、知识水平、自我约束能力、合作能力等都参差不齐。但只要坚持共同创建的原则，就可以一步步地建成学习—创新型企业。

4. 循序渐进原则

创建学习—创新型企业的立足点是不断提高全体员工的学习能力和创造力，要从灵魂深处改造不正确的人生观和价值观。而这两项目标都不可能一蹴而就和一劳永逸，它们都是渐进的和反复的过程。因此，必须坚持循序渐进的原则，逐步地稳健地推进。创建工作要经过动员、局部试点，渐次推开，有计划有步骤地分阶段实施，最忌急性病和形式主义。急性病有两种表现：一是“搞运动”。有领导发动，下达硬性指标并组织检查评比。其意可嘉，唯结果则事与愿违。二是“一阵风”。其表现与搞运动有不少相似之处，不同的是它不下硬性的指标，表面上讲循序渐进，但过了一阵子，或是因为企业管理人员变动，或是因为看不见创建的明显效果，就明令停止，或者束之高阁，任其自生自灭。“搞运动”和“一阵风”虽是计划经济时期的两个特点，但是在当代中国企业的主管中尚有市场。形式主义也有两种表现：一是“赶时髦”。有的企业主管看到学习—创新型企业将成为一种潮流，是“流行色”“时髦货”，能成为亮丽的光环，于是张口“学习型组织”，闭口“五项修炼”，大加炒作，甚至也在建筑物顶端悬起有关的标语口号。遗憾的是，没有实质性的工作，企业管理仍旧是老样子。二是“摆花架子”。其表现比“赶时髦”有所“进步”，表面上的工作有声有色，轰轰烈烈，在能给企业增光的形象建设上，可能还有发明创造，甚至也有创建计划、方法、步骤。但是，不给员工学习时间，不与企业管理相结合，造成创建工作与企业改革“两张皮”。特别是涉及一些实质性问题（如授权管理、决策权下放、平等地对待员工等问题）时，丝毫不肯松动。这部分企业主管的思想观念大体上分为两类：一类是在旧轨道上运作惯了，不想放权，不想进行深层变革，只是叶公好龙而已，是有意摆的花架子。另一类是还未理解学习—创新型企业的真谛是一种脱胎换骨的改造，犯了形式主义的老毛病。只有下定决心，准备充足，精心学习、精心设计、精心组织，发动群众，不断变革，循序渐进，具有坚持不懈、不达目的决不罢休的顽强精神，才能建成学习—创新型企业。

第 2 章
自我超越和心智模式

- 自我超越·方法·途径
- 心智模式及其改善
- 创造性张力·推论阶梯·情景想象法
- 集体训练个人愿景

学习—创新型五项学习修炼技术是自我超越，心智模式、共同愿景、团队学习和系统思考。为了说明学习—创新型企业和五项修炼之间的关系，彼得·圣吉在《第五项修炼》一书中举了发明飞机的例子：1903 年 12 月，在美国北卡罗来纳州的小鹰镇上，莱特兄弟发明了相当简陋的飞机。直到 32 年后的 1935 年，麦道公司才推出第一架民用飞机（DC-3 型），把科学上的发明变成了商业上的创新。创新原因是在这 30 多年中，莱特的简陋飞机融合了五项新技术，即可变间距螺旋桨、伸缩起落架、质轻的机体构架、辐射状气冷式引擎和摆动副翼。要想成功飞行，这五项技术缺一不可。彼得·圣吉说：“今天在学习型组织的领域里，也有五项新技术正在汇聚起来，使学习型组织演变成一项创新……我们称为五项学习型组织的技术为五项修炼。”

我国著名物理学大师钱学森认为：自然科学分为基础科学、技术科学、工程技术三个层次，社会科学也应该分为基础科学、技术科学、社会技术三个层次。应该加快社会科学的发展，使之与自然科学相协调，只有这样，才能加快社会的进步。学习—创新型企业理论是社会科学的一个中间层次，即技术科学，其上一个层次是作为基础科学的管理科学，其下一个层次是作为社会技术的五项修炼。彼得·圣吉为了强调在创建学习—创新型企业的过程中，必须把这五项学习技术经过反复多次的训练而成为一种纯属的技术 ，所以，才把它们比喻成“修炼”。“修炼”一词本是佛家和道家的用语，一般是指信徒虔诚地学习教义，并把它贯穿到自己的言行之中。佛家的修炼是指“见、修、行”三位一体的综合训练，即吟诵学习佛经，通过观察、思考、反省来领会佛理，用来指导和纠正自己的言行，并验证佛理的修炼活动。道家的修炼，除学习教义指导言行外，还包括炼气、炼丹和养生等修炼活动。从英文中翻译过来的修炼，还有教规、戒律和修行之意。彼得·圣吉借用这个概念，是用来比喻学习和应用五项学习技术时，也要像宗教信徒修炼那样，是自愿的而不是被强迫的，是潜心研习的而不是浮光掠影的，是终生的而不是一时的。只有不断地学习和实践，使五项修炼达到纯熟的程度，才能在创建学习—创新型企业的过程中使用企业管理技术。

SECTION 2.1

自我超越的原理及其演练方法

2.1.1　什么是自我超越

自我超越是指企业员工通过学习修炼在行为上突破个人极限的自我创新，是指新知识使原有能力得到飞跃，从而在管理和技术工作中取得突破性的成绩或是有所发明、有所创新。自我超越是员工通过个人学习和团队学习对企业经营目标有了深刻理解之后的产物。员工个人的自我超越有个成长过程，它从学习五项修炼开始，经过建立个人愿景，发挥创造性张力，不懈地努力改变现状，才能最后实现自我超越。自我超越有三个特征：一是把个人愿景当作催人奋进的使命。总是感到自己有所不足，又总是充满信心，永远不停地学习知识和修炼技术。二是不断地超越自己的极限。一次超越之后，又建立新的个人愿景，再去超越，工作无限，超越无限。三是超越者在实践中会体会到，单靠个人的力量无法改变自己现状，更无法改变企业的现状，必须与他人合作才有力量，只有在团队中才能实现自己的愿景。自我超越有两个前提：一个是改善心智模式，实现自我超越；另一个是建立共同愿景，实现自我超越。如果没有这两个前提，就去推动个人愿景的建立，必然适得其反。自我超越有两个关键性的要素：一是忠于愿景；二是忠于现状的真相。这两者合在一起是产生创造性张力的源泉。

自我超越的实质就是“精神变物质”这个命题的飞跃过程，即从理性认识到实践的飞跃，员工与企业之间，除了合同关系（我为你工作，你给我报酬）之外，还有一种盟约关系，即企业授权员工参与管理，员工对企业经营目标，重大决策和管理过程有承诺和支持，使员工和股东形成一种合作的伙伴关系，是命运的共同体。企业使员工实现家庭生活幸福，员工使企业追求卓越。因为员工的个人成长与企业的生存发展是一种相辅相成的关系，所以，企业实行“以人为本”的管理战略，使员工个人学习与组织学习相互促进，形成一种鼓励员工自我超越的企业文化。然而，自我超越这项技术修炼又涉及人生观、价值观、理想、信念等人生的根本问题，实现超越绝非易事。在我国企业中，有长期的思想政治工作为基础，自我超越可能容易些。但对部分员工来说，仍然需要重新认识人生，树立正确的人生观、价值观，挖掘内心向上的欲望和动力，以积极的态度对待人生和工作，才能实现自我超越。

自我超越是创建学习—创新型企业的基础，只有全体员工都学习自我超越技术，进行自我超越实践，才能建立新型企业。自我超越的目的有三：一是培养把学习看作是终生需要的学习型员工；有为实现愿景的学习动机，为满足个人、企业和社会的学习目的；有先进的学习内容，科学的学习方法和随时随地学习的“钉子精神”。由学习型员工组成的团队，就是学习型团队；由学习型员工组建的企业，就是学习型企业。二是实现每个员工的人生价值。实现人生价值，需要开发员工的智力，包括观察力、记忆力、思维力、想象力和判断力，其中抽象思维是开发的核心。需要提高员工的能力，包括应用能力、操作能力、计划能力、组织能力和创造能力，其中创造能力是提高的重点。学习—创新型企业是实现人生价值的最好环境。三是提高企业的经济效益。自我超越对提高经济效益有多大奉献，既要看自我超越的程度，也要看企业的经营哲学。在真正“以人为本”的企业中，奉献肯定是大的。除了经济效益之外，自我超越所形成的企业精神，能使全体员工团结一致。在企业发展时，不骄不躁；在企业困难时，能奋发图强。而在把员工看作是“赚钱工具”并进行管制式管理的企业，自我超越就难上加难啦。

2.1.2　修炼自我超越的基本原理

自我超越这项学习技术有三个基本原理，即愿景发挥力量原理、创造性张力和情绪性张力原理和潜意识原理。

1. 愿景发挥力量原理

（1）对愿景发挥力量的认识。“愿景”是圣吉博士创造的一个新概念。它是指发自内心的愿望、理想、想要创造的未来景象或目标，是与现实景象并列的一个概念，类似于通常所说的愿望、企盼、期待、理想即期望达到的某种目标或境界。它有多个层面，属于个人的叫个人愿景，属于团体、企业和社会的都叫共同愿景。心理学研究认为：从本质上看，每个人都有向上的内在驱动力，内心深处藏着某种愿望，由这种愿望所编织的景象，就是个人愿景。个人愿景是员工个人最关心的事。它可能是一种物质上的欲望，可能是一种精神上的满足，或是两者兼而有之。总之，它是一种特定的结果，一种具体的价值。因为它背后的灯塔是企业的经营目标，所以，个人愿景具有方向性，易沟通，易落实，能吸纳，能扬弃，在交流中不断地聚集和增强。不仅企业的经营目标对个人愿景有导向作用，而且社会发展的趋势，国家的重大政策，也对个人愿景有很大的影响。愿景的内容固然十分重要，更加重要的是它所发挥的作用。恩格斯认为，人们行为的动力来源于某种欲望所产生的动机。从这种动机的角度容易理解个人愿景的作用。其作用是：当个人愿景建立起来之后，必然显现出一种目标价值，对建立者个人产生一种吸引力，一种欲望，并能化为实现目标的动力，圣吉博士将它称为创造性张力。这种张力越大，个人的动力就越大。正是这种创造性张力促使员工去学习新知识，增长新能力，去进行自我超越。个人愿景能激发自我超越，自我超越每前进一步，反过来，又进一步发展个人愿景。

（2）愿景发挥力量原理的内涵。愿景发挥力量原理是指：愿景不仅是一种美好的愿望，而且是一种变革现状的力量。因为员工都是在做自己真正愿意做的事，所以做起来精力充沛，效率高，面对困难和挫折，会坚韧不拔，不达目的决不罢休。因为愿景志在高远，所以不为短期的利益所诱惑，而是专注于长远目标的追求。这样就能使员工的潜能得以充分发挥。同时，个人愿景又倾向于和他人连成一体，所以，既不能失去个人的能动性，又能发挥集体的力量，既能促进个人的成功，也能促进企业的成功。

2. 创造性张力与情绪性张力原理

（1）对创造性张力和情绪性张力的认识。在愿景和现状之间，总是客观地存在一定的差距。这种差距可能使人产生负面的焦虑、气馁和失望等情绪，也可能激发正面的动机、决心和斗志等情绪。这种动机、决心和斗志正是创造力的源泉。因此，将这种差距所产生的正面动力称为创造性张力，将在创造性张力中夹杂着的焦虑、失望等负面力量称为情绪性张力。创造性张力和情绪性张力在一个人身上同时存在。创造性张力来自愿景和现状之间的差距所造成的不平衡倾向力，正如连接两端之间的橡皮筋绷紧后生产的张力那样。在自我超越的过程中，创造性张力将你从现状拉向愿景，情绪性张力又将你从愿景拉回现状。这样在解决现状和愿景之间差距的问题上，就出现了两种办法和两种前途，一个是将现状拉向愿景，前途是自我超越；另一个是将愿景拉回现状，前途是维持现状。

（2）创造性张力和情绪性张力原理的内涵。创造性张力原理是指：坚持愿景，就会同时存在创造性张力与情绪性张力，两种张力的方向相反，其力量大小取决于距离的远近和修炼的程度。当创造性张力将你拉向靠近愿景的同时，情绪性张力又将你拉向远离愿景。越是靠近愿景时，拉离愿景的力量越大，这是由于结构性冲突在起作用。所谓结构性冲突，就是随着时间的推移，企业运作中一些影响员工行为的关键因素在发生变化，如员工素质、技术装备、原材料供应、市场营销并形成企业系统的结构性矛盾。由于员工对这种结构性冲突的存在不易觉察，就更加增强了冲突的力量。由于两种张力同时增大，使员工产生无力感、反过来，又使结构性冲突更加强烈。克服的办法是坚持愿景并忠于现状的真相。讲真话是处理结构性冲突的开始，在这个基础上辨识出结构性冲突在哪个环节上起作用，其运作方式是在看清后，采取措施加以改变。必要时，剔除愿景中的某些次要部分，以缓解冲突的激烈程度。还可制造负面愿景，如用愿景不能实现结果会怎样来激励员工的顽强斗志，这很符合人们所熟知的“置之死地而后生”的兵法策略。只有坚持愿景，才能使创造性张力大于情绪性张力，一步步地接近愿景。如果降低愿景，情绪性张力减少了，同时，创造性张力也会随之减少。如果放弃愿景，情绪性张力消失了，创造性张力也随之消失。降低或放弃愿景，都是创建学习—创新型企业时应该尽量避免的。只有坚持愿景，用顽强的毅力和耐心去克服情绪性张力，才能成为有创新能力的人，成为自我超越的人。坚持愿景是修炼自我超越的核心技术，它能整合自我超越的其他各项技术。同时，忠于现状的真相也同样重要，因为它是产生创造性张力的另一个条件。两者缺一不可。另外，这项原理还能改变我们对失败的看法。失败只不过是没有达到预期的目标，说明在愿景和现状之间还存在差距，还需要学习，改变对现状的不正确认识和做法，才可以从失败走向成功。“失败是成功之母”这个道理，在这里也可以得到验证。

3. 潜意识原理

（1）对潜意识的认识。潜意识是人脑对客观世界的本能反应，是无意识的心理活动。潜意识是与能动反应客观世界的意识这个概念相对的，它没有意志，没有方向，也没有目标。但它能与有意识的活动相结合，掌管人们经过学习并达到熟练程度的知识和技能。学习是从有意识的注意开始的，逐渐把熟练的东西交给潜意识去管理，让意识再去关注尚不知道的新方面。我们平时说话、走路、骑自行车等都是在潜意识的帮助下完成的。只靠有意识的学习很难达到高超的水平，经常训练潜意识，能使某项技能达到出神入化的境界。经验证明，将理想、道德和价值观等高层意识与潜意识结合起来，进行不断的训练，是许多艺术大师成功的秘诀之一。在人脑中，潜意识的部分远远大于意识，这是一个往往被忽视尚未充分开发的部分。发展潜意识与意识的结合，是修炼自我超越技术的重要组成部分。

（2）潜意识原理的内涵。潜意识原理是指：当人的意识处于活跃状态时，潜意识便被各种矛盾着的思绪所淹没。而当心态平静或是专注于某项重要的事情时，潜意识便浮现出来，活跃起来。而且对明确的焦点有较好的回应能力，使人不容易分散精力，并与意识有很好的默契关系。这就是宗教徒借助静坐或默祷来进行修炼的原因。同样的道理，企业员工在进行自我超越修炼时，如果能有意识地把焦点专注于愿景和现状上，并使潜意识浮现出来，就可以用潜意识对愿景和现状的回应能力来增强创造性张力，去解决前进道路上的各种问题，实现自我超越。

2.1.3 演练自我超越技术的方法和途径

自我超越是从内心深处的变化开始的，不易察觉，也不易引起别人的注意。除了能产生创造性张力、情绪性张力和结构性冲突之外，还能产生理论与直觉的融合，自身与世界的一体感等。修炼自我超越技术的方法途径有七种。

1. 建立个人愿景

建立个人愿景，既是一个有组织有领导的过程，又是一个自觉自愿的过程。可分为五个步骤：一是开展思想政治工作，学习自我超越的知识、原理和修炼的方法途径。重点是改变对工作的态度——是单纯只是受雇工作，挣钱养家呢？还是工作既能使家庭幸福，又能使企业兴旺和国家富强呢？要求把工具型工作观转变为主人型工作观。二是鼓励员工提出个人愿景，只要是积极向上的，允许各种各样的愿景同时存在。愿景提出后，提倡相互交流、启发、修改。在提出个人愿景的过程中，要辅之以思想政治工作，以消除员工的惧怕心理。三是描绘个人愿景，自我形象有什么特点？对职业生涯有什么追求？想取得多少报酬？理想中的家庭是什么样的？期望有什么样的人际关系？对休闲有什么要求？人生目标是什么？四是整理并确定个人愿景。首先是分析认定每个愿景的价值观层次，衡量现有愿景是否反映了你的价值观。如果有欠缺，就要进行调整。以反映你的价值观为核心安排愿景的层次，决定弃取。每次都要自问取或舍的原因，以便愿景的各个层次都指向你的价值观。把它整理好，埋在心中。然后，再对照企业经营目标和考虑企业的愿景，包括企业的价值观、信誉、使命、产品与服务、顾客、工作环境、人际关系、顺境、逆境等。自问，这样的企业能否接受自己的愿景？如果能接受，你的愿景能不能在本企业实现？如果不能接受，你是否愿意调整你的愿景？当员工从企业的角度考虑个人愿景时，就会发现自己的愿景不仅关系到自己的家人，而且还关系到企业、社区、国家乃至世界。这就超出了个人利益的范围，为建立共同愿景打下了基础。没有共同愿景，就无法超越私心。当员工愿意以企业的愿景为目标重调个人愿景时，就会把与企业愿景相矛盾的部分剥离掉，出现与企业愿景相一致的个人愿景，予以确定。如果不愿意以企业愿景调整自己的愿景，那就要准备走人了。五是检查个人愿景与个人现状之间的差距。对自己的现状要客观地对待，实事求是地把自己的优点和缺点一一列出。从现状的角度重新审视自己的愿景，找出它们之间的差距。评价你的优势和劣势，明确努力方向；有目标地学习，训练能力；扬长避短。用愿景和现状之间的差距激发个人的创造性张力，进行自我超越的实践。

2. 保持创造性张力

创造性张力与情绪性张力是一对孪生的冤家兄弟，一个向前跑，一个向后拉。要实现自我超越，必须保持创造性张力，并使它大于情绪性张力。为了保持创造性张力必须做到三点：一是忠于愿景。对愿景坚定不移，并有信心和毅力。一个满怀信心和意志坚强的人，自然会忠于自己的愿景，保持创造性张力。信心越大，意志力越强，创造性张力也就越大。同时，企业管理者应该采取措施，激励员工忠于愿景，保持创造性张力。二是正视现状。在员工认识现状时，由于种种原因，可能不愿意正视自己现状的真相，也可能不自觉地掺入主观偏见。这时需要伙伴的提醒，更需要思想政治工作的启迪，使员工对现状有清醒的认识和正确地对待，现状就成了自己的盟友，而不再是“敌人”，现状也就成了产生创造性张力的一个条件。看到的真相越多，创造性张力就越大。这是保持创造性张力的最好办法。三是运用潜意识击退情绪性张力。员工在进行自我超越的过程中，要始终专注于愿景和现状，或如通常所说的理想和现实，使潜意识浮现。用以克服惰性、抑制焦虑，坚定信心，沉着冷静地应对各种变局。随时击退前进道路上的各种阻力，排除或抑制情绪性张力的干扰，情绪性张力清除了，创造性张力就相对地增大了。

3. 注重发展意识与潜意识的结合

发展意识与潜意识的结合，既能提高处理一般问题的能力，也能提高处理复杂问题的能力。事实上，每个人都自觉或不自觉地运用发展意识与潜意识的结合来处理各种问题。发展意识与潜意识的结合有三个步骤：一是放平心态。冷静地观察问题，把精力专注在问题的焦点上。二是让潜意识浮现。要把它当作一种修炼的功夫来培养。让它越来越清晰，回应能力就会越来越大。三是用发展意识对观察到的各种现象进行例行思考，找出产生问题的各种原因。当发展意识和潜意识自动结合起来时，各种解决问题的方案与措施，就会在脑海中涌现出来。抓住它们，权衡利弊，区别轻重缓急，选用最佳方案与措施解决问题。发展意识与潜意识的结合是自我超越的重要组成部分。

4. 融合理性与直觉

理性是判断、推理等逻辑思维活动，而直觉则是未经充分逻辑思维的直观认识能力。它的依据是运用纯熟的知识和长期积累的经验。复杂问题的因与果往往在时空上相距甚远，由于中间隔着许多其他事物的因果关系以及它们之间的错综复杂关系，而掩盖了主要问题的因果关系。如果看不清这种深层的复杂关系，所提出的解决办法，往往是就其中某个枝节问题的因果关系而提出的，因而是短期的对策，害大利小，并会造成长期难以消除的后遗症，其主要问题自然得不到解决。有经验的管理者，往往能凭直觉做出判断，采取措施，解决问题。然而，他们又常常解释不清其中的道理，只是说“只要这么办，就能解决问题”，而事实又果然如此。正因为说不清道理，所以很多人认为靠自觉不合理，不科学。其实，这就是理性与直觉的融合。有经验的企业管理者，并非总是用理性来处理复杂问题，而是相当重视直觉，靠“第六感”来发现和处理问题。他们能凭直觉描绘出问题的发展方式和结果，能在似乎不相关的事物之间找出相关性，从而获得答案。直觉思维不是直线式的因果关系思维，而是把埋藏在潜意识中的思维成果，如对事物的体验、特征、规律、评价等调动起来，同现实中要解决的问题相沟通，通过理性与直觉的融合，得到突发的顿悟式的解决方案。圣吉博士认为，这是借助系统思考把理性和直觉整合起来的结果。正如两只手拿东西那样方便，理性与直觉的整合，很容易使潜在的智慧得到充分发挥。伟大的思想家、发明家，也不总是靠理性进行思考的。爱因斯坦说：“我从来没有以理性来发明任何东西。”他说自己凭着直觉想象自己如何跟着光束一起旅行，结果发现了相对论。更重要的是，他能将直觉思维的结果转换成可以用理性验证的定理。融合理性与直觉解决问题，是一项难度非常大的自我超越修炼，企业管理者不一定急着去追求这项技术。应该在平时工作中有意识地运用知识和积累经验，修炼的功夫到家了，当复杂问题出现时，自然会出现理性与直觉的融合。

5. 结合系统思考进行自我超越

在自我超越过程中，员工逐渐认识到，只有在伙伴的配合下，才能实现个人愿景。这是对个人和团队之间的工作结构关系的正确认识，是系统思考的结果。系统思考的关键就是从现象背后的结构中找到问题的结构性原因，并找到能长远且有效解决问题的答案。结合系统思考进行自我超越的的方法，主要是用系统思考将自我超越过程中各种力量的互动关系衔接成圆环图，使员工从相互连接的环路中发现原来被视为不相干的力量，实际上与自己的行为有着这样或那样的关联。不断扩大这种观察力，就会看到更多的自身行动与企业目前状况的关联性，进而看清自己与工作环境是连在一起的，并产生一体感。这种一体感，能使员工改变怪罪他人和自责的态度，看到所有人都被困在系统的结构性冲突之中，它存在人与人之间，人与环境之间，并且都是人们自己造成的。自我超越这项修炼技术，就是让员工在结构性冲突中体会系统运作中的各种力量的消长关系，从而对他人的遭遇产生同情心，设身处地地为他人着想。如果发现结构性冲突的原因也有自己一份，就会主动改变自己的想法与行动，而与工作伙伴融为一体。其结果必然是形成一个超出个人利益的愿景，即共同愿景。有了共同愿景，每个员工都会把自己的力量汇聚到团体力量之中。这是系统思考所唤醒的巨大精神力量，是为团体也是为企业甘心奉献的精神力量。

6. 在各级组织中培养自我超越

各级管理者应该明白，员工走上自我超越的道路都是一种自愿选择。不能强迫，只能引导，不能性急，只能启发，更不能由组织设计出某种模式，然后向下推行。这样做，不但是流于形式，还会适得其反。管理者的职责是：

（1）制订自我超越指导性计划。介绍自我超越的组织安排，说明自我超越的目的意义，训练自我超越的方法、步骤。对时间的要求可做大体的安排，不能做出硬性的规定。但一定要进一步说明企业的经营目标，并广泛宣传，做到尽人皆知，因为这是建立个人愿景的指导方针。

（2）企业要投入必要的经费、精力和时间。重新制定激励的具体办法，建立宜于建立个人愿景的环境，营造自我超越的文化氛围，使员工建立个人愿景有安全感。

（3）开展必要的教育培训工作。用思想政治教育来强化个人成长对个人和企业都有益处的观念，转变雇佣思想，以主人翁的态度进行工作。提供对自我超越有帮助的在职培训。注意：不能依靠专家来发展个人愿景，也不能让培训机构来组织实施自我超越计划。培训机构的任务只是提供自我超越的知识和方法步骤。事实上，参加培训的员工，只有一部分回到工作岗位后能用其所学，多数员工不久又会恢复原样。因此，所在组织应每隔一段时间就开会讨论愿景和现状，直到养成自觉行为为止。

（4）鼓励员工建立个人愿景。在分析现状时讲真话是自我超越的基本原则，要鼓励员工讲真话。这里的“真话”所反映的事实，不一定是绝对的真实，而是员工从个人角度看到的真实。讲真话之所以困难，不仅是因为员工害怕打击报复，更主要的是因为在大多数情况下，员工对企业的忠诚与对事实的忠诚之间常常是相互抵触的。克服的办法是向员工提供相关的资料，践行“言者无罪”的承诺。员工在讲真话时，也要即时反思，自己的看法错了，就要改正自己的观点。因为每个员工的认识水平不同，在一段时间内，有的人愿意建立个人愿景，有的人还不愿意建立。这时，就在愿意建立的员工中开展建立个人愿景的工作。同时做思想工作，启发不愿意建立的那部分员工的思想觉悟。待其觉悟后，再开展建立个人愿景的工作。

（5）各级管理者带头建立个人愿景。鼓励别人建立个人愿景的有效办法是自己带头建立。管理者首先要写下自己的愿景；其次，从价值观的角度进行审视：自己要成为什么样的人？做什么样的事？对企业的最大期望是什么？要重视价值观，因为转变的能量来源正在于此。最后，与别人交流，得到启发后，如果先以书面的形式呈现，可给员工以启发，就可以为员工树立榜样。管理者同企业的一体感强，自然会形成较高的个人愿景。即使在员工中出现以个人为中心的愿景，也会逐渐地改变。各级管理者的带头作用，会加速建立个人愿景的进程。

（6）正确引导员工修改个人愿景。在员工实践自我超越时，由于认识到各个系统的运作都与自己息息相关，可能会主动地修改个人愿景。这时，党政组织的引导工作非常重要。如果领导不愿意向员工授权，或者民主管理徒具形式，一切还都是领导说了算，那么，员工的个人愿景就很可能是负面的。由于没有机会负起责任，就只好自我防卫，逃避责任，认为企业的成败与己无关。如果只是单纯地引导自我超越，也有不足之处，即员工只知道为自己，不认同他人，在个人和集体之间形成一条鸿沟，铸成以自我为中心的个人愿景。最好的办法是引导合作，既不淹没个人愿景，又能使个人融入集体之中。使个人愿景不再围绕个人利益发展，不想以牺牲别人利益发展自己。经过反复的思想斗争，最终会认识到，只有合作，才能实现“我的，你的，大家的”愿景。这样就会主动兼容集体、企业、国家乃至世界同行的共同利益。许多企业主管都是这种类型的个人愿景，从而成为员工的偶像。

7. 发挥激励机制的作用

在相同条件下，每个员工的潜质、潜能和潜力是不一样的，因而在自我超越中的快与慢，成与败也是不一样的。企业的目的是激励员工实现共同愿景，所以，应该充分发挥激励机制的作用，这对员工尽快实现自我超越有着重要的意义。为此，一是要改变思想政治工作的切入点，以激活员工的潜质。在进行思想教育时，尽量改灌输式说教式为启发式的引导。二是引导员工看准自己的优缺点，以激活员工的潜能。要教育员工以开放的心态听取别人的意见和建议，发扬优点，改正缺点。管理者可通过报告会、研讨会、座谈会等形式，提高员工的认识。采取自主管理，提倡合作，减少检查评比等硬性或强制性措施，让员工以先进人物为榜样，查找自己的不足。通过具体分析的方法，相互发现各自的优势和不足，并制定弥补不足的措施，激发员工的潜在能力。三是改变激励的具体办法，激活员工的潜力。除现有的奖金福利外，还要制定新办法，如冠名奖励、特设奖项、特赠股权等。充分发挥激励机制的作用，就会出现个人自我超越，团队自我超越，甚至企业自我超越的蒸蒸日上的的局面。

开展自我超越的其他方法，如改善心智模式，建立共同愿景，团队学习和系统思考等，这些将在后面陆续谈到。

SECTION 2.2

心智模式的原理及其演练方法

2.2.1　什么是心智模式

1. 心智模式的概念：思维方式或思维形式

“心智模式”这个概念，是英国心理学家克雷克在 1940 年首次使用的，后来成为西方经济学界和企业界的习惯用语。心智模式是指人们在过去的经验中和现实生活中所积累起来的思维习惯，会影响自己看问题的观点。圣吉博士说：“心智模式是深植我们心灵之中，关于自己、他人、组织以及世界每个层面的形象、假设和故事。”实际上心智模式就是我们常说的思维方式或思维形式，即个人心中的“小九九”“小算盘”。思维方式是指一定时代人们的理性认识方式，是各种思想要素按照一定的方法和程序组合成为相对稳定和相对定型化的思维样式，是人们认识世界的内在机制和过程。在人们认识客观事物的过程中，运用一定的思维方式、方法、程序和规则，把认识对象组织起来，同时，不自觉地掺入个人思维方式方法所依托的知识结构，价值取向、情感和意志等主观因素，所产生的关于自己，他人、企业乃至世界的看法。这种看法，既为人们的思维能力与知识水平所决定，又间接地成为思维方式和知识水平的标志。

现代思维科学把人类的思维分为三种类型，即逻辑思维、形象思维和直觉思维。这里所说的思维方式专指理性的逻辑思维方式。思维方式是一个动态的开放的系统。社会的实践水平决定着思维方式的先进程度。最基本的思维方式有三种，即概念、判断和推理。有时，思维方式和思维方法是一致的，如演绎和归纳、分析和综合，形而上学和辩证法等，既是思维方式，又是思维方法。由于客观辩证法和主观辩证法的规律在本质上是一致的，所以，唯物辩证法的规律和范畴应用于认识的思维过程，就是马克思主义逻辑学，即辩证逻辑或辩证思维。辩证逻辑以普通形式逻辑的思维方式和方法为基础，在扬弃中，将形式逻辑的方式方法升华为辩证逻辑的方式方法。此外，又创造了自己独特的思维方法。如抽象和具体、逻辑和历史的思维方法。思维方式所包含的思维方法还有观察法、实验法、比较法、抽象法、概括法、求同法、求异法、证明法和反驳法等。

由于现代科技革命的影响，不仅改变了人们的生产方式，生活方式，而且也改变了人们的思维方式。一方面，深化和发展了原有的思维方法，如比较法发展为类比法、模拟法和系统比较法等，抽象法发展为模型化方法和理想化方法，分析和综合法发展为系统分析和系统综合法等。另一方面，创造了许多新的思维方法，如控制论方法、信息论方法、系统论方法、功能模拟方法、黑箱方法、反馈方法、结构—功能方法和择优方法等。

既然西方企业界习惯运用心智模式这个概念，我们也可以将思维方式称为心智模式。心智模式对一个认识对象来说，可能是一种简单的认识习惯，也可能是一套复杂的思维理论体系，但都决定着我们对认识对象的看法（或称假设）并影响我们的行动。它通常存在于我们的潜意识中，秘而不宣，一般不易被察觉。因此，也意识不到它对认识和行为的影响。如果不是主动地寻找它，难以看见它的存在。然而，我们总是通过自己的心智模式来观察周围的事物。《列子、说符》篇有一则《亡鈇[1]者》：“人有亡鈇者，意（怀疑）其邻人之子。视其行步，窃鈇也；颜色，窃鈇也；言语，窃鈇也；动作、态度，无为不窃鈇也。俄而扫[2]其谷[3]而得其鈇。他

---

[1] 鈇（fū），意为斧头。

[2] 扫（gǔ），意为挖掘。

[3] 谷，通“窖”。

日，复见其邻人之子，动作态度，无窃鈇者。”这个丢斧头的人，为什么前后的看法会截然相反呢？就是因为他戴着有色眼镜看问题，就是因为他的心智模式所造成的错觉。由于主观意识总是落后于客观现实，由于人们的心里素质不同，认识习惯不同，观察的细节不同，即使有当代先进的控制论、信息论和系统论等思维方式和方法的帮助，仍然不可避免地会受心智模式的影响而使认识产生偏差，就像凹凸镜微妙地扭曲了我们的视线一样。由于不能正确地认识事物，就不可能采取正确的行动。有时虽然正确地认识了事物，也采取了正确的行动，但是，当事物继续发展变化时，造成心智模式与现实之间的差距，原先正确的行动也会造成反效果。基于上述理由，人们得出了一个结论：心智模式总是不完全的，需要不断的改善心智模式，才能使认识和行动正确。改善心智模式，就是通过心智模式技术的学习修炼，在认识客观事物的过程中，排除主观因素的干扰，使心智模式能随着客观事物的变化而变化，以求得对事物的正确认识，并采取正确的行动。

2. 心智模式的特征：制约性、稳定性、层次性和地域性

（1）制约性。心智模式，归根到底受到社会实践方式的影响和制约，因此，心智模式具有历史性和时代性的特征。没有一成不变的心智模式，实践方式的进步程度决定着人们思维能力的高低和心智模式的进步程度。现代社会实践方式创造着现代的心智模式。心智模式又受认知主体的需求，知识结构、价值观念、情感和意志等的影响和制约。不同的主体需要及其素质决定着心智模式的正误及其程度。

（2）稳定性。心智模式受认知主体思维结构和知识水平的影响，在认识外界事物的过程中，由于经常使用某种或某几种思维方式和方法来组织思维要素，进行思维活动，便形成了一种思维定式。这种思维定式一旦形成，便具有稳定性，表现为定型化和天然缺陷性，根深蒂固且自我感觉良好。它对客观事物的认识既可能起积极的作用，也可能起消极的作用。但是，这种稳定性又是相对的，并非牢不可破。能够分析、改善、借鉴和学习，还能够创造新的心智模式。

（3）层次性。心智模式可分为三个层次：一是普遍层次，其表现形式就是唯物辩证法。唯物辩证法是关于自然界、人类社会和思维发展的最一般规律的科学，是最为科学的世界观和方法论，是人类认识世界和改造世界的锐利武器。二是特殊层次的心智模式，适用于各门具体科学、交叉科学、边缘科学的研究和各种群体的实践活动。三是个别层次的心智模式，它体现在每个人的言行之中，由于人与人之间存在差异，所以每个人的心智模式都不同，正如植物学界至今尚未发现两片纹理完全相同的树叶一样。普遍层次心智模式对特殊层次和个别层次的心智模式具有指导的作用，特殊层次和个别层次心智模式上又丰富和发展了普遍层次的心智模式。

（4）地域性。不同地域不同民族的人们，由于历史文化，实践方式和经验不同，或者习惯，心理和传统的差异，使得心智模式具有不同的特征，往往表现出迥然不同的风格。如东方人和西方人在心智模式上就要很大的不同，互有长短。

3. 心智模式的作用是：决定思维指向、主导判断与行动、提高认知能力

心智模式的本质是人类进行知识生产的工具。心智模式作为认识的范畴，本质上是社会实践方式在人脑的内化，是认识主体把握客体的一种认知方式，是主体认识客体的中介和思维工具。它在人类认识和改造世界的过程中与物质工具密不可分。物质工具是人类进行物质生产的手段，思维工具是人类进行知识生产的手段。两者都是在实践的基础上按照人类的需要外化和内化而成的，都是反映客观事物的本质和规律的产物。只有把这种外化的硬工具和内化的软工具结合起来，作为主客体之间的中介和成套工具，才能有效地认识和改造世界。在人们认识改造世界的过程中，心智模式起着十分重要的作用，主要表现在以下三个方面：

（1）心智模式决定着人们的思维指向。两个心智模式不同的人观察同一事物会有不同的看法，是因为他们的思维指向不同，选择材料的重点不同。一般说，具有经验型心智模式的企业管理者，在其思想指向上往往偏

向过去，侧重在经验上，较少考虑未来。因此，由他主持制定的愿景规划常常带有习惯性和保守性。而具有创造性心智模式的企业管理者，则是在过去和现在的基础上，把思维的重点指向未来。因此，由他主持制定的愿景规划常常带有变革性和创新性。

（2）心智模式主导着人们的看法并影响着人们的行动。认识是人的一种心理活动，这种心理活动是由心智模式、情感和意志等共同组成的。因为一定的心智模式总是和一定的人生观、价值观联系在一起，在认识过程中会不自觉地表现出来。情感是人对客观事物的主观体验，具有调节思维的功能。因此，心智模式、情感和意志共同确定了认识过程开始阶段的心理定向，表现为按照一定的立场、观点和价值观取向，对认识的信息材料进行解析、评价和选择。肯定的心理定向，接受信息积极，并以赞同的态度进行信息材料的加工和处理，从而得出基本正确的看法。否定的心理定向，会对信息材料进行不同程度的歪曲，从而得出错误的看法。中性的心理定向，因为主管成分不明显，态度暧昧，往往得出模棱两可的看法。在心智模式、情感、意志等要素中，由于心智模式直接和价值观相联系，在认识过程中占有支配的地位，所以，心智模式在很大程度上决定了人们对客观事物的看法。当认识继续进行，即由理性认识转入实践过程时，情感会根据人们的需要发出行动的信号，情感、意志和心智模式都对行动进行不断调节，变成强大的精神力量，克服前进道路上的困难，并检验自己的看法是否正确。如果不正确，就需要改善心智模式，调整看法和行动，直到取得预期的结果。在企业中，所有的管理理论、管理方法，都会碰到心智模式这块暗礁的阻碍。不良的心智模式，会影响组织学习，得不到正确的看法。当个人的不良的心智模式发展成为群体的不良心智模式时，就会导致决策和行动的失误。

（3）心智模式对提高思维能力和认知水平有双重作用。思维能力包括思维活动的敏捷性、灵活性、深刻性、批判性和创造性，表现在反映客观事物的正确程度上和运用知识解决问题的速度和质量上。人在认识客观事物的过程中，实际上，在人脑中还存在一个看不见摸不着的内在运行机制。这种机制就是在一定心智模式的支配下，按照逻辑规则，把感觉、知觉、概念、判断和推理等组织起来的逻辑结构。它有发动、运作和转换思维方式的功能，包括选择信息材料发动思维活动；定义概念，做出判断，进行推理，使内在思维机制运转起来；改变判断形势，转换推理方式等。自古以来，人类就是在这种机制的作用下认识和改造世界，不断地提高思维能力和认识水平的。随着社会的进步，人们之间的沟通和交流加强了，思维能力和认识水平也加速提高。在当代，由于计算机和互联网的出现，使人们之间的沟通和交流变得更容易，范围更大，思维能力和认知水平的提高也变得迅猛和广泛。但是，不论变化怎样快和大，也无法摆脱心智模式这个“怪物”的纠缠，它对思维能力和认知水平的提高起着双重作用——既起积极的推动作用，又起消极的阻碍作用。只有不断地改善心智模式，创造新的心智模式，才能借助现代化的认知工具，快速提高我们的思维能力和认知水平。

2.2.2 修炼改善心智模式的基本原理

修炼改善心智模式的基本原理有：兼顾探询和辩护原理，逐步推论原理和拥护的理论与使用的理论原理。

1. 兼顾探询和辩护原理

（1）对探询和辩护的认识。探询是为了求得别人对自己的观点提出有益的建议，是面对面地讨论问题达到相互启发并修正和充实自己观点的目的。辩护是提出理由、事实等来证明自己的观点或行为是正确的、合理的，或错误的程度不像别人说的那样严重，达到赢得争辩的目的。探询可能使每个人都把自己的观点说出来，相互讨论与学习使观点接受公开的检验，但也可能有人隐藏自己真正的观点或依据，造成学习上的障碍。由此可见，单纯的探询所产生的效果是有限的；辩护能从反面提出证据，得出相反的判断，有可能全面地看问题。但是，辩护的双方都倾向于有选择地使用对自己有理的原始材料，只提出能证明自己观点的依据，或是选取有利于自己的推理，达到使自己观点成立的目的。两个擅于为自己的观点进行辩护的人，即使双方都抱着诚恳的态度，也不一定有什么好的学习效果。在这种情况下，“真理愈辩愈明”的命题是不能成立的。因为辩论的结果，除了“胜利者”的快感和“失败者”的沮丧之外，丝毫没有实际效果，彼此的观点都未改变，不会有学习的进步。由此可见，单纯的辩护所产生效果也是有限的。在企业中，往往重视辩才而忽视探询者，这是不全面的。管理者如果经常使用辩论的方法，自己俨然是“常有理”，就会把自己封闭起来，因为这样做的结果是使周围的人不敢向你说真话，你无法了解别人的想法，就不能相互学习。

（2）兼顾探询和辩护原理的内涵。兼顾探询和辩护的原理是指：将探询的方法和辩护的方法合并起来运用，以促进合作性的互动学习。这样做，通常都能取得比较好的学习效果。运用这个原理，可以用探询来终止无谓的辩护，可以了解辩护所提供的反面材料，从而使用全面的原始材料讨论问题。先陈述自己的观点，再倾听别人的观点，没有人隐藏自己的观点和观点背后的依据以及推理的过程。每个人的观点都要接受公开的挑战，各自找出自己观点中的错误或缺点的成分，在讨论中得出一个符合实际的正确观点。

如果彼此都能够敞开心扉深入地探讨问题，就可能产生创造性的观点。而创造性观点，对企业来说是非常重要的。运用这个原理，其前提条件是承认自己的思考和观点还可能有缺陷或错误，有寻求帮助的愿望；其必备条件是有开放的环境，包括不设防的氛围，不拒绝学习的态度等。运用这个原理的方法是：先陈述自己的观点，然后鼓励别人对自己的观点进行探询，当不赞成对方的观点时，应请对方详细陈述他的观点，对他的观点进行探询而不是为自己的观点进行辩护，以改善各自的心智模式。运用这个原理的进展，有时是顺利的，有时是曲折的，有时还需要暂停、待改善心智模式后再继续进行。

2. 逐步推论原理

（1）对逐步推论的认识。推论是运用逻辑语言进行推理的抽象思维过程，是间接认识世界并获得新知识的逻辑方法。逐步推论是相对于跳跃式推论而言的推理方法。跳跃式推论被彼得·圣吉称为“推论的阶梯”，是一种最常见的推理方法，往往也是导致错误结论和错误行动的推理方法。因为这种推理速度很快，别人只能看到知识推论阶梯底部的原始材料和阶梯顶端的结论部分，中间的推论过程是在头脑“暗箱”中进行的，快如闪电，以致来不及检验它是否正确，就跳到结论上去了。又因为对大量的原始材料往往不能全部观察到（据心理学家研究，人们同时关注的不同类变量，大约只有六七个），思维活动又常常以简单的概念代替丰富的原始材料。根据这样的概念进行判断和推理，如果不能识别它的片面性，就会得出片面性的结论。辨认跳跃式推论的方法是用逐步推论的方法。逐步推论的方法分为七个步骤，即原始材料—选择材料—解释和概括—做出假设—得出结论—确立信心—采取行动等，按照步骤顺序一步一步地进行推论并检验每个步骤是否正确，特别要重点检验那五个看不见的步骤。不论哪一个步骤有片面性或错误，其结果都必然是错误的。只有每个步骤都是正确的，推论的结果才是正确的。但逐步推论在企业中并不常用，常用的是跳跃式推论。如顾客对企业不断施加压力，尽量压价，企业营销主管就以为顾客考虑的是价格问题，而把质量看做是一个次要的问题。当主要竞争对手改善质量时，由于该营销主管已经把既定的看法当做“事实”而没有去改善质量，结果市场占有率迅速下滑。表面看来，这位营销主管是从顾客压价得出价格问题的判断，其实，他的思维是个跳跃式推论。应该用逐步推论的方法进行检验。检验的思路是顾客压价的表面现象—选择顾客压价作为思考材料—解释和概括顾客压价的原因—做出价格问题的假设—得出价格问题的结论—做出降低价格的决心并报告上级主管—准备降低价格。在这个跳跃式推论中，该主管的错误是未能透过顾客压价这个表面现象找到产品质量不能令顾客满意的本质，导致选择材料片面、以偏概全、假设不准，结论错误、信心偏颇和行动失误等一系列错误。

（2）逐步推论原理的内涵。逐步推论原理是指：逐步反思推论过程是否符合逻辑要求，逐步检验推论步骤是否符合实际情况。首先要识别推论是不是跳跃式的。其次，如果是跳跃式推论，就要按逐步推论的方法来反思推论过程，包括：检查推论过程是否完整？原始材料是否齐全？选择的材料是否反映了问题的本质？概括材料是否准确？做出的假设是否客观？

得出的结论是否正确？下定的决心是否根据充足？采取的行动是否有效？最后，让推论过程透明化，请尽量多的员工参与检查和验证，并探询他们的观点和依据。如果发现偏差或错误，就要重新按照推论步骤进行检验和修正，直到确有把握，才能付诸行动。这种逐步检验推论步骤的过程，实际上就是改善心智模式的过程。

3. 拥护的理论与使用的理论原理

（1）对拥护的理论与使用的理论的认识。拥护的理论是指导企业行为的一般理论，是我们所学所说和所宣传的理论，如邓小平理论。使用的理论是操作企业行为的具体理论，是企业个性十分鲜明的理论，如本企业的经营战略。拥护的理论和使用的理论之间是一种辩证的统一关系，既有区别，又有联系。从区别上看，一般理论所解决的是普遍性的问题，具体理论所解决的是特殊性的问题。从联系上看，由于特殊性中包含着普遍性，所以，一般理论也能解决特殊性问题；又由于普遍性不能完全涵盖特殊性，所以，一般理论又不能完全解决特殊性问题。要完全解决特殊性问题，还要找出一般理论无法解决的具体理论，即找出特殊性中没有被普遍性所涵盖的剩余的那部分特殊性。这部分特殊性就是本企业不同于其他企业的个性。能够解决这种个性的理论，就是具体理论。这样，就得出一个公式：一般理论 + 具体理论 = 本企业使用的理论。

结合上述举例，通常可以这样表达：以一般理论为指导 + 本企业为实现战略目标的谋划 = 本企业经营战略。在实践中，我们使用的理论中包含着一种较为深层的企业固有的心智模式。

（2）拥护的理论与使用的理论原理的内涵。拥护的理论与使用的理论原理是指：在企业经营管理中，企业的行为未必总是与我们拥护的理论相一致，但本企业的行为必定与使用的理论相一致。我们学习的目的，不是为了获得某种新的语言、概念和理论，也不是为了产生某种新的思想，而是为了改变我们的行动。为了改变我们的行动，就要学习理论，获得新的语言、概念，就要创造新的思想和理论，就要承认在我们拥护的理论与使用的理论之间存在差距。这种差距的产生，是因为我们期望行动能产生更好的结果。在我们拥护的理论中，可能有一部分正是我们的共同愿景。而愿景和现状之间的差距正是创造性张力的来源。面对差距，如果我们能够真正重视我们所拥护的理论，并使其中的一部分成为我们的共同愿景，或成为倡导共同愿景指导思想的话，那么，这个差距就不再是愿景和现状之间的差距，而是具体化为目前行动和期望行动之间的差距，这是一方面。另一方面，只有看清这种差距，才能有学习的动力，进行有效的学习，并找到我们所需要的使用理论。找到所需要的使用理论比较困难，因为“眼睛看不见自己的脑壳”“当局者迷，旁观者清”，所以，应当聘请外部专家，帮助企业寻找所需要的理论。

2.2.3 演练改善心智模式技术的方法和途径

修炼的任务是把隐藏在经营管理背后的心智模式找出来，让它浮出水面，用集体学习的方法探讨它、检验它，把它改造成适合企业工作需要的心智模式。以它为基础，产生富有创造性的构想，改变行动，取得好的效益。修炼的条件是管理者要从权威角色转变为学习的设计师，从崇尚权利控制转变为相信员工的自我管理。员工要树立自主管理的思想，创造性地完成工作任务。修炼的主要途径是在生产经营实践中掌握改善心智模式的技术。修炼的方法很多，如检验法、凝聚法、未来情景法、系统思考法和电脑模拟法等。修炼的工具和技巧有反思、探询、对话、开放和“左手栏”等。反思是在行动后思考做过的事，从中总结经验教训，以便下次做得更好。反思时可以放慢思考过程，以发现心智模式是如何形成并影响行动的。探询是开展对话活动，相互探问对方的观点、观点的依据和推理过程，以便互动和彼此分享。反思和探询是改善心智模式的核心技巧，对话是两个或更多的人之间的交流谈话。对话应遵循如下原则：探询别人的看法；设身处地为别人着想；找出改进对话的方法；事后检查自己的对话内容等。开放是解除禁忌，以容纳的心态面对沟通、对话和研讨等集体交流活动，克服自我封闭的毛病。“左手栏”是为考察心智模式如何运作而专门设计的检验方法。其要点是：在一张纸的左右两栏，分别写出在对待一个具体问题上，自己所说的话和心里想的话；从两者的对比中，找出心智模式运作过程中的症结所在，以便改善心智模式。改善心智模式的方法主要有以下三种：不断改进心智模式、凝聚共有心智模式和管理心智模式。

1. 不断改进心智模式

心智模式的缺陷，如自我感觉良好、习惯性防卫、归罪于外等，会影响我们对事物的正确看法。检验心智模式为我们提供了一个自我认识的方法和改善心智模式的途径，同时，这个过程又是改造旧的心性，锻造人性的过程。从另一个角度说，心智模式就是一种简化了的假设，既是假设，就有检验它是否正确的必要性。的确，检验自己的心智模式是一件比较困难的事，但是，为了使自己能够正确地行动，避免损失，就应该下力气先检验一下自己的心智模式。检验个人心智模式应用的原理有：兼顾探询和辩护原理，逐步推论原理以及拥护的理论与使用的理论原理。检验的步骤有三：

（1）自我检验心智模式。运用的技巧主要是反思，把隐藏在行动背后的心智模式找出来，总结思考问题的经验教训，改善心智模式，以便调整今后的行动。行动中边做边想，随时把隐藏在行动背后的心智模式找出来，在行动中改善心智模式，在改善心智模式中调整自己的行动。其过程是：首先，要打开自己心灵的门窗，摊开自己的心智模式，自己分析在解决某个问题时的依据、程序、规则、方法和看法，使它们在脑海里一一呈现；其次，审视心智模式的每一个层面，推理的每一个步骤，看看在哪些层面上存在偏差和错位，哪些程序违背了逻辑规则；最后，找出偏差和错位的原因，采取措施加以纠正，并根据纠正后的心智模式再思考一遍，看看结果会有什么不同，从而达到改善心智模式的目的。

（2）求助他人帮助自己检验心智模式。首先向对方坦诚说明自己分析解决某个问题时的思考方式和推理过程，让对方了解自己的心智模式；其次，邀请对方检验并指出自己心智模式中存在的偏差和错位；最后，虚心地思考或接受对方的意见，改善自己的心智模式。

（3）借鉴他人的心智模式。首先请别人说明他分析解决某个问题的思考方式和推理过程，看看别人是怎样从原始材料一步步推出结论并采取行动的，有什么优点和不足，再探讨别人思考问题的诀窍，从中借鉴有益的东西，改善自己的心智模式。

改善心智模式不是一劳永逸的。因为环境的变化会使原有的心智模式与现状拉开距离。如果不能及时地改善心智模式，就会在分析和解决问题时出现错误。有时，碰到新的问题，又可能使已经改善了的心智模式退回到原来的心智模式。所以，改善心智模式是一项经常性的任务。一个企业，改善高层管理员的心智模式最为重要。如果他们能不断地改善心智模式，就会影响和带动身边的管理人员改善心智模式。管理人员又会影响和带动所属的员工改善心智模式。这样，就会在员工间频繁地出现互动，能够较快地形成企业共有的心智模式。

2. 凝聚共有心智模式

有时，一个好的构想不能付诸实施，原因很多，其中之一就是因为员工心智模式与构想相互抵触，缺少一个共有的心智模式，员工的心智模式可以是多种多样的，但企业必须有共同的心智模式。这样，就出现了一个如何凝聚心智模式的问题。共同的心智模式之所以重要，是因为它提炼了员工心智模式中的共同部分，升华为共有的心智模式，产生集体的智慧，使员工们同心协力，为企业目标而奋斗。凝聚共同心智模式的方法有四：

（1）兼顾反思和探询法。此法是应用逐步推论原理、兼顾探询和辩护原理进行的。既可以在实践中，也可在集体学习中凝聚共有的心智模式。在实践中，把工作当成学习过程，把学习当做工作的一部分内容。一个团队，整个企业，对待同一个问题，会有多种多样的心智模式，凝聚的关键步骤是引导员工敞开各自的心智模式。由于这些心智模式是各种各样的，所以，更便于反思和探询，能够起到相互启发和相互修正的作用，渐渐地就会形成共识。再经过实践的检验和完善，能够最终形成一致的看法。这背后，就隐藏着经过不断凝聚而成的共有的心智模式。

在共同学习中，当个人经过反思得到了某种新的观点，并想通过探询进行验证的时候，就需要进行模拟实验。可以用多媒体进行模拟仿真实验，也可向更多的人征求意见。最简便的方式，就是将对同一问题进行反思的员工集中起来，进行面对面的探询和讨论。每个人都各抒己见，公开自己的心智模式，使相互差异矛盾的观点都暴露出来，并进行交锋。当大家都感到没有哪一个观点能代表问题的全部真相时，就会反思并发现自己的观点有片面性，就会自动地改变自己的心智模式。在继续讨论的过程中，就可以激发出一种新的为大家所接受的观点。新观点的出现标志着大家的心智模式有了新的改善和凝聚。如果企业的每个层次、每个团队都能这样做，企业共有的心智模式就会凝聚起来。这样，在外部环境逼迫企业不得不做出重新思考之前，就已经凝聚出了新的心智模式，当然也就提高了企业应对环境变化的能力。

（2）兼顾辩论与探询法。企业经营管理人员都应有辩论的才干，特别是经理，以便在商务谈判中维护本企业的权益。当企业发展很快或遇到危机，不得不处理许多环环相扣又不知道答案的复杂问题时，最好的办法就是通过集思广益来寻找答案，这就需要使用兼顾辩论与探询法。兼顾辩论与探询法就是在维护自己的主张和探询别人意见之间寻找一种平衡的方法。这种方法运用的是兼顾探询和辩护原理。这一方法，一般是由负责某一方面工作的管理者召集有关人员参加的讨论会。会前，管理者需先进行一番调查和思考。提出解决问题的初步方案或想法。在会上，首先由该管理者陈述自己解决问题的主张，并摊出自己的心智模式。然后，以平等的身份，诚恳的态度，向与会者征询意见。看看哪些地方有道理，哪些地方缺乏根据，什么地方还有改进的余地。与会者应以对企业负责的态度，针对管理者的主张和心智模式发表各自不同的观点，并就中心议题进行交锋，展开辩论。在辩论中应避免固执己见和自我封闭，不然，会使大家无法在观察中得到学习。要有理有据地阐述自己的观点和反驳别人的观点，不断地质疑、探询、辩论、求同和融合。在陈述自己观点时，要公开检验自己的根据、推理和结论，主动透露自己观点中最薄弱的环节，提前排除反对者的目标。探询别人的意见时，应当要求对方公开其思考过程，以便与自己的假设进行对比，看看在有区别的地方能否给自己以启发。对自己不同意的观点，应注意聆听，体会其含义，分享不同的心智模式，并提出自己的疑问及其产生的原因。当出现僵局时，要各自理清自己的思路，从分期背后的心智模式中寻找突破口，打破僵局。如果找不到打破僵局的办法，就暂时休会，回去看看相关的资料、审视自己的观点，过一段时间再讨论。有时要经过几次反复才能找到解决问题的答案。这个答案可能是管理者最初方案的丰富和发展，也可能是与会成员集体思考的结晶。

（3）未来情景想象法。一般地说，企业高层主管都习惯使用几种比较固定的心智模式来解决企业的各种问题。经验证明，这些新型模式并不是对所有的问题都灵验。企业中最关键的心智模式时董事会和经理班子的心智模式，如果不能与时俱进，企业的经营管理工作就会落伍。未来情景想象法就是帮助高层主管改善心智模式的一种方法。未来情景想象法是在企业现状的基础上，对各种经营管理要素经过打破常规的重新组合，创造出一种新的想象方法。它不是用调查研究的方法来预测企业未来会发生什么事，而是用想象的方法来设想企业未来将要发生什么事，并从这些想象中发展出若干种应付未来的心智模式，设计出在可能出现的未来情境下，如何管理企业的几种战略。这是一种高瞻远瞩的艺术。具体做法可分为如下几个步骤：

一是成立隶属于总经理的未来情景想象小组，通常以8~20人为宜。成员应熟悉企业经营管理的历史与现状，对宏观经济形势有深切的了解；形象思维丰富；职位高低不限。

二是小组从企业现状出发，想象未来可能出现的各种情景，一一列出。在这些想象中，有些有确定的因果关系，可以预测未来发展的界限，可以找到答案。有些是不确定的因素，找不出直接的因果关系，不知道答案。但是，正是这些不确定的因素，可能是企业未来遇到的坦途或暗礁，必须做出重要的决策。因此，要把它们作为想象的重点，设计相应的预案。

三是逐个分析所列出的各种情景。首先，由小组成员进行个人分析，然后集体讨论，最后做出结论。因为每个人都是按照自己的心智模式进行解释的，所以得出的解释必定是各种各样的。讨论时，要区分个人解释的相同部分和不同部分，结论是个人解释相同部分的集合，也是共同心智模式的集合。这个步骤的分析、讨论和总结过程，就是凝聚小组成员心智模式的过程。

四是提出设想和对策。提出设想，要从企业最关心的问题中，筛选出二至四种作为基本设想，并分别设计出相应的方案。为了提高基本设想和对策的准确性，可以向企业内部有关部门和基层管理者征求意见，也可以利用多媒体进行仿真实验之后，再征询意见。根据所得的意见和实验结果，进行反复讨论和修改，最后形成成熟的方案，提供给董事会或经理班子备用。这种基本设想和对策，实际上就是已经改善了或是新创作的心智模式的产物。不管未来出现何种情景，有了备用方案，有备无患，利大于弊。如果所列的集中方案都未出现，也会使高层领导意识到目前影响企业各种力量，促进管理者的学习，改善他们的心智模式。如果未来出现的情况正是所列出的某一种情境，高层领导不仅会敏锐地感觉到，而且会立即采用事先备好的对策去回应，企业就能获得比竞争对手抢先一步或几步的优势。

（4）整合心智模式和系统思考法。心智模式是系统思考的助推器。不了解心智模式，就不能培养系统思考。系统思考如果没有心智模式的改善，就会大大减弱它的力量。这就是整合心智模式和系统思考这两项技术不可或缺的原因。这两项技术能够很好地结合在一起。因为心智模式所专注的是暴露隐藏在心中的假设；系统思考所专注的是重新架构假设以发现问题的真正原因，两者在解决同一问题时发挥着互动互补、相辅相成的作用，二者的合力远大于“1+1”。在经营管理实践中，心智模式对于系统思考来说是非常重要的，因为根深蒂固的心智模式阻碍着系统思考所产生的变革，所以，管理者必须经常反思和改善自己的心智模式，否则，系统思考就不能发挥应有的作用。如果管理者主观地认为自己的看法就是事实，而不是假设，不但不会质疑自己的看法，而且还会误认为系统思考只是使用图形来建立管理模式，而不去改善心智模式。系统思考对于心智模式来说也同样重要。从系统思考的角度来看心智模式，会发现它有很多缺陷，如心智模式常常漏掉重要的原始材料，由于时间滞延而判断错误，只看见明显的解而不看到高杠杆解等。系统思考能从心智模式的缺陷中看出团队的诸多心智模式中何者最弱，是亟须改善的。整合心智模式和系统思考的好处是：能改善心智模式，改善思考方法，从以事件为主导的心智模式转变为以事件背后的结构为主导的心智模式。使管理者从片面的思考方式转变为系统的思考方式，看到整个企业的变化形态，做出长期有效的正确决策。运用系统基模来调整技术、产品和市场等关键要素的搭配，使企业长生不衰。

3. 管理心智模式

企业的心智模式是可以用制度的方式和非制度的方式进行管理的。要落实改善心智模式的成果，需要建立一套机制。当机制运转起来时，员工的、团队的、企业的心智模式，就被纳入整个管理体系之中了。机制有三：

（1）把编制生产经营计划视为改善心智模式的启动器。在这里，重要的不是编制计划指标体系本身，而是把编制计划的过程作为学习的过程。过去一年的经验教训对新一年有很大的借鉴作用；新一年的成功有赖于管理者不断地改善心智模式。计划的制订过程正是改善管理层、计划部门对企业对市场所持心智模式的最好时机。管理层心智模式的改善好比一个巨大系统的启动器，可以牵一发而动全身。这就能够促进整个企业的学习，使全体员工团结一致地为实现生产经营计划而努力奋斗。

（2）将改善心智模式与企业文化建设相组合。企业文化可以看做是企业共有的心智模式。企业文化的建设和企业共有的心智模式都是能够管理的。企业文化建设的核心内容是企业的经营哲学、企业精神和价值观。它积淀在人格化的企业心灵之中，潜藏在员工心里，形成一种看不见摸不着的“暗物质”，却能促进或制约企业的发展。传统的企业管理，主要靠各级管理者，学习—创新型企业的管理，主要靠全体员工的自主管理、特别重视企业民主、分权、奉献和创新精神。这两种管理有很大的区别，如从价值观角度看，在传统企业里，反映情况要看领导者的脸色，奉献是做领导想要做的事，分权是干领导不愿意干的细枝末节的小事。在学习—创新型企业里，反映情况是说自己想说的话，奉献是以企业最高利益为评价标准的大事，分权是使用管理工作应有的权力。这些在企业管理中看似小事，却反映了两种截然不同的心智模式。将心智模式与企业文化相结合，就是以企业文化为载体，通过对企业文化的管理来管理企业的心智模式。

其表层文化能对企业的心智模式起一种激励作用，其中层文化能对企业的心智模式起一种约束作用，其深层文化能对企业的心智模式起一种导向作用。企业的心智模式就是通过这种激励、约束和导向作用来管理的。

（3）建立企业内部非正式磋商系统来改善心智模式。内部非正式磋商系统可采用类似于内部“董事会”的机制。它只是从外部给基层经营管理者提供咨询和建议，而不是下指令，不是控制，用咨询的方式来帮助基层管理者改善心智模式，达到提高决策水平的目的。非正式磋商系统可以在如下三个层次建立：一是在总公司经理与分公司经理之间；二是在分公司经理与所属部门负责人之间；三是在部门负责人与所属车间、班组之间。每个层次的人数，以 2 ~ 5 人为宜。人员相对固定，分别定期聚会，形式多样，气氛宽松。彼此视为伙伴关系，而不是上下级关系。磋商是漫谈式的，也没有固定的议程。大家敞开心扉，从广阔的视野共同探讨下级决策者的心智模式，寻找改善的途径和方法，最后也不做出任何决定。磋商应遵循的原则：没有神圣不可侵犯的心智模式，有的只是改善心智模式的哲学；不同的心智模式可以共存，但都要经过实践的检验；用自己的心智模式做出决策，执行的效果最好；不要把自己偏爱的心智模式强加给别人，而是摊出来任凭别人取舍。改善心智模式的目标是让全体员工都养成求同存异历久自明的心态。

2.2.4　我国企业需要更新和改善哪些心智模式

对我国企业来说，首要的任务是更新某些心智模式，然后才是改善心智模式。原因是我国刚从计划经济体制走出来不久，旧体制所形成的心智模式历久不衰，至今还影响着我们的认识。在思想上划清、更新和改善心智模式这条界限，是强调我们需要抛弃计划经济时代的心智模式，但在实践上则难于界定。在实践中，不管是计划经济的，还是市场经济的心智模式，只要阻碍我们的认识，都需要改善。在经济体制和心智模式之间也有一个辩证的统一关系：一方面，经济体制决定企业的管理方式，进而决定企业的心智模式；另一方面，心智模式反过来又制约着企业管理方式和经济体制模式。计划经济体制下的企业，由于把生产同交换、分配和消费这个有机系统隔断了，使得心智模式变得非常狭窄和短浅，是一维的、封闭的、保守的心智模式，就像把员工都圈在一个死胡同中转来转去。因此，随着经济体制的改革，企业管理方式的转变，既要更新相应的心智模式，又要不断地改善心智模式。对创建学习一创新型企业来说，这两项任务都非常迫切。那么，我国企业从大的方面说，需要更新和改善哪些心智模式呢?

1. 继承优良传统、实现心智模式的现代化

在我国，儒道互补的传统心智模式中，突出的特点是把世界作为“天人合一”的整体来感觉、体验和领悟，而不是分析和综合。优点是整体性和包容性，具有朴素的形象思维和直觉思维的特点。缺点是缺少逻辑思维，具有封闭性、保守性和折中性；在继承传统的过程中，自应扬长避短。我国古代的模糊整体体验的直觉思维，早已打破了牛顿力学中作用力等于反作用力的二元对立思维模式，也突破了线性思维模式的禁锢，却与现代物理学的场论框架相一致。这种心智模式对我国发展现代科学技术非常重要，尤其应该发扬光大。实现心智模式的现代化，是我国企业角逐世界市场的先决条件之一。更新知识、技术，同时，也要更新心智模式。当代高新技术的竞赛，从思维科学上讲，就是心智模式的竞赛。更新心智模式不可能是自发的，必须加强这方面的教育培训，借助我们熟悉唯物辩证法的优势，学习马克思主义逻辑思维，改造和发展传统的形象思维和直觉思维，实现从封闭向开放的转变，从一维向多维转变，从求同向求异转变，从形而上学向辩证思维转变，逐步发展成有中国特色的现代思维科学。

2. 变一维的单向的心智模式为多维的系统的心智模式

经济体制的改革，使企业由生产型转变为经营型，这就恢复了生产与交换、分配、消费之间的多重联系，使企业成为有多重要素、多重联系的社会系统的一个组成部分。面对这种复杂的情况，企业就要更新和改善

多维的而不是一维的，系统的而不是片段的心智模式。只有这样，才能处理好企业内部的各种关系，实现管理科学，不断增强企业活力；也只有这样，才能处理好企业与顾客、企业与市场、企业与企业、企业与政府的各种关系，把企业的经济效益与社会效益联系起来。

3. 变静态的抗变的心智模式为动态的多变的心智模式

建立现代企业制度，使企业由国家直接管理转变为企业法人管理，这就把企业从政府的怀抱推向了市场的汪洋大海。企业必须依靠员工群策群力，充分利用外部环境提供的机遇求得生存和发展。而企业的外部环境，特别是市场环境是动态的瞬息万变，“一着不慎满盘皆输”。面对这种情况，企业必须更新和改善为动态的而不是静态的、多变的而不是抗变的心智模式。只有这样，才能遨游于波涛汹涌的国内国际市场之中。

4. 变保守的习惯的心智模式为创新的开拓的心智模式

由于世界经济一体化的发展，科学技术的进步，特别是我国加入世界贸易组织后，市场竞争空前加剧。一个小小的失误，就可能导致险象环生。要适应这种变化，必须在经营战略、技术开发、组织结构等方面不断地改革和创新，不然就有出局的危险。传奇式的日本连锁企业八佰伴几乎是一夜之间倒闭，同行为之震惊。面对这种形势，企业必须更新和改善为创新的而不是保守的、开拓的而不是习惯的心智模式。只有这样，才能把企业内部的组织结构等看作是经常变动的，企业管理模式是不断创新的。也只有这样，才能把企业局部利益和社会的整体利益，企业的短期目标和长远目标统一起来，使企业在不断开拓创新中持续发展。

心智模式这项修炼，乍看起来，是属于知识性的修炼；实际上，它是五项修炼中最实际、最基础的修炼。它能提供给解决问题的最好答案，提高个人、团队和企业的应变能力。但是，这项修炼的难度也大，因为很难把反思和探询等技巧融入我们的思考、情绪和日常行为中去。有时在对话、讨论中、特别是在深度会谈中，会引发出对立和紧张的情绪，需要控制节奏来缓解情绪。最好是在新的心智模式还未成为团队的心智模式之前，设计小型的实验来检验它是否有好的效果。效果好，才能使它成为团队的心智模式，否则，再去另外寻找好的心智模式。新的心智模式创造出新的工作态度。新的工作态度，才能坚持改革，并取得实际效果。实践证明，只有当想象与行动结合时，才能创造出新的心智模式。只有整个团队、整个企业都能改变和创造新的心智模式时，团队和企业的工作才会有“柳暗花明又一村”的景象。

集体训练个人愿景

目的：找出个人的愿景和现状之间的差距，并从中激发出个人的创造性张力。

方法：针对愿景的每个层面，用书面形式回答下面的问题。不要掩饰问题，也不要夸大成绩。问题回答完毕，由个人思考，不要集体讨论。答案由个人保留。只要学会方法就达到了练习的目的。（可在每年生日前后或新年前后，由个人来做。每年比较一下，看看有什么变化？）

问题：

（1）自我形象：目前的自我形象怎样？我的愿景有没有改变？

（2）财产：和我的愿景相比，我所拥有的财产状况如何？我对财产的愿景改变了吗？

（3）家：我对现在的住房是否满意？我对居住环境的愿景改变了吗？

（4）健康：我对健康状况如何？我对健康的愿景改变了吗？

（5）人际关系：我在婚姻、友谊等方面的状况如何？我对人际关系的愿景改变了吗？

（6）工作：我目前的职业状况如何？我对工作和事业相关的愿景改变了吗？

（7）社群：我归属哪一种社群组织？我对党团组织的愿景改变了吗？

（8）人生目标：我的人生目标是什么？现状如何？我对人生目标的愿景改变了吗？

集体演练“左手栏”工具

目的：明白有哪些隐藏的假设主导了我们的谈话，阻碍了实现目标。发展出更有效的方式来讨论这些假设。

方法：每人一张八开白纸，在中央画一条竖线，分成左右两栏。回想前不久的一次重要谈话，将当时所谈和所想的话分别写入左右两栏，并进行分析。训练重点是学会使用这一工具。

步骤一：选择问题。尽量选择人际关系问题，如你和亲密的同事在某个问题上无法达成共识，或团队对关键的问题不重视等。

步骤二：右手栏记你们所说的话，是确实发生过的对话内容或是确实会发生的谈话内容。如：我说……；他说……

步骤三：左手栏记你的想法，写你在谈话时的想法或感觉（会带来影响的想法可不写）。如：我想……；我感觉……

步骤四：反思，检验你的思考过程。问自己：为什么会有这样的想法和感觉？当时有什么目的？目的达到了吗？你的话对问题有什么影响？你对对方有什么假设？阻碍你不想说出来的原因有哪些？你付出了什么代价？有什么收获？如何改善双方之间的对话？

搁置一周，再重新看看这些内容，可能会学到更多的东西。

第3章
共同愿景和团队学习

- 共同愿景的建立
- 团队学习的原理、方法和技巧
- 深度汇谈的要求和演练

SECTION 3.1

共同愿景的原理及其演练方法

3.1.1　共同愿景：全体员工希望之所在

共同愿景是企业全体员工“共同愿望的景象”，希望创造的未来情境，是“心中一股令人深受感召的力量”。共同愿景的英文本意是“大家共同分享共同愿望的景象”。正如个人愿景是员工个人心中向往的未来景象一样，共同愿景是全体员工共同向往的未来景象。开始时，它可能是被某种想法所激发，或是对外界刺激的某种回应。一旦发展成为员工的衷心愿望，就不再是某种想法或刺激了，而是具体存在的景象，成了全体员工的希望所在，这就是共同愿景。共同愿景是指由全体员工想要创造的具体景象所激发出来的渴望和力量。它是全体员工愿意为之奋斗的具有挑战性的工作目标。既能说明工作目标的理由，又包含着目标背后的价值观。经营战略是规划企业未来发展的行动纲领，也描写未来的目标和景象，但它不是共同愿景，因为经营战略过于超前和抽象，不容易成为员工发自内心的愿望，只是它所揭示的方向引导员工建立共同愿景。行动方案是完成任务的计划，是员工发自内心的愿望，但它也不是共同愿景，因为行为方案过于具体且近在眼前，不是员工未来向往的景象。共同愿景是一种吸引每个员工的行动理念，具有号召力和凝聚力，并靠全体员工的奉献来支撑。

1. 内涵：未来景象、价值观、使命感、目标和任务

构成共同愿景的要件有四个：

一是企业的未来景象。包括产品、市场份额、销售、利润和员工个人的好处等。

二是企业价值观。价值观不同，追求的愿景不同，追求的方法途径也不同，因而导致最终的结果不同。只有正确的价值观，才能既重视企业的利益，也重视员工的利益以及社会乃至全人类的利益。

三是使命感。由于员工明确企业存在的理由和意义，工作任务与想要创造的未来景象密切相关，所以，员工具有使命感，在工作中不断创造高效率。

四是目标和任务。在实现共同愿景的过程中，员工通过一个个工作任务和阶段性工作目标的完成，逐渐接近并最终实现共同愿景。目标和任务有驱动力，引发员工的聪明才智，奉献精神。员工在实现企业目标的同时，也实现了个人目标。

共同愿景中所包含的的未来景象、价值观、使命感以及目标和任务是相互联结的有机整体。价值观和使命感支持并制约着未来景象，未来景象一旦确定，又强化了使命感和价值观。未来景象决定着目标和任务，价值观又决定着目标的选择和实现方式，使命感给目标的实现以承诺和动力支持。可以说，共同愿景是全体员工的需求、欲望、价值观和理想信念的结晶体，并随着企业的发展而改变具体内容。

2. 作用：增强企业生命力

建立共同愿景的目的是凝聚全体员工的想象力，培养员工对企业的长期承诺，主动奉献，提高企业的生命力。共同愿景的作用体现在如下四个方面：

（1）它是员工与企业的黏合剂。一般地说，企业战略目标总是具有挑战性的，它要调动内部各种要素，克服各种困难，主动迎接市场竞争的挑战。而迎接挑战的基本力量来自全体员工。如果员工没有迎接挑战的共

识，再好的经营战略也无力无法在市场竞争中角逐，共同愿景正是凝聚全体员工的共识，并且是与企业的战略目标达成一致的黏合剂。因为共同愿景使企业和员工之间拥有共同的愿望、目标和价值观，能把员工的共同愿景和企业的战略目标合成为一体，并激发职工为共同愿景的追求，为超越个人利益而努力奋斗。同时，共同愿景还能改变员工和企业之间的关系。由于员工认识到单靠个人奋斗很难实现个人愿景，只有凭借团队和企业才能更好更快的地实现个人愿景。因此，员工把企业视为实现个人愿景的载体。在共同目标的指引下，使互不相识的员工结成工作的伙伴关系，相互支持、相互帮助，并对企业产生认同感、归属感和一体感。变“这是国家的企业”为“这是我们的公司”，与企业共命运。由于利害关系一致，自然会自动地在共同愿景的指引下，为企业也是为自己工作。

（2）共同愿景能产生强大的驱动力。正如自我超越能产生创造性张力一样，共同愿景也能产生这种力量。建立学习一创新型企业的目的，不是为了单纯地去追求动人的愿景，而是为了不断地检查愿景和现状之间的差距，从而产生完成工作任务的动力。当员工看清现状与经营目标的差距时就会产生一种勇气和力量，愿意去做能实现目标的任何工作。这种力量有时大得惊人，不仅能使企业在顺境时锦上添花。而且也能使企业在困境中重振雄风。能够激发这种力量的两种不同的因素：一是渴望——正面愿景，产生学习动力，发明创新。另一种是恐惧——负面愿景。当企业出现危机时，由于害怕愿景实现不了，一切利益都要落空而使员工空前地团结起来，承担风险，使企业在短期内出现超常的变化，重振雄风。

（3）共同愿景能激发员工的学习动力和创新精神。有共同愿景，就能看到共同愿景和现状之间的差距，使员工认识到在前进的道路上还有许多困难需要克服，许多阻力需要排除，许多问题需要解决。这些困难、阻力、问题提供了学习的焦点，能激发员工的学习欲望和动力。没有愿景的学习，只能是适应性的学习，只有追求共同愿景的学习，才能激发不屈不挠的学习精神。改善心智模式，找到克服困难、排除阻力和解决问题的办法。

（4）共同愿景能激发员工为成就一番事业做出奉献的渴望。共同愿景的深层次内涵是共同的价值观，回答企业的终极目标问题，但这只答对了一部分次要内容：第一位的目的是为社会创造更多的使用价值；第二位的目的是为全体员工实现人生价值提供一个平台；第三位的目的才是赚取足够的利润，以回报股东、员工、社会和维持企业的生存发展。当经营者和员工真正认识到这些才是他们所要成就的伟大事业时，就明白了还有比共同愿景更加崇高的使命，就会积极学习、努力工作，无私奉献。

3.1.2 修炼共同愿景的基本原理

修炼共同愿景的基本原理有全像原理、奉献与服从不同原理。

1. 全像原理：拥有共同愿景，保存个性差别

（1）全像是指全像摄影技术，特点是一次能拍出多张相同的照片，主要用于印刷制版和大规模集成电路中精细纤维电路的大量复制工作中。这种照相机是模仿蜻蜓的复眼原理制成的，蜻蜓的眼球不能转动，表面是一层较软的半透明角膜，构造精巧，功能奇特。每只眼球由两万多个六角形的“小眼”紧密排列组合而成，每只小眼都能单独看见东西，叫复眼。虾、蟹、蜂、蝇等也都是这种复眼。由于复眼是由许许多多的小眼角膜组成的，每个角膜都有自己的光学系统和感觉细胞，所以能够独立成像。科学工作者参照这种原理，用千百个光学透镜制成复眼照相机，一次拍千百张相同的照片。如果分割它的底板、即使分割得很小，每块底片仍能显现出整个物体的影像。这就是全像摄影技术。

（2）管理学的全像原理是指：把共同愿景和个人愿景的关系比喻为全像摄影的大底片和小底片的关系。大底片能够反映整个物体的影像，如同共同愿景能够反映企业未来的整体景象一样。小底片也能反映整个物体的影像，如同个人愿景也能反映企业未来的整体景象一样。正如复眼照相机那样，共同愿景也是由全体员工的个人愿景汇聚而成的。所以，每个员工都能从共同愿景中看到自己的个人愿景，此其一。其二，因为全像摄影被分割的小底片都是从不同的角度反映整个物体的影像，所以每个影像之间又存在着细微的差别。因为每个员工都是从不同的角度观看共同愿景，所

以每个员工所看到的共同愿景也存在着细微的差别。

这个道理，也可以用马克思主义哲学关于矛盾的普遍性（共性）与矛盾的特殊性（个性）的原理来解释。员工的个人意识是个人在社会实践中形成的，由于社会关系的错综复杂，造成了个人意识的千差万别，具有鲜明的个性。因此，在个人意识基础上所形成的个人愿景也是千差万别的。群体意识是由一定范围人群的个人意识经过相互作用和相对集中而形成的，在群体意识基础上所形成的共同愿景也是相对集中的。由于特殊性中包含着普遍性，普遍性存在于特殊性之中，特殊性的内涵大于普遍性的内涵。同理，个人愿景中包含共同愿景，共同愿景存在于个人愿景之中，个人愿景的内涵大于共同愿景的内涵。换句话说，共同愿景和个人愿景之间，一方面是相似的，没有本质上的差别；另一方面，又存在在细微的差别，这种差别就是员工之间彼此不同的个性。在共同愿景建立后，全体员工和企业拥有一个共同的愿景，同时，又保存着每个员工愿景的个性差别。

2. 奉献与服从不同的原理：区别差异，做好转化

（1）对奉献与服从的认识。奉献是把自己持有的实物、力量和智慧献给自己愿意奉献的对象，如国家、集体和个人。它不单是一种投入和付出，更重要的是一种精神和思想境界，觉得自己为某种目标的实现负有责任，必须尽一种义务才能感到满足。奉献与贡献的意义相近，封建社会中，臣民把珍贵的物品进贡给君王或皇帝，并非出于真心。因此，我们使用“奉献”这个概念，才能体现出学习一创新型企业中人们之间的平等关系。“服从”是指按照并服从他人、组织和国家权力机构的要求、指示或命令，是被动的行为。奉献和服从是两个不同的概念。

（2）奉献与服从不同原理的内涵。奉献和服从不同原理是指：员工对共同愿景的支持程度不同。奉献不仅是主动地献出，而且是一种崇高思想境界的表现，觉得自己为共同愿景的实现必须负起责任，而共同愿景的驱动力又使他们兴奋。为了实现共同愿景，能完成他们原来完不成的工作任务。服从是按照他人的要求被动地去做不愿意或不喜欢的工作，限制了主

动性。服从具有层次性，对共同愿景的支持程度也不同。真正的服从，是看到了共同愿景的好处，心甘情愿地去做所有被要求做的工作，而且态度认真，做得出色，是一种事实上的“奉献”。适度服从，是大体上看到了共同愿景的好处，能做所有被要求做的工作，也愿意对企业有奉献，是个不错的员工，但仅此而已。勉强服从，是未看到共同愿景的好处，不得不做符合要求的工作，会做而不愿意做，应付差事，只是生计所迫，不得不做。对共同愿景既不支持，也不反对，对工作既不感兴趣，也没有干劲，出勤不出力，“当一天和尚撞一天钟”。不服从，是看不到共同愿景的好处，不愿意做被要求的工作，“死猪不怕开水烫”，他们对共同愿景持反对的态度，成为实现共同愿景的阻力。由于传统企业领导把服从作为对员工的基本要求，靠员工的服从来进行指挥和控制，所以单从工作表现上难区别真正服从和奉献之间的差别，有时会把真正服从者误认为是奉献者。但是，如果从工作动机上看，区别则是明显的。因为真正服从者只是看到了共同愿景的好处，并不是为了实现共同愿景，而奉献者的工作动机则完全是为了实现共同愿景。奉献和服从不同原理，要求企业管理者找出它们之间差别以及服从的不同层次，以便做好相应的转化工作，这是学习—创新型企业管理者的内功。

3.1.3 建立共同愿景的基础是企业文化

企业文化分散在企业产品、价值观、制度、心智模式、思想、行为、作风和环境等方面，并与之紧密地结合在一起，是一种以文化为核心的企业管理方式。反映企业的价值取向、目的、要求和行为准则，发挥着文化、思想、道德和信念的力量，是企业生存和发展的重要依托。企业文化与共同愿景有许多相同之处，但比共同愿景的内涵和外延都大得多和重要得多。企业文化是建立共同愿景的基础，具体表现在以下三个方面：

1. 共同愿景的价值观来源于企业文化

价值观是企业在追求成功的过程中所奉行的价值取向和行为准则。具有吸纳先进理念、知识、技术的时代特征和追求经济效益和社会效益的经济特征。在企业文化建设的过程中，当企业的价值观被全体员工所公认并作为价值观评价的标准时，建立共同愿景就有了基础。企业精神是企业价值观的外化，是管理者提倡并成为全体员工追求经营目标的信念，它是用简明语言所表述的企业共同语。建立共同愿景的途径之一，也是在培养这种共同语。这种共同语一旦被全体员工认可，就表明团队有了共同的信念和追求。一个团队的共同语凝聚为全体员工的共同语，它标志着企业的共同愿景已经建立起来了。

2. 共同愿景的某些作用和企业文化相同

这种相同作用表现在许多方面，如凝聚作用相同，都是通过沟通、交流等渠道，使员工在精神上得到满足，从而对企业产生了认同感、归属感和自豪感；激励作用相同，都是在经营目标和企业精神作用的感召下所激发出来的主人翁意识、使命感和激情，从而在工作中积极拼搏和主动奉献；融合作用相同，都是在良好的文化氛围中，使企业的价值观等通过政治思想教育，心智模式改善，企业精神引导，文化素质提高和审美情趣熏陶等，汇聚融合为员工的群体意识，成为共同的价值观。

3. 共同愿景需要思想政治工作的指引

二者的目标都是通过全面提高员工素质而产生精神动力，使企业在市场竞争中具有整体的优势。因此，二者都离不开思想政治工作的指引。思想政治工作是研究人的思想与行为规律的科学，它揭示在客观环境中如何发挥主观能动作用。由于企业思想政治工作的内容主要是党的基本理论，党的路线、方针、政策，爱国主义、集体主义和民主法治等，所以，能使企业坚持社会主义方向，落实党的路线方针政策，是实现党对企业进行领导的重要途径。在坚持社会主义制度，借鉴外来经验，建立共同愿景和建设企业文化的过程中，通过寓教于文、寓教于乐、集体培训、个别谈心、说服教育和民主协商等形式，贯彻党的方针、政策，改变错误的思想认识，调节各种利益关系，转变只为自己的价值观念，激励奉献精神，从而调动员工完成企业经营目标的积极性、主动性和创造性，为提高企业的市场竞争力而努力奋斗。由于思想政治工作的指引，不仅保证了企业文化建设的正确方向，而且也能够保证建立共同愿景的正确方向。思想政治工作是中国企业走向世界市场的独特优势。

3.1.4 演练建立共同愿景技术的方法和途径

尽管企业员工都承诺遵守企业的规则制度，实际上，难免怀有各自的私利和要求。在生产经营活动中，这些私利和要求，有时会与企业的经营目标和管理制度发生冲突，影响企业运作的效率。解决的方式之一，就是建立共同愿景：在员工看来，企业很民主，“我在其中很幸运”；这个愿景很鼓舞人心，“我们工作很重要”，必须全力奉献；“面对困难我必须和大家一起去克服”。这是一个能够长期鼓舞员工信心的共同愿景。在企业看来，这个愿景具有挑战性，能够激发员工的积极性和创造性，有强大的驱动力；能使员工与企业结成命运共同体，愿意做出贡献。这是一个符合企业经营目标要求的共同愿景。建立共同愿景的途径是一个逐步探索和创新的过程，不管是自上而下还是自下而上地进行，都需要进行探索和创新。诱导建立共同愿景没有固定不变的呆板公式，没有一套现成的方法教我们如何去做，但是，有一些方法和技巧还是可以供我们选择和参考的。

1. 设计永不停息建立共同愿景的流程

设计和展示出一个永不停息的流程，是建立共同愿景的核心。它可以使企业的每个层次和每个岗位的员工都围绕这个流程说出自己最关心的事，使企业主管或其他管理者知晓。企业决策的透明化程度和对员工的关系程度，决定了共同愿景的结果和影响力。设计流程需要遵循几个原则：

一是重温创建企业的目的和使命，正视企业现状与经营目标之间的差距，建立具有先进性的共同愿景；二是并非所有的愿景都平等，只有紧扣企业经营目标和阶段性目标的愿景，才能为全体员工所接受和分享；三是真正的共同愿景不是由某个人（哪怕是有威信的领导者）闭门造车设计出来的，它必须从不断交流中综合出来；四是提炼出企业的核心价值观（即共同的价值观），作为建立共同愿景的抓手；五是建立共同愿景的过程，就是凝聚人心和明确前进方向的过程；六是当员工把共同愿景和企业现状并列观察的时候，就会激起内在的动力。

设计共同愿景的流程包括：一是建立共同愿景的切入点，包括现状揭示，建立的方法、步骤和措施等；二是培养共同语言，开展团队学习，进行自我超越等；三是发展个人愿景和汇聚个人愿景；四是不断提高遵从的层次；五是告知愿景，普及愿景，测试愿景，咨询愿景和共同创造愿景（这五种技巧，既可各自单独成为一个流程，又可选取若干或全部组合为一个较大的流程）；六是其他，如目的要求、组织领导、阶段性时间安排等。

发展流程就是具体实施流程设计方案，包括思想发动，技能培训，团队学习，展示个人愿景，交流、探询、讨论，意外情况补救和汇聚共同愿景等步骤。每个步骤都需要企业各级决策者和管理者及其助手共同推动。推动的初期，企业似乎比过去难以管理，这是因为员工要求对企业的政策和做法有发言权和影响力。推动时，企业管理者必须在场聆听，指导学习和讨论，不到十分必要时不必进行解释，更不能和员工进行辩论，要适当控制进展速度，以保持发动时的热情和动力，又要让愿景保持动态的发展，因此，不必印成小册子散发。在推进的过程中，员工之间、团队之间会自动地交流、汇聚，并最后形成共同愿景。建立共同愿景通常需要一年左右的时间，而它的感召力却能保持数年乃至数十年之久。如果不设计出这样一个具体可行的流程，共同愿景就无法建立起来。

共同愿景建立起来之后，还要经常地进行维护，不然，可能夭折。当企业出现下述情况时，共同愿景就会夭折：一是当放松继续探询与调和分歧，致使职工之间对共同愿景产生矛盾并激化时；二是未能保持创造性张力，经过几年的努力，也看不到愿景和现状之间的差距缩小，致使员工失去信心而热情衰退时；三是由于管理者把大部分时间用于处理当前的危机，而没有足够的时间关注和追求共同愿景时；四是个别团队产生了另外一种愿景，破坏了共同愿景，导致凝聚力消失时。对于上述四种情况，既要注意预防，又要在发生时有办法克服它，以便维护已经建立起来的共同愿景。由此可见，建立共同愿景是一个永不停息的过程。要长期维护它，才能最终实现共同愿景。只有当企业重组时，或短期内人员变动较大，或时间长新员工越来越多，各种不同的见解使共同愿景的焦点分散又无法调和时，才能放弃原来的共同愿景，重新建立共同愿景。

2. 从个人愿景到共同愿景

共同愿景是把个人愿景与企业经营目标联系起来，逐渐发展而成的，有一个必经的过程。切忌由企业上层越俎代庖制定出来一个“共同愿景”，强令员工去执行。这样的“共同愿景”毫无价值。建立共同愿景必须从鼓励建立个人愿景开始。个人愿景，根源于个人的价值取向和情感期望，是个人行为的内动力。在未建立共同愿景之前，有的员工早已有了朴素的个人愿景，而管理者的任务，就是激励全体员工都建立起自己的个人愿景。个人愿景必然是多种多样的，有的符合企业的经营目标，有的符合阶段性目标，有的只代表个人利益，有的还可能与企业的目标相冲突。在不违背企业根本利益的前提下，应该允许各种各样的个人愿景同时存在，并给予一定的发展空间。个人愿景的多样性对建立共同愿景来说，不是坏事，而是好事，它正是汇聚共同愿景的有利条件。有了多样性，才便于相互比较、借鉴和修改完善，用来发展个人愿景。发展的办法是组织员工敞开自己的个人愿景，交流、探询，团队讨论，以便相互分享。在进行这些步骤时，企业、基层单位和团队要创造宽松的环境、自由的气氛和各种正式或非正式的交流渠道。高层领导不要给愿景的内容设限，要启发员工畅所欲言。作为企业的一员，也可以提出自己的个人愿景，主动与员工交流，彼此启发分享。在个人愿景的发展过程中，个人愿景得到了提升，越来越接近企业的经营目标，并且不断地汇聚。共同愿景就是在这种不断的汇聚中获得了能量和营养，逐渐发展壮大，整合为班组、团队的共同愿景。在这个过程中，需要注意的是：①步子不能过急。过急会使部分员工迫于形势的压力而随大流，附和别人的愿景，导致服从而不是奉献。②不能强迫。强迫员工接受共同愿景会产生逆反心理，下一步的工作就难以为继了。③不能对任何个人愿景进行指责。指责会使员工不敢讲真话，不仅难以奉献，就连服从也是低层次的。从个人愿景到共同愿景是个不断汇聚和整合的过程，也是流程发展的过程，它所建立的共同愿景，既是个人的，也是全体员工的。

3. 把握方向，整合共同愿景

当个人愿景在最初的一部分员工中初步形成的时候，高层管理者就应该进行汇聚和整合的工作。把握整合的方向是指：让全体员工明白，我们要建成一个什么样的企业；从事什么产业；有什么样的经营哲学和发展战略；在市场、顾客和同行中有什么样的地位和形象；共同愿景会给员工、企业和社会带来什么好处；要在整合过程中始终坚持这个大方向。整合是运用全像原理塑造共同愿景，使员工不仅能为自己也能为企业负责。只有这样，才能克服只为自己或小团体利益负责的不良倾向。

塑造共同愿景的主要方法是聆听、交流和整合。聆听要有容纳不同观点的胸怀。主要是团队领导聆听员工讲述个人愿景，也要发动员工相互聆听。在聆听中，主要是分享他人的愿景，找到能够启发自己的因素，以便修改自己的愿景。管理者在聆听中，主要是找出能够融合和超越所有个人愿景的正确途径，使整合后的愿景“你中有我，我中有你”。交流是在自由结合的基础上进行的，需要有随意的环境和轻松的氛围。交流的双方可以进行自由讨论，求同存异。经过不断的交流，可以使一些员工自动改变不切实际的观点。交流的目的，是从众多的个人愿景中找出共同的成分，为整理加工做材料上的准备。具体操作方法是：将所有的个人愿景分解成许许多多的片段，将那些接近企业目标的片段挑选出来进行整理、拼接、加工、提炼。最后概括出共同愿景。整合的结果，是个人愿景中的差异成分被舍掉了，仍作为个人愿景中的一部分；个人愿景中的共同部分被提炼出来，并据此整合为共同愿景。

共同愿景的来源，可能是某个员工个人愿景的丰富和发展，也可能是众多个人愿景相互激荡与整合的结果。企业管理者的个人愿景，如果能够不断地交流、探询和分享，也可能发展成为共同愿景。如前所述，企业上层强行制定的共同愿景之所以要不得，是因为它只能导致服从，而不是奉献。企业领导在建立共同愿景的过程中所起的作用极为有限，他们所能做的工作是宣传共同愿景的好处，创设必要的条件，组织培训，鼓励员工参与和以身作则等。

整合后的共同愿景，内容丰富，景象宏伟，令人向往，受到全体员工的拥护和珍惜。这个共同愿景是个“众”字结构，营造着众人一体的感觉。使员工明确追求什么和为什么追求，主动学习如何追求，能给本职工作赋予不平凡的意义，主动奉献，体现出人生的价值。需要指出的是：共同愿景并不是单一问题的答案，管理者必须把继续建立和维护共同愿景作为经常性工作的任务之一。

4. 建立共同愿景的技巧

建立共同愿景的技术和技巧多种多样，下面主要介绍其中的五种技巧：

（1）告知愿景。当企业主管掌握了比较成熟的个人愿景，或是归纳了某些员工比较成熟的个人愿景时，就可以告知全体员工：“……我们一定要这么做，这是我们的愿景。”告知的方式，可以是放录像带、发信函或开报告会。告知的语言要直接而清晰，有丰富的内容和细节，才能生动形象，鼓舞员工。对企业现状，特别是困难，一定要讲全讲深讲透，以激发员工的创造性张力。对于必须保密的内容，要诚恳地说明不能透露的原因。并指明哪些内容可以修改，哪些内容（如生产指标，价值观等）不容质疑。一般说，告知这种技巧，员工大约能接受25%，需要配合其他工作，才能循着告知的方向发展。这是一种传统的权威式的方法，员工只能在可以修改的部分发表意见，局限性很大。虽然有一定的激发活力的作用，但是，对于这种被动接受的共同愿景，全心奉献的员工寥寥无几。

（2）推介愿景。当企业主管掌握共同愿景内容后，就可以在告知之后对全体职工说：“……我相信这个共同愿景，但只有大家同舟共济，我们才能成功。”此时，企业主管变成了推介员，员工变成了顾客。需要注意的是，企业主管要以个人、同事、朋友的身份进行推介，切忌以组织的名义进行强行推介。推介时，要用诚恳的态度去打动员工的心，要把重点放在共同愿景所带来的好处上，可以多描述一些细节，和员工一起讨论。注意观察员工的反应，留意有多少内容被推介出去了。直到全体员工都表示接受，推介工作才算成功。推介愿景，主管要听的是：“好，我赞成！”多数员工的想法是：“顺从主管的心意是保住饭碗的最好做法。”因此，这种技巧，虽然比告知方式好些，但全心奉献的人也不会多。

（3）测试愿景。企业主管对共同愿景自然会有个人的看法但不成熟。可以先把这些想法详细地告知员工，特别是要把企业可能遇到的困难讲清楚。然后借助测试的方法，了解员工对愿景的哪些部分感兴趣，对哪些部分无动于衷。取得测试结果后修改共同愿景，必要时可以推倒重来。测试时，要让员工讲实话，问卷的设计不能有诱导性的答案，并用无记名的方式回答。为了充分了解员工的期望，要采纳员工的建议并进行讨论，并辅之以必要的访谈，记录发言不记姓名。最后，要整理出一份报告，以便进一步修改共同愿景。测试仍然是以企业上层为主角，局限性依然存在，全心奉献的人会多起来，但不会太多。

（4）咨商愿景。企业主管在整合共同愿景时，清楚自己不可能知道所有的答案。虽然采纳了一些员工的建议，还觉得不成熟。要建立共同愿景，必须向员工咨询商讨。因此，邀请全体员工做他的顾问。咨商的方式，主要是各种小型会议。主管先召开几个高层领导参加的会议，讨论共同愿景草稿。高层领导再分头召开所属中层领导会议，中层领导再分头召开所属基层领导会议，基层领导再分头召开所属员工会议，讨论共同愿景草稿。为了不使共同愿景草稿在层层下达过程中走样，每次会议都要播放企业主管的讲话录像或宣读相应的文件。讨论后整理出不记名的书面意见，反馈给企业各层主管。主管运用改善心智模式的技术进行反思，亲自找个别员工咨商，对共同愿景进行修改。这种技巧，虽然经过了广泛的咨商，但仍然是以上层为主角，还有局限性。全心奉献的职工会多起来，但不会达到理想的程度。

（5）共同创造共同愿景。企业主管对共同愿景不可能未卜先知，必须和全体员共同创造共同愿景。这种技巧类似于个人愿景的汇聚与整合方法。首先，从个人愿景开始。强调员工的广泛参与，让每个员工描述自己的个人愿景；主管也提出自己的个人愿景；组织者平等地对待每个愿景。事实上，大多数员工都希望自己的愿景能和团队的、企业的愿景相契合。其次，共同讨论团队愿景。讨论的重点不是要求产生一致的结论，而是容纳歧见。讨论的主题是寻求员工如何合作，如何把愿景所产生的承诺与团队的目标任务结合起来，使员工的命运与团队的前途息息相关。对焦点问题，如果用讨论的方法解决不了，可以采用深度会谈的方法来解决，或是团队主管逐一找员工谈话，但绝不能采用抽样调查的方法。认为成熟后，起草一份团队共同愿景初稿，再进行讨论、修改，直到全体认同，就正式确定为团队的共同愿景。在此基础上，创造企业的共同愿景。当各团队的共同愿景建立后，召开跨团队讨论会议，仍然容纳歧见存在，主要是寻求团队之间的合作方式。这时，企业主管仍然要听取不同意见。经过数次的跨团队会议，就能创造出全体员工都能接受的共同愿景。只有这样建立起来的共同愿景，才能使全体员工都乐于全心奉献。

5. 建立共同愿景必须融入企业理念

彼得·圣吉博士说，“尽管这项修炼叫做‘建立共同愿景’，但是，这种说法纯粹是为了方便而已。实际上，愿景只是引导组织深层热望的其中一个组成要素”；“建立共同愿景实际上只是企业基本理念中的一项，其他尚包括目的、使命与核心价值观”。在企业理念中，使命、核心价值观和共同愿景是基本理念。价值观是人们判断利害、善恶、美丑的观念，对企业来说，就是是否诚信、公平、和谐等。它是一个体系，其核心部分就是核心价值观，核心价值观是建立共同愿景的指南。而它又是一个动态的体系，在不同时期内，企业的核心价值观是不完全相同的。没有清晰的核心价值观引导员工的前进方向，要建立共同愿景是不可能的。使命即目的，是建立企业的理由和它所应承担的社会责任。在完成企业使命的过程中，需要建立许多个共同愿景。对员工来说，他们无法完成企业的全新历史使命，所能完成的只是一个个的共同愿景。目标，是企业在短期内所要完成的工作指标和阶段性目的，是经营战略目标的组成部分之一。目标是实现共同愿景的手段。建立共同愿景，不仅需要融入使命和价值观，而且还要融入可行的目标，不然共同愿景就会与企业理念成为“两张皮”。如果共同愿景与企业的价值观相符合，就能激发员工的积极性和创造性。

企业理念要求回答三个关键问题：一是企业追求的目标么？（正确的回答是“追求共同愿景”。）二是为什么追求？（正确的回答是“为国家为社会为人类做出贡献”。）三是如何追求？（正确的回答是“以核心价值观为准则”。）然而，使命和价值观都很抽象，共同愿景实现的时间又比较漫长，落实到日常工作中去并非易事。为此，需要把企业理念具体化为容易把握和落实的内容。

（1）企业使命的具体化。例如，可把它具体化为：为社会创造更多的使用价值，赚取足够的利润，以支持企业的发展，防患于未然，回报股东、员工和社会。办企业是为了赚钱是理所当然的，但是，赚钱只是企业的目的之一，更加高尚的目的是为了社会的进步和人民的幸福。只有把这个理念融入到共同愿景中去，员工才具有伟大胸怀，为企业和社会做出贡献。

（2）价值观的具体化。可把它具体化为管理者如何创造绩效，如何实行开放、民主管理，善待员工和为员工成长提供机会等；具体化为员工如何学习、协作，讲究职业道德，遵守规章制度，降低成本，保证质量，提高效率和善待顾客等。并用简明的语言把这些内容概括为企业的核心价值观，成为易于把握和落实的行为准则，成为员工的信仰和行为规范。

（3）共同愿景的具体化。可把它具体化为阶段性的工作目标，在一定时间内要完成的工作量，或是给现有的阶段性目标赋予共同愿景的意义。这样具体化之后，就便于把企业理念融入到共同愿景中去了，做到在核心价值观的指导下，通过一个个阶段性目标的完成，实现共同的愿景，又通过一个个共同愿景的实现，完成企业的历史使命。一般情况下，每个企业同时至少有 4 ~ 5 个阶段性工作目标。一个阶段性的目标，如果由一个或几个团队来实施，就有参加的团队按照上述的要求，制订行动计划并组织实施。所有团队的行动计划，就会把企业的全部目标串联起来，共同实现企业的共同愿景。共同愿景和现状之间的差距所激发出来的创造性张力，会使员工去学习原来不懂的知识，去训练原来不会的技能，去进行变革，从而创造性地完成各项工作任务。当员工能真正为自己的愿景而工作时，整个企业就会焕然一新。假如有12%的员工能全心奉献，就会比竞争对手占据较大的优势；假如有40%的员工能全心奉献，就会在市场竞争中出类拔萃。这时，尽管企业还会犯错误，但绝不会掩饰错误，并能很快地改正它，原因就是把企业理念融入到共同愿景中去了。

6. 不断提高服从的层次

在传统的企业里，真正奉献的员工很少，多数都是在管理者的指令下做工作。这是因为整个企业的指挥和控制系统几乎都把“员工听话”作为基本要求。虽然也提倡奉献，但那是以服从作为前提的。学习—创新型企业所提倡的奉献，是员工发自内心地为实现共同愿景所做的奉献。学习—创新型企业也需要暂时的服从，因为奉献的员工还不多。服从，至少是适度服从，能在一定程度上支持共同愿景，完成阶段性的经营目标。但这只能是权宜之计。为了创建学习—创新型企业，必须运用奉献与服从不同的原理，改善心智模式，逐步依次提高服从的层次。直到将真正的服从者提高为奉献者。如何提高呢？因为服从和奉献的本质区别是在思想动机上，所以，必须做思想的转化工作。这在国有企业里是有优势的，既有专门的政治思想工作队伍，又有比较成熟的经验，而且行政管理人员也会做思想政治工作。真正服从的员工由于看到了共同的愿景的好处，最容易提高，以下等而次之，需要进行耐心的思想政治工作，一步步提高服从层次，直到成为奉献者。对于极个别坚决不改的员工，由于他们常常成为现实共同愿景的阻力，只好告诫他们：“如不改正就准备走人！”

7. 建立共同愿景与系统思考的关系

系统思考对共同愿景的建立有帮助和支撑作用。从系统思考角度看，共同愿景的建立是由时间的投入，通过学习、交流、分享和整合而成的。谈论得越多，愿景就越清晰，看到愿景的好处越多，就越去追求，于是形成一个不断增强的环路。由此可以看出，建立共同愿景的初期，如果工作做得好，员工追求愿景的热情就会不断高涨；反之，尽管共同远景是好的，却不会生根。原因是中途出现了一个成长上限桎梏，使建立的过程慢下来。当有更多的员工参与建立时，各种不同的见解会使愿景的焦点分散，产生分歧，建立共同愿景的势头会衰减下来。主持者的努力推动，不但没有好处，还可能在增强环路的冲击下，使建立共同愿景的工作，归于失败。具体情况有以下四种：

（1）找出限制成长的具体原因。缺乏探询和调和分歧的能力，是一个成长上限桎梏。由于追求愿景的热情不断提高，形成一个增长环路；又由于意见分歧的牵动而形成一个调节环路，从而抑制了愿景的扩散。当热情不断提高，分歧随之加大，终于导致冲突的爆发。这时，如果不允许表达不同的看法，就会使冲突加剧；如果降低对愿景的追求，就会抑制热情的提高。其杠杆解是在限制因素上，需要找出限制成长的具体原因。可用反思和探询的技巧来寻找造成冲突的心智模式，探讨什么样的愿景能够调和或化解分歧。找到冲突双方真正想要建立的愿景，并逐步将这些个人或小群体的愿景汇聚成为共同愿景。

（2）鼓励员工自我超越。当员工未能保持创造性张力而气馁时，虽然看到了共同愿景的好处，但又感到愿景和现状之间的差距太大而气馁。因此，不愿对共同愿景表示赞同，甚至采取旁观的态度。从而造成热情减退，形成成长的上限桎梏。根本的原因是信心不足，创造性张力反成了限制因素。其杠杆解在于鼓励员工自我超越。只有勇于自我超越，才能增强创造性张力，从而建立共同愿景。

（3）企业主管要付出足够的时间汇聚共同愿景。当企业主管处理其他问题的时间过多时，就减少了对共同愿景的关注，致使共同愿景的建立有中途夭折的危险，这也是成长上限桎梏，原因是专注于共同愿景的精力不足。其杠杆解是企业主管把处理其他问题的精力转向共同愿景。

（4）保证交流与探询的时间。共同愿景的背后牵动着企业的经营目标，它们结成一种整体关系。但这种整体关系非常脆弱，需要悉心维护才能保持。一旦员工不再关心共同愿景，或者是另外发展出一个共同愿景，就会破坏共同愿景和目标的一体关系，团队的凝聚力就会互解。这还是成长上限桎梏。原因可能是用于建立共同愿景的时间不足，也可能是建立共同愿景的技巧不熟练。如果没有足够的时间进行交流和探询，就会产生分歧。缺乏建立的技巧，也会破坏共同愿景和经营目标一体化的关系。杠杆解在于保证交流和探询的时间，或是学习建立共同愿景的技巧。

综上所述，在共同愿景建立的过程中，系统思考能从整体的视角，查找和分析出现问题的原因，提供解决的办法，支持和帮助建立共同愿景。共同愿景描绘想要创造的事物，系统思考揭示现状的原因。只要共同愿景是审慎的发展形成的，问题的原因就不会是愿景本身，而必定是基于现状出现的。就要对造成现状的政策和行为进行系统思考。

8. 需要说明的几个问题

（1）企业主管需要得力的助手。建立共同愿景的负责人当然是企业主管（董事长或总经理）。在建立共同愿景的过程中，企业主管要亲自主持，包括设定方向、形成策略、设计流程、组织培训、管控进度、广泛沟通和实施愿景等；同时，还要主持企业的日常工作，负担太重，需要得力的助手。作为愿景负责人，要和主管一起推动这项工作的开展。助手的条件应是熟悉企业整体业务，有良好的人际关系，熟谙建立共同愿景的原理、方法和技巧，能洞察主管的心智模式、动机、态度，并形成共识。助手的主要任务是帮助主管建立共同愿景，设计和实施建立共同愿景的方案，跟踪方案的进展情况；成为主管和员工之间的桥梁，为主管找到不同的观点；尽量以个人的能力弥补主管的不足；评价企业现状与共同愿景之间的差距；把共同愿景和企业经营目标结合起来，协助主管实施共同愿景等。

（2）关于共同愿景的表达问题。共同愿景像一个多棱的钻石，每个员工都能从其中一个断面看到自己的个人愿景，也能看到企业未来的整体形象。因此，对共同愿景的表述需要高度概括，文字精炼、准确、鲜明、生动、通俗。总之，要让每个员工都觉得这是自己的，也是大家的。因为共同愿景是随着企业的发展变化而变化的，所以，又不能把它印成小册子对外宣传或是镶刻在公司建筑物上，只能印发给全体员工，作为共同愿景宣言，以激励员工去追求。

（3）关于使命宣言。企业主管可以用使命故事的形式，阐明企业存在的理由和迈向何处的使命，给企业赋予独特的历史意义，以激发员工的使命感。共同愿景也能使企业和员工拥有使命感。因此，在共同愿景建立之后，企业可以发表一份《使命宣言》来激发企业全体员工的使命感。《使命宣言》应该使用富于鼓动性的表述，短小精悍。它不说教，不是口号，也不是空洞的豪言壮语。要独具魅力，情感充沛，能够唤起员工的使命感，最理想的表述是形成格言，成为全体员工的座右铭。

SECTION 3.2

团队学习的原理及其演练方法

3.2.1 团队学习：1+1>3

1. 团队概念的演变

团队这个概念起源于印欧语系中的“拉”字，含有“一起拉”的意思。16 世纪，把团队定义为“一起行动的一群人”。日本企业的 QC 小组后来发展成为团队，它是在等级制和部门制中产生的，工作目标是在原程序中改善业务而不是改变业务，既不跨部门，也没有充分地授权。20 世纪 80 年代末，美国政府倡导企业向日本企业学习团队文化，美国人认为日本的团队概念没有强调员工的参与管理，于是把团队的概念定义为“需要相互合作，达到某种成果的一群人”，并把企业中新出现的跨部门跨层级的工作小组叫做团队。后来，发展成为两种团队：一种是流动性的团队，它为某项短期开发或解决某个问题而组建，成员随着任务的改变而变化，又随着任务的完成而解散，如项目组。另一种是固定型团队，除一部分人流动外，团队主干较为固定，并与固定组织相重合，如班组、车间、部门等团队。有固定组织为什么又要建立团队呢？因为固定组织中并不是所有的成员都愿意加入团队；其深层的原因，是在固定的正式的组织之外再建立一种非正式组织，以形成良好的人际关系和文化氛围，而这正是实施参与管理的组织保证和文化保证。参与管理是兼顾员工个人成长需要和企业效率绩效需要的基本方法。据美国公司统计，实行这种管理方法，效益一般可以提高50%，有的达到一倍或数倍。收益的1/3作为奖励返还团队，2/3作为企业增加的财产。团队如何参与企业管理呢？就组织保证来说，参与管理难免出现分歧和争议，但团队能通过两种活动来消除意见分歧并达到协同努力提高效率的目的。一是工作后的便餐和集体郊游等，以增强成员之间的私人感情，联谊活动使工作中的分歧仅限于朋友的范围之内。另一种是企业通过重点奖励团队的办法，以鼓励团队的凝聚力和创造力，消除个人竞争和一团和气的不利影响。就文化保证来说，员工参与企业管理，很可能徒有形式。这固然需要制度保证，但团队文化也很重要。一方面，在感情联系上，用家庭亲情式的团队文化来联络管理者与被管理者的感情。管理者承诺员工参与管理，员工承诺忠于企业，双方共同追求卓越。另一方面，在价值观上，用民主、平等的态度来提倡发表不同的看法，用团队学习去实现知识与智力的增长，变分歧为合作，变个人主义为团队精神。员工参与管理超越了旧的管理模式，团队以企业的经营目标为向导，通过学习，使员工更精心地工作，企业不断加强团队的建设。企业、团队、员工之间的互动，必然不断夯实企业的实力。有人说搞好传统企业可以依靠优秀领导人，在我国改革开放初期也确实出现过“一个人能救活一个厂”的案例，但是，这绝不是现代企业管理的规律和模式。在知识经济时代，搞好企业的关键是靠全体员工的创造力，是靠团队学习的创造力。在当代，团队已经成为企业组织中最重要的组成部分，它不仅是完成经营目标的工作队，还是决定政策的主体。尽管目前还没有把评定员工工资和奖励制度的决定权交给团队，但这是必然趋势。团队，是企业管理历史上的伟大的创举，是现代在企业管理的基础，是企业向更高管理模式发展的出发点，具有强大的生命力。团队还是医治官僚主义的良药，是人才涌现的摇篮，对企业有百利而无一害。学习—创新型企业的团队，就是对当代团队组织的继承和创新，并被赋予了许多新的特点和使命，将在创建的过程中逐步体现出来。我国不少企业，明明不实行员工参与管理，却在高喊“以人为本”和“团队精神”，只能表明管理者是叶公好龙，背后往往是与员工关系紧张，甚至暗藏腐败行为而害怕员工参与管理。

2. 团队学习的内涵

团队学习的作用是使团队力量总和超过团队个人力量简单相加之和的技术，是五项修炼中最具挑战性的修炼。团队学习的基本单位是团队而不是个人。个人学习所获得的知识与能力属于个人。个人学习又是团队学习的基础，因为探讨问题能把个人学习与团队学习联系起来。个人学得的知识与能力，如果超过企业现有的生产经营管理水平，并进行交流，就会促进团队学习。个人的操作诀窍，如果传授给团队其他成员，就会成为团队共同拥有的财富。把学习—创新型企业的观念与团队结合起来，团队学习就有了新的基础。团队学习是指通过有技巧的讨论和深度会谈等方法，反思与探询等技巧，找出并克服习惯性防卫的互动模式，把分散的智慧和能量调动起来相互激荡，使创造性见解浮现并达成共识的学习过程。它能提高集体学习速度和学习成果，也能加快团队成员的成长速度，使企业形成浓厚的学习氛围。粗通团队学习技术，是创建学习—创新型企业的关键。团队学习的起步基础是共同愿景和自我超越。共同愿景为团队学习指明了方向和内容。通过学习使成员能不断发现认清现状的真相，产生创造性张力，实现自我超越。只有团队成员的自我超越，才能创造性地实现团队工作任务。团队学习的难点和核心问题，是转换对话的方式和集体思考的技巧，也就是真诚的沟通问题，而这正是人际关系的最大的难题。在现实生活中，明哲保身、模棱两可、自吹自擂、颠倒黑白、口是心非、强词夺理等现象屡见不鲜。心理学研究表明，隐蔽性是人性中的一个自然属性，自我防卫的心态就是由此产生的。心怀叵测，就不会吐露真言；言不由衷，就很难把心灵的地图挂出来。这是人性中的一个大弱点，既妨碍与他人沟通与合作，又制约着自己的成长。团队学习正式向人性中的这种弱点挑战，要求敞开心灵，容纳别人，通过互动，共同提高认识水平，通过合作，共同创新。深度会谈就是开放心灵容纳别人的学习方法，在敞开心扉的交流中，激荡出创造性的智慧。进行深度会谈，就是进行人性的修炼。团队要想长盛不衰，必须研究人性的动态发展，让具有不同人性的员工融为一体，运用有效的方法和技巧进行团队学习。

3. 团队学习的作用

团队学习，对企业的生存和发展至少有三个方面的推动作用：

（1）能使团队集体智商高于团队成员个人智商的总和。彼得·圣吉等在调查了 4 000 多家企业后惊奇地发现：许多主管团队的个人智商都很高，但团队的智商却很低。如一个由七人组成的主管团队，一把手主持会议，对某个问题的讨论结果是三票赞成，三票反对，只好由一把手做出一个折中的结论。尽管每个人的智商是 120，团队的智商却变成了 60。究竟原因，是大部分团队都会出现学习智障，特别是在某种危机的压力下，更是如此。这种智障大体上有四种情况：一是为了独善其身而不提没有把握的意见；二是为了维护表面团结而不提分歧性的意见；三是为了照顾他人情面而不提质疑性的意见；四是为了使大家都能接受而做出折中性的结论。为了克服这种学习智障，使团队比个人更聪明，在进行团队学习时，无论是采用有技巧的讨论还是深度汇谈，无论是运用反思，还是探询的技巧，都必须遵守相应的程序和规则。只有这样，才能克服或抑制学习智障的出现，使大家敞开心中的秘密，说出真心话，讲出不同的见解，彼此坦诚交流、探询、辩论。在共同愿景的指引下，调整不同见解的发展方向，在不同见解的交锋中，激荡出新的见解。抓住它、发展它，使它升华为更高层次的创造性的新观点，并达成共识。只有这样，才能使团队集体的智商高于团队中任何个人的智商。

（2）能使团队的整体搭配形成最佳阵容。团队学习的目标之一是发展出一种集体合作的好方式，设计出一种能理清团队工作和支持团队工作的整体架构。团队学习之所以具有强大的力量，是因为它能够进行恰当的整体搭配。在团队中，成员一起学习、一起工作、一起游玩。时间一长，彼此间由了解而熟悉，熟悉每个人的优点、特长、个性、爱好、缺点和不足，在进行整体搭配时，就能尽量发挥每个人的特长和优点，相互取长补短。同时，鼓励临场的自由发挥，每个人随时都在留心伙伴行动的后果，出现纰漏，就有人立即去补救。这里的临场发挥可能成功，也可能失败。成功了，就是一种创新、一种自我超越，使团队的绩效更上一层楼；失败了，因为有其他成员的及时补救，也不会影响整个团队的一致行动。团队就是凭借这种协调一致的一体感，发展出一种新的独特的运作模式，形成整体搭配的最佳阵容，发挥出不同寻常的整体力量。反之，如果不进行团队学习，彼此不熟悉，形不成恰当的整体搭配，尽管每个人都很努力，但由于努力的方向不一致，就会使一些成员的力量相互抵消，从而削弱了整体的力量。早在战国时期，孙膑赛马的方法，就是整体搭配的典型例证。孙膑在观察田忌与宗室诸公子赛马时发现了问题，对田忌说："你下次下大赌注，我准能使你赢。"比赛前，孙膑对田忌说："用你下等的马车对抗对方上等的马车，用你上等的马车对抗对方中等的马车，用你中等的马车对抗对方下等的马车。"依旧是这三匹马，由于比赛的策略不同，结果田忌以二比一获胜，赢五千金。团队学习的优点是能够协调个别人的行为方向，把他引向共同的目标，将互相抵消的能量减至最小，甚至消失，最大限度地发挥了团队的整体智慧和能量。正如普通灯泡，由于光芒四射而分散了能量，当成为一束激光时却能穿透钢板。教练评价一个篮球队员，不光是看他投篮命中率，还要看他的助攻、防御、传球、抢断、跑速等综合能力。一个优秀的乐团，固然需要才能出众的团员，但重要的是这些团员如何巧妙地结合一起演奏乐章。当然，强调整体搭配的一致性并不是说成员的想法必须一致，相反地，团队提倡保留个人的歧见。因为，歧见的存在，往往能深化团队的学习。团队更不要求成员为了共同愿景而牺牲个人愿景，相反地，是将共同愿景变成个人愿景的延伸。因为，只有激发个人的创造性张力，才能增强团队的创造力。团队学习的真正功能，在于它能进行自我改造，使团队的创造力经久不衰，并不断地强化，出色地完成团队工作目标。

（3）团队学习是企业学习的关键。企业学习（一般称组织学习）是整个系统的学习，包括个人学习、团队学习和组织学习，并延伸到企业系统之外。在这些学习当中，团队学习是个关键，因为只有团队学习，才能更好地带动个人学习，只有所有的团队都在学习，才能说是组织学习。

学习，就其本质讲，是集体的社会行为。人，幼而从师，是集体行为；长而工作，向实践中的今人学习，向书本中的前人学习，也是集体行为。人，只有组合起来，才有价值。知识，保留在个人头脑中，是死的知识，不会产生新的价值，只有通过集体的交流、探询讨论，才能互相启发，产生新的知识。学习的目的，是在积累知识和经验的基础上有所发明和创造，而发明创造的前提又是不断改善认知和行动的心智模式，是心智模式引导人类的意识与自然界之间持续不断地相互切入。人类认识了自然规律，自然规律又反转来启示人类的认知规律。人类就是在这种无数次地反复中，不断地有所发明、有所创造的。单就集体思维来说，人们发现团队的集体思维也是一个流程，就像河里的流水，集体思维所产生的想法，就像漂在水面又被冲到岸上的树叶，谁捡到了它，谁就把它当做自己独有的想法，这是因为他忘记了产生这种想法的思维之流，而误认为是自己的发现。其实，它还是集体思维的结果。当团队产生了要创造某种新产品或服务的热情或是面对困境必须找到克服的办法时，这是进行团队学习的最佳时机。然而，团队学习是一种新式的学习，与我们熟悉的政治学习、业务学习和教育培训等完全不同，它有自己独特的原理、方法和技巧，需要先学会它们，才能进行团队学习。

创建学习—创新型企业，需要集体思维，需要团队学习。因此，企业必须对学习重新进行定位，制定新的学习制度，创造条件，组织并鼓励团队学习。学习的关键有以下几个方面：

第一，对团队本身的意义重大。正如前面所述，它能提高团队的智商，进行最佳阵容的整体搭配。

第二，带动其成员的个人学习。团队学习所确定的方向、内容、态度和方法等，能给个人学习以启发和指导，尽快地成为学习型个人。

第三，促进其他团队的学习。在企业开展团队学习的过程中，必然涌现出学习的先进典型。可将他们的学习方法、技巧推广到其他团队中去，促进其他团队的学习。同时，员工可以跨越团队学习，可促进团队间的交流互动。

第四，下层团队能为上层团队提供学习信息。企业生产经营的数字和其他信息等，大部分都产生于各基层团队。基层团队通过学习将其加工为知识和经验，提供给上层团队，直到主管团队，作为他们学习的有用信息。这些新鲜信息都是从实践中来的，可以作为上层团队学习的资料，还可以作为决策的内部依据。

第五，有些团队学习还可以延伸到企业外部。采购团队与供应商的学习，营销团队与客户的学习，主管团队与同行企业主管的学习等，都可以从外部学到许多有用的东西。相关团队从党和政府、社区、市场以及国内外政治、经济、文化的形势发展中获得大量的信息。对这些信息进行加工筛选，既可以作为内部学习的资料，又可以作为决策的外部依据。

第六，上层团队指导下层团队的学习。由于上层团队成员的知识和能力水平相对较高，学习机会较多，信息灵通等原因，其团队学习的方法、技巧和经验等，足以指导下层团队的学习。

第七，主管团队的学习具有全局的指导意义。企业的学习，形成了一个以主管团队为核心的广泛的团队学习网络。主管团队学习，有充分的信息保障，可以做到集思广益，其学习效率必将超过内部的所有团队，其学习方法、技巧和经验对所有团队都有指导意义。

总之，学习—创新型企业的最大特点是学习，而其学习的关键又是团队学习。坚持团队学习，就会逐渐形成各种不同的学习风格，这又有助于建设融学习、工作与休闲于一体的企业文化，而企业文化又反过来成为团队学习的一种动力。这种良性循环能使企业形成一种持续的学习风气。

3.2.2 修炼团队学习的基本原理

修炼团队学习的基本原理有：深度汇谈原理、整合深度汇谈与讨论原理以及习惯性防卫原理。

1. 深度汇谈原理

（1）对深度汇谈的认识。深度汇谈是“持续地集体探询我们习以为常和视为理所当然的经验”。“深度汇谈”一词来源于希腊文，原意是“自由流动的意义”或“在人们之间自由流动的意义，就像流淌在两岸之间的水流那般”。深度汇谈是一个古老的概念，几千年前，人类就已经学会聚集在一起讨论事情。深度汇谈曾受到古希腊人的推崇，也曾在印第安人部落中实践过，但在现代却几乎绝迹。1914 年，哲学家布波首先用“深度汇谈”

这个词来形容人们彼此请教的交流模式。当代物理学家鲍姆著有《深度汇谈》一书，把深度汇谈发展成为一种理论和方法。他认为，人的思维是一种集体的现象，是由整体来构建部分而不是将部分拼凑成整体。由于彼此进行真诚的交谈，不介意自己的意思是否取得胜利，使群体进入一种个人无法单独进入的“共同意义的汇集”，从而产生独特的见解。企业管理学中的深度汇谈是指团队成员为解决某个复杂问题而聚集到一起，每个人都提出解决问题的想法，克服探询的障碍，进行认真的讨论，并形成出一种新观点的对话方式。它是一种创新知的对话方式，其目的是发展出超越团队任何个人观点的新观点。它不是探讨解决问题的行动，只是探讨解决问题的观点；没有谁在对话中获胜，人人都是赢家。其要点有三：①每个人都要表述自己的看法，即假设的答案，聆听并探询彼此的看法，又从旁观者的角度观察自己和别人的心智模式；②当对话陷入僵局时，找出并克服妨碍对话的自我防卫的互动模式，使对话能够继续进行下去；③当对话达到高潮，冲突迭起，争论不休时，会场会渐渐出现一种缓和冲突的共同环境，即蒸腾思维的“大容器”，并在“大容器”中生发出新的观点。

（2）深度汇谈原理的内涵。该原理是指：参与者按照一定的规则、步骤、方法和技巧，陈述各自心中的假设，并进行自由的探询、交锋乃至争论，使思维多角度多方向地自由发展，形成发散性思维。当思维共同进入“大容器”时，就不再由个体思维来拼凑整体思维了，而是由整个思维来构架个体思维，发生各种新观点的萌芽和片段，再用求同思维的方法来发展它、丰富它，使之萌芽成长，把片段衔接，形成新的观点，让它逐渐清晰鲜明起来。新观点越清晰鲜明，成员的认同感越大，最终使新观点高于任何的个人观点，并取得共识。这种新观点具有创造性和可行性，对团队决策具有重要意义。这种新观点是集体思维的结晶，为集体共有，能使团队成员更加一致、有序，在今后的行动中，不必提出过多的要求，成员都知道自己应该去做什么，以及如何能够做得好。

2. 整合深度汇谈与讨论原理

（1）讨论和深度汇谈的区别。讨论是针对议题提出不同见解并逐个进行分析，就其共识部分做出决定的对话方式。讨论是收敛型思维，是从每个人提供的见解中汲取相同的部分，做出解决问题的决定。在讨论过程中，要分析影响解决问题的各种作用力，找出发挥有益作用力和克服不利作用力的具体措施，整理出几个解决问题的方案，最后就最优方案做出决定。讨论分为两种：一种是有建设性的讨论，又叫有技巧的讨论，它有自己的规则、方法和技巧。尽管它也把思考问题的透明度作为一项重要原则，但主要还是不同见解的交锋和互动，从分歧的根源上寻找共同点。它的重心是实务，是解决问题，而不是发现新的观点，因此，这种讨论是推动决策的有效方法。另一种讨论是没有建设性的讨论，又叫辩论式的讨论。由于参与者的意见针锋相对，都想在讨论中获胜，所以，都极力为自己的观点进行辩护，而不能诚恳地听取对方的意见，往往相持不下，需要裁决，这种讨论另有用处，但对团队学习不利（本书以下所提到的讨论，一般都指有技巧的讨论）。尽管讨论和深度汇谈都是对话的方式，但两者有许多的重要区别是：①讨论的目的是做出决策、决定，达成协议或界定先后顺序；深度汇谈的目的是发现新思想、新看法和新观点；②讨论是对问题提供有益的分析；深度汇谈是通过不同观点的探询来创造新境界；③在讨论中，要权衡各种问题的方法，择优做出决定，或是在分析中得到解决问题的新方法，并就此做出决定；而深度汇谈则不是寻求同意，相反，是从分歧中找到解决问题的新观点。如果不能分清讨论和深度汇谈的区别，团队学习即使进行有技巧的讨论，也不能进行深度汇谈。

（2）整合深度汇谈和讨论原理是指：在深度汇谈中，团队要善于交替地运用深度汇谈和讨论这两种对话方式。讨论可以单独使用，而深度汇谈如果没有讨论的配合就无法进行下去。在深度汇谈中，不但应该交替地使用讨论，而且能够使两者相辅相成，可使对话的内容更丰富，进行得更顺利。当假设纷呈，不同观点并存时，需要讨论；当各种观点对立，争论不休时，需要讨论；当人们在“大容器”中处理新观点的片段时，也需要讨论。总之，每当深度汇谈无法继续进行的时候，都需要讨论使对话能够进行下去。不过，这种讨论，一般只是为了理解彼此观点的含义，求得共识，而不是做出决定。只是到了最后，需要对新观点进行判断时，才要通过讨论做出决定。在我们进行深度汇谈时，只有整合这两种对话方式，交替起来使用，才能同时发挥发散型思维和收敛型思维各自的优势，发现解决问题的新观点。

3. 习惯性防卫原理

（1）习惯性防卫是用来防御和保护自己或他人由于坦诚直言而陷入难堪的处境或感到某种威胁对的心理预防性反应。习惯性防卫在团队学习中有多种表现，如故意刁难他人；假意支持别人的某个观点，而实际上则是为了使自己类似的观点免受批评；一旦出现问题时，就扭转对话的方向，掩盖自己的无知；希冀证明自己的才能，故作镇定以掩饰自己的拙劣等。为什么团队成员个个精干而团队工作却平庸松垮呢？研究结果发现：杰出团队和平庸团队之间的差别，是团队成员如何面对出现的冲突和随着处理冲突而来的自我防卫。习惯性自我防卫几乎人人都有，它自孩提时代就开始产生并随成长而发展，在日后的工作中又不断加强。自我防卫在人们内心的假设周围形成一种无形的保护壳，保护自己免受伤害。因为人们在交谈时一般都主张坦诚相见，反对言不由衷，所以，都不愿意承认自己有自我防卫的心态，常常有意识地把它隐藏起来。对多数人来讲，说实话有一种恐惧感，暴露自己的真实想法是一种预伏的威胁。因为害怕别人发现自己的错误或平庸无能，更何况有时领导还会抓“辫子”呢！习惯性防卫的根源是惧怕暴露想法背后的推理过程。它的危害，对个人来说，是失去了检验推理过程是否正确的机会；对团队来说，是无法进行共同学习；对企业来说，是阻碍为实现共同愿景发挥能量。习惯性防卫的另一种危害是它能延伸为一种心智模式。如果一位高层管理者有这种心智模式，就会自信知道企业所有问题的答案，不采纳别人的建议，以显示个人能力。结果造成自我封闭，不能共同学习。习惯性自我防卫对某个具体问题而言，是已知和未知之间的差距，弥补这个差距的唯一办法就是学习新事物。但学习新事物对某些人来说，是怕暴露出个人的无知而危及个人威信。这种危机感使自己和团队都会做出防卫性的反应，从而导致用降低学习需要的办法来消除学习差距。表面上看也学习了，实际上不可能进行真正的团队学习，不可能对问题有新的理解或找到解决问题的有效方法。虽然消除了眼前的困境，但团队的情况却会越来越糟。习惯性防卫的程度越高，要发现存在的问题就越难。

（2）习惯性防卫原理的内涵。习惯性防卫原理是指：用团队学习的规则、方法和技巧来削弱习惯性防卫的程度，使团队学习能够顺利进行下去。既然习惯性防卫很难避免，就要采取措施来降低它的程度。降低方法有两种：

一是削弱症状解，即用反思和探寻的技巧来削弱治标的解决办法。首先，要设法减低防卫反应对情绪的威胁。团队学习主持者应当声明不打击报复，解除不敢说真话的威胁，放下思想包袱，进行反思和探寻。当自我防卫出现的时候，主持者引导有自我防卫的人进行自我暴露防卫反应的表现，主动邀请别人与自己一起探寻防卫的原因，使问题可以继续讨论下去。因为习惯性防卫是在对问题视而不见的情况下才会出现，在精神压力下才会增强。如果能够正视问题，并解除精神压力，就会减弱防卫的程度，使讨论能够继续下去。一旦能够继续讨论问题，习惯性防卫就会逐渐消除，讨论就会逐渐深入到问题的本质，治标的解决办法就会随之削弱，然而，如何使问题变得可以讨论，也不是一件容易的事，需要有一定的方法和技巧。因为直接指出某人在自我防卫，常常会遭到反击，而且，还可能加强对方的防卫程度，使自己也陷入自我防卫中。因此，要讲究技巧，最好是主持者先谈出自己的真实看法，主动探寻自己和别人的看法。可以这样说："……我所说的符合实际情况吗？是否很主观，我的讲话方式是不是过于强硬？我很想听听大家对这个问题的看法！"只有主动邀请别人一起探讨问题，才能使问题变得可以认真讨论。

二是增强根本解，即用反思和探寻的技巧来增强治本的解决办法。这个办法是设法将习惯性防卫的阻力转变为团队学习的一种动力。转变的条件是共同愿景，包括企业绩效给员工带来的好处，如何更好地在一起工作和坦诚地说出现状的真相等。有了这些条件，团队学习和建立共同愿景就会结合为一把双刃剑，团队成员就自然会有创造性张力，习惯性防卫则变成了现状的一部分，都能成为团队学习的动力。从另一个角度看，一个有共同愿景并忠于现状的团队，当然有勇气承认自我防卫，进行共同学习。在学习中，每个人都能阐明自己的假设及其背后的推理过程，用探寻的技巧增强观察力，把潜在的起分裂作用的自我防卫变成学习的内容之一，使防卫无从发生。这样，习惯性防卫就由阻力变成了学习的动力。团队是转化个人防卫最好的场所，在共同讨论过程中，当习惯性防卫再度出现时，多数人能感觉到它的出现。这时，应当承认有人在防卫，并用探寻的方法自我揭露，用互动来减弱它的强度，形成整体搭配，使大家都能敞开心灵的门窗，深度汇谈就可能取得成果。防卫的程度往往与问题的困难程度和问题的重要性成正比。防卫程度越强，问题可能越重要，更应当坚持讨论下去。当团队成员学会了如何正确对待和处理习惯性防卫时，他们的学习信心就会增强，深度汇谈和讨论都能顺利地进行，智慧的火花就会迸发出来，出现突破性的进展，找到问题的根本解。

3.2.3　演练团队学习技术的方法和途径

演练团队学习的关键是团队成员学会集体学习。一个人人都在学习的团队，并非就是学习型团队，团队学习的标志是看其有无集体学习，是否按照团队学习的方法和技巧进行学习。只有按照团队学习的方法和技巧进行集体学习的团队，才是学习型团队。由此可见，演练团队学习的方法和技巧是何等的重要。

1. 演练团队学习的途径和规则

（1）团队学习的途径包括：一是企业的党政组织，如班组、车间、部室、党团支部和领导班子等，它们本身既可以是团队，还可以划分各种不同的组织进行学习；二是临时组建的团队，根据任务的需要，单独进行学习；三是把各种会议变成团队学习；四是跨团队学习；五是延伸到企业外部的团队学习。

（2）团队学习的主持人。一般是由团队的领导人主持并以普通一员的身份参加团队学习。在进行深度会谈的初始阶段，最好聘请一位深谙深度会谈的辅导者，帮助团队领导主持学习。

（3）团队学习的内容。主要是工作中遇到的问题或试图创新的问题。如本团队的处境、改革、技术革新、新产品研发、质量、团队间的合作、产品销售、组织结构改革、经营管理创新以及学习－创新型企业创建等。

（4）团队学习的规则。制定学习规则，其内容：第一，说、听、看三结合，要让团队成员看到相关的学习资料，承诺讲真话；仔细聆听别人的发言，观察发言者的表情手势，要听出话外音、潜台词；要有讲真话的安全感；要检验自己和别人的心智模式；并避免漫无边际的闲聊。明确违反规则的限制措施和团队决策的权限等。第二，面对复杂问题时，主持者要协调成员的学习行为，避免消极因素的干扰，使之步骤一至，形成学习过程中的默契配合，力争创造新的学习方式。要有步骤地萃取高于个人智慧的团队智慧，使之升华为解决问题的新观点。第三，鼓励本团队成员越界学习，团队间可以举办联合学习。

（5）团队学习的过程。一次团队学习过程，大体上可以划分为分裂、集约、相乘和持续四个阶段。在分裂阶段，每个成员对议题都各抒己见，难分正确与错误，各种观点都处于分裂状态。在集约阶段，针对各种观点进行反思、探讨和讨论，逐渐找到了各种观点的异同。观点的数量减少了，大家对倾向性观点给予更多的关注。在相乘阶段，由于交替使用讨论和深度汇谈，经过几次反复之后，终于激发出相乘的效应。从各种观点的差异中生发出新观点的萌芽和片段。在持续阶段，发展新观点的萌芽和片段，通过讨论，不断补充、修正，使新观点丰富起来，并达成共识。写出报告，提供团队决策时参考。

（6）团队学习的评价。主要由团队领导来评价。评价内容包括：团队学习条件，学习过程和学习结果。考察学习条件是否适应团队学习；学习过程是否遵守了规则，有哪些经验教训；学习结论是否正确、适用等。不是每次团队学习都能取得预期的结果。当成果不是预期的那样时，必须宽恕团队成员和辅导者，不能进行批评和指责，否则等于放弃了今后的学习。宽恕的意思还包括和大家一起分析失败的原因，找到改进的措施。

2. 团队学习的方法和技巧

团队学习的方法是有技巧地讨论、深度汇谈和大墙会议等，而不是一般的读书和听讲。团队学习的技巧主要是运用改善心智模式的技巧，建立共同愿景的技巧和系统思考的技巧等。各种技巧在不同的学习方法中，其含义略有差别。其中的一些比较重要的学习技巧如下：

（1）反思。反思是认识主体对自己的思想、行为、结果和体验等进行事后检查和反省的思维方法。目的是分清正误，总结经验教训，找出努力的方向。深度汇谈中的反思，还包括放慢思维过程，查找心智模式如何形成等内容。

（2）探询。探询是探讨询问的意思，拉丁文的原意是指"从内在寻求"。深度汇谈中的探询是指进行对话，提出质疑性的问题，使每个人都能把自己的想法及其背后的推理过程清晰地表达出来，以便接受公开的检查。这样就能创造出一种安全的对话气氛，能充分了解对方的假设，在探询和质疑中萌生出新的观点，共同分享。反思和探询这两个概念都源于行为科学。

（3）观察。观察是仔细查看。深度汇谈中的观察是指观察自己和别人的思维活动，以提高对问题的判断能力。一旦看清自己的思维活动，就会不自觉地采取创造性的立场，坚持或改善自己的心智模式，以提高认识水平。

（4）聆听。聆听是倾听的书面语言。深度汇谈中的聆听是指不仅要听清发言者的观点，还要听出他的言外之意。为此还要观察他的表情语言和手势语言，并关注他的身份地位。同时保持内心的静默，放慢思维的速度，找出发言者故意隐瞒的某些意思，以便捕捉到发言者的真正意图。

（5）开放。开放是行为主体处理自身与环境关系的技能与方式，表示彼此容纳对方，为另一方的自我实现而做出奉献。开放有两种：一是参与式开放，源于员工参与管理，可以自由地表达对工作的意见；另一种是反思式开放，以挑战自己的思考为起点，不仅要检查自己的想法，还要与他人一起检查各自的想法。深度汇谈中的开放主要是指后一种开放。

（6）讨论。讨论是就某一问题或某一观点交换意见或分析辩论，彼此参考对方的见解，就全体同意的内容达成共识，视情况确定是否做出决定。讨论也可以使上级文件的精神、政治领袖的言论获得群众的理解。深度汇谈中的讨论是指大家提出不同的看法，进行探询，从众多的见解中提炼出大家的共识。这种共识，可能是由共同见解组合而成的，也可能是讨论中自然形成的新见解。团队学习中的讨论要采用如下的技巧进行：一是把开放和信任当作沟通的桥梁；二是说明自己的意图时不能误导别人；三是讨论时，要兼顾主张与探询的平衡；四是用容纳别人新见解的方法来打破僵局；五是用精确的语言概括共识。有技巧的讨论有时单独使用，有时与深度汇谈配合使用。

（7）辩护。辩护是为维护自己或别人，提出理由、事实来证明某种观点或行为是正确的、合理的，或错误的程度不像对方所说的那么严重。深度汇谈中的辩护是指对自己正确的观点进行合理的陈述，或是在习惯性防卫的驱使下，为自己或别人的错误观点进行不合理的辩解。

（8）沉默。沉默虽然是不说话，但思维还在继续活动。深度汇谈中的沉默是指集体讨论达到高潮，各种观点难分正误，辅导者要求大家暂停几分钟。会场虽然一片寂静，但每个人心中的波涛依然汹涌，各种想法仍在头脑中激荡撞击，这是在进行反思。当沉默被打破后，一种新的观点就可以出现。“沉默是金”，就是对这种技巧的比喻性评价。

（9）善用冲突。团队学习中的冲突，往往是建设性的。当团队成员为无法找到新的途径而烦恼时，敞开冲突的观点进行交流是有好处的。此时的冲突，实际上成了深度汇谈的一部分。抑制冲突，或是冲突双方互不相让，都不利于团队学习。

3. 进行深度汇谈的基本要求

（1）学习深度汇谈的技巧。深度汇谈是一种新的集体学习方法，有多种新的学习技巧。同时，也重新提出了很多超乎常规的新的问题，这些问题多数需要学习才能解决。首先要设计开发出深度汇谈的课程，进行专门的培训。目的是了解什么是深度汇谈及其方法技巧，为进行深度汇谈提供一个蓝图，便于初学者的操作。了解深度汇谈大约需要一个月的时间，掌握深度汇谈则需要一年以上的时间，精通深度汇谈需要数年的时间。

（2）进行深度汇谈的必要条件。

第一，所有参与者必须将各自的假设“宣示”在面前。宣示假设是启动深度汇谈的关键条件，但不易做好，因为人的心智模式通常都不肯说真话，或是尽量避免说出自己全部的真实想法。如果做好了这项工作，就能把宣示假设的过程变成消除心智模式错觉的解毒剂。宣示假设有三个心理过程：一是形成假设，即根据议题考虑出自己的观点，并简明扼要地写在题板上。这项工作一般是在会前准备好，如果会前不知道议题，只好临场发挥。二是展示假设，即把自己的假设在显眼的位置上宣示出来。宣示假设必须大家同时做，以便共同观察，相互对照。因为别人不知道你的假设与你意图之间的关系，所以，要让它曝光，接受大家的询问和检查。三是探询假设，即接受别人的探询和质疑。必要时，还须说明自己假设背后的推理过程，让别人从你的假设和思维过程中发现新的观点。

第二，所有参与者必须视彼此为合作伙伴，但并非希冀观点一致，相反，在深度汇谈中，大家的看法往往是不一致的。视为伙伴的作用有两个：一是能消除参与者因职位的不同所带来的对话障碍，创造出一种平等而又有安全感的会场氛围，消除因宣示假设所产生的不安情绪；另一个是能产生好的互动效果，便于深入地讨论问题和出现有效果的深度汇谈。

第三，必须有辅导者来掌握深度汇报的构架和规则。辅导者精通深度汇谈的规则和技巧，有驾驭会场的能力。其任务有二：一是当好引导者，保证深度汇谈的进程。要帮助参与者认识到自己才是对话过程和结果的主人，避免过多地依靠辅导者。当成员不愿意宣示假设时，能引导大家顺畅而有效地讨论，使大家心甘情愿地公开假设。习惯势力常常把大家拉向讨论，辅导者要及时发现并引向深度汇谈。而当需要进行讨论时，又能因势利导地引向讨论。当条件成熟时，又能引导大家共同进入“大容器”里去发现新知。二是当好参与者，推动深度汇谈的进程。当习惯性防卫出现时，要主动地去探询习惯性防卫：“我觉得这个提议值得商榷，你也许也有这种感觉，能否帮助我探讨一下，这个感觉来自何处？”为大家做出示范，共同消除或削弱习惯性防卫。当某个人做了某个推论，大家趋之若骛时，要提醒大家“相反的情况也有可能是对的”，及时扭转对话的发展方向。辅导者总是在必要时讲话，做出正确的表率，这比任何说教更能加深大家对深度汇谈的理解。当团队成员熟悉了深度汇谈之后，辅导者的使命即告终结。上述的展示假设，视为伙伴和有辅导者三个条件合起来，可以降低思想流动的自然阻力，将争议引向讨论，使深度汇谈成为团队学习的得力工具。

（3）进行深度汇谈的指导原则。深度汇谈不同于常规学习，不同之处主要有：第一，既要运用深度汇谈的技巧又不拘泥于此。深度汇谈的技巧是帮助建立“大容器”的。但这些技巧本身并不能保证深度汇谈的发生。深度汇谈的发生还要靠大家临场的创造性发挥。第二，有明确的目的，但又不立即采取行动。团队在进行深度汇谈时，其目的虽然也是要解决急迫的问题，但又不考虑采取什么行动，而是把时间完全花在思考解决问题的新观点上。第三，虽有意愿，但又不做具体决定。在进行深度汇谈时，始终带着反思和探询的愿望，揭示出思维的不一致性。无论对话发展到什么方向、什么程度，都不要在中途匆忙做出决定。否则，就会中断探询，中断深度汇谈。第四，安全中预伏着危险。通常，人们是在安全的环境中探讨困难的问题，而深度汇谈的安全感却来自危险问题的互相碰撞，来自伙伴关系的相互依赖。虽然无法强迫深度汇谈的发生，却可以塑造深度汇谈发生的环境。第五，是个人的，也是集体的。不仅聆听对话的声音，同时，还要聆听自己心灵深处的声音，正是这两种声音的相互激荡，才能产生新的观点。因此，这种新观点，既是个人的，也是集体的。

（4）组织深度汇谈的学习程序。

第一，深度汇谈的准备：一是由团队领导确定议题；二是遴选参与者名单，可包括管理人员、专业技术人员和操作人员，也可聘请少数局外人到席，发挥“旁观者清”的功效；三是发出邀请函，写明议题，附上相关资料，提出要求，为准备假设等，但不要准备发言稿。

第二，深度汇谈的进程。一是请与会者围圆桌而坐，以便面向大家发言和展示假设，由辅导者宣布深度汇谈规则。二是与会者就议题进行一般性讨论，自由发言，目的是引发出假设。三是辅导者鼓励大家展示各自的假设；必要时，辅导者示范性地展示自己的假设，引导大家都展示自己的假设，供大家观察。四是针对假设，相互进行探询、质疑、答辩；必要时，可请提案人说明自己的推理过程，以便观察其心智模式。五是辅导者要掌握对话的进程。如果发现有人一再为自己的观点进行辩护，就要提醒他容纳别人的意见；如果两种观点争锋相对，又争论得不可开交，则及时叫停，引导大家进行讨论，找出对立观点的想通之处，取得共识后，再转向探询。六是辅导者引发新观点的艺术。歧见是产生新观点的温床，在"大容器"里，辅导者引导大家仔细观察各种歧见，哪怕分歧的差异很小很细微，或者只是语气上的差别，也不能放过。把它挖掘出来，探询它，研究它，观察能否有新的发现；也可以回过头来重新检查这条思路，考虑能否找到可以挖掘的成分。如果两种观点分歧很大，相互冲突，这时的辅导者，不是叫停，而是设法让双方陈述冲突的细节，以供探询。也许，一种新的见解就在某个细节中被发现了。冲突的双方也就在"对打"中变成了朋友。

第三，深度汇谈的结束。一次深度汇谈，至少要有三次讨论，其他的时间都是深度汇谈，总共需要两个小时左右。成功与失败的可能并存。不管成功与否，在会议结束前，都要做好两件事；一是由主持者书面报告深度汇谈的结果、经验、教训，内容由大家讨论通过。二是给每个人限时发表感想的时间，使与会者的感情恢复到常态，心情愉快地走出会场。

4. 演练深度汇谈

在深度汇谈的基本要求中，曾把深度汇谈分为会前准备、会中对话和结束前三个阶段。在团队进行深度汇谈演练时，为了使主持者掌握好对话进程，又可以把深度汇谈划分为各具特点的四个阶段。不过，各阶段的特点不是很明显的，只是在每个阶段都有一些突出表现而已，可以根据这些突出表现来推动会议的进程。如果必要的话，主持者还可以建议大家退回到前面的阶段去。

（1）歧见带来混乱。主要表现是每个人对议题都有自己的见解。主要方法是讨论，但分歧很多，争论不休，互不相让是正常现象，不必担心。因为人们会逐渐认识到，与其固执己见，还不如探讨混乱产生的原因。这是自我防卫减弱的表现，主持者应见机行事，鼓励大家阐述自己的假设。

（2）面对冲突的原因。主要表现自己是共同展示假设，让隐蔽的观点一一曝光。主要方法是探询假设，在众多的观点面前摇摆不定。经过比较之后，发现没有一个观点能代表问题的全部真相。虽然仍有人在自我防卫，但会场的主流是不同观点的争论，令人沮丧和迷惘。这种气氛逼得大家不得不面对冲突的根源。于是，又进行探询，渐渐发现这根源就是每个人看问题的角度不同，原来冲突是大家共同造成的。根源找到了，就不再固执己见，也没必要去深究谁对谁错，唯一要做的就是用心聆听，寻找各种观点之间的差异，寻找新的发现。主持者只要不时点拨一下两极化的意见，会议就能继续进行下去。

（3）“大容器”里的探询。主要表现是从各种洞见中发现新观点的萌芽和感到整体的重要性。“大容器”是在深度汇谈发展到一定程度时，由共同的信赖、意向和信念所创造的一种宽松而安全的对话环境。在这个环境中进行集体探询。深入问题的本质，从各种差异中挖掘出真知灼见。这时，主持者一方面要引导大家进行讨论和逻辑分析；另一方面又要进一步增强彼此的信赖和创造新的观点的意志，才能把对话进行下去。

（4）激发共同的创造力。主要表现是由整体感激发出新观点。进行对话，以增强整体感，逐渐消除歧见。不是以反对为主，而是以加入和汇集为主。搜集思维中不易察觉的意义，使新的心智模式显现出来，于是，各种片段开始衔接。虽然会场变得清静了，但每个人的思绪却很活跃，只言片语都包含着深刻的内容，大家也能心领神会。集体的智慧使片段的闪光点衔接越来越清晰，一种或几种新观点终于用共同语言概括出来，深度汇谈取得了可喜的成功。

5. 演练有技巧的讨论

有技巧的讨论，可就一个较难的设想展开，也可以就一个新设想展开，并汇集成结论和行动方案。单独使用有技巧的讨论，需要具备三个条件，一是事先告知参与者讨论会的内容、议程、时间和地点。时间不宜过长。二是为与会者创造安全的环境。既是讨论会，就应该一律平等，畅所欲言。不能指责与嘲讽，让与会者得到安全的保障。三是鼓励与会者提出新观点。挖掘日常工作中被忽视的问题、想法和观点。对与错并不重要，重要的是让不同的观点进行交流，从而产生创造性的新观点。讨论会常用的方法是：

（1）要根据议题，明确自己在讨论中要达到什么样的学习目标，即“我想要得到什么”，以此作为参加会议的态度，就会诚恳地发表意见，虚心接受别人的意见，而不是误导别人同意自己的意见。

（2）兼顾辩护与探询。在讨论中，辩护与探询的钟摆往往偏向辩护一边，适当的辩护是需要的，但一味地固执己见，不肯透露自己观点背后的推理过程，别人就不能进行探询，这是常犯的毛病。另一种毛病是不停地对某人的观点进行质问，这就扭曲了探寻的本意。这两种毛病都会引起误解，导致沟通不良。正确的做法是辩护和探询兼顾，在两者之间求得一种平衡。这样，才能从对方的观点中得到启发，并由此产生创意和洞见。

（3）发言要表达清楚，不让听者似懂非懂，甚至产生误解，以便做出正确的判断。

（4）停顿下来，三思而后再发言。在激烈的辩论中最容易忘我，会使自己火气上升，感到困惑。这时，要停顿下来冷静地想想，反思自己已经说过的话，审视会场的现状，转移注意力的焦点，找到前进的方法之后再发言。说自己想要说的话，效果会更好。

（5）找出僵局的原因。有时，会场上意见分歧，争论的双方各不相让，出现僵局。参与者都有反躬自问：双方意见分歧与共同点何在？原因何在？只有找到原因，才能知道打破僵局的办法。

（6）做决定要倍加慎重。单独使用有技巧的讨论，无论是否发现了新观点，都需要在取得共识后，当大家都认为有用又没有更好的办法后，再做出决定。

6. 演练大墙会议

大墙会议是将分散在个人手里的知识、经验、信息整合为集体的知识或观点的集体学习方法。目的是提高团队的智商，也便于从中发现人才。

大墙会议的优点是集思广益，不论职务高低，唯观点正确与否是依。大墙会议的操作要点是：①会前要准备中心议题，并精选与会人员。②会议规模 20 人左右为宜。③给与会者每人发一块题板和书写笔。④每块题板只写一条意见，不具姓名。⑤主持人收集题板，分类。将同类意见成排地悬挂在房间的墙壁上。⑥由主持人进行点评。必要时，请提案人进行解说，其他人也可以提问，评论。点评的方法是逐条逐类或综合点评，要看具体情况而定。⑦进行讨论，可将新发现的和有共同观点的题板移动到一起，进行再比较，引发思考。在不断地探询和互动中，使有创意的火花充分闪烁，共享其知识和观点。最后，总结提升，使与会者共同找出可以指导今后工作的创意。

7. 演练头脑风暴（专家会议法）

头脑风暴的一般议程是：①会前准备，根据待预测的问题，邀请相关专家参加会议（故此法又称专家会议法），人数不超过 12 位，告知议题。②请专家就议题畅所欲言，各抒己见。③充分争论和辩论提出的各种观点。让各种创造性思维相互闪现，以便在头脑中掀起思维的风暴，达到对预测问题的发展态势作出超前认识的目的。④主持会议的企业领导和在场的其他领导，以普通一员的身份参加讨论。但不能做有倾向性的诱导。会议结束前，不论是否形成统一意见，都可以作为未来决策的参考。

8. 团队学习与系统思考

系统思考的整体性对团队学习非常重要。因为系统思考主张以整体性的观点看问题，反对用分割的方法看问题，所以，系统思考能以其整体性观点来指导团队学习。例如，在对待习惯性防卫的问题上，若以分割的观点进行分析，就会认为，习惯性防卫是个别人的行为造成的，和大多数人没有关系。循着这样的思路去克服自我防卫，效果必然适得其反。如果整体性观点进行分析就会看到，自我防卫的发生不仅是个别人的行为，而且是全体成员的共同行为造成的。杠杆解在于全体成员，每个人都要去找出自己在自我防卫中所扮演的角色和应负的责任。循着这样的思路去克服自我防卫，就会减轻其程度或者消除自我防卫。

系统思考的语言工具对团队学习也很重要。因为系统思考能提供新的工具和语言来帮助团队学习。改变人们常常以简单方式来看待复杂问题的习惯。而团队的发展策略、建立愿景和制定政策等问题，都是动态性复杂问题，只有极少数问题才是简单的因果关系问题。用团队学习来发展团队的策略，它的依据是团队的现状，而团队的现状是由许多复杂因果关系构成的。倘若用静态的语言，很难从复杂的现状中抽取简单的因果关系作为依据。首先，团队领导通常会往杠杆作用低的方向寻找对策，深信简单而立竿见影的办法，如嫌研发时间长，就增加研发人员的数量来缩短时间；利润低就降低成本；市场占有率低就削价出售等。这种心智模式，必然使用短期对策，而不去考虑根本性的对策。其次，团队成员习惯运用直线式的心智模式，从局部的因果关系去观察整体性问题，而不能看到整个团队的系统情况，所以，探讨出来的对策，也必然是零碎的和相互矛盾的。这样的团队学习容易犯“盲人摸象”的错误。如果有一种能描述复杂性问题的新语言，就能改变这种情况。至今，各种企业唯一的共同语言是财务会计语言，但这是用来处理细节性复杂问题而不是动态性复杂问题的语言。它只能提供财务状况的结果，而不能揭示其成因。其他，如竞争分析语言、全面质量管理语言、ISO9000 系统语言等，也不能处理动态性复杂问题，能处理动态性复杂问题的语言只有系统思考的新语言，如增强环路、调节环路、时间滞延等。这些新语言及系统思考工具，如因果环路图、系统基模等，能使团队学习转向问题背后的结构，看出结构影响整体力量的原因，能客观而不是情绪化地讨论问题，找出动态性复杂问题的根本解，而不为短期行为的症状解所迷惑。如果没有系统思考的语言工具，团队学习的效果有限的；如果团队成员都能熟悉系统思考的语言工具，团队学习的效果将是非凡的。

9. 团队学习需要训练

团队学习是合作式的共同学习，在未经训练前，不可轻易进行团队学习，因为员工对有技巧的讨论、深度汇谈等还很陌生，还没有掌握团队学习的方法、技巧，更不懂得借助系统思考的语言和工具，不知道如何处理习惯性防卫，也不知如何与其他员工进行合作等。这些都需要进行学习和训练，不然，急于进行团队学习，就会产生非常不利的后果甚至于事与愿违。正确的做法应该是，先把团队学习的方法技术训练纯熟，然后才能从自我超越起步，只有当团队成员显露出检验心智模式的欲望时，才能进行团队学习。团队学习训练的途径通常有四种：

（1）技能培训。可在本企业的培训中心，或在社会上的专门机构进行。在本企业进行培训，可分为两步：第一步，聘请熟谙团队学习的专家和培训教师一起，将团队学习的概念，基本原理和演练的方法技巧等开发成培训课程，制订培训计划，进行培训。第二步，是在培训的基础上，进行分组的训练，先单项，再综合，直到熟练掌握为止。

（2）实践演练。在培训的基础上，将学到的理论、方法和技巧应用到实际工作中的问题上，在实践中学。方法是在实际工作中发现问题后，由团队领导邀请辅导员，针对问题进行有技巧的讨论，或是针对有创新性的问题进行深度汇谈。这种边工作边学习的方式，是直接向经验教训进行学习，是比读书、听讲效果更直接的学习。但是，这种学习方式，对因果关系简单的问题易于见效，对因果关系复杂的问题，因为有时间滞延，短期内则难以见到学习效果。

（3）电脑模拟演练。团队学习训练，如果能在电脑虚拟现实的环境中进行有三大优点：一是可以在微机室里仿真团队的运作，为团队学习开辟新的训练场所；二是电脑的奇特功能，对团队学习方法技巧的提高大有帮助；三是，它几乎没有演练失败所造成的经济损失。在上述优点中，单就奇特功能来说，电脑模拟演练，能做到实践中许多做不到的事。如，它可以放慢团队运作和集体思维的速度，以便仔细反思和检查处理问题时的心智模式；它可以加速团队的运作速度，压缩时空与结果之间的距离，使几年后才能看清的复杂因果关系，顷刻显现出来。电脑模拟还能将深度汇谈中的假设浮现出来，发现新的观点，为团队的创新提供了极大的方便。

（4）进行正式的团队学习。当把团队学习的方法技巧训练掌握后，就可以正式进行团队学习了。可选择一两个团队先试点，最好是在主管团队中进行试点。主管团队应单独建立管理学习实验室。把实验室里的“知—

试一行”和实际工作中的“知一行”结合起来，处理各种动态性复杂问题。并向基层团队提供学习经验。

主管团队的出现有两个原因：一是当代的企业管理面临许多错综复杂的问题，有的问题跨越了不同的学科，几乎没有任何一个人的学识能够处理全部问题；二是当代企业管理科学的发展，要求企业高层领导重新设定自己的角色，并允许基层领导有较多的决策权和管理权。因此，主管团队的学习目标是变个人为主的领导方式为团队为主的领导方式。主管团队的学习内容主要是新知识、新观念，既不能按教科书的条条框框如法炮制，也不能模仿其他企业的做法邯郸学步，一切都必须自己去探索和设计。

在知识经济时代的企业管理中，主管团队与其他团队建立互动关系是非常重要的。如何建立这种关系呢？一是分享信息。主管团队必须与其他团队分享相关的信息，这对双方的学习都非常重要。二是分享功劳。主管团队必须与其他团队分享功劳与荣誉。如果主管团队独占，合作与互动的关系就会消失。三是奖励学习好的团队。这是学习一创新型企业奖励的重点。四是鼓励合作。如果研发团队能以最快的速度设计出性能良好价格适当的技术与产品，操作团队能以最快速度生产出质量好成本低的产品，销售团队能以最快速度占领市场，就表明主管团队与其他团队已经建立了一种合作的关系。如果团队学习能使各个团队明确自己的极限是什么和可能遭受的损失是什么时，就表明他们已经融入学习一创新型企业的新关系之中，表明主管团队和其他各个团队都有信心和能力面对国内外市场的挑战。

演练建立团队愿景

目的：建立团队共同愿景。

方法：从步骤一所列清单中选择对本团队最有意义的一个问题，进行讨论。以此为出发点，描述团队未来的理想形象，并把它发展为团队愿景。

步骤一：假设现在已是本团队五年后的情景，每个团队成员都把自己看到的团队形象写在海报上，让每个成员都能看清。问题清单如下：

1. 五年后，我们团队会影响到哪些人？我们如何为他们创造价值？

2. 我们在市场上的形象如何？我们如何参与竞争？

3. 我们团队的各作业组如何彼此互动？

4. 我们如何面对顺境和困境？

5. 我们对企业有什么独特的奉献？

6. 我们团队的价值观是什么？

7. 我们怎样保障团队的未来？

讨论完毕后，问："我们如何衡量团队的进展？"

步骤二：接着回到现在，检视团队的现状：

8. 什么是我们团队中的关键力量？

9. 在团队内外，哪些人与团队利害相关？它们会发生什么变化？

10. 我们团队在哪些方面授权？在哪些方面不授权？

11. 在我们实施的目前计划中最怕遭受哪些损失？

我们了解了哪些需要知道的事情？还不清楚哪些需要知道的事情？

最后，集中每个成员的想象和观点，通过讨论，达成共识，建立团队的共同愿景，并用简洁的语言描述这个愿景。

练习深度汇谈的一个片段

目的：体验深度汇谈中的聆听。

参加者：从团队中选择十多个身份不同而又彼此不太熟悉的成员和一个辅导者。

设施条件：若干眼罩（可以用黑布代替）；安静的房间；时间不超过一个小时。

练习：与会者到场时都戴着眼罩（许多人会提高安全感，其他人可能会因此焦虑不安）。辅导者要求大家静下来，请大家发言，谈什么都可以。渐渐地，辅导者引导大家集中到一个中心议题上。可提出各种不同的意见，也可以争论，同时要求大家注意会场上发生的事情。当别人发言时，其他人要保持沉默，聆听，并问自己：我从发言中看到了什么？当练习即将结束时，辅导者请大家终止发言，摘下眼罩，仔细看看周围都有些什么人。然后，大家围成圆圈坐定，报告各自在会谈中的感受和经验（每个人都要发言）。最后由辅导者进行点评，重点是：大家是否注意聆听？是许多人在发言，还是感到只有一个人发言？是否模糊了人与人之间不同身份的界限？

THOUGHT

第 4 章
系统思考

- 系统思考及其语言、工具
- 结构影响行为原理
- 系统思考的规则及其演练的智障
- 系统基模的演练

SECTION 4.1

什么是系统思考

20 世纪 70 年代后，在企业管理理论中，综合吸收了社会科学和自然科学的最新成果，把企业当做一个系统进行管理，即把企业作为一个系统来安排生产要素，并按系统论方法进行经营管理。其特点是以目标、整体、责任和人为中心实行管理。系统管理进一步发展为系统动力学管理理论，其特点是利用数学模型和计算机对复杂系统进行研究。利用实验和定量方法设计系统结构，将复杂结构变得清晰易懂，更便于经营管理。系统动力学管理理论的最新发展是彼得·圣吉博士的系统思考管理理论，其特点是以全新的视野来思考经营管理问题，对管理理念、管理方式和管理方法等方面都进行了革新。

4.1.1　系统思考的渊源

1. 系统思考的提出

系统思考是相对于局限思考而提出的一个新概念。企业是由人力、财力、物资、目标和信息等要素组成的复杂系统，在其运作过程中，时时受到来自内部、外部物质、能量和信息的流动所牵动，各种要素和组成要素的各种元素相互影响，形成许许多多看不见的因果反馈链。只要有两个以上的因素不能协调运作，就会出现正反馈链，造成某个局部结构对整个系统结构的破坏。有时，这种破坏作用是隐形的，暂时不易觉察。管理者一般能感觉到系统出了问题，但又往往找不到症结所在。“只缘身在此山中”，有症状就得找出原因并予以解决。于是，专注于症状本身这个事件的片断，用局部分析的方法寻找因果关系，这就是局部思考或局限思考。局部思考能找到个别人失误的因果关系，但是，找不到个别人失误与其他人的互动关系及其行为形态的变化。这是因为局部思考对个别事件的专注而分散了注意力，不能用长远的眼光来观察事件背后的变化形态以及整个系统结构上的原因。而对企业造成致命威胁的并不是个别人的个别事件，而是个别事件背后的形态变化所带来的缓慢又不易觉察的变化过程。这个变化的过程是根本的，变化的力量是巨大的，能威胁到企业的生存。

探索系统根本性问题的思考方式是一种新的思考方式，即系统思考。它从广角看企业，既见树木，又见森林。系统中的问题绝大数来源于系统本身，因此，必须在系统中寻找原因和解决的办法。系统思考运用系统的观点，扩大对问题的时空观察范围，既看到个别事件对局部的互动关系，又看到个别事件对其他部分乃至整个系统的互动关系；既看到瞬间事件对局部的暂时影响，又看到瞬间事件对其他部分乃至整个系统的长期影响。于是，把个别事件所带来的各种互动关系片段整合为前后一贯的因—果—因复杂关系的流程，探讨各种作用力之间的消长，看出复杂问题背后的简单结构运作，找出问题的症结和有效而持久的答案，这就是系统思考。

系统思考方式出现的一个重要原因是：由于人对系统及其运作规律缺乏了解，以致在纷繁复杂的变化中感到困惑不解，无法应对这种变化，面对复杂问题时，习惯性地将其分隔成若干个片段，进行静态的分析，然后再整合为整体。这种先分解后整合的思考方式已有几百年的历史，至今仍是当代思维方式的主流。它对认识一些简单的因果关系确实是有用的，也是必需的，但是，用这种思考方式来解决复杂问题就很难灵验了。因为整体并不等于各个部分简单相加之和，分割使人们失去了观察各要素之间的互动关系以及各要素与整体之间的互动关系的能力，容易使人们在解决问题时避重就轻，舍本逐末，一错再错。原因是大部分动态性复杂问题都处于渐变过程中，而且具有最根本最持久的能量，但表现得却不明显，深藏于系统之中，不易察觉。等到察觉到了，不是不知所措，就是为时已晚，此其一。其二，是时间滞延的迷惑性。在因果互动过程中，相互增强或削弱的非线性关系，使得一个或几个原因所产生的结果，又成为另一个结果的原因，如此连锁反应，给思考问题带来了很大困难。因果链的时间滞延越长，其迷惑性越大。一个局部决策的小小变动会给看似不相干的其他部分造成灾难性后果。本来是想解决问题，实际上却制造了新的更大的问题。为了克服类似这样的思考障碍，正确认识动态性复杂问题，圣吉博士倡导系统思考。用系统思考来引导人们从看片段到看整体，从看事件到看事件背后的行为结构，从静态分析到思考动态的因果环状关系，从一连串的变化中寻找动态平衡的对策。系统思考摒弃局部思考，学会整体思考；摒弃静态思考，学会动态思考；摒弃表面思考，学会本质思考。系统思考是了解行为与系统之间互动关系的思考方式，是以简驭繁，前瞻而开阔的思考方式，是认识和改造世界的重要思考方式。系统思考是五项修炼的核心技术，是圣吉博士的一项重要发明，在认识论上具有重大意义。这项发明直接源于佛瑞斯特的系统动力学，而系统动力学又源于贝塔朗菲等人的系统科学。因此，要学习和理解系统思考，还需要懂得一些系统科学和系统动力学的知识。

2. 系统思考的远源是系统科学

系统科学的创立者是美籍奥地利生物学家 L.V. 贝塔朗菲，他于 1937 年在生物学的研究中，首次用“系统”这个词来描绘有机体的组织结构，而系统论的诞生正是以他 1945 年发表《关于一般系统论》为标志的。他移居美国后，又吸收了维纳的“控制论”，申农的“信息论”和其他许多新兴的学科知识，并和一批专家继续研究系统问题，终于在 20 世纪 60 年代发展成为系统科学。系统科学是从系统的结构和功能的角度来研究自然界、人类社会和人类思维的原理与规律的科学。它是一个庞大的科学体系，这里仅就与系统动力学和系统思考有关的几个问题进行简要介绍。

（1）什么是系统？系统这个概念源于希腊文的一个动词，含义是“大家站到一起”。系统科学里的系统是个整体，是人能感觉到的一个整体。

构成系统的各要素，彼此纠结在一起，相互影响，共同朝一个目标运行。系统这个概念是指存在于一定环境中的，由两个以上互相联系、相互作用的要素所构成的，有特定结构和功能的整体。这个定义包括以下四点内容：

第一，系统是由两个以上的要素，按照一定方式组合而成的，构成要素都有一个共同的目标和共同的行为方式。一个系统又包含在与之相关的更大系统之中。一个系统内部的各要素又可以单独成为系统。

第二，各要素之间的结构是相互联系、相互作用和相互制约的，其中，任何要素的性质和行为的变化都会影响其他要素乃至整个系统的性质和行为发生变化。系统的动态行为是由系统的内因和外因共同作用的结果，其根本原因是系统内部的矛盾性。

第三，系统总是有一定的特性、功能和形态，这些特性、功能和形态并不是各要素的特征、性能和形态的简单相加。看清楚这一点，往往使人有能力影响系统的运行方式。系统有它的运行规则，观察它的原则是从广角看世界。

第四，系统存在于一定的环境中，并与环境不断进行物质、能量和信息的交换。系统是客观存在的，具有普遍性，从基本粒子到河外星系的茫茫宇宙，从人类思维的奇思妙想到社会生活的万事万物，都各自成为系统，又相互成为系统。系统思维方式为把企业看成一个系统提供了认识工具。企业这个系统，其内部要素主要是人、财、物、产、供、销，还包括信息流动、管理机构、生产经营、决策方式、员工培训、企业文化和工作态度等；其外部要素主要是所在的社区、政府和国内外市场等。企业结构就是由这些内、外部各种要素的相互关系形态构成的，它通常是隐形的，是在有意无意之中形成的。在企业运作过程中，各要素之间的物质能量和信息交换的相互作用，形成了企业结构的或是增长或是调节的控制回路，成为企业发展或是衰退的根源。在企业内部要看清楚这种整体变化的发展趋势是困难的，只有运用系统思考技术，才能认清这种变化趋势，并主动掌控，使之朝着一定的目标发展。

（2）系统科学的方法论原则。系统科学所提供的一般方法是：指出要解决的问题，认清该问题与相关要素之间的互动关系；通过建立数学或逻辑模型寻找答案；运用比较法在多个答案中选择最佳答案。它的方法论原则主要有六点：

第一，整体性原则。整体性是系统的本质属性。整体性原则主要是指系统是一个有机的整体，即系统内部各要素之间，系统与个要素之间，系统与环境之间都是相互联系、相互作用的整体。系统就是整体。系统没有边界，一种新事物的产生，它必定与周边环境密切相关，属于那个不可分割的整体。但是，在解决一个个具体问题时，又需要人为地划定边界，以便锁定范围，研究其中的各要素的互动关系，研究那些与要解决的问题相关的要素，包括要素内部的各个元素，而不是以按系统功能来划分的部分为出发点，这也是判断整体问题的一个原则，称为系统边界原理。系统整体性原则，一方面是说，整体是事物存在和发展的主导方面，要素处于被动和服从的地位；另一方面是说，要素是整体的基础，要素的变化影响着整体的变化。因为系统中各要素之间是有机的结合，而不是简单相加，所以，产生了各要素单独存在时所不曾有的整体效应。也就是说，产生了新的性质和功能。在各要素构成整体的转化中，即从聚集到构成，从无序到有序，从片段运行到整体运行的转化中，导致了有用能量的增加或减少，从而打破了亚里士多德“整体等于各部分之和”的命题。这个著名的命题之所以被打破，是因为它是线性思维的结果，认为部分的改变或增殖都不足以影响整体的性质。实际上，部分的改变或增殖不可能不影响整体的性质。有三种情况：当各部分之间的有用功能量大于无用功能量时，整体大于各部分之和；反之，整体小于各部分之和；只有当有用功能量等于无用功能量时，整体才等于部分之和。现代科学研究表明，世界在本质上是非线性的，系统与系统、系统与子系统、子系统与子系统之间的相互作用都是非线性的。线性系统在现实生活中只是个别的，偶然的和有条件的。世界的非线性本质决定我们认识和改造世界时，必须采用非线性的思考方式与之相适应。

第二，相关性原则。相关性原则主要是指构成系统的各个要素都是互相联系、相互依赖、相互作用和相互制约的关系。有三种情况：一是系统与其内部各要素之间的相关性。表现为系统与其各要素之间物质、能量和信息的流动，这种流动促进了各要素和系统的发展。二是系统的各要素之间的相关性。表现为各要素是构成系统的基础，系统又为各要素的发展提供了条件，并调节各要素之间的相互关系。这种相关性促进了各要素的发展，也促进了系统的发展。如果各要素自行其是，搞小团体主义，必将危及各要素乃至整个系统的发展或存在。三是系统与环境之间的相关性。表现为系统与环境之间的物质、能量和信息的交换，这种交换促进了系统的发展。如果系统闭门自守，则难逃窒息的命运。

第三，结构性原则。系统结构是微妙而错综复杂的，包括许多内容，甚至连做决策时所依据的原则也包括在内。结构性原则主要是指系统与空间的关系，即系统内部各要素在空间上的排列顺序的相互联系相互作用的方式。系统结构具有稳定性、层次性和可变性。首先，稳定性是说明各要素在组成系统时，其性质、数量和位置等都有其特定的组合方式，并随着空间的变化而产生新的组合方式，使系统保持持续的稳定的运行状态。如果某个要素或者某个要素中组成元素出现异常。就可能破坏其所在要素乃至整个系统的稳定性。其次，层次性是说明各要素在组成系统时，必须按照一定的等级层次组合而成。同一等级的要素组成并列式的横向结构，任何一个系统都必须有两个以上的横向组织。现代企业的横向组织越来越多。不同等级的要素组成层次性的纵向结构，任何一个系统都可以在纵向上划分出若干层次。现代企业的纵向层次越来越少。层次不同，功能不同。不仅横向与纵向的结构是有序的，而且，各层次间的物质、能量和信息的流动也是有序的，这种层次性又决定了系统结构的相对性。系统的一个要素，同时又是系统的一个子系统，该系统对其所依赖的大系统来说，又是一个要素。在系统结构的无限层次中，都具有双重身份，既是系统，又是子系统。最后，可变性是说明系统在与环境交换物质、能量和信息的过程中，系统的内部结构处在由量变到质变的过程中，同时，产生一定的新动能，反作用于环境。因为系统功能来源于其所组成的要素与结构，所以，提高系统功能的途径也有两个：一是提高要素的素质，或是增加要素的数量；二是改善系统的结构以充分发挥系统的整体功能。

结构是功能的基础，功能是结构的表现。有什么样的结构，就是有什么样的功能，但又不完全如此，还有其他许多复杂的情况。就结构和功能的关系来说，首先，两者是对立的。既有相同结构表现为相同功能，不同结构表现为不同功能的现象；又有相同结构表现为不同功能，不同结构表现为相同功能的现象。其次，两者又是统一的。一方面，结构决定功能，制约着功能的发挥程度；另一方面，功能对结构又有反作用，前者的改变也会导致后者的改变。最后，在一定条件下，两者还可以相互转化。因为任何结构都可以自成系统，又有自己的功能；同样，任何功能也可以自成系统，又有自己的结构。结构和功能各向自己的对立面转化，正是这种转化推动着事物由低级向高级发展。这种辩证关系，为人们提供了一条重要的方法论原则，即可以根据自己已知的系统结构来推断其功能，又可以根据已知的功能来推测其结构。据此，企业管理者可视具体情况，或改变结构，或改变功能，来解决管理中的具体问题。系统思考就是根据这个方法论原则，依据问题的行为功能来推测行为背后的结构，寻找问题的症结，并通过改变结构来改变功能的途径，达到解决问题的目的。

第四，动态性原则。动态性，一般理解为系统的运动状态。动态性原则是指系统与时间、空间的关系，即系统的现实状态随着时间的推移，不断改变自己的空间位置和内部结构。系统的动态性分为静态系统和动态系统。静态系统现实状态的变量与时间变化没有关系，它是动态系统的一种近似状态，含有动态的因素，如有机体为保持体内平衡的新陈代谢，并非完全静止不动，而是相对的静止，是动态性的一种特殊表现形式。一旦打破这种静止，系统又进入运动的状态。 动态系统现实状态的变量是时间变化的函数，每一段时间内的系统现实状态的量化值都是确定的。它又分为两种情况：一种是各要素之间的协调功能决定系统的平衡发展，系统运行状态呈现出“不协调→协调→新的不协调→新的协调”的发展过程，并引起系统状态和性质的发展变化。另一种是各要素之间的协调功能使系统由无序状态到有序状态的发展，系统运行呈现出“无序→有序→新的无序→新的有序”的发展过程。系统的动态性非常复杂，特别是大系统的动态性更是纷繁复杂，使人如入迷雾之中，难辨方向。

第五，开放性原则。开放性原则及系统与环境之间的相互依赖相互作用的关系。系统对环境既有依赖性，受环境的制约；同时，系统也反作用于环境，对环境起改造作用。系统和环境的关系又是相对的，环境也是由系统组成的。一个系统对自身来说是系统，对他系统来说则是环境。任何系统都是在一定的环境中产生、成长和消亡的。在自然状态下，几乎所有的系统都是开放的，运动的。只有开放，才能保障系统与环境进行物质、能量和信息的交换，吐故纳新，处在从量变到质变的不断变革中，使其结构和功能随着环境的变化而变化，以适应环境的需要与求得自身的生存与发展。开放对企业来说是一种精神层面和思想状况的改变，以一套相应的机能和实践方法，使企业与环境沟通，达到相互理解和相互协调的目的。企业中团队之间的开放沟通和理解，能使各自的任务在团队之间协调起来，共同的企业的经营目标服务。封闭的系统与环境基本上是隔绝的，只能与环境进行能量的交换，而没有物质和信息的交换。开放性原则要求人们不要封闭系统，避免被环境所淘汰。

第六，模型化原则，是指系统与认识方法之间的关系。系统论为人们认识问题提供了一个方法论原则，即从系统的整体性、相关性、结构性、动态性和开放性等特点出发，多角度地认识问题，还提供了一个认识复杂系统问题的科学方法，及系统方法。系统方法不仅是一个定性的认识方法，更主要的是一个定量的认识方法。它可以与各种数学方法、逻辑方法以及问题症状、系统要素、解决问题的假设等组成电脑模型，制成软件，利用控制和反馈等操作方法在电脑中进行模拟运作，揭示出系统运作的各种形态表现，从而找出解决问题的答案。模型原则，倒逼企业运用当代最先进的认识方法与工具来解决企业中的问题。

（3）系统的反馈与控制。控制是控制论中的一个基本概念，可简单地理解为“支配”或“驾驭”。一个现实系统，除了受系统本身的结构情况和环境条件的制约外，还受人为因素的制约。任何一个系统都存在不稳定性，其主要表现是自发的分散能量，从有序向无序退化，为了克服它，人们可以通过控制的手段来驾驭系统的运行。控制是对系统的信息进行分析、比较，做出判断，采取措施，付诸行动。这是一种有组织有目标的往返调节的动态过程，目的是使系统保持稳定，并向预定的方向和目标发展。这当中的“往返调节”在控制论中就叫“反馈”。员工在系统中所扮演的角色，就是反馈回路的一部分。反馈能正确地找出偏差和纠正的方法。具体操作方法是：控制中心将信息传输给被控制对象，后者接受信息的作用，并将所产生的结果反馈回去。控制中心对接到的反馈信息，进行分析、判断，作出调解，再传输给被控制对象……这种往返调解的反馈，一直到系统能够稳定运行才停止。反馈控制要注意适当。反馈过度，会造成系统的动荡，影响管理；反馈不足，达不到调节的目的，降低管理效能，造成资源的浪费。反馈分为正反馈和负反馈两种：如果各要素间输入对输出的影响增大，反作用加强，系统运行加剧，出现不稳定甚至动荡，叫正反馈，当超过系统生存的临界点时，系统就会解体。如果系统各要素间输入对输出的影响减小，反作用减弱，系统运行趋向稳定，最后达到动态平衡，叫负反馈。负反馈在企业管理中应用较广，如现场指挥控制、事后分析再进行控制等。有时为了避免一项决策造成重大损失，在实施前进行科学预测，对可能出现的失控现象，预先采取必要的控制措施，防范于未然，这叫前馈控制。

（4）系统方法的方法论意义。系统方法或称复杂性思维方法，或称多元思维方法，不仅为人们认识世界提供了新的视野，而且还提供了一套认识复杂事物的方法和工具，意义非常重大。

第一，系统方法提供了认识复杂事物新的科学方法。在历史上，人类的思维方法经历了朴素的整体综合方法，传统的分析方法和科学的综合方法等，呈螺旋式上升的发展过程。也可以说是从一元到二元到多元的递进发展过程。一元思维方法的特征是把万事万物都归结为某个单一的原因，用这个单一的原因来解释千万变化的大千世界。中国古代道家的先驱老子的“道生一，一生二，二生三，三生万物”，古希腊先哲亚里士多德的“终极因”等，是其典型的代表。二元思维的特征是看到了事物的两个不同侧面及其相互转化的关系，认为一切认识对象都可以分割成简单的部分，从认识部分的性质叠加成整体的性质。现代科学的许多优秀成果都是这种思维的产物，但是，世界上的事物并不都是二元结构，如在黑暗与光明之间，就存在着无数过渡形态或中间带，更何况复杂的事物乃至混沌世界呢！多元思维的特征是强调事物的整体性、复杂性、开放性和对差异的重视，按照系统的整体性来认识世界，揭示出二元思维无法解释的许多秘密，沟通了自然科学与社会科学之间的鸿沟，使之在思维方法上统一起来，还原了世界的整体性与复杂性的本来面目。这是当代最科学、最先进的思维方法。佛瑞斯特的系统动力学方法，圣吉的系统思考方法，都是其中的典型方法。

第二，系统方法继承了唯物辩证法的科学传统。系统科学将唯物辩证法用于系统科学研究，从而取得了认识论上的突破性进展。贝塔朗菲曾谈到，马克思和黑格尔的辩证法对系统论的形成起过重大的指导作用。系统科学把辩证法中的整体性作为立论的中心思想，借助数学和逻辑等思维工具着眼于信息的联系，形成定量化模型化的认识工具。系统科学在许多方面丰富了唯物辩证法的内容，使人们能够用新的眼光、新的方法来认识世界，这是方法论上的重大进步。系统科学作为一门横断科学，向上可以与马克思主义哲学相联系，发挥着认识世界的方法论作用；向下又能与基础科学，技术科学和社会技术相联系，发挥着改造世界的方法和工具作用。可以说，系统科学、系统方法是在哲学、一般方法和具体方法三个层次上都适用的科学方法。

2. 系统思考的近源是系统动力学

（1）从系统动力学到系统思考。系统动力学源于系统科学，是系统科学的一个分支，其直接来源是维纳的控制论，创始人是美国麻省理工学院教授、圣吉博士的老师佛瑞斯特。佛瑞斯特把他的新理论、方法和工具称之为“系统动力学”，意思是说学会了这套理论、方法和工具，就能提高系统发展的动力。圣吉博士直接把系统动力学的管理思想应用到企业管理上，他以老师的《企业的新设计》一书为基础，运用系统动力学的理论、方法和工具，把深奥难懂的系统动力学简化为容易理解和掌握的系统思考。又在系统思考的基础上发展出四项核心修炼技术，成为学习一创新型组织的理论与实务。他指出，企业生命力下降的主要原因是对系统的动态性复杂问题认识不清，其原因是存在学习智障。这种学习智障是由于企业的分工和条块分割造成的。由于短期内看不清复杂问题的因果关系，使得企业无法进行真正有效的学习。克服的办法，是进行系统思考的修炼，因为只有系统思考，才能解决系统的动态性复杂问题，从而为学习一创新型企业勾画出一幅崭新的蓝图，引发了管理学理论上的一场重大变革。

（2）系统思考是对系统动力学的继承和发展。佛瑞斯特教授和圣吉博士师生之间的研究继承和发展关系主要表现在如下五个方面：

第一，系统动力学给学习型组织以理论、方法和工具的支持。佛瑞斯特在研究过程中发现，自工业革命以来，挑战不是来自外部，而是来自人类自身的思维方式、沟通方式、行为方式和它们之间的互动关系。主张打破传统的结构组织，建立水平式互动型的横向结构，要扁平化、开放化、信息化。内部有互动的团队，团队中的人结成互动的伙伴关系，能够进行不断的学习，使个人和组织都充满活力。他认为，百年企业管理史中最重要的规律，就是高度重视人的价值，人的尊严。人都是追求卓越的。如果有合适的环境，每个人都能把工作做得更好。佛瑞斯特教授的系统动力学理论，不但给圣吉博士的学习型组织理论奠定了基础，成为系统思考的直接来源，而且，学习型组织理论还接受了系统动力学的一系列观点，如尊重人性。以五项修炼为例，从人性角度看，每一项都是扬善除恶的人性修炼。

理论必须借助相应的方法和工具才有实际意义。有了方法，为什么还要强调工具的重要性呢？因为只有使用系统思考的新工具，才能改变思维模式。缺乏理论根据的管理工具之所以有时管用有时不管用，就是因为它没有接触到问题的规律性。为了解决企业经常遇到的动态性复杂问题，圣吉博士首先继承了佛瑞斯特的系统动力学思考方法，并简化为系统思考；继承了系统模型工具，并把它发展为系统基模和组织学习实验室。此外，还继承了改善心智模式的方法、逐步推论的方法、防卫心态方法和“左手栏”工具。然后又把复杂问题划分为两类：一是细节性复杂，二是动态性复杂。使用静态的思维工具，是从细节性复杂的角度来分析系统运作的环环相扣，所以，只能解决系统中各要素的安排等细节性复杂性问题。如果用它去解决动态性复杂问题，无非是采取治标的办法而丢掉治本的解决办法。解决动态性复杂问题，必须使用类似全面质量管理中的因果分析图那样的因果环路图、系统基模和系统仿真等新工具。正确使用这些工具，就能改变心智模式，进行系统思考，找到长期而有效的答案。圣吉博士把从老师那里继承过来的系统动力学和他本人的五项修炼以及其他学者的系统科学、组织学习、认识科学、创造理论、行为科学和深度汇谈等融为一体，成为学习型组织的理论、方法和工具，用于企业管理的实践，从而建立起学习—创新型企业。在学习—创新型企业的实践中，一方面使学习—创新型企业的理论接受实践的检验；另一方面使学习—创新型企业理论得到新的发展。这种理论与实践的不断循环，正是企业管理科学不断发展的动力。

第二，将动态性复杂作为系统思考的基石。系统动力学重点研究了系统的动态性复杂行为。佛瑞斯特教授发现，企业通常采用的系统分析，包括结构和政策对行为所产生的影响分析，令人奇怪的是，企业所赖以解决问题的对策，往往正是造成企业问题的原因。不错，这些政策在短期内产生了一些积极的效果，但从长远看，问题不但没有解决，反而越来越严重。何故如此呢？他认为，企业在处理复杂问题时，错误地把重点放在治疗问题的症状上，而忽视了治疗病根。原来，系统中的这类复杂问题，是各种要素互为因果的相互作用长期积累的结果，需要较长的时间才能发现它。而当人们进行处理的时候，又习惯用静态的分割方法去分析它。误认为症状解就是唯一的解。为此，佛瑞特斯教授创造了一个“整体动态搭配”的新概念，作为解决复杂问题的新方法。圣吉博士把这种方法继承过来，作为系统思考立论的基石，精辟地论述了如何解决动态性复杂问题的系统思考。他认为，在企业管理中，会有众多的反馈同时出现，有的因果关系在时空上相距较近，用线段式思维就能够找出问题的原因。有的因果关系引起一连串的反应，在时空上相距较远，用线段式思维找不到真正的原因。为了找到问题的真正原因，圣吉博士把这种复杂情况定义为“动态性复杂”，又设计了系统思考的新语言、新工具。借助这些语言和工具，扩大观察的视角，压缩时空距离，就能找到问题的真正原因。

第三，系统思考继承了系统动力学的整体结构机制。佛瑞斯特的独到之处，是把反馈作为系统的基本结构，用因果反馈链把各要素的变量聚合起来，观察各要素的互动如何引起了系统运行的波动，整体结构如何导致目前的行为状态，从中发现了系统运行的整体结构影响行为变化的基本机制。据此，深入思考经济现象变化背后的本质问题。这种结构分析易于将一些质的因素定量化，将人们的经验纳入电脑模型之中，显示了系统动力学的优越性。圣吉博士把这种整体结构运行的机制继承下来，并发展成为结构影响行为原理，同时，又定义了“结构”这个概念。他说，结构是“随着时间的推移，影响行为的一些关键性相互关系，它存在于关键性的变数之间”。“相互关系”即系统内部各要素之间的互动关系。“变数”即要素中的各种元素在互动时所产生的各种数量的变化值。这就说明了系统结构不是一般所指的组成整体的各部分的搭配与排列，而是指要素间的相互关系，它随着时间的推移和空间的改变，影响行为变化的一些关键性要素的行为形态，包括企业的组织结构、运作、流程和所产生的各种变量。因为人也是参与系统运行的关键性要素，也是系统结构的重要组成部分，所以，结构还包括员工对系统运作的态度、观感、产品质量、管理行为和决策方式等许多因素。

第四，系统思考继承了系统动力学的信息反馈控制理论。系统动力学的一个重要立论基础是信息反馈控制理论。佛瑞斯特认为，主要的系统结构是各种变量及其构成的反馈回路，它说明了行动的力量如何相互推动或相互抵消，这有助于认识结构的类型。于是，他把动态系统分为四种类型，即闭环控制系统、反馈回路系统、流位变量与流率变量系统和决策控制系统。圣吉博士继承并发展了系统反馈控制理论，提出了系统思考语言的三种工具，即因果关系环路图，系统基模和系统仿真。

第五，系统思考继承了系统动力学的模拟仿真方法。系统动力学作为一种定量分析法，并没有排斥定性分析方法。事实上，企业管理中的许多问题是不可能都用数学方程式的计算来求解的。佛瑞斯特教授运用系统仿真巧秒地绕过了这个难点，将定量分析与定性分析结合在一起来建立电脑模型，作为一种认识工具，通过模拟系统的运作流程来寻求问题的答案。圣吉博士继承了这种方法，并发展出组织学习实验室等，用电脑模拟实现来帮助人们进行系统思考。

4.1.2　系统思考的含义和作用

1. 系统思考的含义

可以把系统思考这个概念定义为：运用新的语言和工具，从抑制成长的因素或引发问题的事件出发，把片段连成整体，在动态的整体互动中找出复杂问题背后的简单结构，发现小而集中杠杆解的思考方式。系统思考是以旁观者的大视角，压缩时空距离，观察系统的整体运作，看出互相联系而非单一的事件，缓慢而来的变化形态而非瞬间的一幕幕情景，将与问题相关的片段联结成前后一贯的流程，探讨各种作用力之间的相互关系。认清选择的行动会产生哪些枝节问题与得失，找出抑制成长的原因或动态性复杂问题的答案，再以企业成员的身份参与系统的变革。广义的系统思考，还包括一些列模糊理论、方法和工具。模糊理论是精确性与模糊性相对关系的理论，其方法是建立数学模型，其工具是计算机。其中的一种思考方式特别适合用来进行组织的变革，这就是系统动力学及其发展的系统思考。

2. 系统思考的作用

在创建学习—创新型企业的实践中，系统思考是整合其他各项修炼的诱因和方法。它可以加强五项修炼之间的互动，能使企业经过线段思维、逆向思维、交叉思维走向系统思维。坚持共同学习，从广角观察国内外的同行，进行思想、观念和管理更新，全力实现共同愿景。如果缺乏系统思考的主动积极，虽然能解决企业的一般性问题，但在解决动态性复杂问题时，就会产生学习智障，看不见隐藏在系统结构中的巨大力量。企业内部力量的来源是整体运作、共同愿景和追求真相。其中整体运作是最根本、最持久，也是最不明显的力量，只有系统思考能够发现这种力量。系统思考能使员工看见自身行动与外部力量之间愈来愈多的联结，扩大与周围环境的一体感。系统思考能帮助人们认清系统的变化形态，找到解决问题的根本办法，增强企业运作的活力。

3. 系统思考的实质

系统思考的实质是提示人与人之间相互依存和共同合作的必要性，从而建立企业的整体观念。放弃个人的假设，共同承担起解决问题的责任。系统思考不仅是企业生存发展的思维工具，也是人类智力进化的工具。系统思考的精髓与我国许多古老的智慧不谋而合，让我们重新拾起先哲们的睿智，增强反省和奋发图强的能力，以便在当代的变局中泰然处之，应付自如。

4.1.3 系统思考的语言

从系统思考的角度看，系统，或者世界，是由无法计数的因果环路组成的，而人们的思考方式却常常习惯于用线段式的语言来描述这种环状的因果关系。线段式语言，就是原因与结果在两点之间的直线式语言，三点之间的折线式语言和多点之间的曲线式语言，总之，是把原因与结果局限在一个小范围之内的思维语言。对这种简单熟知的语言，人们的使用频率极高。对于思考简单问题来说，它也是适用的。对于思考复杂问题来说，这种线段式语言，就显得苍白无力了。可是，人们又习惯于用这种线段式语言来思考复杂问题，所以总是看不到问题的实质。原因就在于系统反馈结构实际上是个环状结构，是一连串的因→果→因关系构成的一个无头无尾的环路。同时，系统的反馈又不同于控制论的反馈，它是一个更加宽泛的概念，凡是系统中任何影响力所产生的信息流动都是反馈。因此，系统思考需要突破线段式的语言，创建一种能看清环路说明流程的新语言。这种新语言能够重新构建人们的思考方式，改变人们的思考习惯，就会发现处处都是反馈回路，处处都有系统基模的存在，从而把自己变成一个系统思考者。这种新语言就是不断增强的反馈，反复调节的反馈和时间滞延。

1. 不断增强的反馈

增强反馈是指事物处在一直成长的状态下，识别的方法是：只要发现企业运作处在一直成长的状态，就可以断定这是增强的反馈作用。由于增强反馈的运作对系统的改变是渐进的过程，所以，人们不容易察觉到它的存在，更不会知道这种小小的行动会产生巨大的影响力。这种影响力，可能是正面的，也可能是负面的。正面的影响力可使小小的差距自动扩大，产生同方向的运作，成为企业发展的动力。呈现良性循环，就像滚雪球，越滚越大。负面的影响力，也可使小小的差距自动扩大，产生反方向的运作，成为企业衰退的动力。呈现恶性循环，加速企业衰退，就像阳光下的雪球那样，越化越小。增强环路中的各要素都在同一个循环中相互推动的成长，只是由于运作的方向不同，所以有的发展，有的衰退。但是，增强环路不是一个完整的环路，不会单独一直运作下去，最后必然达到一个极限，即在某个时间碰到一个限制其成长的调节环路。极限是调节反馈的形式之一，使企业运作的成长减缓、停止，或是转变方式，变为反向运作。

为了进一步说明增强的环路，现以煤炭销售为例。如果煤炭质量好，价格合理，更多的销售量等于更多满意的顾客，等于更好的信誉，更多的信誉将带动更多的销售量……产生良性循环，如图 4-1 所示。

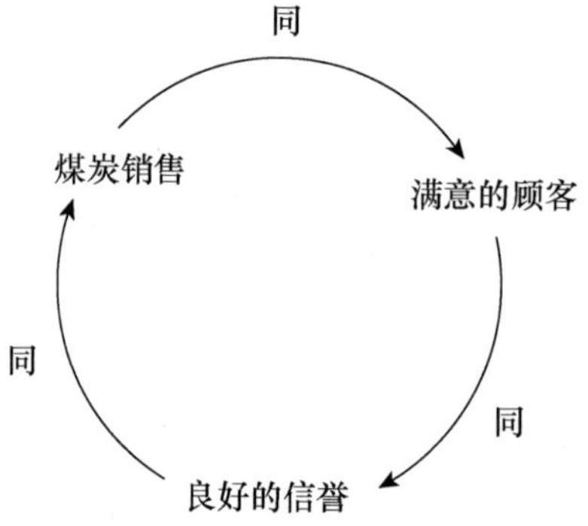

图 4-1

如果煤炭质量下降，如矸石量超标或是不能按期到货等，满意的顾客减少，信誉下降，销售量就会减少……产生恶性循环，在环路图中，如何识别是增强的反馈，还是调节的反馈呢？首先，看相邻两个要素之间的因果关系，如果改变原因与产生的结果同一个方向的，就在曲线旁标上一个“同”字符号；如果改变原因与产生的结果是相反方向的，就标上一个“反”字符号。然后，让环路运行一圈，数“反”字符号的总数，如果总数为零或偶数，此环路就是增强的环路；如果“反”字符号总数是奇数时，此环路就是调节的环路。上图中的第一种情况的“反”字符号总数是零，所以，它是个增强的环路。

2. 反复调节的反馈

调节反馈是有目标引导的行为，识别的方法是：只要发现企业的目标导向行为，就可以断定这是调节的反馈在起作用。企业是个复杂系统，同时有无数的反馈回路，每个回路都有其具体的目标。在这些大大小小的目标中，有些是明显的，如期望的市场占有率；有些是不明显的，隐藏的，如感觉到了有什么不良的做法应该摈弃，但又不能肯定是哪种不良的做法。不管是明显的还是隐藏的目标，都在引导着员工的行为，并按照一定的规则进行自我修正和自我调节。当遇到恶性循环时，就好像系统本身有一种能使它恢复到正常运作的本领一样，自动进行调节，使环路运作趋向正常。如事前的计划能产生较长时间的调节环路，诸如此类的情况都说明了一个原则，就是调节的反馈将所有的目标都导向行为，或称目标引导行为。凡有目标导向行为的系统，都是调节的反馈存在的系统。一个反复调节的系统是寻求稳定的系统，也是一个解决问题、抗拒干扰、遏制恶性循环的机制。如在增强环路中所举的煤炭销售，因不能如期到货而信誉下降的例子。只要调节运输要素（或是另辟新的运输途径），就可以遏制恶性循环，恢复信誉，保持企业的稳定。在一个企业中，如果调解能使所有的行为都产生前进的力量，都能保证目标的实现，那么，这个企业的运作就是稳定的，发展的。如果某些调节的力度过小，就很难保持目标的实现；如果某种调节的力度过大，就会产生反弹力量。假如这种反弹力量限制了企业的快速成长，这也是解决问题、维持稳定、达到平衡的一种机制；假如这种反弹力量过大，就会失去平衡，很难保证目标的实现。调节力度过大或不足所产生的不平衡、不稳定，还需要再次进行调节，直到系统运作达到平衡和稳定为止。调节的过程，总是朝向目标前进的过程，当现状和目标之间的差距给管理者带来压力时，管理者就会千方百计地调节环路，使差距缩小。在企业管理中，调节工作之难，是因为有些隐藏的目标很难发现，看不清调节环路，无从下手。辨认的办法是检查问题附近的若干环路，看哪个环路有抗拒性反应，难以改变。这个难以改变的环路，就是出现故障的环路，必然隐藏一个或几个目标。找到它们，就可以找到改变的原因。这种原因往往是隐藏在规章制度和传统做法中的若干因素在起作用，根据具体情况采取措施就可以调节这部分环路了。另外，目标也受系统的影响，产生反弹力，会使目标移动或改变，使某个环路暂时失去或改变了目标。解决的办法，是发现已经改变了的目标或是创造新的目标来引导行为。

为了进一步说明调节的环路，现举企业现金余额调节为例，如图 4-2 所示。

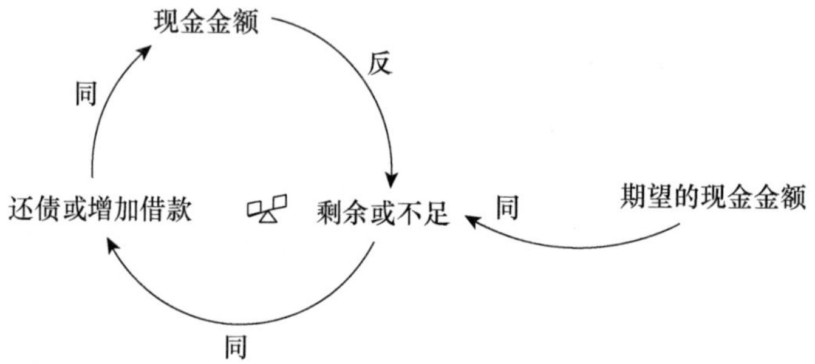

图 4-2

再数这个环路运行一圈的“反”字符号，总数是奇数，由此断定这是一个调节现金不足或过多的调节环路。通常是与目标现状之间的差距作为起点进行观察。如果现金余额小于期望的数额，调节差距的行动就是增加贷款，使调节环路朝向减少差距的方向运作。同时，期望的现金余额还会随着企业的发展或衰退而变动，环路也会追踪这种变动而不断调整环路。可在调节环路中央放置一个天平，用以显示调节环路的动态行为，起初，天平在期望的水平附近上下摆动。在一个方面过度，在另一个方面又得到补偿；最后，在期望的水平上安定下来，达到调节的目标。

3. 时间滞延

时间滞延是影响运作的渐进过程。它是时间与结果之间的差距，是一个变数对另一个变数的影响，需要经过一段时间才能看出变化的情况。识别它的方法是：只要看到干预出现了“终于……才……”的时候，就可以

断定这是时间滞延在起作用的环路。所有的反馈流程都有某种程度的时间滞延，有的是直接的，人为干预后直接导致了结果的出现；有的是间接的，中间经过若干连锁反应后，才能导致结果的出现。不管是直接的还是间接的，都要经过一段时间的滞延，有的需要几秒钟，如在浴室中调节冷热水开关以达到满意的水温；有的需要几年或更长的时间，如一幢新楼房的建筑，从地质水文勘探起，经规划设计报批兼及生态环境、交通环网、市政设施、生活、教育、卫生、医疗、休闲、购物、垃圾处理、抢险救灾等方方面面的建筑与设施的配套配合方面着手动工，没有几年的准备时间是不行的。时间滞延既能产生符合目标的正面效果，也能产生矫枉过正的负面效果。在短时间内，它的影响力并不明显，常常被忽视，认为它微不足道，但是，时间长了，就会积聚成巨大的力量，带来各种各样的问题，造成严重的后果。如在调节环路中，时间滞延会使未经慎重考虑的行动产生相反的结果。越是积极行动，越容易超过调解的目标，出现矫枉过正所造成的不稳定问题。在增强环路中，时间滞延使员工不能较快地看到目标的实现，可能会对共同愿景产生失望情绪，导致信心动摇。时间滞延又会造成时间资源的浪费。改善的办法是对时间进行管理。能除掉的时间滞延，坚决除掉，不能除掉的，则把它减少到最小限度。美国重建公司的基本要求之一就是让信息流和物流在企业内部通过的时间尽可能地“快”。为了提醒人们不要忘了时间滞延的存在，在画系统环路图时，用并列的两道竖杠（||）标在环路线的时间滞延点上，注明“时滞”字样。有时，在一个循环中，可能存在不止一个时间滞延，在这种情况下，可将“时滞”标注在时间滞延最长的一个点上，但在进行系统思考时不能忘记其他时间滞延的存在。

4.1.4　系统思考的工具

“工具”在这里没有什么特殊的含义。系统思考的工具是帮助人们进行系统思考的手段或技巧，借以探讨系统思考的运作情况和解决出现的问题。系统思考工具可以帮助企业管理者认清企业运作的各种难题：为什么企业运作时常会出现先快后慢的现象？为什么在企业危机时，人心会自行凝聚，一旦好转，则歧见纷呈呢？为什么一个部门的决策会使整个企业剧烈地震荡呢？系统思考工具有因果环路图、系统基模和系统仿真。

1. 因果环路图

要找到复杂问题的正确答案，必须观察动态的因果环路图。系统思考的要领是看清因果环路的每一个“动环”，而不是线段式的因果关系；看清结构如何影响行为模式的变化和这种行为模式又是如何被改变的。在系统中，每个影响力，既是因，又是果，没有什么事情只受有一个方向的影响。为了说明这个道理，可用倒满一杯水这个简单的系统为例：从片断的思考角度看，它是一个简单的因果关系，即手正在使水位上升或杯子里的水位决定了手如何调节水龙头。但从系统思考的角度看，这是一个涉及五个变数的水量调节系统：想要的水位，杯子里现有的水位，两者之间的差距，龙头的旋转位置和水的流量。是这些变数形成了一个圆形的因果关系环路，即反馈环路，如图 4-3 所示。

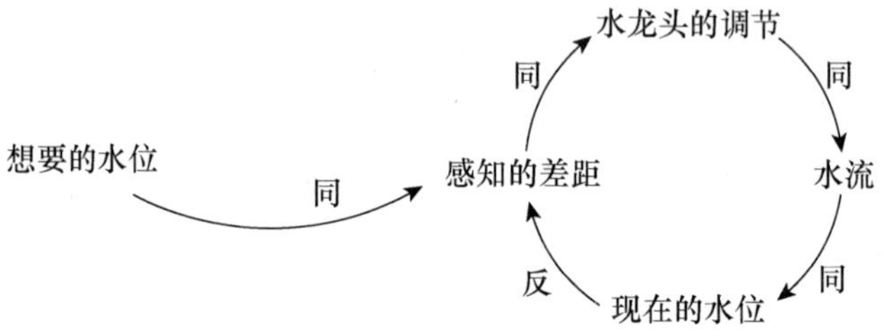

图 4-3

图中的每个线段都连接着两个要素，箭头表示前一个要素对后一个要素的影响。一连串的影响形成了一个反馈的动环结构，即倒满一杯水的意念产生了一个系统。水位低的时候，使水流入，杯子满的时候，切断水流。这个例子说明了一个普通的道理，就是结构如何造成了特别的行为模式，行为模式又如何受到影响而被改变，也就是结构影响行为的变化形态这个道理。这一点很重要，因为如果只看到个别行为而漏掉行为背后的结构，就会使人们在复杂的事物面前无能为力。系统思考的精义是避免被未察觉到的系统结构所困扰，运用因果环路图，就能看清系统运作的结构，就可以发现从前没有看到的问题，进而拥有改变结构的能力。把复杂的系统思考变成简单的图形，使之成为一种思考工具，帮助人们进行正确的思考，这是圣吉博士的贡献。

2. 系统基模

系统基模即系统基础模型。"基础模型"一词源于希腊语，意思是"同类中的第一个"。系统基模是用增强反馈、调节反馈和时间滞延来代替复杂的因果环路，用系统结构来代替解决问题的数学方程式，组成进行系统思考的基础模型。系统基模把复杂问题变得简单了，也把求解的数学运算变得简单了，便于学习和使用。它能从系统基模中看出主导系统运作的各种假设，能理清并测试相关的心智模式，从而调整人们的认知方式。它从多种因果关系中找到系统结构的关键所在，找到了问题的症结，于是也就找到了问题的答案。系统基模是分析研究复杂问题的起步工具，目的是看出结构在系统中的运作，找出解决问题的杠杆点。当基模在系统中出现的时候，人们往往看不见它们，甚至感觉不到它们的存在，尽管有经验的管理者能感觉到这种一再发生的现象，但又不知道它为何物。如果使用系统基模，就很容易找到系统的结构，看出一再重复的行为形态，解释各种复杂的管理问题，揭示出复杂问题背后的简单结构，从杠杆点中选出解决问题的最好答案。如果说系统语言是系统思考的"语言"或"概念"的话，那么，系统基模就是由这些词语所组成的"句子"或"判断"。当熟悉了系统基模之后，就可以把这些句子组成篇章，阐述一个完整的企业管理问题了。系统基模是美国创新顾问公司受系统动力学的启发，于 1980 年创制出来的。目前已开发出 12 种系统基模，圣吉博士在《第五项修炼》一书中介绍了其中的 9 种。每种基模都有使用的范围和时空界限，对思考和解决企业经营管理问题非常有用。现简要介绍如下：

（1）成长上限基模。

[症状描述] 增强环路导致成长，但又不可能毫无限制地成长下去，总会碰到各种各样的限制因素。表现为成长与限制互为消长，通常是在两

者之间拉锯。在大多数情况下，快速成长之后的停滞，就是由限制因素的增强导致成长减缓、停止，甚至下滑的。

[管理方针]此时，不要再去推动成长，而是思考停止的原因，想办法除掉限制成长的因素。

[基本结构]成长上限结构是由一个成长环路和一个调节环路构成的，一个要成长，一个要限制成长，如图 4-4 所示。

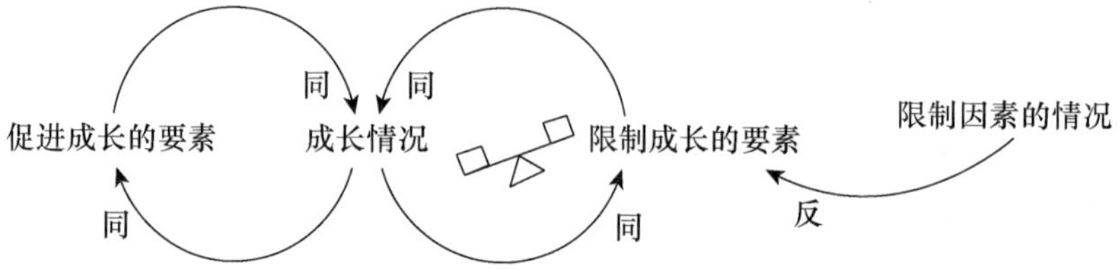

图 4-4

在这个结构中，成长的流程以右边的调节环路栏显现。在成长环路的运作过程中，调节环路不断地对成长环路的不平衡进行限制。限制引起两种结果：一是对不平衡进行调节，达到新的平衡，继续成长；二是调节过度，限制增强，加剧不平衡，使成长减缓、停止，这就是成长上限。在观察该结构图时，以增强环路为起点，绕着环路走，看成长情况和促进成长各要素如何运作。一段时间过后，发现在某一点上碰到了限制成长的调节环路，成长停止。大多数管理者遇到成长上限时，会努力推动成长，但发现，愈是努力推动，调节环路的反作用力愈大。须知，这里的成长上限并非极限，而是调节环路中限制因素过大所造成的假象，实际上，“上限”之上还有发展的空间，极限才是企业成长的最大限度。

[管理方法]第一，不要再重复过去的做法。当一种做法促进成长，成长速度又渐渐减缓时，就不能再使用这种做法了。这时应当去了解调节环路出了什么问题。第二，检查两个环路，找出成功的策略和潜在限制因素之间的的关系。对一个增强环路来说，可能有若干个调节环路在等着发生限制作用。这些调节环路几乎都是隐形的，可能藏在资金、人力、技术和物质资源中；可能藏在市场、竞争者和政府的政策中，也可能藏在心智模式、习惯和规章制度中。管理者应当找到它，制定对策，去克服限制作用，使增强环路继续成长。第三，寻找根本的解决办法。成长上限的杠杆

点不在增强环路中，而是在调节环路中。寻找的办法是：把调节环路的各个要素（包括组成要素的元素）一一列出，分析是哪些要素造成了成长上限，并找出起关键作用的要素。这个关键要素就是杠杆点，从中找到杠杆解，针对杠杆解所采取的措施，就是根本的解决办法。这项工作最好是在发现调节环路的早期去做，因为调节环路有时间滞延，在限制要素还未充分发挥作用之前采取措施是最有利的，此时既有时间，也有资源。如果等到限制作用充分发挥，就为时已晚了。第四，寻找其他推动成长的办法。当成长趋缓时，如果能注入新的资金，引进得力的人才，推出新的产品等，都是推动成长的办法。

（2）舍本逐末基模。

[症状描述] 企业存在的根本性问题，会通过现象表现出来。现象总是明显的，而问题却往往是隐蔽的。不良的现象或症状会引起管理者的注意，并想办法去解决。如果从根本性问题着手解决，需要较长的时间和较多的代价；如果从症状本身着手解决，省时省钱，也能看到好转。因此，人们往往避重就轻，采用症状解的办法。但是，这种治标的解决办法，会使根本性的问题继续发展，不但不能解除症状，而且还会丧失根本解决的能力的时机。

[管理方法] 不要落入症状解的陷阱，将精力集中在根本解上，把重点放在加强系统本身解决问题的能力上，要治本，起码要标本兼治。

[基本结构] 舍本逐末机模是由两个调节环路构成的，如图 4-5 所示。

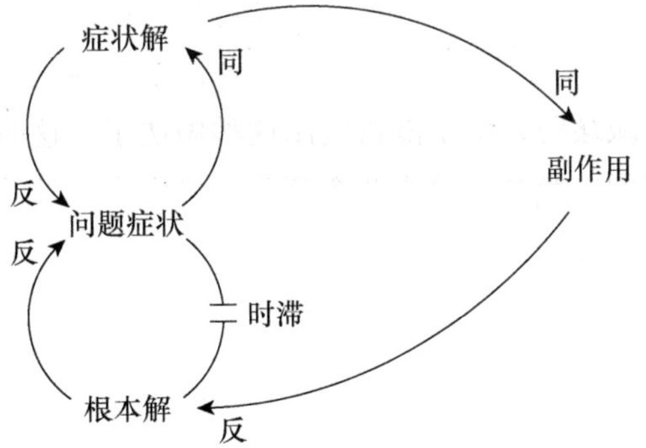

图 4-5

两个环路都试图解决问题，但所采取的解决办法是不同的，上面的环路是症状解，见效快，是暂时的解；下面的环路是根本解，因为有时间滞延，所以见效慢，是根本的解。在大多数情况下，舍本逐末结构会出现一个由症状解所形成的增强环路。其路线是副作用→根本解→问题症状→症状解→副作用，完成一个环路。其中“反”字符号总数是偶数（两个；图中由症状解到问题症状中间的“反”字符号不在增强环路之中），所以是个增强的环路。它的运作使问题更加复杂，负面效应增大，导致问题更加难以解决。舍本逐末结构说明，许多治标的方案，虽然立意甚佳，但从长远观点看，会把事情弄得更糟。因为症状化解后，还是用老办法去化解，就会误认为症状解是唯一的解，不去考虑是否还有隐藏着的根本解，使问题变得越来越严重，最严重的后果是侵蚀目标。

[管理方法]第一，掌握识别的方法。①它有个长期恶化的表现。强化治标措施，症状就消失，但问题的症状会反复出现，时好时坏，总的趋势是不断恶化。②系统本身的自我修正能力不断减弱，因而系统的整体状况逐渐恶化。③管理者有一种与日俱增的无力感。如果上述三种情况同时出现，就可以断定陷入舍本逐末结构之中了，需要运用舍本逐末基模进行系统思考。

第二，先了解症状，找出症状的各种表现；然后，找出解决这一问题的多种方法，从最表面的到最根本的，不管它是症状解还是根本解。其实，这时也难以分清楚症状解和根本解。

第三，利用舍本逐末基模寻找杠杆解。其杠杆解的位置永远在下面的调节环路之中。按照这个原则，将上面找到的各种解经过实验分为两类，分在下面环路的就是杠杆解，分在上面环路的就是症状解。杠杆解可能不止一个，可用讨论或深度汇谈的方法找出一个最好的解，采取措施，加强下面的环路，同时削弱上面的环路。加强治本的措施，需要有一个共同愿景支持，即建立起一个坚决解决问题的信心，以便投入足够的时间和精力。与成长上限的杠杆解一样，开始时，以较小的行为来测试所采取的措施，等待时间滞延之后的结果，如果结果不好，就改用其他的根本解来尝试，直到出现好的结果之后，方可加大解决问题的力度。

第四，必要时，也采用症状解。不过，这只是权宜之计，真正的目的是争取时间把根本解付诸行动。这就是标本兼治。

上述的成长上限基模和舍本逐末基模是两种最基本的系统基模，是构成其他各种基模的基础。了解这两种基模，就容易认识其他的系统基模了。

（3）反应迟缓的调节环路基模。

[症状描述] 在具有时间滞延的调节环路中，不断朝向一个目标调整行动，如未感到时间滞延，改正行动的时间会比需要的多，或有时放弃，因为在短期内看不到效果（见图 4–6）。

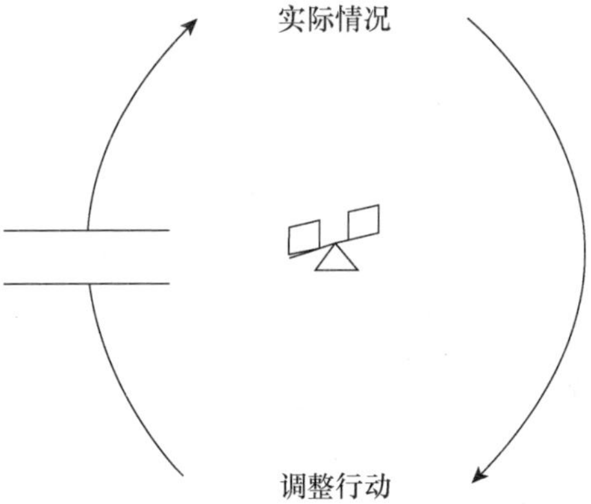

图 4–6

[早期预警] 以为处于平衡，后来发现行动超过目标。

[管理方针] 第一，短期而言，做耐心和渐进的调整，找到系统的稳定点，坚守该点，不做过度反应。第二，长期而言，其根本解在于改造系统，使其能够反应迅速。

[企业实例] 房地产开发公司在景气中，持续建造新房，渐渐地市场走软，房产仍在兴建中，将来可能出现供过于求；生产与营销系统短缺，时而供过于求的循环；股票市场突然大幅起落。

（4）目标侵蚀基模。

[状况描述] 类似舍本逐末的结构，其短期解决方案会使长期的根本目标逐渐降低（见图 4–7）。

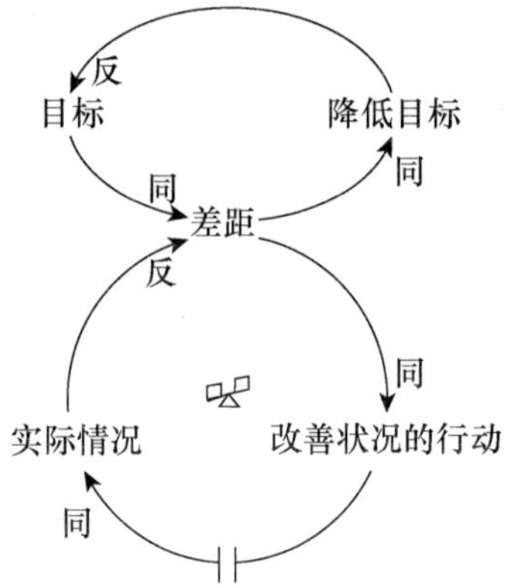

图 4–7

[早期警讯]“只要把绩效目标降低一点，就可以暂时应付过去，以后再严格要求。”

[管理方针] 坚持目标、标准或愿景。

[企业实例] 一家高科技产品制造公司的市场占有率下降。尽管产品很好，但公司生产流程从来未控制好，总是推迟交货，导致顾客逐渐转向竞争者购买产品。公司为寻找辩护理由，而实际交货期越来越长；靠削减预算或暗地里降低产品质量来解决问题。

（5）恶性竞争基模。

[状况描述] 为了保住自己的利益，必须超过竞争对手，于是产生一个对立情势上升的恶性竞争。只要有一方领先，另一方就会感到威胁，构建优势，战胜对方，使对方又受到威胁……双方的实际行动都远远超过自己应有的行动（见图 4–8）。

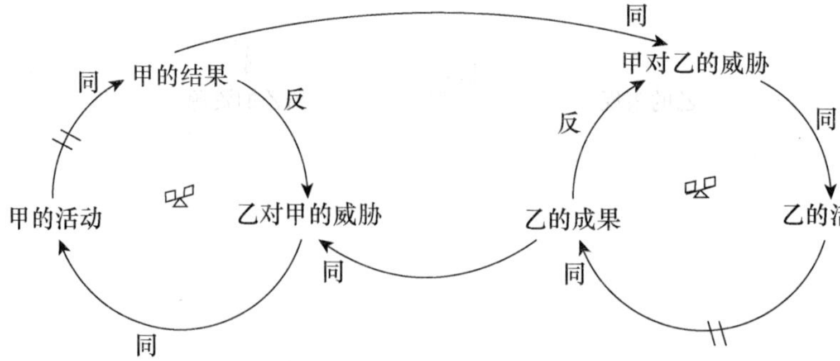

图 4–8

[早期警讯] “要是对手慢下来，我们就能停下来，去做其他的事。”

[管理方针] 寻求双赢政策，将对方的目标也纳入自己的决策考量。一方采取和平行动，会使对方感到威胁降低，能够扭转对立局势。

[企业实例] 一家彩电公司推出一款新式彩电，大受顾客欢迎，另一家彩电公司也推出类似的产品。几年后，第一家公司想击败对方的市场占有率而降价 20%，第二家公司发现销售下降，也降低价格。第一家接着跟进，再降价，第二家又采取同样的措施。几年之后，两家公司都只能维持损益平衡。

（6）富者愈富基模。

[状况描述] 双方实力相近，同时争夺有限的资源，其中一方表现较好，得到较多的资源，占有优势，产生增强环路，越来越好。而另一方占有的资源越来越少，陷入反方向的增强环路，越来越差（见图 4–9）。

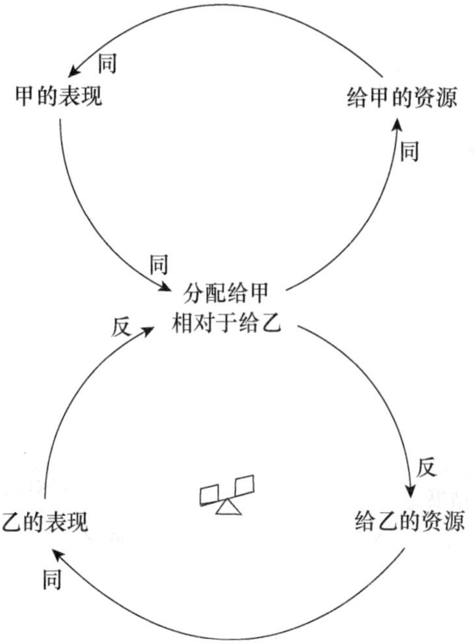

图 4–9

[早期警讯] 一家做得很好，蒸蒸日上；另一家则陷入挣扎求生状态。

[管理方针] 除按业绩表现分配资源外，还应重视整体均衡发展的原

则。在有些情况下，可将资源予以“区分”规划，以减少不必要的竞争。

[企业实例] 在某管理者手下有两个员工都不错，其中一个因病请假一周，管理者给另一个人较多的机会。请假者上班后，主管觉得内疚而有意避开他，他觉得没有安全感，工作效率下降，机会更少。相反，未请假者的机会更多，充满干劲，成就更大。请假者最终不得不离开这家公司。在家庭生活与工作之间的冲突中，家庭问题的起源常常是因为工作忙，加班时间多，导致家庭关系恶化。使回家越来越成为一件痛苦的事，更疏于关注家庭生活。

（7）共同悲剧基模。

[状况描述] 许多个体共同不断使用一项有限资源。他们使用这项资源逐渐增加，产生增强环路，使成长越来越快。后来收益开始递减，越努力，成长越慢，最后资源告罄（见图 4–10）。

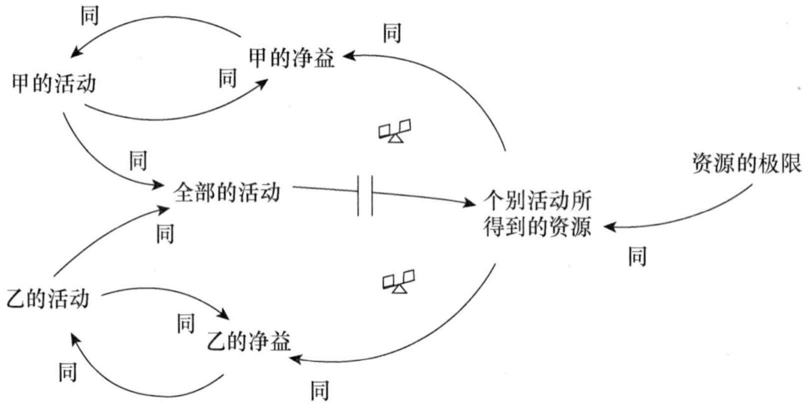

图 4–10

[早期警讯] “从前充裕，现在转趋困难，必须努力获取利益。”

[管理方针] 通过教育，进行自我约束，或者参与者共同设计一个调节机制，管理共同资源。

[企业实例] 一家公司的几个销售部门，共同使用一批销售人员，成效不错。每个部门都大力支持促销，业务红火，对销售人员的要求也日渐增加，造成销售人员负担过重，绩效下降，人员流动率上升。没多久，因不满这种情况而大量离职，使每个部门都陷入销售困境。

（8）饮鸩止渴基模。

[状况描述]一个对策短期有效，就长期而言，会产生越来越严重的后遗症，使问题更加恶化，越发依赖短期对策而不能自拔（见图4-11）。

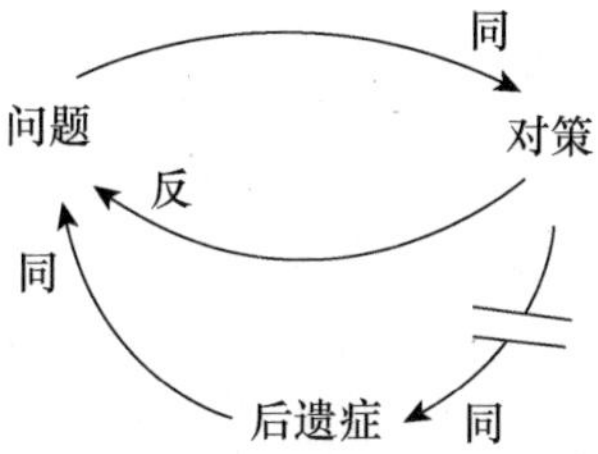

图4-11

[早期警讯]“这招在以前有效，为什么现在不灵了？”

[管理方针]把眼光凝聚在长期焦点上，可能的话，摒弃短期对策。除非用短期对策来换取时间，以采取长期的解决方案。

[企业实例]某公司推出一种新产品，一开始非常成功。然而，总裁在投资报酬率最大化动机的驱使下，将订购的新型生产设备的时间拖后，投资报酬率立刻提高。但产品质量逐渐下滑，造成信誉下降。连续几年销售不畅，报酬率降低，但总裁更不愿意在新型生产设备上投资，从而陷入恶性循环。

（9）成长与投资不足基模。

[状况描述]公司成长接近上限时，可以扩大产能投资，突破成长上限，再创未来。但是这种投资必须在成长下降之前完成，不然将永远无法做到。然而大部分的做法是将绩效标准降低，使原始投资不足“合理化”，就会导致产能扩充进度难以满足需求增长的要求，绩效越来越差。最后，可能导致成长逆转，需求下滑（见图4-12）。

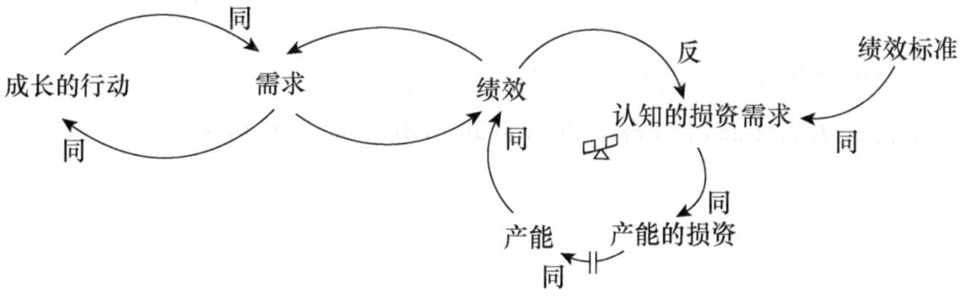

图4-12

[早期警讯]“过去一直都是最好的，将来还会更好，但现在必须储备

资源，不要过度投资。”

[管理方针] 如确有成长的潜能，应在需求高涨之前尽快扩充产能，作为创造未来需求的一个策略。坚持远景目标，评估产能能否满足未来的需求。如果成长开始减缓，切忌努力推动成长环路，应致力于扩充产能并减缓成长速度。

[企业实例] 某航空公司发现自己不能提供满足需求的服务能量，然而并没有在训练上投入更多的资源或减缓成长速度。结果是服务质量下降，外来的竞争加剧而士气低落。为了不被挤垮，公司越来越依靠暂时的解决方案，使得原来最忠实的顾客也不来了。

对于创建学习—创新型企业来说，学习系统基模是将系统观点应用企业实务的第一步。只有当系统基模成为管理者思考问题的熟练工具时，系统思考才会发挥巨大的功效。能够看清一个行动如何产生一连串的结果时，企业经营管理的创新才有可能完成。

3. 系统仿真

系统仿真是用系统思考的工具模拟真实系统运作的结构和功能，从中发现解决问题答案的系统思考方法。对学习系统思考来讲，系统仿真的学习效果和从现实的经验教训中的学习是一样的。系统仿真有多种形式，如试验、实验、试点、测试和电脑模拟等。其中最好的形式是电脑模拟。下面进行扼要的介绍：

电脑模拟是把因果环路图、系统基模和电脑结合起来，模拟企业实际运作的一种系统思考形式。具体的方法是：先选用合适的软件做基础，将问题症状和解决问题的假设数据化、定性化，与解决问题相关的因果环路图和系统基模一并输入电脑，按照一定的程序建立电脑模型，使模型成为真实情况的缩影。然后，对系统进行模拟运作，帮助人们从动态性复杂的因果互动关系中发现隐含的解决问题的假设，找出解决问题的杠杆解。经过与实际对照，反复在电脑中实验，最后选择一个最佳方案，作为决策的依据。它的优点很多，在前面的团队学习中已有介绍。电脑模拟是进行系统思考的基本训练。因为因果环路图、系统基模只提供了解决问题的假设，而假设只有经过检验，才能确定它的正误弃取。检验正误的最好途径是实践。然而，企业不能用实践去检验一种假设，用假设去做生意。即使是选点实验，也是慎之又慎。因此，电脑模拟就成为检验正误的最好工具。当电脑模型经过各种程序浮现出解决问题的假设时，这个假设既与模型中的假设不同，也与要找到的答案有差距。只能根据实际情况修正它，重新建立电脑模型，再进行模拟实验来完善它……可能要经过反复多次的实验，直到电脑中的答案与实际情况完全相符，才能据以决策，付诸解决问题的行动。

电脑模拟是根据管理者个人的系统思考而设计的思维工具，如果能让团队，特别是让主管团队建立管理学习实验室，共同进行系统思考的训练，效果就会更好。这种实验室，不仅能解决现实问题，而且还能进行创造性的学习。可以通过改变程序和增加新的机制等办法，使系统运作产生多种新的功能。可以预测一下新的政策能否在企业行得通；可以发现未曾用过的企业运行模式；可以发展出新的管理理论和管理方法等。这种学习实验室可以推广到其他团队学习中去，还可以进行团队之间的联合学习。如维修团队发现了情况为什么会越来越糟，就可以重新界定问题所属的范围，发现系统边界不只是维修团队，还包括销售团队和生产团队。于是，三个团队各自抽调员工建立一个学习实验室，一起进行模拟实验。这样，每个团队的视野都扩大了，都能考虑其他团队的情况和需要，认识到以前责怪他人的问题正是自己团队的行动造成的，从而产生团队之间的一体感，这正是联合学习实验室的额外效果。

必须提醒的是，电脑模拟实验室并不是万能的，并非什么问题都可以解决。即使在能解决的问题当中，也不能轻易地相信它，因为在诸多优点的另一面，它很容易使人把假设当做事实，从而得出错误的结论。因此，在设计和使用软件时，必须遵守一定的规则，并在实践、行为形态、系统结构和心智模式等层次上加以注意。既要看出它们之间的区别，又要把其看成一个整体，特别是要从现实的角度来审视电脑给出的答案。

SECTION 4.2

修炼系统思考的基本原理

系统思考的基本原理有结构影响行为原理、钟摆原理和杠杆原理。

4.2.1 结构影响行为原理

1. 从啤酒游戏中理解结构影响行为

系统结构是系统运行中影响行为的一些关键性的相关关系，如人力资源、产品、成本、技术和管理等相互之间的变数关系。结构影响行为原理是系统思考最基本的原理。为了揭示这个原理，圣吉博士在《第五项修炼》中用很大的篇幅讲述了一个生产配销系统的波动现象——啤酒游戏。这里，先简要介绍一下啤酒游戏，然后做些分析，最后从启示中概括结构影响行为原理。

啤酒游戏说的是，某零售商平时每周卖出四箱情人牌啤酒，但是，从第二周起，销量突然增加到每周八箱。于是，零售商每周都增加了订货量。到第四周他才知道销售量之所以会增加，是因为一个月前当地一家电视台播送的流行歌曲中那句“我喝下最后一口情人啤酒……”的歌词。因为批发商每周欠货，所以他继续增加订货量。批发商从第四周开始接到各地零售商的大量订单，只好不断向制造商增加订单。制造商从第六周开始接到各地批发商的大量订单。不仅库存出空，而且欠货。于是招募新人，增加产能。但是，从第 15 周开始，零售商的订货量急剧下降，直至为零。到第 16 周，制造商的产能终于提高到满足订单的要求，可是同时，批发商的订单却变成了零。到第 24 周，零售商的库存是 93 箱，批发商的库存是 220 卡车，制造商的库存更多，终于酿成了共同悲剧。在这个悲剧中，只有零售商知道顾客的需求量一直是每周 8 箱，只是因为送货量不足，所以多订，并说“这不是我的错”，批发商感到茫然，零售商和批发商相互指责，并共同指责制造商。制造商惊呼：“这到底是怎么回事？！”

这个游戏在国外做了几千次，每次的结果都是一样，这就不能不令人深思了。参加游戏的人，首先认为问题的原因在外部，是消费者的需求大起大落所致，然后是相互指责。实际上，这都不对。因为消费者的需求只变动一次，即从第二周开始增加了一倍，直到游戏结束时，一直是这样。可见问题的原因不在外部。参加游戏的三个角色都以自己的理智猜测可能发生的事，并做出果断的判断。其意图都是善良的，好好为顾客服务，也都没有错。既然如此，那么，在消费者和游戏者之外，必定还有个第三者。这个第三者只能是系统本身，或者说是系统本身的结构了。因此，只能从这里开始分析：

因为每个系统结构都是按照要素所处的位置、次序和运作规律分为若干层次的，层次不同则功能不同，所以，分析时必须注意这些不同的层次。如果以实践的层次来分析，必然采取线段式的反映方式，专注于对事件本身的处理。这虽然能在一定范围内取得暂时的成效，但是，系统的主要问题并不是这种突发事件造成的，而是不容易察觉的系统结构造成的。事件层次的分析分散了人们的注意力，未能以长远的眼光来观察事件背后的结构及其变化形态。如果以行为变化的形态来分析，能观察到较长期的变化趋势，做出预测和评价，这就打破了线段式分析的局限性。虽已找到改善系统的措施，但仍找不到产生问题的深层次原因，即结构影响行为。事件层次、行为变化形态层次和系统结构层次之间的关系是：系统结构决定了行为变化形态，行为变化形态又决定了具体事件，各层之间是一种主从关系。应当用这种系统层次观点来看啤酒游戏：

第一，从游戏的行为变化形态上考察，有两种变化形态：一种是订货量的变化形态。每个角色的订货量都不断增加，然后突然下降。这种变化形态，从零售商到制造商，越往上游，变化越大，即离消费者最近的零售商变化最小，离消费者最远的制造商变化最大。另一种是库存变化形态。零售商库存量从第 5 ~ 15 周降为负数，批发商库存量从第 7 ~ 17 周降为负数，制造商库存量从第 9 ~ 19 周降为负数。然而，一旦库存转为正数，都急剧地增加。变化形态是先不足，后过剩，远远高于期望的数量。从上述两种变化形态上看，三个角色都未能站在行为变化的层次上看问题，而是站在事件的层次上看问题，都是线段式的思考方式，都是短期的反应行为，这是造成悲剧的表面原因。如果能站在行为形态上看问题，就能够打破事件层次的局限性，预见到产销系统本来就是不稳定的，迟早会发生悲剧。就能够采取顺应变化趋势的措施，经过一段时间之后，就可以控制住波动，而不至于酿成悲剧。

第二，悲剧的根本原因是蝴蝶效应造成的。零售商是第一个突然增加订货的人，在第 12 周达到订货高峰，这时啤酒之所以不能按期如数运到，是因为批发商、制造商都已欠货，但零售商并不了解这种情况，还在增加订货量。这个小小的行动，引起了订货与库存结构的波动，通过整个系统的加乘作用，使大家的订货量都急剧地增加。正像 1979 年洛仑兹（Lorenz）在华盛顿的美国科学促进会做报告时所说的“蝴蝶效应”那样：巴西的一只蝴蝶扇动一下翅膀，导致美国得克萨斯州刮起了风暴。初看起来，这是毫不相干的事。其实混沌理论所说的“混沌”并不是一种无序结构，恰恰相反，它是一种非常复杂的有序结构。虽然在直观上难以找到任何迹象，但在内部的运动中，却能消除更多的自由度，约束更多的内容，有着更高的“特异”功能。蝴蝶效应就是这样一种有序结构的运作过程，由一个初始的条件引起一连串的裂变式变化，产生一个意想不到的严重后果。所谓“牵一发而动全身”“千里之堤，溃于蚁穴”“一着不慎，满盘皆输”等，讲的都是这个道理。在啤酒游戏中，就是零售商增加订货这一小小的变数，引起了订货量与库存量的剧烈震荡，形成了一个恶性循环，导致系统运作的一场悲剧。

第三，从系统结构层次上看，悲剧是可以改变的。系统的现实状态总是趋向或偏离目标运行的。趋向目标是系统功能的归宿，偏离目标表明系统出现了问题，需要揭示出系统现状与功能目标之间的新关系，系统结构就是为了揭示这种新关系而定义的概念。结构性分析就是揭示这一连串订单、出货、库存和环环相扣的产销链之间是如何互动的。出现不断加大的波动，迟延交货对新订单交货的影响和可能引发的恶性循环等问题。进行结构层次的分析，就会接触到行为背后的原因，得出结构影响行为的结论。只要改变结构，就可以改变行为，扭转被动局面。在啤酒游戏中，如果每个角色都不改变原来的库存，零售商和批发商也不增加订货量，结果就会不一样。这个没有策略的策略，也可以叫作“无为而治”。大约到第 11 周，三个角色都会在波动中趋于“稳定”，即零售商，批发商处于欠货状态，原因是制造商推迟交货。虽然供不应求，却能消除订单的上下波动。这种策略成功的关键是改变心智模式，扩大思考范围，看清自己这一部分与所处的系统如何互动。只有大的系统能够顺利运作，各部分才能顺利运作。若想自己成功，必须让系统中的其他人也能成功。执行这种策略虽然很难消除波动，但不会造成悲剧，而且，三方都能赢利。

从以上分析可以得到三个启示：

（1）结构不同，行为也不相同。不同的人处在相同结构中，往往产生性质类似的行为与结果就是证明。结构不同，功能也不相同，行为就更不相同。因此，当问题发生时，既不能从外部，也不能从内部某个环节上找原因，而是应当从系统的结构上去找原因。

（2）系统结构错综复杂。不仅包括系统中各要素之间的相互关系、相互作用及其层次的稳定性、相对性、可变性等，而且包括人们做决定时所依据的主观因素。由此可见，系统中的结构同系统一样，也是错综复杂的。

（3）有效的创意解常常出自新的思考方式，在系统结构中，常常隐藏着创意解。因为人们往往只专注于个人的决定，忽视决定对其他因素，特别是对距离较远要素的影响，所以难以发现创意解的存在。只有改变心智模式，运用系统思考，才能找出行为背后的结构，找出问题产生的原因和杠杆解。这种杠杆解，不但是高杠杆解，而且往往具有创新性。

2. 结构影响行为原理的内涵

结构影响行为原理是：系统中的结构影响系统中人们的行为，结构不同，行为不同，结果就不相同。不同的人们处在相同的结果中，会出现类似的行为，产生类似的结果。这个原理有三个要点：

（1）系统中的问题不是外部因素造成的，也不是系统中的某些人或某些事造成的，而是系统结构内在因素造成的。因此，要认识系统中的问题，必须深入了解与问题相关的行为，找出隐藏在行为背后的结构。找到结构，就会触及产生问题的原因。

（2）解决问题的途径是改变系统结构。由系统中的人改变系统中与问题有关的结构。改变心智模式，就能找到改变结构的方法和解决问题的措施。新的结构又产生新的行为形态，这对问题的解决起到改造性的作用。

（3）结构影响行为原理具有创造性。系统中的人是否具有创造性，关键是看能否看清自己的工作与所处的系统结构如何互动，能否消除学习智障，与其他具有创造性的人取得共识和形成配合。创造性的学习能力，就是以新的心智模式从结构性思考或系统性思考的架构中，找出行为背后所有结构原因的能力。

4.2.2 钟摆原理

1. 单摆定律

钟摆原理就是物理学上的单摆定律，说的是单摆振动时的回复力跟位移距离成正比而方向相反。当单摆静止时，摆锤的重力与摆线的拉力平衡，单摆处在垂直的中心位置。当单摆振动时，摆锤在重力和拉力的作用下，沿着一段弧形线左右摆动，并产生回复力。回复力是摆锤的重力与拉力的合力，就是这种回复力使摆锤不停地左右摆动。如果不再增添新的拉力，原来的拉力会随着单摆运动而逐渐损耗，摆幅逐渐变小，最后又停止在中心点上。

2. 系统思考中钟摆原理的内涵

（1）钟摆原理是指环路中的反馈关系。在复杂系统的反馈中，当系统要素间出现反馈时，其反作用力（同单摆定律中的回复力）减弱控制过程，使要素间的变量逐渐达到动态的平衡，系统就会自动进行自我调节，趋向稳定的运行。当要素间出现正反馈时，其反作用力增强控制过程，使要素间的某些变量加大，系统就会突破动态平衡，或是出现良性循环，使系统不断的成长；或是出现恶性循环，使系统运行出现波动，甚至动荡。当反作用力与系统本身的动力之和超过系统存在的临界点时，系统就会解体。

（2）钟摆原理在调节环路中的表现。钟摆原理在调节环路中的表现大体是：某一干预行动引起系统的反应，这种反应的作用力，即补偿性的反馈，又回过头来抵消了干预行动本身所创造的推动力，限制了系统的成长，出现忽上忽下的波动。尽管如此，调节的流程还是朝着系统本身设定的目标前进的。每当现状达不到目标时，在现状和目标之间就会出现差距，给系统带来压力，促使系统本身所具有的自稳性发挥作用，调节系统恢复到正常的运行状态。自稳性是系统赖以存在的基本条件。随着时间的推移，系统由于与外界进行交换而新陈代谢，使系统结构发生变化，并在空间上发生移动，与此同时，要素间的协调作用，使系统由不平衡转变为新的平衡，使系统由无序转变为新的有序。就是这样的自我调节、自我修正，使系统能在动态中保持平衡并有序地运行。即使不能完全克服波动，也不至于出现无法控制的恶性循环。因此，可以说，调节环路中的钟摆原理是解决问题、保持稳定、达到平衡的一种机制。

（3）钟摆原理在增强环路中的表现。钟摆原理在增强环路中的表现大体是：某一干预行动引起系统的反应，这种反应的反作用力与成长环路的成长作用力呈同方向运行时，在加乘作用的推动下，使系统迅速成长。然而，这种加速成长却会导致两种不同的后果：一种是良性循环，形成滚雪球效应；另一种是恶性循环，当系统运行遇到成长上限时，或是因为资源枯竭而使系统运行停止，或是系统运行遇到一个调节环路而产生危机。在这种情况下，越是努力推进，系统的反作用力就越大。似乎有一种排斥进一步改善的作用力，越是想克服限制，结果却总是越糟。

（4）钟摆原理在个人和团队中的表现。钟摆原理在个人和团队中也有种种表现。例如，一个人虽已落入这种反作用力的陷阱，但坚信通过自己的努力可以克服这种限制，从而无法看清自己的心智模式。团队在讨论或深度汇谈中探寻和主张的钟摆往往偏向主张的一边，从而不能正确地使用团队学习的技巧。

4.2.3 杠杆原理

1. 机械杠杆的作用

杠杆原理是有一个能绕着做轴的固定点进行转动的杠杆，做轴的一个点叫支点，加力的一点叫力点，产生力的一点叫重点。杠杆原理是通过改变三点两端距离的比例，使之产生以小博大力量的机械原理。在实际应用中，大体上可以分为三类：支点在中间的如剪刀；力点在中间的如镊子；重点在中间的如铡刀。至于它们的变化应用，可以说是千变万化的，但都能产生四两拨千斤的效果。

2. 系统思考中杠杆原理的内涵

（1）杠杆原理是指找到解决问题的以小博大的最好答案，如果用对了地方，就能使系统产生重大而持久的改善。在系统中，互动的前提条件是存在两个以上的依存关系，其互动作用非常复杂，一因一果、一因数果、数因一果等现象层出不穷，因与果又可能相互转化。因此，系统中一个问题，在其杠杆点上，绝不只存在一个答案。在各种答案中，又有高低优劣的不同，其中有一种答案，就如同杠杆原理那样，可以产生以小博大的力量，它只存在于高杠杆点上。因此，系统思考的关键，就是找出小而效果集中的高杠杆点。

（2）杠杆点的位置。杠杆点就是在系统中各要素之间的互动中，能够引起结构改善的关系点。在这个点上，集中了多个答案，只有找出了其中的高杠杆点，才能找出高杠杆解。但是，杠杆点是不容易找到的，因为它隐藏在系统结构中，而且与问题的症状在时间和空间上往往有一段不小的距离，特别是在像企业这样的复杂系统中，更难以寻找，此其一。在现实生活中，人们不但习惯于线段式的思考方式，而且，企业组织结构的部门局限割裂了系统的整体性。从部门的角度看问题，很难能看到系统的整体，企业的全局，此其二。因为不同问题的杠杆点位置不同，千变万化，所以不可能概括出寻找杠杆点的一般规律，此其三。

（3）寻找杠杆点和杠杆解的步骤。难找不等于不能找，为了解决问题，还必须找到。可以把寻找杠杆点的步骤归纳如下：第一步，寻找问题的整体结构。这要从问题的症状出发，利用系统基模或电脑模拟，了解问题所引起的各种力量的运作和动态的复杂情况，观察各种变化的全过程，发生行为与后果之间的时间滞延，找出行为背后的简单结构。第二步，在系统结构中寻找杠杆点。杠杆点一般位于重要的互动关系之中，因此，要从各种重要的互动关系中，找出那种反复出现的具有关键作用的互动关系。然后，通过试探性行动，把隐藏在这种互动关系中的杠杆点挖掘出来。还要注意，使用的系统基模不同，其杠杆点的位置也不同，请参阅系统基模中寻找杠杆点的方法。第三步，在杠杆点中寻找高杠杆解。杠杆点有高低之分，杠杆解也有高低之分。高杠杆解在高杠杆点上，低杠杆解在低杠杆点上，区分高低的办法是列出清单，进行排队，结合实际，讨论比较，必要时，进行实验和鉴定，确定高杠杆点，它所在的解，就是高杠杆解。通过决策程序，采取措施，解决问题。

SECTION 4.3

演练系统思考技术的方法和途径

4.3.1 转变思想观念，改变思维方式

1. 将以孤立的观点看问题转变为以联系的观点看问题

普遍联系的观点是唯物辩证法的基本观点，同样也是系统思考的基本观点。联系是相对于区别而言的，一切事物都有自己的性质，存在的时间和空间范围，因此，彼此区别，各自独立。但是，这种区别是相对的，而它们之间的联系则是绝对的。任何系统都不能单独存在，任何相互区别的系统都有它们的中间环节，用以相互过渡、相互融合。整个世界就是一个无限复杂的相互联系的整体。因此，如果把系统的相对独立性绝对化，抹煞它们之间的联系，就会陷入形而上学的泥坑。用这种思维方式来看事物、看系统，只能是“只见树木，不见森林”。既不能从整体中把握部分，也不能正确地从部分中把握整体，结果是“一叶障目，不见泰山”。这种思维方式在现实中仍然大量存在，看不清系统中大量的动态复杂问题，诱使他们“头疼医头，脚疼医脚”，舍本逐末，愈治愈糟，甚至造成共同悲剧。打破这种思维方式的办法，就是转变思想观念，坚持普遍联系的观点，摒弃用孤立的观点看企业中的问题。只有转变思想观念，才能正确认识自己与所处的环境之间的关系，将自身置于环境之中。在企业管理中，确定目标，制订计划，思考问题和解决问题，都是要根据普遍联系的观点进行分析。工作对象的固有联系、工作对象与环境的联系、有利条件的联

系、不利条件的联系、工作任务之间的联系、工作成果之间的联系均顾及到。只有这样才能登高望远，统筹兼顾，提高驾驭全局的管理能力。

2. 将用机械的方法看问题转变为用辩证的方法看问题

唯物辩证法认为，事物的联系是普遍的、复杂多样的，这是由事物的性质、运动方式及其联系的复杂性和多样性决定的。一般来说，内部的、本质的、必然和主要的联系，决定了事物的基本性质和发展趋势；而外部的、非本质的、偶然和次要的联系，对事物的性质和发展趋势不起决定性作用，只能加速或延缓事物的发展过程。此外，事物之间还有直接联系和间接联系。直接联系之所以为人们所重视，是因为它对事物的发展产生直接的影响。不重视它，就解决不了当务之急。间接联系，对事物的发展所产生的影响，则因为中间环节的时间滞延而显得不那么明显和紧迫，但是，不能因此而忽视它。在复杂事物中，中间环节是普遍联系的重要中介，每一个事物都以他事物为中介而沟通事物之间的联系，每一个事物又都是他事物的中介从而能够沟通事物之间的联系。系统思考就特别重视这种带有时间滞延的间接联系。承认事物联系的普遍性及其对人们行为的制约性是唯物主义的基本思想。但唯物主义又分为辩证唯物主义和机械唯物主义。辩证唯物主义在承认普遍联系及其制约性的基础上，又承认事物联系的复杂多样性和人们主观能动性；机械唯物主义则与此相反。因此，在学习和运用系统思考时，我们必须将机械的方法转变为辩证的方法。

3. 将传统方法转变为系统方法

世间任何事物都是作为系统而存在的，系统就是事物，系统就是世界。因此，我们必须用系统的观点看世界，用系统的方法来认识和改造世界。系统方法，也是唯物辩证法的一个重要方法。系统方法是由一组具有内在层次差别的方法论体系组成的。其中，作为工程方法的系统方法，是在施工实践中所运用的系统工程技术方法；作为一般科学方法的系统方法是运用系统论来研究各种实际问题的模式和方法，包括利用电脑模型进行系统思考的方法；作为哲学方法的系统方法，是从哲学上对一般科学方法进行高度概括所得出的方法，即通过系统分析、系统综合和系统评价，正确认识和处理系统内部各要素和系统与环境关系，从而求得系统整体最佳功能的方法。总之，系统方法是把认识对象置于具体环境中，对系统及其组成要素与环境的动态过程进行观察思考的方法。这种新的认识方法即“透视法”，与传统的分析方法即“解剖法”有着显著的区别。解剖法所认识的只是与其他部分失去联系的僵死的片段，即使把片段再综合为“整体”，也是没有生命的整体。尽管在片段的认识上有价值，但也带有很大的片面性。透视法不是分割整体，而是通过系统仿真，在动态中分析各要素的变化，找到成长的动力和解决问题的答案。系统方法是系统分析方法和系统综合方法的统一，这两个不同的侧面在实际运用中，总是相互渗透和相互补充的。我们在学习和运用系统思考时，必须将传统方法转变为系统方法。

4. 继承已经发展的传统思维方法和学会新创造的思维方法

人类的思维方法，归根到底，是在实践的基础上产生并随着实践的发展而发展的。半个多世纪以来，人类大大拓展了思维的空间，不仅创造了一系列新的思维方法，而且冲击着传统的思维方法。新的思维方法在其创新的过程中，并没有简单地抛弃传统的思维方法，而是把其中的一部分发展完善，以适应时代的要求，如把抽象法发展成为模型化方法等。创新的思维方法，如系统方法、信息论方法和控制论方法等，是当代变革的主流。信息论方法是运用信息论的观点，把系统的运动过程当做信息传递和转化的过程，通过对信息流程的分析和处理，达到认识复杂系统运动的思维方法。它撇开系统的物质、能量的流动，仅仅把系统的运动抽象为信息的转换过程。其优点是可以不对系统结构进行具体分析，而是研究系统与环境的信息交换关系。通过对信息流程的综合考察，获得对系统的整体性认识。信息论方法是观察复杂系统不可缺少的思维方法。控制论作为思想方法，分为反馈法、功能模拟法和黑箱法等。其中反馈方法是通过信息对系统进行控制的方法，其理论根据是：反馈能使输入和输出、原因和结果之间建立动态的联系，从而使系统的运行产生了目的性，为分析原因、采取行动、干预系统运行提供了可能性；功能模拟法，也是撇开物质和能量的物质内容，着重研究系统的行为功能结构，考察系统在各种控制作用下，系统行为形态的一般规律，为系统仿真提供了可能性。随着科学技术的发展，新的思维方法还会不断地被创造出来。正确的态度应当是：只要是科学的、适用的思维方法，都要学会，以帮助我们进行系统思考。圣吉博士说："系统思考的精义在于心灵的转换，观察环状的因果互动，而不是线段式的因果关系；观察一连串的变化过程，而不是片段的一幕幕的个别事件。"这可以说是系统思考的点睛之笔。只有这样，才能从看部分转为看整体，从问题的反应者转为改变现状的参与者，从被动地解决问题转为主动地解决问题。

4.3.2　克服学习智障

1983 年，壳牌石油公司（英荷壳牌石油公司的子公司）的一项调查发现，1970 年列名《财富》杂志 500 强的大企业，已经有 1/3 被淘汰出局。壳牌石油公司分析认为，大型企业的平均寿命不到 40 年。20 世纪 70 年代的中国 500 强企业，10 年后有 1/3 被淘汰，平均寿命也只有 40 年。大企业的失败，事先都显露出许多征兆，但是，很少有人去重视它，企业本身往往临深渊而不觉。如果这种高死亡率并非只是那些经营不良的企业，更值得深思。为什么经营成功的企业也会面临这种死亡的威胁呢？一言以蔽之曰：学习差。对我国企业来说，在这个经济全球化的时代，该学习的内容很多。可是，时至今日，仍有不少企业还没有把学习真正摆到重要的日程上来，更何况还存在许多学习智障呢！学习智障对学生来讲，是个悲剧，对企业来讲，是致命的。在企业中，这些学习智障被淹没在日常纷繁的事务工作中，难以发现，要克服它，必须先要努力辨认它。那么，企业都有哪些需要克服的学习智障呢？

1. 企业的基本学习智障

企业有三大基本学习智障：一是组织的设计与管理方式不符合现代企

业制度的要求；二是企业定义工作的方式不符合现代企业的要求；三是员工教育和互动的方式不符合现代企业学习规律的要求。

2. 企业的具体学习智障

（1）多用局限思考。局限思考是把思考限制在某个部分之内，不能联系系统的其他部分进行整体思考。成因是：长期灌输忠于职守的观念；员工把自己的责任局限于自扫门前雪，切断了与其他部分的联系；缺少对所有职务互动结果的责任感。现代企业的设计是按照职能将整个系统切割为若干部门和单位的做法，也加深了这种学习智障。

（2）习惯于推卸责任。一旦出现问题，第一反应是把责任推到本职务之外。当自己的行为影响，经过复杂的互动，又回过头来伤害自己时，仍然认为问题是由外部引起的，因而指责企业内部的同事，甚至归咎于企业外部的某些因素。内与外是相对的，当扩大系统的范围时，原先的“外”也就成了“内”。所以，归罪于外的做法本身，就已经将系统人为分割了，这样做永远找不到产生问题的原因。

（3）缺乏主动积极的整体思考。一般说，主动积极地超前思考问题，把问题的苗头消弭于萌芽状态为佳。但在解决动态性复杂问题时，这样做常常造成相反的结果。这不是系统思考的主动积极。系统思考的主动积极要有前瞻性，使用系统思考的方法和工具，深思熟虑，细密量化，模拟立意最佳的构想，并预测可能造成的一切后果，特别是那些不易察觉的后果。

（4）专注于特别事件。人们早已养成专注于事件的习惯来处理各种问题，而且认为，每个事件都有明显的原因。专注于事件，虽然能够说明事件的真实情况，但这样做会分散人们的注意力，使人们不能用长远的眼光来看事件背后变化的行为形态。应当明白，对企业造成威胁的并不是突发事件，而是由缓慢渐进、无法察觉的过程所积聚起来的能造成潜在威胁的各种事件。如果一个企业只专注于短期事件，最多只能增强事件的预测性，而无法学会如何创新。

（5）“温水煮青蛙”而不觉。研究发现，许多公司的失败常常是因为对缓慢而来的致命威胁视而不见，一旦“蚁穴”造成“溃堤”之势，则已无法挽回了。有一则煮青蛙的寓言故事可以说明上述的道理。19 世纪末，美国康奈尔大学的 12 名教授做过一个实验，先把青蛙放进沸油锅里，青蛙马上跳出。再把青蛙放进温水锅里，不去惊吓它，它待着不动，看样子很舒服。给水慢慢加温，开始时，青蛙若无其事，自得其乐。当温度上升时，青蛙变得越来越虚弱。当它感到烫的时候，因体能已经耗尽，想跳也跳不出来了，直到被煮死。这个实验的启示是：对突发事件容易引起警觉，立即采取行动；对缓慢恶化的环境，则往往会失去警觉，到发现威胁降临时，已经无力自救。这个故事告诉我们，在企业经营管理中，要看出缓慢而渐进的量变过程，必须学会放慢认知步调，特别是对那些细微和不寻常的变化，更要特别注意。人的头脑，习惯于察觉变化较快的频率，很难察觉变化较慢的频率，除非我们学会观察构成最大威胁的渐进过程。否则，就无法避免被“煮”的命运。

（6）受限于从经验中学习。最好的学习途径是从经验中学习，但从直接经验中学习也有时空界限。任何行动的后果在时空上都有其有效范围，在这个范围内可以从直接经验中学习。在企业中，有些重要决策的后果，对整个企业的影响延续几年，甚至十几年，这就使人很难从直接经验中学习了。从直接经验中学习是有界限的。

（7）管理团队出现迷思。管理团队对于例行公事一般都有良好的掌控，但大部分管理团队都会在压力下出现学习智障。表面上都在为团队的共同目标而努力，维持一个团结和谐的形象。为了这种形象或是压制不同意见，或是避免公开的意见分歧，所做出的决定更是七折八扣的妥协。任何对潜在威胁的探究都被阻断了，使管理成员都成为熟练的无能者，管理团队不进行真正的学习，这是极其危险的。

4.3.3　系统思考的规则

系统的动态运作是复杂而又难以捉摸的。说它复杂，是因为绝大多数的系统，要素众多，结构复杂，总是不断地与环境进行物质、能量和信息的交换活动，并随着时间的推移而使能量增减，位置变迁，结构改变。同样的要素因结构不同而功能不同；相同的行为因为时空不同而结果不同；一项合理的对策却产生了不合理的结果等。为了驾驭系统运作并达到预定的目标，必须探索系统运作的方向、动力、原因、规律和法则。说它难以捉摸，是因为这些规则中的许多规则与常规大相径庭，甚至完全背离，却又与一些古老的智慧不谋而合。为什么会这样呢？因为古代人不像近、现代人那样，把事物分割开来认识，而是从朴素系统观点的整体性、层次性和结构与功能的关系上来思考问题和认识世界的。中国古代的阴阳、八卦、五行等学说，恐怕是世界上最早的系统思考。《黄帝内经》认为人体是个有机整体，强调内部各系统的相互联系、相互作用，其系统思维非常突出。《孙子兵法》对战争及其基本要素的分析和现代系统理论中的整体性几乎完全一致。古希腊的德谟克利特把宇宙当作一个大系统来研究，亚里士多德用“四因论”来解释万事万物的产生、变化和灭亡的原因等，都是朴素系统思考的表现。在现代社会里，多用局限思考，只能考虑如何把本职工作做好，而看不见自己行动对其他工作环节会产生什么影响，是造成短期行为的根本原因。在当代，只有运用系统思考，并遵守一定的规则，才能看清动态系统的复杂变化。如果不遵守系统思考规则，即使使用系统思考的语言和工具，也不可能正确认识和解决问题。进行系统思考，必须遵守以下十大规则：

1. 今日的问题来自昨日的解

由于系统中的因果关系是相对的，因可转化为果，反之亦然，解决昨日问题的方案又成了今日问题的成因。如煤矿冬季订单急剧增加，客户催货甚急。在煤仓存货不多的情况下，钢厂的采购员发怒了，于是，销售主管临时决定把为电厂准备的煤批给了钢厂。等电厂来催货时，煤仓里的煤所剩无几，以未按时履行合同为由向法院提起索赔诉讼。这种拆东墙补西墙的做法，实际上是由于在签订合同时，煤矿销售方未能对库存、产能和发货量等要素进行系统思考，只是把问题从系统的这一部分短缺推到了系统的那一部分。有时，由于解决第一个问题的人调走了，接替工作人不了解以前的情况，结果使第一个问题的结果，成了产生第二个问题的原因。

2. 愈用力推，系统的反弹力愈大

系统的属性之一，就像钟摆那样具有反弹力。善意的干预措施引起了系统的反应，有时，这种反应又反过来抵消了干预措施所创造的成果。系统思考把这种现象叫做“补偿性反馈”。补偿性反馈的例子很多，如当一种产品突然失掉顾客的吸引力时，公司便会更积极地推动销售，降低价格，增加广告投入等。这些措施可能把顾客暂时吸引回来，但是，这种割肉补疮的结果，只能放松提高产品质量的努力，长期而言，公司会失去更多的顾客。失掉的顾客越多，越是努力推动销售，不自觉地落入补偿性反馈的陷阱中。越是努力向前推动，系统的反弹力就越大。

3. 渐糟之前先渐好

许多解决问题的方案确实是在短期内能看到某些效果，如症状消失了，情况好转了，于是认为问题解决了。但是，过了一段时间后，老问题又旧病复发，甚至和引发的其他问题一起来临。系统的问题很难在短时间内辨认清楚，不少管理措施，常在恶果显现之前，呈现良好状况的假象。这是因为补偿性反馈，通常要经过一段时间的滞延才会表现出来。也就是说，在短期利益和长期弊害之间有个时间差，使得系统在渐糟之前先渐好。如果看不清这个问题，津津乐道于眼前的好转，等问题恶化了，就难以解决了。

4. 显而易见的解往往无效

有的企业管理者往往喜欢使用自己熟悉的方式来解决不同的问题。这好像很容易，答案也显而易见，但这很可能是局限思考的结果。即使偶尔解决了症状问题，也是瞎猫碰到了死耗子。显而易见的解之所以往往无效，是因为很可能不是系统思考的结果。有时，容易的、熟悉的解决方案，不但没有效果，反而会造成严重的后遗症，引发舍本逐末的恶性循环。如企业聘请外部专家帮助制定改革方案，又未能同时训练自己的管理人员，让他们参与其中进行学习，这样次数多了，就会增加对外部专家的依赖性，而自己的管理人员仍然不会制定改革方案。要克服这种后遗症，还需要额外投入时间和财力来培训自己的管理人员。从这个角度上看，选用轻松容易的对策，所致的结果可能比问题本身更糟。

5.“欲速则不达”

这是《论语》中的话，意思是过于性急求快，反而不能达到目的。任何一个系统都有其成长的最适当的速率。通常都远低于可能达到的最高的成长速率。一般的管理者，总是希望成长的速度越快越好，不断地采取行动进行调整。但是，当成长过快时，系统本身就会自动减缓成长速度进行调整，这必然与管理者的加快行动产生矛盾。如果管理者的加快行动超过了系统的承受极限，企业就可能被震垮，结果是欲速则不达。系统思考的真正含义不是无所作为，而是按照系统的运行规律采取行动。这比一般的“快！快！快！”更具挑战性，也更有希望。

6. 因与果在时空上并不紧密相连

这里的“果”是指问题的症状，如订单减少、利润下降等。这里的“因”是指与症状直接相关的系统互动关系。如果能辨认出这种因果互动的关系，就能找到问题的答案，做出持久的改善。问题是大多数管理者认为，因与果在时间上是非常接近的，在空间上是紧密相连的。如研发部门出了问题，就单纯地在研发部门找原因；生产线出了问题，就单纯地在生产线上找原因；销售出了问题，就单纯地在销售部门找原因。看起来理所当然。实际上是不够的，甚至文不对题。因为在复杂系统中，事实的真相和管理者习惯的思考方式之间还有一段很大的距离，因与果在时空上并不是紧密相连的。只有坚持这种观点，才能进行系统思考。

7. 寻找小而有效的高杠杆解

管理者的难题是找出高杠杆解在系统的什么地方，这不是一件容易的事。因为，一是高杠杆解没有明显的标志；二是高杠杆解与症状之间在时空上有一段较长的距离；三是没有找到高杠杆解的简单规则。唯一办法就是熟悉系统思考，从考察事件背景的结构开始，观察系统的全过程，进而从基模中因果互动的位置上，找出所有的杠杆解，最后排除低杠杆解而选择高杠杆解。

8. 鱼和熊掌可以兼得

“鱼，我所欲也；熊掌亦我所欲也。二者不可兼得，舍鱼而取熊掌者也。”这是孟子用来论证舍生取义的比喻论据。用系统思考来观察这种两难选择的矛盾问题，可以从它们的动态流程而不是静态的片段思考中，发现它们之间也有相互联结之处。因此，两难矛盾也不是不可能克服的矛盾。在企业管理中，提高质量和降低成本是一对两难矛盾。如果用静态、片断的思考方式来观察，提高质量必然提高成本，降低成本必然降低质量，用二元对立思考方式做出选择非常容易。如果用系统思考的方式来观察，就可以在动态流程中发现，只要改变原来的工作流程，消除重复劳动，减少工时投入，从而降低生产成本，再减少广告和促销费用，提高顾客满意率，从而降低服务成本。这样做的初期，由于先期投入部分资金，质量提高，成本也上升；但过了一段时间之后，成本就会下降，并保持在一个稳定的水平上。既提高了质量，又降低了成本，使鱼和熊掌可以兼得。这种两难矛盾的杠杆解，是在改善工作流程的时间滞延之后才能发现。

9. 不可分割的整体

系统有它的完整性，正是这种完整性才能使其整体特征显现出来。盲人摸象的故事最能说明这条规则：摸象的所有盲人都未能摸到大象的全貌，都按照个人摸到的部分给大象下定义，焉然不错。系统思考所提供的新角度是观察系统的整体及其各要素的互动关系。这个整体是不可分割的。要了解企业管理问题的症结，必须了解产生问题的系统整体，无法从部分中看得出问题的症结。企业内部设置部门的弊害，既不容易看到整体特征，又往往造成“休管他人瓦上霜”的狭隘局面。看整体，并不是说企业中的所有问题都能从整体中找到答案，有些问题还需要从不同的角度进行观察，主要是观察各要素之间的互动关系或是某个特别的机能领域的互动关系。还有些问题，又必须研究整个行业系统中的互动关系，才能认识清楚。总之，判断整体的原则是运用系统边界原理，研究那些跟要解决的问题相关的互动关系，因为杠杆解的位置总是在互动的关系之中。

10. 没有绝对的内与外

管理者的主要精力都是在经营自己的系统，但是，系统没有绝对的内外之分。这要求管理者有时要将造成问题的外因变成“内因”来处理，因为问题的答案常常藏在系统内部和外部的互动关系之中。如市场的变动、政府新政策的出台、新竞争对手的加入等外部因素，势必会对企业的生产经营产生影响。自己的问题必须由你自己来解决。

4.3.4 系统思考的步骤

在本章中，多次谈到系统思考的方法、步骤问题，都谈得比较分散。现将系统思考的四个步骤小结如下：

1. 描述问题的症状

首先，要查清所发生的事件，从事件的表现上描述症状的特征和证据，语言要准确，把焦点集中在困扰人们的片段现状上。然后，对症状进行局部思考，从中找出是什么样的问题，指出问题所造成的局部影响。简要介绍问题的历史背景，看过去的做法是如何造成今天的问题的。在描述过程中，不要妄下断语；不要指责与问题有关的个人和团队；不要一下子跳到结论上；不要说出你对解决问题的建议。这是一个诊断症状和发现问题的过程。

2. 看出问题背后的结构

运用系统思考的语言、工具和规则，压缩时空距离，观察系统的整体运作。首先，画出一张无头无尾的反馈动环系统图，思考各种行为模式的互动关系和流程以及在流程中连带生产的其他事件。分辨其为增长的环路还是调节的环路；查看增长的环路遇到了什么样的调节环路的限制。修改系统图，初步确认环路结构。然后，对看出的环路结构进行模拟运作，从不同的角度观察一系列事件，找出关键的互动关系和表现出来的行为形态，再次修改系统图。查明问题背后的结构，反复运作和思考，确定这个潜在的结构。寻找结构的方法有两种：一种是列出所有的产生问题的因素清单，寻根溯源，划出问题的系统边界，筛选出可能是主要原因的关键因素。将这些关键因素连成一个动环系统图，这就是问题背后的结构。另一种是用类似大墙会议的方法，让每个人画出一张描述问题发展形态的坐标图，收集每人的坐标图，从综合比较中找出周期性反复出现的行为形态。这些行为形态的表现就可能是主要变因的关键因素。把它们连成一个动环系统图，这就是问题背后的结构。把步骤一和步骤二综合起来，就是从看静态到看动态、从看片段到看整体、从看事件到看事件背后结构的过程。

3. 找出问题的原因

根据问题背后的结构，选择相应的系统基模，用不同的方式来观察和思考系统运作中的同一个问题。如果符合成长上限环路，就建立电脑模型，按照成长上限基模的使用方法，找出潜在的限制因素。若是某些因素的因果关系限制了系统的成长，这些限制因素就是导致问题的原因。如果符合舍本逐末环路，也要建立电脑模型，按照舍本逐末基模的使用方法，找出症状解和根本解。就是这些不易识别的症状解使管理者落入了避重就轻的陷阱。寻找问题原因的方法，跟传统的由问题直接找出答案的做法相反，要让不同的观点并存，进行讨论，讨论要从大处着眼，不要拘泥于细节。分辨对症状的解释与对系统的解释之间的差别，这种差别所反映的因果互动关系在环路结构中的位置，就是产生问题的原因。这是重新调整认知的过程，也是系统思考的主要步骤。

4. 选择高杠杆解

根据复杂问题的复杂原因找出问题的答案并非易事。首先，要寻找能使系统稳定运作的变数。这种变数很多，同时尽力要看到它们的直接影响和间接影响。只有对整个系统运作都有利的变数，才是所要寻找的根本性答案。其次，寻找高杠杆点。杠杆点是引起结构改善的点，高杠杆点是引起结构改善最重要最持久的点，这需要用系统基模找到根本环路中关键要素之间的关联。杠杆点一般是在关键的互动位置上，有时，还可能在心智模式中。杠杆点往往不止一个，由几个基模所形成的问题，其杠杆点更多。最后，选择高杠杆解。办法有二：一是结合企业的具体情况，分析所有的解对系统运作的效果，权衡利弊，选择效果最佳的解，其必然是在高杠杆点上。二是进行实验，或者增加环路，即增加新的要素，如果能改变行为形态，改变原环路运作的不良效果，这种新增加的要素就是高杠杆解；或者打破环链，即打破产生不良后果的环链，如果能改变行为形态，消除不良后果，这被打破的环链就是高杠杆解。

4.3.5 培训系统思考的语言工具

要进行系统思考，首先要对系统思考的语言工具进行培训，然后才能进行系统思考的演练。培训的标准是，能熟练地运用系统思考的语言工具分析解决企业中的实际问题。

1. 培训系统思考语言的要求

培训系统思考语言的目的，是让员工能够清楚地看见复杂事物背后的简单结构，使系统不再那么繁杂和难以认识。使用增强环路、调节环路和时间滞延等新语言，并不是要废止线段式的语言，在许多情况下，线段式的语言还是要用的。只是在认识动态性复杂问题时，才必须使用系统思考的环状语言。学习这种新语言，虽然开始时感到陌生、不习惯，但只要下些功夫，就能学会。当这种新语言成为员工们的通用语，就表明了大家已经掌握了这种语言。

2. 培训系统思考工具的要求

（1）培训因果环路图的要求。能看图说出系统运作的过去、现在和未来的变化趋势，也就是结构，如何造成了目前的行为形态，如何改变行为形态使系统工作达到预期的目标。观看因果图的要领是看因与果的环动；首先，可以从任何地方开始。然后，按照箭头所指的方向观察选定的要素在不同时空下的变化，并用系统思考的语言来描述这种变化（增加或减少，上升或下降，改善或恶化）。接着，观察这个要素对下个要素所产生的影响力。如果下降了，你应该采取什么样的假设来改善它。继续观察这个环路，直到完成一个循环，看看是否找到了产生问题的关键性的因果关系。如果还不清楚，就再观察一遍，直到找出产生问题的原因为止。

（2）培训系统基模的要求。培训系统基模的要求是选择基模，看出结构与重组系统结构。

第一，针对问题选择基模。有三个步骤：一是猜测。选择系统基模没有好的办法，开始的时候，纯粹是猜测。猜测前要熟悉一下各种基模的适用范围，找出和问题相似的几个基模。然后，用这几个基模去测试问题，从不同的角度进行观察比较，选择一个自己认为能够概括整个系统现状的基模。有时，复杂问题是由两个以上的基模组合而成的，那就要选用两个以上的基模。二是把选择的基模套在系统的现状上，即把现状中的各要素分别安插在基模中。先从推动系统运作的主导环路开始安插，再在其他的环路中安插。然后，在环路中选出一个起主导作用的关键变数，考察有哪些要素影响这个变数。最后，画出相邻两个要素之间的影响关系，标出“同”或“反”字符号。三是根据系统的现实状况试验基模，以选出的关键变数为起点，先从逆向看箭头的方向，逐步向后追溯，考察有哪些要素影响这个变数。如果半途卡住了，再掉转头来，顺着箭头的方向往前推进。如果还是走不通，就要重新检查一下现状，看看是否漏掉了什么重要的要素。如果漏掉了，就要在适当的位置补上，再试着前后推动。如果都推得动，说明基模选对了；如果推不动，说明基模选错了，要换基模再试，直到选对基模为止。也可以抛开备选的基模，自行从能够概括现状的简单环路（增强的或调节的）画起，把现状中的要素一一安插到合适的位置上，使之形成一个环路结构，试着前后推动，如果都能推得动，说明所画的基模符合系统的现状，是正确的。这种做法是比较难的，因为，实际上，你创造了一个新的系统基模。

第二，看出结构。这个问题在前面已经多次谈过，这里再补充三点：一是用系统的整体性原则看出问题的结构。一个系统的行为取决于系统的内部结构及其所处的外部环境。起主导作用的仍是内部结构，内因是变化的根据，外因只能通过内因起作用。先从系统和要素的相互作用中寻找问题的内因，再从系统与环境的相互作用中寻找问题的外因。在认识整体即内因时，用结构影响行为的原理来分析动态的复杂问题，找出影响行为的结构。二是利用系统边界原理看出结构。有些问题无法从整体结构中找出来，要在主要机能的互动关系中才能找到，因为有些问题的原因来自系统中某些关键性要素的力量。系统边界，就是那些与问题相关的要素，而不管涉及范围的大小。但不能以人为划分的职能部门为出发点，而要以问题为出发点来观察跟问题相关的要素是如何互动的。如果有两个关键要素不能协调动作，因果互动产生新的变数，就会形成正反馈链，造成某个局部的恶性循环偏离了系统目标，这就是问题的根源。当这个恶性循环牵动另一个恶性循环时，通过系统的加乘作用，就会使整个系统陷入危机之中。解决这类问题，就是按照系统边界原理，找出与问题相关要素的互动方式及其背后的结构。这仍然是结构影响行为的问题。三是画出自己的系统结构图，这是了解系统基模的最好办法。最容易的方法，就是观察行为形态的变化，一旦碰到神秘的停滞，就应当辨认环路中的各种要素。要找出增强环路中何者越来越好，改善运作的是哪些要素；要找出调节环路中有哪些限制因素影响系统的成长。

第三，重组系统结构。看清系统结构，找到问题的原因和杠杆解，要解决问题，还要根据结构影响行为原理，通过重组系统结构，改变行为形态，才能解决问题。重组系统结构有个前提条件，即重新确立共同的心智模式。一般情况下，由于团队所处的角度不同，心智模式不同，对同一个高杠杆解，主管团队、一线团队、营销部门或其他部门都可能有各自的最佳解决方案。这就需要统一认识，找出解决问题应有的共同的心智模式，才能最后确定采取什么样的解决方案，使系统重组工作能够顺利地进行。重组结构的方法有二：一是增加环路；二是打破环链。增加环路是指根据高杠杆解增加新的要素，创造能够解决问题的新环路，也就是设计和实施工作流程，执行新的政策，解决问题。打破环链是指打破那些产生问题的不良环链，也就是应用因果反馈链，把系统现实状态的变量聚合起来，改变其中一些质的因素，按照高杠杆解的要求，把必要的措施纳入系统模型，改变结构，除去或削弱不良环链的后遗症，或是停止不良行为所带来的反作用。不管采取哪种方法，行动前都要考虑如下问题：这可能会造成什么样的负面影响？有没有执行的能力？在实践中能否行得通？有时慎重起见，可以先进行实验，然后再改造系统结构。

3. 培训系统仿真的要求

系统仿真的要求是忠于现状和分析结论。在系统基模里，所有要素的界定都是模糊的，只能靠猜测来判断系统到底发生了什么问题，也只能对所提供的多种答案进行选择来改善系统的运作。而在电脑模拟仿真中，当把假想导向合理的结论时，就可以在屏幕上看到系统运作的真实情况。但是，首先，电脑仿真终究是电子系统的逻辑思维，还不能完全取代人脑。因此，在进行电脑模型设计时，必须把问题症状如实地转化为数字化的程序语言，不能有权力因素的操纵。只有模型与现状完全吻合，才能得出准确的结论。其次，不能把电脑仿真中的假设误认为事实，不然，就会把推导出的结论（仍是假设）当做真理。因此，必须对电脑所给出的结论与实际情况进行对照，做出实事求是的分析。最后，电脑仿真不等于系统思考，不能代替系统思考这项修炼技术。总之，运用电脑进行系统思考学习，是个既复杂又极富挑战性的学习过程。使用电脑本身虽然不是一件很困难的事，但是，设计软件、建立模型却有相当的难度，需要团队自己去做。而最困难的事，则是能否忠实地反映企业的实际情况，这是能否取得学习效果的关键所在。

4.3.6 演练系统思考

要在企业管理中进行系统思考，掌握系统思考的知识、语言、工具、规则和转变思想观念等固然重要，但是最重要的还是将其应用在实际的系统思考演练中。否则，便无法将系统思考这一先进工具应用到企业管理的实践中去。系统思考演练的途径是团队而不是个人。要把系统思考的语言、系统基模和电脑模拟与企业经营管理中的实际问题结合起来进行演练。

系统思考的演练，应该从掌握最简单的概念——反馈开始。反馈能够说明行为的影响力如何相互推波助澜或相互抵消，这有助于识别反复发生的系统结构的类型。演练反馈的方法，除了弄懂这个概念之外，主要是在演练系统语言和工具当中熟悉它、掌握它。

1. 关于系统思考语言的演练

依据前述，由团队或个人进行演练。当员工不再需要别人把因果环路图和系统基模等译成语言来解释时，就表明已经达到了演练目的。而且，这种语言是世界通用的，即使不懂外语，也可以通过图形进行交流。

2. 关于系统基模的演练

这是必须多下功夫的演练的重点。认识基模是演练的起点，使用基模是演练的关键，熟悉基模是演练成熟的表现。对于创建学习 - 创新型企业而言，只有当系统基模成为管理者和团队的熟练工具时，系统思考才会在经营管理中发挥巨大的作用。系统基模是一个正在开发的新领域，有的很复杂，也很难懂。团队应从最基本的基模开始演练，由简单到复杂，步步加深地演练。现举几个实例，以资借鉴。

（1）某企业新产品开发个案。

[现状描述] 由于开发成功一个新产品而使该部门迅速成长。当收入增加后，新产品开发部门的预算和研发人员也相应的增加，导致机构日益

庞大而难以管理，不得不把研发工程师也调到管理岗位。这样，就使得研发工程师花在科研上的时间减少，造成下一轮新产品开发时间拉长，推出的速度变慢。这是个成长上限环路（见图 4-13 的左半部分）。

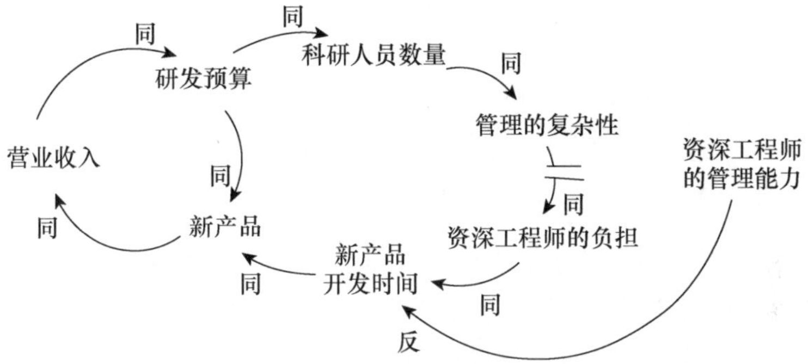

图 4-13

[管理方针] 此时不要再去推动成长，而是要除去限制成长的因素。

[结构] 观察成长上限环路，从增强环路开始，同时思考新产品的成长和它所带来的益处。然而，到了某一点，力量开始转移，如预算增加，新产品种类增多，管理更复杂，研发工程师被调到管理岗。经过时间滞延，形成一个调节环路（见图 4-13 的右半部分）。

[杠杆解] 杠杆解在调节环路中，从图中可以看出，杠杆点是在资深工程师的管理负担和新产品开发时间这两个要素之间的互动节点上。杠杆解，或是聘用新的既擅长管理又具有创新能力的工程师，或是对走上领导岗位的研发工程师进行管理培训。哪个是高杠杆解，由管理层根据具体情况确定。当限制来源被解除或被削弱后，成长会再度开始。

（2）聘请外部专家解决新设备运转问题个案。

[现状描述] 新设备运转出现技术问题，当原有技术人员不能解决时，聘请外部专家来解决。外部专家很快解决了问题，企业主管表示感谢。但是，内部技术人员没有抓住机会学习如何处理运转中的技术问题。

[管理方针] 把重点放在提高内部技术人员解决设备运转中的技术能力上，严格限制使用外部专家。

[结构] 系统基模结构如图 4-14 所示。

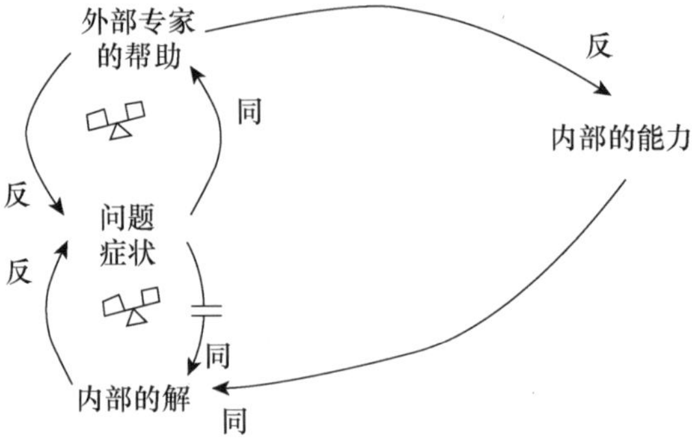

图 4-14

上面的调节环路迅速解决了新设备运转中的技术问题，症状暂时消除，主管的压力也随之消除，但他没有考虑到需要提高内部技术人员解决问题的能力。过一段时间，设备运转又出现了问题，又请外部专家来解决……形成了一个恶性循环。不仅增加了聘请外部专家的额外费用，而且，外部专家的帮助带来一种副作用，即越来越依靠外部专家，这似乎成了唯一的解。这个恶性循环由一个潜在的增强环路引起的，其环路是：外部专家的帮助→内部的能力→内部的解→问题症状→外部专家的帮助。这个基模循环一周的“反字”符号是偶数（两个），所以，是个不断增强的动环。由此可见，是一个舍本逐末结构。

[杠杆解] 杠杆解是下面的调节环路，杠杆点在内部的能力和内部的解这两个要素的互动节点上，即提高内部技术人员解决新设备运转的技术问题的能力。花时间去培训，虽然有个时间滞延问题，但却是个高杠杆解。再出现问题，就没有必要请外部专家了。

（3）用扩充系统基模的方法来进行系统思考。

如某厂长面临一连串的预算危机。厂长为了救急，给一个生产单位的领导下令停开一条生产线，以减少成本，节省开支。生产单位停下一条生产线，解雇一批职工，这个基模如图 4-15 所示。

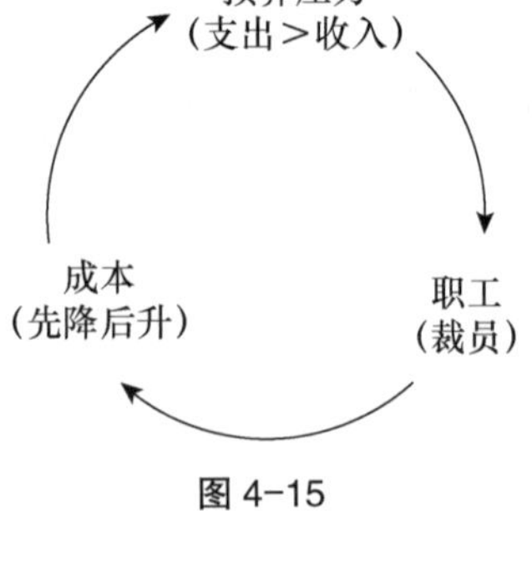

图 4-15

但是，这个生产单位的领导同时减少了维修工作和营销活动，成本下降了，但很快又上升，他不得不再一次裁减一部分员工，再度削减维修和营销费用。这样，就出现了三种活动同时并行的调节环路，三种活动都会影响成本，也都有副作用。在这种情况下，为了考虑副作用的影响，就要扩充系统基模进行系统思考（见图 4–16）。

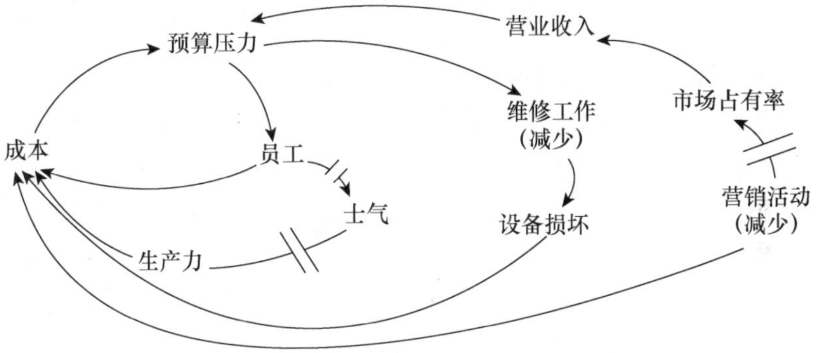

图 4–16

先看这三种活动的副作用：裁减员工，会降低在职员工的士气，降低生产力水平，促使成本上升；减少维修工作，会导致设备故障增多，停工时间拉长，促使成本上升；减少营销活动，会降低市场占有率，减少营业收入。三种活动的结果是成本更高，收入更少，预算压力越来越大。按照这种心智模式，企业将面临倒闭的命运。扭转命运的办法是改变这种心智模式。首先，可以明显看出的是，减少维修工作是个恶性循环，必须改变这种错误的做法。其次，在裁减员工的情况下，应在精神上鼓励在职员工奋发图强，提高生产力，降低成本，减轻预算压力。最后，营销和市场占有率与营业收入直接相关，但只要保证营业收入，才能缓解预算压力，扭转倒闭的命运。虽然都有时间滞延，但只要渡过危机，就会慢慢好起来。

（4）用系统侦探方法来进行系统思考。

如 A 建筑公司，信誉一向很好，但陷入了一场恶性竞争之中，因为 B 公司不惜血本杀价竞标。这时 A 建筑公司面临两难的选择：要么，也杀价竞标，凭着信誉和实力，可以拿到这项工程的大部分合同；要么，干脆退出竞标，坐吃山空。为了把这个问题弄清楚，A 公司的主管团队运用成长上限基模来分析这个问题：假如 B 公司拿到大部分合同，在保证工程质量和成本不变的情况下，亏损就会越来越多，需要多长时间 B 公司的资金运转会不灵呢？A公司测算出一个大概的时间，又测算出在这个时间内，本公司即使无事可做，也能维持下去。于是，A公司决定，按兵不动，静观其变。果然，B公司拿到了合同，一年之后，A公司突然被工程发标单位告知，要求重新讨论签订工程合同问题，原因是B公司的资金周转不灵，不能按期竣工，而且出现几次重大质量问题，经过谈判，双方解除了部分工程合同。这样，A公司终于以合理的价格拿到了部分工程合同。

（5）如何解决团队之间的矛盾。

甲团队为了把自己的效益提升到极点，没有考虑乙团队的利益，双方出现了矛盾，使整个企业的运作受到了影响。有关领导采取了一些治标的措施，虽然取得了一些成效，但双方的怨气未消，团队之间仍然很难合作。这时，主管团队经过系统思考，建议甲乙团队采用舍本逐末的基模来解决双方的矛盾，并委托一位分管经理主持这项工作。这项工作分为七个步骤：一是找出问题的症状，并以这个症状为基点向后追溯一段时间，从中找出一再出现的问题症状（该症状通常不是现在问题的症状），描述这个症状表现，并分析可能的原因。二是画出治标方案基模图，即回顾过去处理这个问题的所有对策，目的是找出能控制症状的调节环路。三是找出治标方案的负面影响，可以看出甲团队所采取的行动几乎都会影响乙团队的成长，而乙团队为了解决问题所采取的行动也会给甲团队甚至两个团队都带来不利的影响。一个团队的治标方案导致另一个团队的治标方案，必然使治标方案陷入恶性循环。四是找出根本解决方案。看到治标方案的负面影响后，甲乙团队都会感到有找到根本解决方案的必要性，这就需要从两个团队的角度重新思考问题。而这又需要从相互沟通对话开始，寻找共同面临的问题，这样就能找到根本解。五是描述治标方案的副作用。在舍本逐末结构中，治标方案的副作用，一般都会带来一个或几个增强的环路。尽管这种增强的环路不至于增加两个团队之间的矛盾，但他们仍然不愿意进一步沟通。六是找到根本环路之间的关联，即互动的效果与根本解之间的关联，找到它，就找到了两个团队矛盾为什么越来越大的原因。这是因为起码有两个舍本逐末的环路，紧紧地联在一起，彼此间相互制造矛盾，又不愿意沟通，根本解也就无从推动。七是找到高杠杆解，甲乙团队陷入矛盾之中，都很难看清自己，也都很难脱身。只有登高俯瞰，企业的大局才会一览无余。因此，找到高杠杆解的方法，就是改善心智模式。只有这样，才能减少相互指责，进行对话，找到解决矛盾的答案。运用这套方法，也能解决员工之间因努力自我超越而又方向不一致的矛盾问题。

（6）如何面对环保的两难抉择。

一个企业如果认真遵守并实施接受环保政策，就能赶上时代的潮流，得到长期实践环保的好处。减少污染，提高士气，促进创新和持续发展。但是，企业主管往往处于进退两难的矛盾之中。一方面，环保部门要求执行环保法律，企业主管也真诚希望维护生态环境；另一方面，既定的价值观却拒绝快速转变，因为想办法为公司赚钱是企业主管时时都要面临的现实问题。处理这种矛盾有两种策略：一是容忍；二是探寻。这两种策略形成一个舍本逐末的基模可供选择。如果采取容忍的策略，就是容忍企业废弃物对环境的污染，或是采取一些症状解的措施，逃避承担法律责任。这样做，虽然可以暂时消除症状，实际上却拉大了遵守环保法律与实际行动之间的差距，承担法律责任的可能性逐渐增大。越用症状解，就越难以转向探寻的策略。如果采用探寻的策略，就是承认企业废弃物对环境的污染，并坦然承担法律责任。这样，就会下定决心进行一次大规模的检查，详细登记废弃物的堆放点、流向、流域和对环境的污染程度，并探寻改善的方式方法。就会通过学习发展出一套改善环境的根本方法。调节环路的下环路为企业主管提供了一个机会，即用高尚的道德标准来塑造企业的生存环境，不仅满足员工的需要，也满足生态平衡的需要，这就是探寻策略所导向的根本解。这样做，在短期内当然要付出较大的代价，否则，日后势必付出成倍的代价。决心采取探寻的策略，也可能激发创新的解决方案，让企业的信誉变得更好。许多企业采取这种根本解之后，会惊奇地发现，采取探寻策略所花的成本远低于容忍策略所花的成本。

3. 关于电脑模拟的演练

电脑模拟演练，开始时应选择比较简单的问题进行，待熟练后，再进行复杂问题的演练。电脑演练可分为八个步骤：一是根据问题的需要成立临时团队，其成员应包括问题所涉及的相关人员。条件是能进行独立思考忠于职守的员工。团队要得到上级的授权，因为只有这样，才能形成跨单位的解决方案。二是团队人数应是三的倍数，每三人一组，一台电脑，这样可以使不同心智模式的人在一起讨论。三是将要解决的问题及其假设套在相应的因果环路图和系统基模上，建立电脑模型。四是操作电脑模拟系统的运作，经过解释程序的定量分析和逻辑推理，浮现系统中隐含的假设。观察假设与模型中假设的差别，找出许多不完善的地方。五是通过修改程序的办法来发展和完善浮现的假设，找出解决问题的杠杆点，并形成解决问题的假设或答案。由于电脑模型只是实际问题的简化，所以，不能用电脑中给出的答案来解决问题。六是召开团队研讨会，将各小组的答案，分类、集中、讨论，形成共识，再将这种共识与企业实际情况进行比较、对照、修正，形成解决问题的方案。七是以解决问题的方案为假设，重新建立电脑模型，再进行电脑模拟实验，考察该方案能否解决问题。如果不能解决问题，再修改答案，再进行实验。有时，需要经过多次的反复，才能使电脑中的答案与实际问题相符。八是将与实际问题相符的几种答案，依据企业实际进行比较、权衡、决策，找到一种答案，付诸实施。

系统思考是发现、分析和解决问题的过程，在进行系统思考时，应注意的问题有：一是这项修炼不能由一个人独立操作，因为系统思考必须从不同的角度来观察复杂的系统运作。二是团队演练的主持人应当不时提醒大家遵守系统思考的规则、方法、步骤，并掌握系统思考的进程。三是不急于导出结论，在最困难的阶段要让不同的答案共存，展开讨论。只有从不同的角度观察一系列事件，才能发现一再反复出现的行为形态，看出事件背后的结构。四是在寻找原因时，如果是在规章制度、作业流程、物流、能量流、信息流和控制机制等具体方面出了问题，就容易寻找，也容易采取改正的措施；如果是在信念、价值观、态度和习惯等抽象方面出了问题，就不容易寻找，也不容易采取改正的措施。这时，需增强杠杆的作用力，进行多角度的观察和思考。五是在事件层次上，不要直接跳到解决方案上，因为这种就事论事的思考只能是反应式的症状解。六是在行为形态层次上，要从一系列不相干的事件中挑出关键的互动关系。以此为基点上溯到从前的情况，观察各种互动力量的消长，看出今后的发展趋势，打破线段式思考，产生努力改进的紧迫感。七是在系统结构层次上，要全力探寻各要素的关联和互动，考察各种假设的可能性，总结出一个简单的系统结构图。八是如果发现问题的原因是心智模式在作怪，应该立即改变心智模式。有时，员工改变了态度和习惯做法，企业的效益就会大为改观。

总之，系统思考是一种新的思考方式，是以新眼看世界的智慧，是纵观全局、把握重点的方法，是以简驭繁的艺术。当每个团队都能以系统思考进行学习时，企业就踏上了学习—创新型企业的康庄大道。

演练下面的系统思考

目的：让团队在解决问题中尝试系统思考和使用系统基模。

概述：甘肃省某县A村和B村以不同方式处理相同问题的故事。

参加者：一个团队。

必需品：录像机；每人一张八开纸和一支笔。

步骤一：由主持人介绍故事：AB两村的共同问题是缺乏饮用水，妇女每天清晨必须到12里外的小河去背水。国家投资为两村各打一眼机井，并要求村里负责维修抽水机。两年后，A村的抽水机坏了，村民募捐了2 000元修理，但这些钱一下子就不见了，也没有人为此事负责。B村从一开始就成立了一个机井管理小组，并决定开垦一块公田，将其收入作为机井的修理费用，并培训了一名兼职维修工。

步骤二：运用系统思考的语言、工具分析故事。先用下列因素分析故事中的变数：①妇女背水的辛苦；②村民对机井的责任感；③生活质量；④村民继续募捐的能力；⑤村民集体想象未来的能力；⑥与自然水源的距离；⑦村民的社会感；⑧抽水机的耐用程度等。每个团队成员选出4~5个关键变数，想象村民的长期行为形态，挑选适合故事情节的基模。

步骤三：确定一个基模。每个成员画出自己认为最合适的基模，标出所有要素，然后回答下列问题：①这个系统的目标是什么？A村村民有什么愿景？B村村民的目标是什么？这种愿景和目标会不会改变？②这个系统的结构是什么？这些结构会产生什么样的影响？③这个系统要往哪个方向走？对两个村会产生什么影响？应该对基模做什么样的改变？两村各该进行哪些改革？

步骤四：策略讨论。展示大家画的基模，讨论并找出正确的基模，然后讨论下列问题：①这是一个什么样的系统基模？②A村怎样做才能改变心智模式？③在B村的解中谁是主要角色？④这个故事能给团队带来什么样的启示？

第5章 创建的准备阶段

- 提高企业学习能力的政策与措施
- 学习—创新型企业的文化要求
- 创建学习—创新型企业的观念转变
- 创建学习—创新型企业的准备工作
- 学习—创新型企业的评估办法

SECTION 5.1

准备阶段的必要性

5.1.1　应用理论的国情不同

鲁迅先生对外国事物的态度是“拿来主义”，即通过鉴别之后有选择地“拿来”、占有，再经过分析、挑选，决定我们“或使用、或存放、或毁灭”的态度。鲁迅之所以采取这种态度，主要是因为国情不同。即使是对中国有用的外来的东西，也必然不能完全适合中国的国情。这就是我们一贯倡导的马列主义必须与中国实际相结合的原因。事实上，凡是正确运用外国的先进理论，经验、技术、模式等先进事物，都包括这样一个过程：首先是拿来，然后是认真学习，最后是根据中国国情加以改造。我们对待学习型组织的理论，也毫无例外是这样。学习型组织理论源于美国，而美国和中国的国情有很大的不同。在 20 世纪 80 年代，当圣吉博士和他的伙伴们研究学习型组织理论的时候，正是美国信息化建设达到高潮的时期，而这时的中国，正处于改革开放的初始阶段。虽然也开始了信息化建设，但认识有误，不久就走入了歧途。到 90 年代，当美国一大批企业建立学习型组织的时候，在企业中，有高中以上文化水平的员工数占员工总数的 87%。90 年代后期，我国少数企业也开始创建学习型组织，但在我国企业员工中，50% 以上的人只有初中文化水平。欧洲和日本的信息化和知识化建设落后于美国，但仍比我国先进得多。如果从总体国情上看，美国在 90 年代末期已经进入知识经济社会，而我国仍处在社会主义初级阶段。两国在社会制度、经济发展水平、科学文化水平、企业经营管理和价值观等方面都有明显的差距。差距主要表现在三个方面：一是市场经济历史的长短差别。美国有200多年的历史，我国只有20多年的历史。二是信息化建设水平不同。美国实现了信息化，我国则刚刚走上信息化建设的轨道。三是知识化建设水平不同。从整个国民文化教育水平和素质看，美国国民受教育水平是高中以上，我国国民受教育水平则是高小。美国是学习型组织发祥地，且经济文化水平都很高，然而，美国企业普遍感到，建立学习型组织是一件非常困难的事；中国是引进学习型组织理论的国家，经济文化水平都比较低，创建学习型企业自然是一件更加困难的事。在这种情况下，如果说美国企业建立学习型组织，可以不用准备阶段的话，那么，中国企业创建学习型企业，则必须有一个相对较长的准备阶段。

5.1.2 学习理论的难度不同

学习型组织理论是一个非常深奥的理论体系，尽管圣吉博士做了通俗化的阐述，美国企业界人士仍然感到茫然，甚至有人怀疑它的可行性。在美国尚且如此，对我国企业界来说，初学时会备感难解。对我国企业管理者和员工来说，难懂还因为缺乏一些相关学科的基础知识。因此，阅读圣吉博士等人的原著，就像看“天书”一样，不知所云（这方面的内容，在前面已有叙述）。总之，我国企业学习学习型组织理论的难度比美国人要大得多。既然要创建学习—创新型企业，就要硬着头皮，下大力气，攻克学习难关。学习学习型组织的理论与实务，需要足够的时间和组织安排，进行基本理论的培训。因此，在正式创建之前，先学好理论是非常必要的。倘还不知学习型企业为何物，怎么能谈得上创建呢？

5.1.3 改造理论的需要不同

经济结构中的产业不同，建立学习型企业的类型不同，学习和改造学习型企业理论的需要就不同。农业、矿业等第一产业不同于制造业、建筑业等第二产业，也不同于金融、信息和文教卫生等第三产业。不仅如此，在每一种产业内部，由于行业和企业的不同，其学习理论的需要也不同。通常所说的工业，就包括采掘业、制造业和电、气、水的生产供应三大系列。每一系列又包括若干行业和无数的企业，由于所要创建的学习—创新型企业都要适应其本身的特点，所以，学习理论的需要各不相同。也就是说，由于每个企业所处的行情、地情和企情不同，它们所要创建的学习—创新型企业不可能相同，都必须按照本企业的情况来学习和改造学习—创新型企业的理论与实务。只有这样，才能在本企业建成学习型企业。邓小平在 1988 年说："每个国家都有自己的情况，各自的经历也不同，所以要独立思考。"毛泽东早在 1938 年说过："使马克思主义在中国具体化，使之在每一个表现中带着中国必须有的中国特性，即是说，按照中国的特点去应用它。"要学习和改造学习型企业的理论与实务，使之适合企业创建学习—创新型企业的需要，不下一番功夫是办不到的，要下这番功夫，就需要一个准备阶段。

马克思主义哲学告诉我们，世界上的一切事物都具有其规律性。即使是宇宙形成以前的混沌状态，也不是一种无序的状态，而是一种十分复杂的有序的状态，也有它的规律性，只不过在直接的观察中，几乎找不到任何规律的痕迹而已。创建学习—创新型企业同样也是有规律可循的。那种认为学习—创新型的创建是没有规律的，因而忽视创建规律的探索的观点是不对的，不科学的。其实，在《第五项修炼》一书中，五项修炼的哪一项没有规律性？！在《第五项修炼·实践篇》中，三角形的玄机讲的就是创建的规律性；在《变革之舞》中，生物学的启示，即成长因素和限制因素的关系，告诉我们的也是创建的规律性。它指明了"变革起步"、"持续变革"和"重新设计与重新思考"等，正是这种规律的发展过程。当然，这些规律，从我们中国人的思维习惯上看，还显得零碎，没有形成一个完整的体系，而这正是中国企业界需要进行逻辑思考的任务。

但是，中国企业缺乏这方面的理论素养和实践功夫，不少企业以创建时的轰轰烈烈的开头，因不知如何迈出第二步，遂以黯然收场而告终。如果说，在创建开始后，经过一段时间的迅速成长，接着速度减缓，似乎处于停滞状态，是一种规律的表现，还算正常的话，那么，我国企业开头之后便停顿下来，就是不正常的了。这是一个值得深思的问题。俗话说，“万事开头难”，难就难在不容易从纷繁复杂的事物中理出一个头绪，找到一个能够统帅全局的契机。反思许多企业的创建工作，恐怕这个开头就没开对。原因就是没有做好充分的理论准备工作，没有找到创建的规律，没有能够找到统率全局的开端。一句话，没有一个必要的准备阶段，就盲目地干起来。毛泽东在 1936 年说：“不论做什么事，不懂得那件事的情形，它的性质，它和它以外事物的关联，就不知道那件事的规律，就不知道如何去做，就不能做好那件事。”创建学习—创新型企业，必须花一些时间下番苦功夫，学习学习—创新型企业的理论与实务，搞清创建的规律，搞清这一理论与当前企业改革及其经营管理的关系，找到一个正确的开端，才能开始创建的工作。即使不能完全做到这一切，起码也要找到正确的开头，以及开头之后的两三步如何走，制定一个大体的规划，设计一个初步方案，才能开始创建。因此，设置一个准备阶段，把一些必要的工作准备就绪，是非常必要的。

SECTION 5.2

提高认识，转变观念

5.2.1　重新“改造我们的学习”

在我国革命和建设中，每当形势发生重大转折时，党和国家领导人总是特别强调学习。1941 年，毛泽东提出“改造我们的学习”；1978 年，邓小平提出“全党必须重新进行一次学习”。当前，我们要创建学习一创新型企业，这对企业来说也是一种重大转折，也必须重新改造我们的学习。

1. 重新认识“学习”这个概念

（1）对学习的一般认识。“学习”这个概念，的确难以把握，因为人们在进行学习的时候，只是投入时间、精力和钱物，只有在使用学习成果的时候，才感到它有价值。迄今为止，还难以指出哪部书或哪篇文章，把“学习”这个概念表述到了最佳的程度。仅以《汉语词典》的不同版本对同一词条的释义为例，1947 年版列有三个义项，即“反复练习”“效法”和“受教”；1978 年版列有一个义项，即“从阅读、听讲、研究、实践中获得知识和技能”；2000 年修订版列有两个义项，除了 1978 年版的义项外，又加上了 1947 年版的“效法”。由此可见，半个世纪以来，我国对“学习”这个概念的认识，并没有随着时代的发展而有所进步。直到 2003 年才有学者提出：学习包括获取信息等现代含义。在印欧语系中，“学习”

这个概念的最初含义是“小道”或“犁沟”，也就是说，学习者是通过一条捷径来获得知识、经验并增长能力的；在实际生活和工作中的学习比在教室中的学习难以控制，但它却能够在更大程度上增加学以致用的能力。

（2）学习—创新型企业对学习的认识。学习—创新型企业理论认为：在学习途径上，除了阅读、听讲、研究、实践和效法之外，还包括信息的反馈、思考、知识加工、交流、讨论、互动、共享、实践、反思和创新等一系列过程。学习，既是把接受的信息与以往的知识相联系的过程，又是补充，修正自己的知识，进行再创造的过程。在学习结果上，除了获得知识和技能之外，还包括转变观念、涵养品德、建立信念、预测未来，培养竞争意识、创新能力和成长能力等。在学习的重要性上，学习改变观念，观念改变行动，行动改变命运。所有的企业都要学习，因为周围的世界总是在不断变化，关键是要把学习看作与日常工作不可分离的部分。学习对员工来说是最大的福利，对企业来讲是一项回报丰厚的投入，学习是唯一的取之不尽、用之不竭的可再生、可繁衍的资源。学习应该成为当代企业竞争中的一种战略，与生产经营同样是企业最重要的任务。目前，学习已经发展成为一门新兴的边缘学科，我国在世界上较早成立了“学习科学研究会”。

（3）培训也是一种学习。企业的培训，从另一个角度看，也是一种学习，是一种有人指导的学习。但在学习—创新型企业理论看来，培训和学习又有很大区别。“培训”一词的最初含义是“引导一个植物的生长过程”，也就是说，受训者要接受培训者的控制。培训，不但有间歇性，而且与生产经营实际相分离。在培训的重要性上，学习—创新型企业理论认为，它是帮助员工成为学习者的一种手段。由于它能把个人学习和集体学习结合起来，从而使培训从企业的边缘走向企业发展战略的核心，成为各项工作不可或缺的组成部分。同时，又强调企业必须自办培训。自办，不但能促进企业特色文化的发展，容易形成凝聚力强、忠诚度高的企业精神，更重要的是能开发出独具所有权的企业专利和技术秘密，而这正是市场竞争中的独家法宝。在企业里，工程技术人员是继续教育的重点，但是，要把设计变成产品或服务，又需要所有岗位员工的才智，所以，企业必须进行全员培训。尽管培训如此重要，但是，光有培训是建不成学习—

创新型企业的。

（4）学习对学习一创新型企业的意义。学习一创新型企业，是从学习是人与生俱来的天性这一点出发来架构的，学习在人与人之间的互动中产生。在企业，个人、团队和整个组织都把工作过程视为学习过程。因为外部环境和工作现场时刻都在发生变化，都有新的事物出现，所以，日常的工作任务之一就是学习。学习一创新型企业，把学习看作是日常活动中心。为了实现工作目标，不断质疑习以为常的“正确”工作方法，探索求真，挑战极限。发现错误就改正错误，发现问题就解决问题，发现新规律，就实践新事物。一种好的组织学习，就像人的神经系统那样，能通过自我组织、自我监督和自我调整来适应外部环境的变化。通过组织学习，能在问题发生前，即时预测到并找到解决的办法。在工作中，不论何种形式的学习，都会给他人、别的团队带来积极的影响。这种互动的连锁反应，使企业在运作中增加学习效果所带来的知识附加值，增加企业的收益。

2. 学习的目的是提高学习能力

（1）什么是学习能力。学习一创新型企业通过提高学习能力进行生产经营变革，达到提高市场竞争力的目的。具体说创建学习一创新型企业的目的有两个：一是加快员工个人的成长速度，使员工尽快成为学习型个人，在团队工作中为企业奉献聪明才智，并从中实现人生价值和对幸福生活的追求；二是培养企业的特有优势，发展自己的理论，追求变革，为不断出现的问题寻找最佳答案，促使生产力的持续发展，提高市场竞争力，以最小的投入实现企业的发展目标。实现这两个目的手段，都要不断提高企业的学习能力。学习能力是胜任学习任务的主观条件的恰当搭配与排列所形成的能力结构。一般能力包括观察能力、自学能力、记忆能力、思考能力、想象能力、研究能力和表达能力；专门能力包括知识的获取能力、传播能力、更新能力、知识加工能力、分析问题能力，解决问题能力和创造能力等。一般学习能力往往寓于专门学习能力之中，并通过专门能力表现出来。学习能力，就是某种或某几种一般学习能力与某种或某几种学习能力的合理搭配和排列所表现出来的具体的主观能动学习条件。圣吉博士在《变革之舞》中给学习能力所下的定义是：“各项技能和熟练掌握手段使人们持续加强他们的能力，从而创造出对他们确实很重要的结果。换句话说，学习能力能促使我们去学习。”对创建学习—创新型企业来说，专门学习能力就是五项修炼所提供的各种学习能力与技巧。

（2）学习—创新型企业的基本学习能力。圣吉博士又从专门学习能力中提炼出三种核心能力：一是基于自我超越和建立共同愿景所提炼出的追求能力，即真正想要得到的创新能力，而不是单纯地对环境所做出的反应能力；二是基于改善心智模式和团队学习所提炼出的反思性交流能力，即通过培养思索和钻研方式进行交流。达成共识和协调行动的能力；三是基于系统思考所提炼出的对复杂性问题的理解能力，即看清问题背后所隐含的相互依赖性，区别行动短期效果和长期效果的能力。对上述的追求能力、交谈能力和理解能力，圣吉博士又称为基本学习能力，它们像三角凳的三条腿那样缺一不可。只有这三种学习能力同时发挥作用，学习—创新型企业的创建才能持久地进行下去。只有通过集体追求建立企业的共同目标，才能发展出变革过程中的共同现身精神；只有学会反思和探寻的技巧，在公开讨论相互矛盾的问题而不自我防卫时，才能讨论非常棘手的问题；只有学会系统思考的技巧，才能发现和应对各种问题的相互依赖性及其深层的原因。如果没有这种基本学习能力或基本学习能力低下，创建的工作就会受到根本性的限制。

（3）企业学习能力的培养。学习—创新型企业的学习能力，分为个人学习能力、团队学习能力和组织（整个企业）学习能力，其中，组织学习能力最重要。对学习能力的培养不能急于求成，更不能“牛不喝水强按头”。因为学习需要发自内心的自愿，需要时间，还需要实践。学习能力是在理论与实践的结合过程中慢慢形成和积累起来的，并有一个自我强化的过程。一个企业的学习能力一旦形成和自我强化，就会反过来促使团队和员工积极地在工作中学习，它所得到的硕果，就会体现在企业持续的发展中。一个竞争对手可以在市场上获得比你更多的人才、资本和原材料等资源，甚至把你的人才连同他们头脑中的知识和技术挖走，但是，没有人能够购买、复制或者消除一个企业的学习能力。在我国创建学习—创新型企业的过程中，有一种偏向，就是某些企业领导往往重视形象工程的建设，却忽视对学习能力的扎实培养，这种舍本逐末的做法，不可能取得预期的效果。因此，从创建工作一开始，就要把培养学习能力置于创建战略的重要地位，按照学习规律，从一点一滴做起。只有这样，才能一步一步提高学习能力，用以创建学习—创新型企业。

3. 提高学习能力的条件和做法

提高学习能力是一项复杂而持久的工作，也是一项系统工程。首先，要制订学习计划，提供学习资源，制定鼓励学习的规章。然后，制订大体的学习计划，选择学习方式和学习方法，动员和组织学习。

（1）确定学习内容。学习内容是培养员工行为习惯的课程总称。它既反映企业生存发展的需要，也反映社会发展的要求，具有针对性、先进性和更新性。它体现在学习计划和教材中，是企业组织学习的依据，也是评估学习成果的依据。向谁学？怎么学？毛泽东在 1949 年给出的答案是：“我们必须向一切内行的人们（不管是什么人）学经济工作。拜他们做老师，恭恭敬敬地学，老老实实地学。不懂就是不懂，不要装懂。”创建学习—创新型企业，需要学习的内容很多。

第一，学习五项修炼技术。它既是创建学习—创新型企业的理论，又是创建的方法和工具。它统筹并指导着其他各项学习内容，是学习的必修课和主课，一开始的全员培训，主要是学习这个内容。

第二，了解企业的各项工作。这是在创建过程中经常学习的内容。学习和工作不仅密不可分，而且能够立竿见影。就员工本人来说，学习内容主要是本岗工作和相关岗位之间的合作，学习成果要适应团队的需要。就团队来说，学习内容主要是团队的工作任务和管理方法的变革，以便创造性地完成工作任务，学习成果要适应企业的需要。就组织（整个企业）来说，学习内容主要是企业系统的运作和管理的变革，以便使企业运作适应环境的变化，学习成果要满足顾客的需要。

第三，确定其他必须学习的内容。主要是马列主义、毛泽东思想、中国特色社会主义理论重要思想。这些理论内容都有根本性和方向性，是前两项学习内容的指导思想。邓小平在 1979 年说过，“经济工作是当前最大的政治”“政治工作要落实到经济上去”，所以，对这些内容的学习，要从企业的实际出发，进行精心的选择，学习要管用。

第四，学习党和国家政策、法律、企业经营管理、思想品德乃至休闲娱乐等方面的内容。思想道德永远是第一位的，只有品德好，才能产生信任与合作。成功的经验固然可贵，但失败的教训往往更能启迪人们的思路。第二次世界大战之后，日本的阿信以一颗诚信之心亲手创造了大型连锁商业企业“八佰伴”，却在孙辈手中一夜走向倒闭。阿信的一位孙辈（他不是八佰伴倒闭的责任者）又创办了一家企业破产咨询公司，名声鹊起，各界人士趋之若鹜。要进行授权管理，员工必须学会经营管理的基本技能。现在，我国企业中绝多数员工仍然是单纯的劳动者观念，管理人员是单位的思考者，是劳心劳力的分工模式。创建学习—创新型企业的目标之一，就是打破旧的分工模式。工人精熟本岗位的知识和技能，又学会经营管理的知识和技能，就会变成既会劳动又会思考的新人，获得真正的解放。

第五，学会学习。学习作为一门科学，也如其他科学学科一样，有其内在的规律性。如有学习意向、愿望、兴趣、生存需要、自我实现和成就感等所构成的学习动机；由目标、资格、晋升、需要和乐趣等所构成的学习动力；由知识获得、解释、分享、记忆和实践等所构成的学习过程；由半途而废、学习的无力感和隧道式远景等所构成的学习障碍；由初期进步较快，继而缓慢，最后停留在一个渐进水平上的学习曲线，由实践—反思—创新—实践所构成的学习循环等，都是有规律的。学会学习的主要途径就是遵循学习规律、改善学习方法和进行五项修炼。培训部门应开设相应的课程，帮助文化程度低和尚无学习习惯的员工，学会学习，以便共同学习。

（2）学习资源的提供。学习资源的提供是指企业、部门和基层单位在人力、物力和时间上的投入，为员工的学习提供良好的环境，使员工安心学习，乐于学习。企业应根据自己的经济实力，在创建学习—创新型企业的不同阶段上进行不同的投入。主要包括以下六个方面的内容：

第一，营造学习环境。学习环境是指有利于学习的时空环境，包括外部环境和内部环境、物质空间和精神空间条件，企业要像孟母三迁那样千方百计地为员工创造一个良好的外部环境，提供各种设备设施以利于员工随时随处学习交流切磋学习心得等。

第二，建设学习网络。公司总部和各基层单位都应有自己的信息中心，配备计算机、录像机、文字处理机、广播、电视、地面微波网、远距离接收系统和内部发射系统等，形成信息收集、传输、储存网络体系，覆盖整个公司并能连通外部。各部门各单位按其职能分别收集内外的科技信息、经营管理信息、市场信息、财会金融信息、党和国家的政策、法律信息等，并及时传输到公司信息中心和各单位信息中心。员工个人到外部开会、出差、旅游时所得到的信息，也应及时报告信息中心。由信息中心负责分类、综合，一方面存储于信息库，一方面向公司内部传输。员工个人、团队和组织随时随地都可以得到所需要的信息。个人如果有心得，可以在内部网络上发表，共享；有问题，也可以在内部网络上公布，求解。个人或团队，如果有什么好的建议，可以通过网络直接向总经理提出。这种学习网络系统与传统学习的主要区别是：学习是互动的而不是静止的，是共享的而不是独享的，是开放的而不是封闭的，是整体的而不是分散的，是经常的而不是偶然的，因此，它的学习效果是持续的而不是即兴为之的。

第三，成立学习指导中心。学习指导中心要以公司总部的名义成立。办公地点可附设在企业管理部门。主任可由一名党政副职兼任；主任助理由一名谙练学习一创新型企业理论与实务、熟悉经营管理、有组织能力的中层领导担任，副主任由企业管理部、人力资源部和教育培训部负责人兼任；成员由各基层单位党政负责人和少量的专职人员组成。学习指导中心在公司创建领导小组的领导下开展工作。主要职责有六条：一是专门管理整个企业的学习，帮助各部门各单位解决在学习中遇到的困难和问题；二是指导个人、团队和组织学习，提供科学的学习方法，对学习的偏差提出纠正的建议；三是聘请外部专家学者来公司进行相关的学术讲座；四是培训并考核内部顾问和培训师；五是收集和提供相关的学习资料；六是推广先进的学习经验。

第四，建设培训中心。企业的培训中心和其他教育机构，经过多年的建设，一般都有了一定的规模和基础。为了适应创建学习一创新型企业的需要，还应该进一步地充实和完善，实现办学条件的现代化、知识化、信息化。同时，要大力开发各种创建需要的临时性课程，以便随时满足团队和个人的各种培训需求。还应把培训课件随时送到个人电脑终端，以便个人学习，并用反馈系统随时了解培训的效果。

第五，安排学习时间。从原则上讲，提供学习时间是企业的义务，但在具体安排上还需要公司总部做出明确的规定。学习时间分为工作之内的学习时间和业余学习时间。在工作之内，应规定一定的学习时间，具体时间安排由现场负责人灵活掌握。有的工作，在遇到问题时可以暂时停工，进行反思式的学习，待找到答案后继续工作。有的工作是连续作业，即使遇到问题也不能停工学习，解决的办法：一是边工作边学习边改进。可以抽几个人到作业现场附近的学习室去学习，待找到答案再回到现场边工作边改进，也可以在下班后召集全班或骨干到学习室进行学习，待找到答案后，再建议当班的工长如何解决问题。二是改革学习日制度。学习日是 1950 年由政务院做出的决定，当初的规定是包括职工在内的业余学习，由此演变为现在的党委中心组和一般工作人员的学习日。由业余时间变成工作时间，由企业全体职工学习变成了干部学习，排除了工人的学习。根据学习一创新型企业的要求，建议企业党政领导改革学习日制度，即在学习日制度的基础上，增加员工的学习日，并安排在工作时间之内。在学习内容上，除上级文件外，增加五项修炼的内容。三是对脱产学习做出新的规定，凡是参加内外培训班、研讨会、在职进修、学历教育，学习结束后都要写出学习收获报告，交给所在单位领导或上级主管领导。领导对有价值的内容，可以全部或摘要在内部网络上公布。四是把参加内外会议、外出参观考察视为学习时间，有的要向本单位员工传达，有的则要撰写考察报告，由自己在内部网络上公布，以便共享。

工作时间之外的学习，即业余学习，自然不能强制，只能动员、号召和鼓励。首先，可在双休日中抽出半天时间进行学习，即所谓 40+4 学习模式，既可以由学习指导中心安排系列讲座，也可以由各团队自行安排。要贴出告示，请员工自愿参加。其次，充分利用班前班后的短暂时间进行学习，为了保证把这个时间利用好，可对班组长进行这方面的专门培训。

学习在班前会上如何安排工作和学习任务，学习在班后会上如何组织大家进行反思，找出经验和教训，改进工作，并由班组长记录，定期总结。再次，提倡自学和函授远程学习，对运用所学在工作中做出优异成绩者，要给予特别的奖励。最后，把集体娱乐、旅游和聚会也视为学习。可由团队领导组织，也可由员工自行组织，目的是加深彼此的了解和增进友谊，变工作伙伴为朋友。

第六，建立学习实验室。学习实验室是在一个虚幻的现实中做的实验。它比现场情况简单，留出了较大的想象空间，是创建学习—创新型企业的一种重要的学习形式。建立学习实验室需要一个封闭的大房间，安装若干组多媒体电脑，墙壁上张贴因果环路图、系统基模和对话技巧等。建立学习实验的主要工作是软件设计。开始时，可购买现成的软件进行操作性练习，但现成的软件无法解决本企业的具体问题，必须由自己根据具体问题进行设计。设计软件是一项专业性很强的工作，必须由软件设计师和电脑界面设计师承担，还要加上一位或几位精通本企业专业技术和数学功底比较好的经理共同完成。因为学习也发生在软件模型的构建中，即发生在把问题中能够量化的因素转化为数学方程式，建立数学模型。探讨各种变数之间关系的过程中，也发生在把问题中不能量化的因素转化为因果环路图和系统基模，进行定性分析建立逻辑思维模型，探讨各种因果互动关系的过程中。所以，业务经理必须参与软件的设计工作，不然，以后就不会使用它进行学习和实验。具体设计工作步骤大体是：首先，以市场购买合适的软件作为基础，根据数据建立数学模型，根据其他事实建立思维模型，使两种模型结合成为解决问题的电脑模型。其次，使所选择的软件语言与电脑模型的语言能够相容，经过讨论、测试、修正后确认。最后，设计界面，也要经过讨论、测试、修正后确认。在团队进行学习的过程中，还要对电脑模型进行多次的修改，使之完全符合企业的实际情况。学习实验室的规模以能容纳 10 ~ 20 人共同学习为宜，以 2 ~ 3 人为一组，使用一台电脑，若干组同时实验一个课题。学习实验室内还要另摆设一套椅子，以供集体讨论使用，每期以 3 ~ 7 天为宜，一半时间花在电脑上，一半时间花在讨论上。供主管团队使用的称为管理学习实验室，供其他团队使用的称为学习实验室。

团队每次学习前，都要制订学习计划以备参照。团队学习结束时，都要描述出一个具体的学习循环图，配以说明，传给团队的其他成员共享。需要说明的事项有：一是学习实验室的理论工具和方法比较难，初始阶段可请专家作技术和程序技能上的指导；二是在创建的启动阶段不要忙于建立学习实验室，应在五项修炼整合，应用比较熟练的时候建立；三是先建立主管团队的学习实验室，但也不要忙于推广到基层团队中去，只有当基层团队熟悉五项修炼，并对学习实验室产生强烈的好奇心时再建立，才有使用基础；四是应当明确实验室中的学习，在一年内不会有明显的效果，只有长期使用，才会看到它的优越性。

（3）学习方式的特殊性。学习方式是指从事学习活动所采取的形式、途径和程序，它是学习方法的具体化。与传统企业的学习方式相比，学习型企业有明显的特殊性。这些特殊的学习方式与毛泽东在民主革命时所提倡一些学习方式不谋而合，如 1936 年毛泽东说："从战争学习战争——这是我们的主要方法。" 1948 年他又说："必须在练兵时实行官兵互教，兵兵互教；在作战时实行在火线上连队开各种大小会，在连队首长的指导下发动士兵群众讨论如何攻克敌阵，如何完成战斗任务。" 在创建学习—创新型企业的过程中，学习五项修炼技术是改变思维方式的学习方法，是指导我们采取什么学习方式的基本依据。

第一，区分不同层次的学习方式。学习在个人、团队、组织和企业共同体四个层次开展，导致信息知识和行为的改变，提高了学习能力，并推动企业的变革和发展。

层次一：个人学习。个人通过转变认识学习知识和技能，需要在团队的指导下进行自我设计：第一步，每个人在现有能力水平的基础上，画一张个人能力图，并做出评价；第二步，依据个人爱好或特长确定自己未来的发展方向和目标，找出现有能力与未来目标所需要能力之间的差距，根据这种差距制订个人学习计划；第三步，通过学习和实践获得能力的提高，将新的能力再与差距进行比较和评价，确定进一步学习的措施，重启下一个循环的学习。由于企业的鼓励，学习能够持续地进行和改进，使学习能力不断提高。个人学习是团队学习的基础。

层次二：团队学习（包括各部门、各单位、机关和各班组的学习）。

团队学习的前提是共同拥有一个业务计划和集体议事的规则。团队通过协商而学习。人们共同设计如何改进工作或进行改革和变革。通过集体对话进行学习，建立共同愿景，并积极地把自己的知识、技能和发现传播给伙伴。如果团队成员间出现不信任，学习就会受到阻碍。团队学习是组织学习的主要形式。主管团队的学习，也是一种团队学习。

层次三：组织学习（指整个企业的学习）。主管团队要站在整个企业的高度，除自身的学习外，还要组织和指导各部门、各单位和各团队进行学习。其基本学习方式是信息反馈、事后反思、深度汇谈和各种学习实验室。此外，还要探讨其他适合本企业的特殊的学习方式，包括探索如何发展本企业的管理理论，如何改革工作流程，提高产品竞争力；如何协调各部门各单位的学习；如何协调管理人员、专业技术人员和操作人员之间三种不同的学习等。只有各个团队都在学习，才能称为组织学习。组织学习是企业学习的核心。

层次四：企业共同体学习（包括主要客户、供应商、竞争对手等的学习）。其主要学习方式是走出去和请进来、参观、联谊活动和讲座等。如果客户对企业的产品和服务感到理解和满意，就证明学习已经基本成功了。企业共同体学习至关重要。

综上所述，团队学习、组织学习和企业共同体学习都可称为集体学习或共同学习。共同学习是通过个人学习进行的，只有个人学习被社会化和企业化，共同学习才能产生。共同学习就是对各自的工作程序、所在组织机构和规章制度等进行质疑，探求改进的方法和创新的可能性等。共同学习比个人学习更有效率，能带动集体和个人共同进步，通过互动和共享使企业与外部环境连接，汇聚成推动企业发展的力量。共同学习的主要方法是对话和探讨。对话是交流各自的观点，是互动的关键；探讨是以平等的身份，用不用的观点解释同一现象。不能将自己的观点强加于他人，有时管理人员对员工提出问题是为了证实自己的结论，员工就按照他的愿望“顺杆爬”，这不是探讨，而是假借探讨的名义来兜售私货。探讨的对话是在交流和共享中进行的，在交流中质疑，在互动中共享，从大家的观点中推出结论，达成共识，做出正确的判断。探讨和对话要求做到：一是把自己所考虑的观点告诉大家，举例说明自己的推论并征询大家的意见；二是如果大家没有共同的认识，就要后退一步探索自己的观点来源是否可靠；三是彼此持开放的态度聆听对方的观点，努力从不同的观点中达成共识，得出结论。

第二，教会文化水平低的员工学会学习方法。一般说，这些员工都有一定的工作经验，但没有学习习惯，对自己的专长也不甚了解，对自己的能力缺乏信心，也没有明确的个人成长目标和理想。人力资源开发部门应针对他们的具体情况帮助其学会共同学习。一是开设学习方法课程，最好是通俗的学习—创新型企业理论与实务课程，对他们进行必要的培训，使他们能通过一定的学习方法和学习方式，初步了解学习—创新型企业的理论、工具和方法，学会将工作过程和人际交往过程变成学习过程。他们对规定的学习任务会感到压力，这种压力会使他变成学习者。二是鼓励他们从经验中学习，教会他们分解经验，专注个别事件进行学习的方法。引导他们找出工作中的问题，对照过去的工作，发现哪些经验是相似的，过去是怎么处理的，现在又应该怎样处理，通过实践来检验自己的处理方法是否正确。进一步，可以对前面两种经验进行对比和总结，写成小论文。这种学习方式不仅能培养他们的学习习惯，而且能使他们体会到在培训中学到的某些方法和技巧。三是帮助他们确定学习目标。经过一段时间的学习，他们会慢慢认识到自己也能学习，逐渐看清楚自己的长处，并对学习充满热情。这时应当帮助他们确定自己的发展方向和目标，制订个人学习计划。既要努力学习，也要和他人一起进行团队学习。教会文化水平低的员工学会学习这一举措非常重要，因为我国企业员工的文化水平普遍较低，没有这种帮助学习的方法，是很难在基层开展团队学习的，对这个问题应给予充分的重视。

第三，几种常见的学习方式。一是正规学习、非正规学习和非正式学习。正规学习是指学校教育中的学习。从小学到大学乃至读“研”、读“博”都属正规学习；从企业技能培训中获得知识和技能等级的学习，也是正规学习。非正规学习是指正规学习之外的有组织的学习活动，包括参加培训班、研讨会、学术讲座、岗位练兵和读书活动等学习方式。非正式学习是指上述两种学习方式之外的一切学习，如从生活、工作、人际交流、娱乐、市场、图书馆和大众媒体中所形成的态度和价值观，所学到的知识和技能等，这是唯一的一种终生学习方式。这三种学习方式对于创建学习一创新型企业的过程都不可或缺，其中非正式学习尤为重要。二是单循环学习和双循环学习。单循环学习方式是指实施政策和目标时，检查和纠正错误的学习。这种学习方式，能保持政策和目标的连续性。双循环学习方式是指在单循环学习方式的基础上，再加上对现有制度、程序、政策和目标的质疑，用新观点去进行变革。这种学习能改变企业的基本的行为方式。这两种学习方式，学习一创新型企业都要采用，其中更重视双循环学习方式。三是维持性学习和创新性学习。维持性学习是指没有充分准备又必须对意料之外的变化做出反应而进行的学习，或是仅仅为了维持现状而进行的学习。创新性学习是指通过合作、对话、交流和换位思考而进行的学习，它不是以求得正确的结论为满足，而是设计新方法、建立新理论、创造新产品，弃旧立新的学习。这两种学习方式，学习一创新型企业都要采用，其中要特别重视创新学习，因为只有创新，企业才能持续发展。

第四，几种可供采纳的学习方式。创建学习一创新型企业的学习方式很多，除了上面介绍的之外，还有几种学习方式也可供选择。一是越界学习。越界学习是指越出本部门、本单位和本团队的界限，到其他部门、单位和团队去学习。这种学习能促进部门之间、单位之间和团队之间的交流和互动，扩大眼界，学到新东西。二是集思广益学习。新观点、新方法和新建议应由所有员工进行动员和提出，而不是仅由几个管理者和智囊团提出。提出的人越多，学习的范围越广大，学习速度越快，学习效果就越好。三是不怕丑的学习。错误教训不隐瞒，在企业内部公开报道，使这种信息自由流动。为了解决问题不怕出丑，不怕引起争论，而争论的结果很可能是找到解决问题的最佳方案。这些都是学习一创新型企业可以接受的学习方式。在上述三种学习方式中，对前两种，企业管理者容易接受，对后一种则未必乐于接受。实际上，这种学习方式对企业有益无损，反而更能提高企业的形象。领导不怕出丑，正是他光明磊落的表现，不仅不会损害威信，而且会提高他的威信。

综上所述，只有把有关学习活动的一切要素、程序、环节和方式方法等综合起来，才能形成一种学习机制，使学习活动持续地开展起来。学习机制包括：由领导层制定学习政策和学习制度，提供学习资源和学习机会；由企管部门、人力资源开发和培训部门制定学习、培训、教育计划，并组织实施和考核；由团队和个人确定培训和学习内容；由学习指导中心进行指导；由创建领导小组确定各部门各单位的学习第一责任人。对学习好的集体和个人进行表彰奖励，这样就分别形成了学习的保障机制、管理机制和激励机制。它的形成需要具备几个条件：一是各级党政领导带头学习，做出榜样；二是各级领导的组织动员和指导；三是奖励政策的兑现。只有这些条件具备，学习机制才能在实践中启动和运行起来，并在学习活动中不断调整和完善，使学习活动持续开展起来，使学习能力不断提高，使工作成绩不断完善。

（4）制定学习政策。什么是企业？从新的学习的角度看，企业是从事商品生产、科学研究和持续学习三位一体的社会组织，生产商品是企业出现的最初动因，持续学习是提高商品市场竞争力的动力。那么，为什么还要进行科学研究呢？这是因为，学习和生产经营结合之后必然要有科学研究予以巩固和提升。科学研究不再是专家学者的专利，也是企业管理者和全体员工的分内职责。邓小平在 1977 年和 1978 年曾两次提出“企业编制里一定要有相当规模的科学研究机构”，就是这个道理。企业要做好这三项工作，就必须把学习当做核心要务，制定鼓励学习的政策。为此，建议企业学习政策中应该包括如下内容：

第一，把经营战略重点转移到学习上来。企业经营战略具有全局性、长远性、应战性和适应性等特征。在众多的经营战略中，一般都是把产品战略作为重点，被视为企业的“命根子”，虽然有时空喊几句“以人为本”的口号，并没有实质性的措施。在实际工作中，由于突出产品战略而有意无意地忽视了人本战略。学习—创新型企业在产品和人事这对主要矛盾中，不仅在理论上把“人事”作为主要矛盾的主要方面，而且，在实践中为人的学习和发展提出了系统的工具和方法。学习—创新型企业的最大特点是尊重人才、尊重知识，学习出知识、出技术、出竞争力。因此，把学习作为经营管理的中心，把出人才看作比出产品更重要，把学习作为指导决策，提升产品和服务质量，推动企业发展的总方针。企业经济效益和社会效益的真正创造者不是有形的产品，而是员工，是员工决定本企业的生存和发展。因此，创建学习一创新型企业，必须把经营管理的重点转移到学习上。这种战略重点的转移，必然会引起企业的一系列重大改变。

第二，为所有的员工提供学习机会。企业除了为员工的自学提供方便条件外，还要有计划地为全体员工提供不断学习的机会。学习机会隐含在企业运作的各个系统、各个方面和各个环节之中，特别是在工作流程革新、组织结构改革和政策、制度的调整中，学习的机会就更多了。企业的各级管理者，特别是人力资源部门，要认真挖掘学习机会，有计划地为所有员工提供学习机会。

第三，转变学习政策。学习一创新型企业的学习是全员、全程学习。为此，在学习政策上要实行三个转变，即由教育培训为主转变为学习为主；由个人学习为主转变为团队为主的学习；由灌输式为主转变为激励式为主。团队学习的内容、时间、方式，由团队自主决定；个人学习的内容和时间，由个人自定。实行开放式培训，允许团队和个人自由选择他们需要的培训课程。团队学习速度要比竞争对手快，企业学习速度要比市场变化快。

第四，制定发展学习文化的政策。学习是生存的需要，知识是致富的源泉，以此树立崇尚学习的观念，制定发展学习文化的政策，建立适宜的学习环境，形成良好的学习风气。拒不学习的员工将被淘汰。提倡积极学习，大胆实践，允许失败，失败不是创建学习一创新型企业的障碍。由于各部门各单位各团队的学习内容、价值观和时间不同，会形成不同的学习文化。企业在政策上鼓励各种不同学习文化的发展，以促进各种不同学习活动的蓬勃发展。

第五，实施有倾斜的奖励政策。企业保护员工和本企业的知识产权。在生产经营时间和信息与知识加工过程中，凡是由共同学习、互动所得的专利权和技术诀窍，归个人所有，企业给予重视和保护。改变对员工的考核办法，不仅重学历，更重视能力；不看表面态度，只看绩效。判断学习成果的标准是看其在实现企业目标过程中所起的作用。企业的奖励政策倾斜于创新团队，倾斜于有发明创造的个人。对高科技人才、复合型人才和喜欢独立思考的员工，给予特别的关怀和照顾。

5.2.2 重新认识企业文化

1. 企业文化：全体员工的群体意识

（1）企业文化的基本内容。企业文化是企业在长期生产经营中形成的，并为全体员工自觉遵守的经营思想、群体意识、价值观念、职业道德、行为习惯和文化氛围等精神成果的总和。

第一，经营思想是指企业在处理外部环境、内部系统和经营目标三者关系的指导思想。正确的经营思想是在遵守经济法律和市场规则的前提下，生产和销售产品和服务，实现经济效益，社会效益和提高员工生活水平。

第二，群体意识是指员工在生产经营实践中的感觉和思维等各种心理活动，包括价值观、企业精神、思维方式、沟通方式、创新方式和道德规范等，寄托着全体员工的理想、愿望和要求。

第三，价值观念是指企业为实现经营战略目标所遵从的恒久性的准则、手段和价值取向，是群体意识的重要组成部分。哲学上的“价值”不同于政治经济学的“价值”，它是指客观属性对主体需要所具有的有用性。它源于人类的社会实践，但不是实体，而是主体与客观之间的特定关系。客观属性是自然的、经济的、政治的、道德的和美学的，等等。主体需要包括人的生存、能力、活动、欲望、兴趣、情感、动机和目的等，个人或集体在对价值进行评价时所产生的认识和看法，包括有用与无用、好与坏、善与恶、正当与不正当、合理与不合理等的判断，这种判断就是价值观。如果肯定其有价值，就会成为实践的动力，使人们孜孜不倦地去追求，而一旦否定它，就会立即放弃追求。情感与意志在这里起着支配的作用，因此，价值评价是由价值判断、情感体验和意志定向所组成的，具有主观性，因人而异。价值观念既可以是已经实现了的，也可以是理想中的、还未实现的。这两种价值观念都会对人的认识活动或实践活动产生的巨大的推动作用。在价值观念中，包含着真理的因素，但不等于真理。价值观念不需要实践的检验，但真理必须经过实践的检验。价值观是企业文化的核心内容。在一切变化中，最深刻的变化是人的变化，是价值观的变化。没有这种变化，企业制度的变革就不会持久。正确的价值观，能在消费者中树立良好的企业形象，因为这是靠优秀的手段、优良的产品和服务，在市场竞争中正当获得的。

第四，职业道德是指全体员工在工作中养成的敬业品质、敬业习惯和相互团结的人际关系。不欺不骗，真诚地为企业和社会而奉献。

第五，行为习惯是指全体员工遵纪守法的风尚，约定俗成的行为规范和热情待客的优雅风范等。

第六，文化氛围是指企业为满足全体员工求知、求能、求乐、求健康需要而开展的各种教育培训活动，创造激励学习的环境和由此形成的蓬勃向上的精神风貌。

（2）企业文化的重要作用。企业文化是企业发展过程中的伴生物。在 20 世纪上半叶以前，它的作用并不明显，此后才变得越来越明显，越来越重要。一般认为，企业文化是由日本企业发现和发扬光大，并由美国学者总结出来的。自 1955 年以来，日本企业的质量管理小组（QC 小组）发明了效益和文化相结合的形式，即以质量为突破口，通过一定的文化功能，达到全面提高员工素质的目的，并涌现出一大批靠企业文化经营成功的企业。1981 年 4 月，美国加利福尼亚大学日裔管理学教授威廉·大内完成了《Z 理论》一书，同年 7 月，美国哈佛大学教授泰伦斯·狄尔和麦肯奇咨询公司顾问爱伦·肯尼迪合著的《企业文化》一书问世，这两本书标志着企业文化理论的正式创立。大内认为，日本企业文化的精髓是人和、同心和忠诚。狄尔和肯尼迪认为，企业文化的构成要素是企业环境、价值观、英雄人物（英模和杰出的企业领导者）、典礼与仪式和企业文化网。新西兰大学的克尔·莫克深等四位学者合著的《K 理论》一书，用图解方式提出企业成功的八个要素，即核心人物、企业文化、简单的控制、企业目标、顾客意识、外界联系、全体员工和不断创新。而其中的企业文化则贯穿其他七个要素，并维持着企业的成功运作，可见企业文化的重要作用。

企业文化是全体员工创造的群体意识，它通过内部舆论、风气和习惯等精神约束，使个体产生从众化的心理动力，自觉调整自己的思想和行动，以适应群体意识的需要。这种无形的精神力量，在企业管理中，像一只“看不见的手”，左右着技术、制度等，推动着企业的发展。它通过导向功能，使员工认识到企业对他的期待，自觉地把行动放到企业的目标上来；它通过凝聚功能，用微妙的方式来沟通彼此的情感和思想，产生对企业的认同感和对本岗位的使命感，用统一的思想来化解个人与集团、个人与个人的矛盾，增强企业的凝聚力；它通过融合功能，用良好的人文环境，使员工的思想、情趣、性格等受到潜移默化的影响，改变固有的思维模式和行为方式，将自己融合到团结和谐的集体中去；它通过约束功能，用共同的价值观，道德规范来约束自己的思想、欲望和行动，自觉遵守纪律，自己管理自己，为企业的发展建功立业。

（3）企业文化的建设。建设企业文化是为了达到经营管理的成功。因为市场竞争和科技进步推动着生产流程的不断改变和优化，所以，企业文化建设的重点是不断提高全体员工的综合素质，包括技术、知识、思想、纪律和责任等。在经营管理中培养和发展企业文化，强化员工的主体意识，以激发积极性，并形成凝聚力。营造文化氛围，加强感情联络，以影响员工的思想，形成以价值观为核心的群体意识。在企业对员工进行管理的同时，还要对企业文化进行管理，强调员工价值观与企业核心价值观的统一，员工利益与企业利益的统一，以形成共同的价值取向、行为准则、道德规范和心理趋势。在企业与员工的互相补充互相协调中，实现企业和员工的双重目标。一旦员工与企业形成了共同的价值观、理想和信念，即便在企业受挫折时，也能坚持统一的价值观、理想和信念。如果能在共同克服危机中百折不挠，就表明企业文化已经真正建立起来了。人力资源管理是企业文化建设的保证条件，没有它就很难建设成企业文化。同时，企业文化的建设与管理，也要主动渗透到人力资源管理中去。不同的企业会建成有不同特点的企业文化，在同一企业的文化中，在不同时期也会表现出不同的特点。全体员工认同的主流文化，又可能有与企业文化大同小异的各种子文化。良好的企业文化是营造企业核心竞争力的基础要素之一，企业文化的重要性与经营战略、企业管理相当。

（4）企业文化的融合。兴起于美日两国的企业文化，如今被各国企业普遍接受。企业文化在传播过程中，与本土的固有文化有着很强的融合性。美日两国文化，由于东西方民族文化的背景不同，使得企业文化也有较大的差异。在日本企业中，由于决策是大家做出来的，所以容易落实，企业的凝聚力和应变力都比较强。美国企业则强调员工参与、民主和平等，对员工的一些越轨行为能够容忍，所以企业的效率比较高。日本企业对员工的考核注重责任心、合作性和忠诚度，美国企业则注重定量分析和评价。但是，近年，美日两国的企业文化都出现了某些融合现象。在日本企业文化中，效法美国企业文化的因素有：加强企业设计和程序控制的理性管理；既强调个人权威，又强调集体领导的作用；既强调员工的忠诚和服从，又让员工参与管理，并给予自由。在团体主义价值观中渗入了个人本位主义的价值观；强化企业与员工的契约关系，终身制员工比例下降，合同制员工比例上升；即重资历，又重能力，并破格提拔年轻一代。在美国企业文化中，效法日本企业文化的因素有：不再把领导权威建立在对权力的占有和运用上，增加了非权力因素的人格影响力；既不放弃领导权，也不独揽一切权力；像日本企业那样，由主要领导负责企业文化建设；增加了终身制员工的比例；缩小了分配差距；增强了企业中的人情味，在个人本位主义的价值观中渗入了团体主义价值观。美日两国企业文化的融合，证明了企业文化建设虽然不能移植，却是可以相互影响和借鉴的。

（5）企业文化的本质。企业文化，从性质上看，是企业管理的一部分。企业文化与企业体制（产权制度、治理结构和管理制度等）这些硬件管理相比，是与之配套的软件管理。虽然，企业文化也含有政治文化，但它不行使政治权力，它更多的是含有经济文化和管理文化的内容。这从另一个角度反映出了现代企业的管理规律。企业文化的理论基础是人本管理哲学，其本质是反映企业的意志。它兼有民族特色、时代特色，承前启后、继往开来。其自然形成的时间漫长，人工建设的时间也不会很快。不能期望由领导层制定出核心价值观和企业精神等，通过组织贯彻下去，就会像卤水点豆腐那样凝成企业文化。企业文化是人格化的文化，有它的独立灵魂，需要用情感和爱心去培养和管理。它又是一种动力文化，需要用启发、暗示和自觉去激发和维护。在企业管理中，一旦制度失灵，企业文化就会自动约束员工的行为，使共同价值观的取向与企业的经营目标一致。评价企业文化的标准，就是看其能否促进经营目标的实现和企业的发展。

2. 我国企业文化的发展历程

类似企业文化的东西，在中国的企业中早已有之。如中华人民共和国成立之前，长江民生实业公司的民生精神，天津东亚公司的东亚精神。中华人民共和国成立之后的“孟泰精神”、“大庆精神”和“铁人精神”等，虽然，其中不少内容确实是构成企业文化的要素，但终究还不是现代意义上的企业文化。大约在 1984 年，随着中外合资企业的建立，美日的企业文化随之传入我国。我国企业界很快接受了这个概念，有一批企业进行了企业文化建设的尝试，同时，理论界也开始了对企业文化的研究。从现在看，我国企业文化建设大致经历了三个发展阶段：

（1）起步阶段（20 世纪 80 年代中期到 90 年代初期）。这一阶段的主要特点是中外混合型的企业文化。几年中，各地召开了不少企业文化研讨会，成立了不少企业文化研究会和协会，一度出现了“企业文化热”。这一阶段存在的主要问题：一是对企业文化的认识还很肤浅，甚至错误。如把思想政治工作当作企业文化，以贯彻执行党的政策和执行上级文件代替企业文化建设；以为环境优美、举办文化活动、响亮的口号就是企业文化，于是大搞绿化、美化，大建舞厅、球场，大树口号响亮的标牌。二是没有把握企业文化建设的核心内容，形式主义的东西多，实质性的内容少，外来的东西多，本土的东西太少；领导行为多，员工行为少，口号多，行动少。三是少数企业不知企业文化为何物，为了赶时髦，甚至把生产指标当作企业文化大加宣扬。

（2）成长阶段（20 世纪 90 年代初期到 90 年代末期）。这一阶段的主要特点是建设有中国特色的企业文化。由于社会主义市场经济体制的确立和现代企业制度的建设，明确了企业文化建设的方向和内涵。

第一，在理论上搞清楚了文化和经济的关系。毛泽东早在 1940 年就说过，“一定的文化（当作观念形态的文化）是一定社会的政治和经济的反映，又给予伟大影响和作用于一定社会的政治和经济”。建设企业文化的目的就是利用文化的伟大影响和作用为企业发展提供一种新的动力。

第二，搞清楚了中国文化和外国文化的关系。企业是个微观经济实体，但其活动却是宏观的和世界的，因此，不能从微观的角度来研究企业文化，必须从宏观的角度来研究企业文化。外国文化同中国文化一样，有其优势和弊端，例如，美国管理文化，主要满足个人价值和股东的利益，创造性强和效率高，但忽视企业和社会的长远利益；日本管理文化，主要满足企业的利益和国家的利益，善于模仿，竞争力强，但缺乏创造性，忽视员工的个人利益；德国的管理文化基本上能平衡个人和股东、企业和社会利益，但是效率低、竞争力不强、效益差。欧美日韩等国家的企业文化，其共同点都是追求个人价值的实现。由此可见，中国企业文化和许多外国企业文化的最大区别就是价值观的不同，由此反映了社会性质的不同、人生观的不同和道德规范与行为方式的差异。在企业文化建设上，我国企业如果选用美国利益共同体模式，就不能反映企业和国家的利益，从长远看，存在不稳定因素，容易萎缩；如果选用日本命运共同体模式，便容易形成小团体主义和地方主义。比较而言，日美企业文化模式都不能很好地平衡个人、集体和国家之间的利益关系，都不可能具体解决中国的企业文化建设问题。

中国企业文化建设的原则自然应该是以本国文化为主，借鉴外国文化，建设有中国特色的企业文化。在中国优秀传统文化的基础上，结合基本国情和现代企业制度的实际，借鉴外国文化中对我们有用的部分内容进行建设，逐渐形成理想共同体、利益共同体和命运共同体三结合的模式。任何民族的文化，都有由盛而衰的发展规律，如果没有其他民族文化的杂交、补充，都将走向僵化和衰落，只有不同文化的相互学习、借鉴，才能发展和创新。中国企业文化的发展道路可能是在本国文化的基础上，学习和借鉴美日企业文化的营养，渐渐靠近德国的企业文化，最后创造出先进的具有中国特色的企业文化。只有民族的，才是世界的，只有中国特色，才能更好地参与国际市场的竞争。

第三，搞清楚了现代企业文化和传统文化的关系。现代中国企业文化，主要是在社会主义市场经济体制下，扬弃计划经济文化而来的，既有中国现代文化的因素，也有外国现代文化的因素，还有作用于现代生活中的中国传统文化因素，也是一种多元的文化。它渗透在社会生活的各个领域，千姿百态，丰富多彩，支配着人们的思维方式和行为方式。就中国现代文化和中国传统文化的关系而言，也是各有千秋。中国现代文化的优势是它的先进性，它尊重知识、尊重人才，员工对企业有认同感、凝聚力、使命感和责任心等，能推动企业创新。其弱点是基础薄弱，缺乏主导性文化，缺乏个性，尚未形成核心价值观。中国传统文化的优势是重智好学，力行守信，兼爱人和，爱国奉献，具有鲜明的民族特点。其弊端是轻商轻利，绝对平均主义。总之，只看到现代文化和传统文化各自的优势而看不到它的弱势，都是片面的。因此，我国建设企业文化的又一条原则应该是：以现代文化为主，重视传统文化，建设中国特色的企业文化。

这一阶段存在的主要问题是：多数企业文化缺少本企业的特色，表现为企业精神和共同价值观等都是领导层制定的，而不是在生产经营过程中自然形成的；少数企业仍在赶时髦，摆花架子，不是在认真地学习和借鉴，而是在照抄照搬外国的企业文化，或抄袭国内其他企业的文化。

（3）走向成熟阶段（20 世纪 90 年代末至今）。这是一个正在进行着的阶段，处在走向成熟但还未成熟的时期。成熟企业文化的标志是有本企业的特色和适用。这一时期，理论上的进步，主要表现在理论切合企业文化建设的实际上，那种空洞的无法操作的理论少了，更多地表现为理论能够指导实践上，是实践经验的总结和升华。

第一，企业文化的个性特点。认为企业文化的建设要从不同行业，不同企业的不同发展水平出发，进行分类别、分层次、分阶段的建设。重视发挥各自的特点和优势，不仅要有中国特色，而且，还要有每个企业的个性特点。在建设方法步骤上，要根据本企业的宗旨和经营理念，构筑适合自己情况的建设道路。不是通过强制的手段，而是通过生产经营的实践让员工理解和认同企业的核心价值观和企业精神。追求群体而不是个人的优势，即使有的高级人才跳槽，也不会给企业造成较大的损失。企业文化的个性特色表现为唯一性和不可复制性。只有这种与众不同的企业文化，才能使企业在国内外市场上长盛不衰。

第二，团队亚文化的出现。团队文化是以团队成员共同目标和共同价值观为基础的协商文化。团队进行自我管理，服从的是通过协商所确定的原则和理念，而不是等级和权力。团队成为更加相互关心、相互帮助、齐心协力、提高效率的集体，逐渐形成了与企业文化有一定区别、更加先进的团队文化，即企业文化的亚文化或子文化。它不但对形成团队精神有重要意义，也对企业文化的发展起促进作用。

第三，企业文化的新理论。其中之一是企业管理的两种链条理论，它从企业愿景和使命出发，把企业管理分为两种链条：一种链条是经营管理链条，按顺序包括发展战略→组织结构→业务流程→岗位设计→考核激励→专业技能培训等环节，是硬管理链条；另一种链条是企业文化管理链条，按顺序包括核心价值观→行为习惯与工作方式→评估→工作技巧培养等环节，是软管理链条。在两种链条之间是规章制度。在文化管理链条上，企业愿景和使命决定着核心价值观，核心价值观必须对企业愿景和使命提供观念上的支持。从核心价值观到行为与工作方式是企业文化从抽象到具体的过渡。如果企业管理不能使员工在行为中贯彻核心价值观，核心价值观就不能在实践中发挥作用。为了能够发挥作用，就要对员工的行为进行评估，目的是帮助员工把核心价值观与实际工作行为结合起来，为此，也要进行相应的培训。在企业运作过程中，是相互结合在一起的，具体表现为两种链条的相关环节的相互对应和相互作用，也表现为每个链条前后环节的相互作用和相互影响，从而构成了企业运作中的种种复杂关系。这个理论具体说明了经营管理与文化管理的关系，也说明了企业文化建设内部各个环节之间的关系。这个理论的出现是我国企业文化建设走上成熟阶段的重要标志。

这个时期的企业文化建设，虽然行业之间、企业之间还存在差距，但从总体上看，正在逐渐成熟。一般都能把无形的精神文化通过有形的媒介，如生产经营实践、传帮带、培训、印发小册子、媒体宣传和检查考核等落实到实处。许多企业都能正确处理本国文化与外国文化、现代文化与传统文化、硬性管理与软性管理以及员工与企业的关系，建设有本企业特色的文化。不少企业在企业重组或兼并中，能够客观地评价原有文化，做到取长补短，重建新的企业文化。一些独具慧眼的经营者，能从中外文化的差异中发现新的商机，并取得成功。这个阶段虽然尚未结束，却已涌现处一批各具特色的企业文化，如海尔集团的“用户永远是对的，真诚到永远”的价值观，“敬业报国，追求卓越”的企业精神和“创造中国的世界名牌”的发展目标。人们一提到售后服务，马上就会联想到海尔。恒源祥是为球星马拉多纳颁奖的第一家中国企业，用14 000只羊在澳大利亚草原上走出了“恒源祥”三个字，铸就了独此一家的“文化长城”。另外，像嘉陵公司的“品牌重于效益，集体高于个人”，长虹公司的“以产业报国为己任”，康佳公司的“佳品纷呈，康乐人生”等，或品质优异，或服务出色，不仅具有中国特色，而且具有本企业特色，这样的企业文化才是价值无限的企业文化。

3. 学习—创新型企业对企业文化的要求

企业的经营状况决定了企业的文化状况，但是，企业的文化状况又反过来促进或阻碍企业的经营状况。学习—创新型企业也是运用这个原理来对待企业文化的。因为从一般企业到学习—创新型企业有一个变革的过程，学习—创新型企业本身也有一个发展的过程，所以，在学习—创新型企业创建的不同阶段和建成以后的不同发展时期，对企业文化的要求也各不相同。

（1）企业文化要适应学习—创新型企业创建转型期的要求。学习—创新型企业为每一个员工提供了一种新思路，可以把工作和学习结合在一起；民主宽松的环境可以使学习热情不断高涨；人人为集体出谋划策，既出产品又出人才的理念会得到很好的贯彻，从而使企业文化提升一个新的高度。但是这种提升，并不是一宣布创建学习—创新型企业就会自动出现，而是随着创建的发展，一步一步从对原有的企业文化扬弃和添加过程中慢慢达到的。在创建的转型期中，需要把企业的核心价值观与每一个员工的价值观统一起来。只有价值观的统一，企业文化的其他要素才有可能跟着改变。价值观和其他要素的改变，虽然不是一下子能够完成的，但其基本要素是适应转型期的需要。

（2）企业文化要适应创建学习—创新型企业全过程的需要。规模经济把企业文化纳入标准化、规范化，即统一管理中，使企业文化也随着企业走向僵化。质量经济把企业文化纳入多元化管理，使企业文化乃至企业得到发展。学习—创新型企业在多元化的基础上又加上差别化和个性化管理，充分体现了企业文化的本质要求，能使企业文化和企业得到充分的发展。学习—创新型企业要求企业文化适应创建全过程中不同阶段的不同要求。这种不同要求，并不是指它们之间有什么本质的区别，而是指它们之间在多元化、差别化和个性化等方面的程度不同。凡是能促进创建阶段性发展的文化，就是符合要求的文化。其内容，就是在质量经济文化的基础上添加若干不同分量的新文化成分。这些新文化成分主要有：

第一，生态文化。为什么创建学习—创新型企业和其他许多新生事物的发展一样，都容易在成长一段时间之后就停滞或是降低成长速度放缓呢？圣吉博士在《变革之舞》一书中谈到生物成长的过程时指出，任何事物的成长过程都是通过成长的促进因素和抑制因素的相互作用进行的。种子有成长为一棵大树的可能性，如果有足够的水分、营养、温度、空间和阳光等，可能性就会变成现实；如果这些因素受到限制，或是发生病虫害等，可能性就不会变成现实。生态的发展规律是：个体的生长，是先快后慢，直到成熟；群体的增加，也是先快后慢，直到限定的数量。这是自然法则，动物和人类都不例外。创建学习—创新型企业也是如此，企业文化建设也是如此。这个法则启示我们，在建设企业文化的过程中，要有一种生态学的文化，也就是要多一些生物学的观点，少一些机械学的观点。一是，它启示我们，领导在制定企业精神、核心价值观时，必须从大多数员工活生生的实际愿望出发。符合广大员工意愿的企业精神、核心价值观，才有生命力，才是有用的。如果仅从领导层的主观愿望出发来制定，那么多半是从一开始就注定了必然失败的命运。二是，它启示我们，必须理解和认清建设企业文化的促进因素，并激活它们，让它们起促进作用。促进因素包括好的经营目标、工作作风、思维方式、探索精神和献身精神以及情感、意志等，激发它们的动力来自五项修炼所开发出来的学习能力。只有把员工的能量激发出来，才能推动企业文化的建设。三是，它启示我们，清醒地查明建设企业文化中的抑制因素，并加以克服。所有的企业文化建设都会遇到抑制因素，这些抑制因素包括等级权力观念、特权思想、主观主义、命令主义、短期行为和强调困难等。克服它们的动力，也是来自学习能力。只有把人们灵魂深处的私心和傲慢陋习等挖掘出来、抛弃掉，才能克服企业文化建设中的障碍。在企业文化建设中，还要注意调整促进因素和抑制因素的力量对比关系，只有促进因素的力量大于抑制因素的力量，企业文化建设才能进步。

第二，学习文化。学习文化的要求是要使学习成为一种文化。毛泽东说：“读书是学习，使用也是学习，而且是更重要的学习。”（1936 年语）学习文化的最佳方式是个人学习和团队学习密切配合，使工作 + 学习成为一种价值观。只有当这种价值观深入员工的内心深处，化为绝大多数员工的共识和自觉行为后，才能认同企业追求的价值观标准。做到自学、自律，不仅学会生存于今天，还能生存于多变的明天。

第三，人和文化。人和文化是我国的传统文化内涵，民间有“和为贵，忍为上”的箴言，孟子说“天时不如地利，地利不如人和”。学习—创新型企业理论认为，企业文化是员工对企业目标追求和理念建树的集中表现，其中的一个重要理念就是人和，讲究人际关系的和谐。通过各种柔性措施处理好人际关系，包括员工之间、团队之间、部门之间、各类员工之间的关系，等等。合作关系的实质是人与人的相互依赖关系。处理好合作关系，才能“人心齐，泰山移”。人和文化讲究尊重人，管理人员要尊重员工的人格、荣誉、地位、理想、信仰、价值观和兴趣爱好等，并创造条件，让员工自由地发挥个人的特长。在不违背国家法律和企业利益的前提下，尽量使员工的各种要求得到满足，使他们感到满意，员工的工作才有效率。人和文化注重人的感情，企业是个大家庭，相互关心，相互帮助，彼此才会产生感情。领导者帮助员工消除家庭的后顾之忧，员工才能把精力全部放到工作上，员工会感到温暖，温暖使人心情舒畅，心情舒畅的员工才有创造力。人和文化的核心是企业心中装着员工，员工心中才会装着企业。

第四，团队文化。团队文化几乎囊括了企业文化的全部内容。它的基本价值观念是民生平等。学习—创新型企业的团队文化超越任何传统文化，是迎接知识经济时代的文化。一是拥有共同的目标。目标对个人价值观的追求有不可分割的意义，把个人目标融汇到集体目标中去，形成团队的共同目标。 因此，团队成员能凝聚到一起，成为有共同理想的集体。工作、学习、玩乐经常在一起，相互信任，彼此熟悉，知道每个人的长处和短处，在合作中互相帮助，相互弥补，自觉地为共同目标努力奋斗。二是自主管理。团队根据工作任务和目标，有权选择团队成员，自主决定实施方案、工资分配、工间休息和质量检测等。团队成员视团队领导为设计师和教练，团队领导视团队成员为团队的主人。团队创造了一个新的环境，在这里没有等级权力的压力，成员可以自由地交流各自的见解，达成共识。以降低成本，改进技术和提高效率为原则进行决策。收入靠个人的工作结果而不是职位高低。这种管理制度，就是学习一创新型企业管理模式的雏形。三是团队学习。团队学习是学习一创新型企业文化的主要特征。团队由知识和技能汇聚而成的核心能力，主要来源于团队学习。团队学习既能激发成员的潜能，进行变革创新，形成团队的核心竞争力，又能增强成员间的友谊，形成团队奋进的合力。在创建学习一创新型企业的过程中，某项学习成果一旦变革了工作程序，就会引起技术技能、工作方式、管理制度、人际关系和价值观等一系列的变革，能使等级权力结构瓦解，使传统企业向学习一创新型企业转型。

（3）如何改革落后的企业文化。当企业文化具有先进性时，它能对企业的发展起促进作用，反之则起阻碍作用，这时就需要对落后的企业文化进行改革。改革有两种途径：一种是变革，所需时间较长；另一种是将不适应的部分摧毁重建，所需时间短，但损失大，严重的可能危机企业生存。因此，最好是走变革的途径。变革企业文化可以交替采用下面的三种做法：

一是明确变革企业文化的理由和目标。变革的理由是指有哪些文化问题给企业的发展造成了阻碍，如一些约定俗成的习惯做法改变了；某个公共关系问题出现了危机；一个新竞争对手的威胁使企业感到目前的价值观再也行不通了；为什么销售部门老是与研发部门顶对牛……使绝大多数员工意识到集体的观念已经不再适应需要了，于是，下决心变革企业文化，明确变革目标是指新的文化必须是先进的，能促进企业发展的。明确目标的方法是重新学习自己或别人的企业文化，找出新文化所包含的要素和生长点，并从中提炼出新的价值观等。经过实验证明有效后，再进行变革，并坚持建设下去，如此五到十年，就能改变落后的企业文化。

二是调查研究企业文化存在的问题。在进行调查研究时，不能使用民意测验和问卷调查等方式，只能从员工之间的意见分歧中去体验并找出企业文化中存在的问题。办法有三，即观察表面现象；分析公司的价值观；查看形成企业文化的潜在观念。从表面现象中能看到企业结构和工作流程，虽然很难破译它们在文化上的真正含义，但可以从中探讨企业的程序、规章制度和行为习惯是否存在问题。公司的价值观表明企业信奉的理念、行为方式和员工之间的关系，要认真了解和分析员工是否真正遵循公司所主张的价值观念。潜在的观念是员工下意识的观念和对常规的信仰、思想和感觉的理解，是价值观的最终根源。在调查研究中会发现员工的行为方式和形成企业文化的潜在观念是矛盾的。表现在员工与企业之间对真理、能力、人性和社会的看法是不同的，也就是说，公司主张的企业文化已经落后了，不能适应企业发展的需要了。

三是变革落后的企业文化。在变革企业文化时，要注意安排好具体的实施方法。要从企业文化中找出可能对变革文化有帮助的因素和有阻碍的因素，分别予以强化或削弱。要明确一般员工的观点需要有多大的改变，特别是变革的领导者更要明确自己的观点应有多大的改变。可通过培训，使新的行为方式成为员工的一种生活方式和工作方式；要教育员工不要再按照以前的方式维持现状了；要树立先进的榜样，以便其他员工进行仿效；要主动把文化因素放在管理变革的项目中去。变革文化等于变革最基本的工作态度，这种态度是员工多年积累而成的，员工会有抵制变革的本能反应，需要在实践中一一克服它。在变革中，出现瓶颈问题时，要引导员工换一种思维方式去进行实验。让新的价值给员工的日常生活工作赋予新的意义，使它们有预见性，降低忧虑，积极奉献。为了使这个步骤能够顺利地进行，最好由领导和外部顾问共同组成一个领导团队来推动这项工作。原因是“当局者迷”，领导很难看清本单位文化的长处和短处。如果领导团队感到推动变革的工作非常复杂和费力费时，那就表明前进的方向选对了。因为文化是个复杂现象，影响力强大而且根深蒂固，不是轻易可以改变的。变革企业文化的经验有四条：一是让员工、客户、供应商都参加；二是从企业内部寻找最佳文化模式；三是与人力资源开发工作相结合；四是当员工破旧立新时，管理者要提高他们的目标。

5.2.3　转变观念

环境的变化，要求人们的思想观念随之变化，不然就会落伍。从计划经济到社会主义市场经济的转变，要求所有的人都要转变观念。20 多年前，那些被关、停、并、转的国有企业，都是被落后的思想观念煮死的“青蛙”。尚未被煮死的，能否从锅里跳出来，就看其能否及时转变观念了。从一般传统企业向学习—创新型企业过渡，也需要员工转变观念。学习—创新型企业的创新靠学习，而不能靠行政命令，倘若不能从传统的企业管理观念转变为学习—创新型企业的管理观念，则一切皆空。诚然，长期恪守的计划经济观念和习惯是不可能轻易改变的，但是，形势如此逼人，不变，则无以图存。我国企业在转变观念方面已经取得了巨大进步，现在的任务是转向学习—创新型的观念。

1. 转变企业领导者的观念

学习—创新型企业认为，企业是个有生命力的有机体，有独特的灵魂和价值观念。企业不断地与环境交换物质、信息和能量，相互合作，相互促进，学习—创新型企业就是竭力发挥这种相互合作相互促进作用的典型。企业领导者的责任就是要为发挥这种作用创造条件和沟通渠道、转换角色、主动学习、解决矛盾和注入活力，把员工的全部能量转化为企业的绩效。领导者要摆脱传统的等级观念，率先成为学习型个人，再转变为学习 - 创新型企业创建的设计师、解疑释惑的教练和共同愿景的仆人。邓小平在 1985 年说：“什么叫领导？领导就是服务。”一语道破了领导的本质，这也是学习—创新型企业的基本要求。等级权力控制型领导方式，在工业经济前期确实发挥过相当有效的作用，但是，进入工业经济后期，特别是进入知识经济时代，这种领导方式就不能适应科学技术和市场发展的要求了。因此，要求领导者转变陈旧观念，将上下级的从属关系转变为水平式的合作关系，分享权威，以促进亲密合作。只有领导与员工之间的权力差别最终消失，才能在平等的基础上相互学习、相互关心和相互支持，才能将由上层领导制定目标、政策、计划，并激励员工的管理方式转变为员工介入管理，通过团队学习、组织学习，双向制定目标、政策和计划的新管理方式。这样，领导方式就会从一般的号召、布署、检查和督促转变为领导掌舵、员工巧妙划船的同舟共济局面了。如果不转变这种观念，在创建学习一创新型企业的过程中，就会产生相反的效果。因为讲究奉献的员工，自然会抵触领导命令他们去“奉献”，即使是带有刺激性的命令，员工也会“从”而不服，消极怠工。在创建学习一创新型企业的过程中，领导还赋予了市场观念、竞争观念、效益观念和道德观念等带有新的企业文化和价值观的概念以新的内涵，从而面对困难，勇于接受挑战；灵活机动，善于应变；严于律己，带头奉献等。一把手的道德修养特别重要，其身正，不令则行。

2. 转变企业经营管理观念

转变经营管理观念主要包括两方面的内容：一方面是将现有的经营管理观念转变为当代最先进的经营管理观念，表现为从质疑正在执行的管理观念开始，引进先进的管理观念。从经验管理型上升为理论管理型。如变纵向结构为主为横向结构为主；变单纯技术推动为市场和技术双推动；变单纯追求规模效益为追求规模效益的同时又追求质量效益；变追求利润最大化为既追求经济效益（即利润、市场份额和市场价值），又追求社会效益（即员工需要和社会需要）等。并在实践中不断创新，逐渐形成自己的独特观念和风格。另一方面是将传统的管理观念转变为学习－创新型企业管理观念，也表现为从质疑正在执行的管理观念开始，但不光是引进先进的管理观念，而主要是在传统观念的基础上，通过共同学习，进行改善和创新，从企业发展的单一观念转变为企业发展和员工个人双重发展的观念；从以物质资源为主转变为以知识资源为主的观念；从控制为主转变为授权管理为主的观念；从制度控制为主转变为学习控制为主的观念；从被动服从为主转变为主动奉献为主的观念；变等级权力观念为人人平等的权力观念，所有员工都有权对自己的工作做出决定，并对其工作结果负责；树立以团队自治为主的观念，团队主管由下达上级文件并进行控制转变为对执行计划的激励和指导；从企业只出产品转变为既出产品又出人才的观念；效法自然法则来管理企业的观念是管理观念的最高境界等。

3. 转变人才观念

树立人才决定企业命运的新观念。由依靠资金、技术和规模的旧观念转变为依靠人才的新观念。不仅德才兼备者是人才，有高新知识技术者是人才，有操作专长者是人才，而且，凡是对企业有奉献者都是人才。在工业化初期的美国，企业管理家泰勒曾主张把思想交给管理者，让工人按照管理者告知的方法去工作；而学习一创新型企业认为，工人不是只能干活的“工具”，而是有思想、能创新的实干家。学习一创新型企业通过团队学习，找到了管理者与工人权力平衡的基本框架，从而解决了困扰企业几百年的工人和管理者的对立问题。因此，学习一创新型企业从根本上颠覆了管理者和工人地位不平等的等级观念。树立工人有权参与管理的观念，树立员工是合作伙伴的观念，强化员工的成长对企业有益的观念。因为在生产经营过程中，不管是哪个环节出了问题，都会使整个企业的运转失灵，所以，企业要把所要的管理人员、专业人员和操作人员都培养成出类拔萃的人才，才能有强大的市场竞争力。为此，就要从培养学习能力入手，从显性开发转为潜性开发，从黄金时段开发转为终身开发，从个人开发转为团队开发，使每个员工不仅具有现代科学知识和技能的合理结构，而且具有诚信的品德、扎实的作风、正确的人生观和价值观。使学习能力转变为工作能力、变革能力、汇聚成企业的竞争能力。转变员工的权力观念问题，无论对企业领导还是员工来说，都不是一件容易的事，然而，这是创建学习一创新型企业的关键性问题，必须解决好。

没有观念的转变，便没有学习一创新型企业的创建。转变观念的途径是团队学习和组织学习，是共同参与企业管理变革。在变革中学习，在学习和变革中转变观念。转变观念的结果，是改变思维方式，导致思想和行为的改变，而这正是创建学习一创新型企业的思想前提。

SECTION 5.3

创建准备阶段的几项具体工作

创建准备阶段，就好比科学种田，必须先查清土壤中的矿物质、有机物、水分、空气和微生物等成分的含量，做好选种播种恰当施肥除害等，才能保证根深苗壮。为了使学习—创新型企业能在中国这块土地上开花结果，必须先调查研究企业的现状，转变旧观念，并完成进行培训、成立组织、制定规划、确定战略和设计方案等必备的工作，夯实创建的基础。

5.3.1 调查研究企业现状

当企业领导下决心要创建学习—创新型企业之后，首先要组织精干班子，对企业的现状进行调查研究，摸清企业的底子，作为创建的出发点。调查研究的主要内容包括：

1. 知识化建设情况

知识化建设情况的主要指标包括：员工平均受教育程度、学历层次结构，一线员工的学习能力，人力资源开发的主要措施，非正式学习是否纳入企业管理，教育培训的规模，年培训量占员工总数的百分比，上一年对操作人员，专业技术人员和管理人员的初、中、高级培训分别占其总数的百分比，高层领导成员上一年的培训人数占总数的百分比，对员工整体的政治、思想、道德水平评价。分别举出操作人员、专业技术人员和管理人员的创新实例，个人和企业的专利数量，分析存在的主要问题等。

2. 信息化建设情况

信息化建设情况的主要指标包括：员工人均拥有计算机数量，内联网的覆盖率占公司所在地域的百分比，有无外联网，月平均上网时数，软件开发能否适应需要，光缆通信（包括住宅电话）每百人占有率，广播电视是否覆盖全公司，有无内部有线电视频道，百人报刊订阅数，以及存在的主要问题有哪些。

3. 组织结构情况

组织结构情况的主要指标包括：是国家独资公司、国家控股公司、中外合资公司，还是股份有限公司；外部参股的百分比，参股外部企业的资产占总资产的百分比，所有权、决策权、管理权是否分离，董事会里有多少外部专家学者，监事会里员工监事所占的百分比；组织结构的基本框架（纵向职能结构、事业部结构、分散管理结构、矩阵结构或多维结构）、纵向结构层次、横向组织和跨部门组织、运行机制。举例说明对过时的规章制度是否进行了及时修改，员工参与民主管理的形式，以及存在的主要问题有哪些。

4. 经营管理情况

经营管理情况的主要指标包括：规模管理模式、质量管理模式或两者的混合模式，知识经济管理的因素有多大，在制度管理、目标管理、参与管理和运筹管理等方法中，基本上属于哪种管理方法，经营战略及其指导方针，经营目标是利润最大化还是销售额的不断增长，经营战略重点是产品还是人的素质，企业目标与员工个人目标是否相容，市场的主要威胁、企业的核心竞争力、有无比较优势，效率和效益是好、一般还是差，劳动工资平均标准是高于、等于还是低于劳动力市场价位，知识因素是否参与分配，主要经营者的年薪与员工平均年工资的差距，本科以上学历三人以上同时跳槽现象有多少，以及存在的主要问题有哪些。

5. 企业文化情况

企业文化情况的主要指标包括：企业的学习气氛评估，经营理念的转变速度，企业的核心价值观、核心价值观与员工个人价值观的相融程度，管理者视员工为雇佣者还是合作伙伴。举例说明各级领导者办事是否公平和公正、领导关心员工主要体现在哪些方面、员工对管理者的主要意见，企业存在的主要问题是什么。

对现状的调查必须真实、具体、可靠，不能有虚假成分，否则对创建工作有害无益。对现状的研究要实事求是。首先，分析事物的本质属性以及与其他事物的相互关系，找出每种事物的发展趋势（为此，必要时可上溯若干年），要看出问题的性质和危害。其次，要找出企业现状中对创建学习—创新型企业的有利条件和不利条件以及近期的改进预测，作为设计创建规划的根据。

5.3.2　成立创建领导小组

成立创建领导小组作为创建工作的领导机构（基层单位也可以成立类似的机构）。领导小组分核心组和办事组。成员主要是高层领导和精干的办事人员，以少而精为好，由董事长、总经理或党委书记兼任组长。其主要职责是组织领导宏观的学习和创建工作；制定创建的中长期规划，设计创建的阶段性实施方案；审批先导小组和团队的成立，以掌握创建的质量和进度；协调办事组织的创建工作；组织阶段性评估，宣布下一创建阶段的开始和最后宣布学习—创新型企业的建成。待学习—新型企业建成，即运作工作步入正常的管理轨道之后，核心组的历史使命即告完成。其工作组织是一个松散而庞大的组织，至少包括三种不同的领导群体。由于组织分散，不宜召集全体会议，只能召开相关人员的工作会议，协调有关方面的工作。其职责是按照不同的领导群体，从各自的角度，组织和领导具体的创建工作。待学习一创新型企业建成后，随着核心组织的解散，其外围工作组织则分别从不同角度转入负责维护学习一创新型企业的运作。这三种领导群体是：基层领导、内部联络网领导和高层领导。

1. 基层领导群体

第一种领导群体是基层领导，或称区域领导、一线领导、地方领导，主要成员是下属企业部门经理、部门主管、车间主任、产品开发组长、教培中心主任和销售部主任等。他们对各自主管单位有管理权，能设计学习流程，能当员工教练，能在实践中加以指导操作，能在先导小组和团队内部以及之间起协调作用；能率领团队创建学习一创新型单位、部门、车间和小组，并对本单位的经营结果负责。他们从本单位的具体目标出发，设计创建方案，使创建工作面向各自的顾客。他们能把新的学习技术和经济效益联系起来，培养创新的能力，进行技术和管理变革。在三种领导群体中，只有他们及其属下才能进行有效的创建实验。如果没有这种实验，创建工作就难以取得实质性进展。他们有权审批实验项目。团队成员先在学习实验室里对新方案进行实验，成功后，再付诸实践。基层领导和企业都有责任保护变革实验不受内部主管部门和其他单位干扰。他们的实验可能成功，也可能失败。如果失败了，高层领导自应采取宽容的态度，并鼓励团队继续实验；如果成功了，其经验则会迅速传递到整个企业，吸引其他单位也加入变革的行列。基层领导依靠高层领导为创建工作创造的良好环境和指导，也靠内部联络人员提供信息和帮助。基层领导的优势是能和员工打成一片，甘苦同尝。其局限性是因为把主要精力放在本单位的工作上，很少能够关心其他单位乃至整个企业的情况。但是，他们的作用非常重要，不仅在创建的启动过程中作用大，而且在创建的整个过程中都是战胜各种挑战的主力。没有他们的参与领导，学习一创新型企业的创建工作就无法进行。

2. 内部联络网领导群体

第二种领导群体是内部联络网领导，或称内部联络人员、内部关系网领导、起联络作用的人员。这是一个非正式组织，成员复杂，结构松散，来自企业的不用层次、部门和单位。主要有内部顾问、人力资源部门的职员、培训中心教师、党团支部成员、工会干部、一般员工、销售人员、生产监理、工程师、内部媒体记者和少量的高、中、基层领导等。内部联络网领导人数一般根据先导小组和团队总数确定，由人力资源部门选定，随着团队的增加而增加。由于他们是分散的，因此需要根据所在地域、片、段，划分若干小组，并由他们推选联络人或会议召集人。这个领导群体的出现，一方面是因为社会信息繁多，人际交往日益频繁，企业内部的各种联络工作越来越重要；另一方面是因为学习—创新型企业的创建，只有通过全体员工的努力才能实现。由于创建的许多重大问题往往出现各种关系的交叉点上，如先导小组与企业、部门、单位的交叉点，各种职能部门的交叉点，企业与环境的交叉点等，需要强化对交叉点的学习，由此导致了创建的一条重要原则，即两个单位以上的集体决策。要决策正确，就需要来自各方面的信息，而内部联络人员正是信息传输的承担者。他们分散在企业的各个角落，又能在企业内部自由活动，能及时将对学习—创新型企业感兴趣的员工组织到学习网络之中，向他们提供新知识、新方法，组织他们进行学习，并使这些员工脱颖而出。他们能向先导小组和团队提供外部创建的信息和学习资料，指导学习，帮助进行改革或变革，并将经验及时传播给全体员工。他们能帮助基层领导之间加强联系，消除误解，减轻孤独感，增添创建的生机与活力。他们能帮助高层领导了解创建的具体情况，能向高层领导解释有些政策和做法为什么会遭到员工的反对。这种内部联络人员的作用非常重要，在创建过程中不可缺少。他们的优势是没有正式的权力和经营责任，在企业内部的活动不引人注目，他们的局限性也是没有实权，不能指挥任何人。正是这种自相矛盾的地位，使他们具有一种独特的魅力和权威。他们凭着满腔的热情、平等的地位、先进的理念和思想的透明度，能联络各种各样的人，不断扩大自己的关系网，推动着创建工作的前进。因为他们与各级领导合作，也能发挥一定的领导作用，所以，也称他们为创建工作的领导者。正因为他们没有等级权力，符合学习—创新型企业的基本原则，所以，随着创建的深入和发展，内部联络组织可能发展成为一个新型的重要领导部门。

3. 高层领导群体

第三种领导群体是高层领导，或称执行领导、领导团队、主管团队，是指总公司的董事长、副董事长、总经理、副总经理、党委书记、党委副书记、工会主席和有关部门主管等，他们既对企业的日常运作负责，又对学习—创新型企业的创建负总责。在创建学习—创新型企业的过程中，高层领导的主要责任是及时发现并强化成长的促进因素，削弱或避开成长的限制因素。创建学习—创新型企业需要树立生态学的变革观。成长的促进因素和限制因素同时存在，就像跳舞那样互依互动，有进有退，可能成功，也可能失败。避免失败的主要方法就是多用生态学的思维方式来探讨创建的问题。在创建的初期，高层领导的作用并不怎么突出，因为创建工作往往从基层开始。但是，随着创建工作的深入和扩大，特别是在全公司的范围内展开以后，高层领导的关键作用就越来越突出。创建越深入，越需要高层领导（通过创建领导小组）召集相关人员讨论创建的战略问题，越需要高层领导的支持、投入和服务。但是，由于高层领导与生产一线有一段距离，对创建工作的影响是间接的；由于等级权力容易歪曲信息的真实性，他们应对挑战的能力也有限。他们必须与最了解实践情况的基层领导结成伙伴关系，与不易歪曲信息的内部联络人员结成伙伴关系。由于等级权力制度这种传统的领导方式不适合学习—创新型企业的创建工作，所以，他们必须在学习—创新型理论的基础上重新理解领导的含义。"领导"这个概念是指与人群活动伴生的系统现象，领导不是由一个或几个人组成的，而是由具有创造性张力的处在不同地位的人所组成的群体，并以一种新的方式来开展领导工作。只有精通五项修炼的人，才能充当学习—创新型企业的领导。这样，那种由高层领导决策向下贯彻的领导方式和从来不必检讨领导决策为何失败的做法，不仅是陈旧的，而且是有害的。因为奉献共同愿景的员工能够进行自我管理，从前那种我行我素、唯我独尊的决策方式自然会受到抵制和反对，学习—创新型企业的创建，使得高层领导的角色变得复杂化。由于决策人范围的扩大，使得决策内容范围缩小，一些制度也要随之调整或重建。同时，又出现一些新的更为重要的领导任务，因此，高层领导必须转换领导角色。

（1）当设计师。设计师的任务，一是要设计创建学习—创新型企业的规划、战略、指导方针和创建方案；二是要设计学习过程，包括营造学习环境，给员工创造不断学习的机会，激励学习，赋予团队创新的责任和权力，应对挑战和帮助员工如何使自己的学习与工作适应企业的目标等；三是解决创建引起的组织结构、人才结构、技术结构和分配结构等结构性矛盾，允许新出现的各种非正式组织的存在和发展，分权以促进团队自主管理和员工参与管理；四是通过创建领导小组对创建的成果进行评估。设计师的设计，不是做出决策，而是提出建议性的方案。除了必须由高层领导做出决策的重大问题外，大量的决策都必须放到基层去做。设计是幕后的工作，它本身不会使员工产生积极性和创新意识，但拙劣的设计一定会扼杀员工的积极性和创新意识。好的设计，不是问题被解决了，而是问题被化解了。高层领导的设计方案还有示范作用，其他领导，甚至员工都学会高层领导的榜样，设计自己的学习和工作流程，并视高层领导为自己的合作伙伴。最好的设计应该如老子所言的“功成，事遂，百姓皆曰：‘我自然’”，意思是说，好的领导是让大家在事业成功之后说：这些都是我们自己完成的。

（2）当教练。当教练是指由指挥者的角色转变为带动者的角色。教练是发挥领导作用的杠杆点。尽力把每次会议的讲话变成学术报告式，把工作会议变成研讨式。为了培养学习习惯，领导者必须放弃心中拥有答案的态度，帮助员工了解企业的真实情况。如果把焦点放在事件和行为形态上，其结果只能是做出适应性的反应，只有把焦点放在系统结构上，才会出现创新的结果。尽量把员工的新见解转化为追求愿景的动力，为企业注入新的活力。当教练还要指导基层的工作，帮助他们克服困难，传播他们的经验。

（3）当仆人。当仆人是高层领导角色转变中难度最大的一种转变，不仅需要很高的思想境界，还需要很高的道德水平。领导者的职责是指出企业的生存发展之路，并发展出自己与共同愿景之间的独特关系，把自己变成共同愿景的仆人。用共同愿景引导企业的变革，就会产生使命感和责任感。坚持核心价值观和基本行为准则，并获得对企业对员工的深刻认识，愿意放下官架子，甘心做员工的仆人。当后勤部长，为员工释疑解难；当政工部长，与员工交知心朋友。从学习与变革中建立新规范，改变领导方式，使领导团队成为全公司的楷模。用愿景来引导员工，才会改变过去的领导方式，不断创新。用愿景来引导企业，才会产生新的变革，去创造新的运作模式。使命感的深层含义，能使高层领导越过企业，把企业视为社会学习和改革的工具，从而产生更高的责任感，为建设中国特色的社会主义而竭诚奉献。

由上述三种领导群体所组成的创建领导群体，是一个庞大的组织，为了活动方便，可在基层单位设立分支机构，领导本单位的创建工作。在三种领导群体中，虽然，每一种领导群体都能促成一些有意义的创建成果，但从创建的复杂性上看，另有三种领导群体的协调互动，才能适应创建的需要。其中任何一种领导群体，只有在其他两种领导群体有效运作时，才能有效运作，缺少任何一种领导群体，都会使另外两种领导群体的运作效率受到限制。创建领导小组的工作是全然新式的工作，会在工作中培养全新的工作能力，率领和引导员工实现创建的一个个目标。

5.3.3　建立先导小组

先导小组，早在 20 世纪 80 年代的美国企业中就已经出现。当然，为创建学习—创新型企业而建立的先导小组，不会模仿 30 年前的先导小组。创建学习—创新型企业总要以一个组织来开头，如果不建立先导小组，一个企业里的新想法就不会得到“孵化”，就缺少一个将概念变为行动、将理念变为现实的行动组织。至少，在创建初期，大部分活动都是在先导小组里进行的。先导小组是在成立创建领导小组之后，最先建立的有导向性的实验小组，通过其成功的经验和示范作用引导学习—创新型企业的创建，而不是下达指令或命令哪个单位去创建。先导小组也称创新小组或先导团队。在一个企业里，可以同时建立若干先导小组。因为在创建过程中，即使有的先导小组失败了，也会有足够数量的先导小组坚持下来，并取得成功的经验，为其他团队做出榜样，使星星之火形成燎原之势。

应先由各部门、各单位、各车间、各班组乃至个人自愿申报，经创建领导小组审查批准后成立先导小组。审批的条件是单位的生产经营好，学习基础好和有创建骨干分子，数量可根据企业规模而定，掌握在经过淘汰后仍能保得住几个种子小组的标准。有的小组可能是由几个人组成的部门、班组；有的小组可能是千人以上的业务单位。这类先导小组，就是我们平时所说的试点单位。还有一种先导小组是由个人倡导，由志同道合者组成的，可能是一个单位的成员，也可能是跨单位跨职能的成员，这类小组是就创建的某个问题组成项目组，进行研究探索，并向有关单位提出建议。两种类型的小组各有所需，使综合性探索与单向探索相辅相成，可以提高成功率。在成建制的先导小组中，员工有自愿参加或退出的自由。在较大的先导小组中，还要成立一个 10~20 人的核心教练队伍，其任务主要有两方面：一方面是通过更加深入的学习和探索，培养成为核心教练，来培训其他小组成员；另一方面是从中培养内部顾问，协调小组领导开展创建工作。

这里需要解释一下“教练”和“顾问”这两个概念。“教练”一词源是匈牙利一个村庄的名字，主要以制造马车为业。19 世纪，大学生们用这个名字称呼非常关怀他们的导师，觉得每次考试都像是导师用车拉着他们往前走一样。今天，这个词仍然还有亲密伙伴关系和相互信任的意思。教练的本质是倾听和善于提出问题，需要技巧、同情心和深刻的见解。能将软知识（沟通与合作）和硬知识（技能与财务）结合起来。教练在团队中经常担当促进者的角色，帮助营造一种安全的氛围。在先导小组中，选择核心教练的条件比较严格，他们必须是思想开通的适用主义者，对新生事物有天生的好奇心，懂得逻辑思维和形象思维，有丰富的想象力，能够全身心投入，热衷于实验，不怕失败。他们有不同的背景，如参加过 QC 小组活动，上过大学或出国学习过，其中有的可以不是学习—创新型企业的信奉者。这种不同背景会使他们对同一问题持有不同的看法，便于促进学习的深入。最好要有内部联络人员，基层领导或经营经理参加，他们能提供广泛的信息，能检测新的方法在实践中是否有效。顾问是小组或团队学习的促进者，他们有学识、有经验，还有设计的技能，能使学习和行动结合起来。他们一般不进入学习过程，却能指导相互沟通和交流，使变革者通过实验追踪问题的因果关系。他们能提醒学习或实验中遗漏的环节，敢说别人不便说的话，巧妙地解决发窘、碰壁、欲进而退等难题，使团队战胜困难，变革现状。

先导小组的负责人，或称组长、队长，是小组的设计师、教练和仆人。在成建制的先导小组中，原单位的领导就是先导小组的组长，在个人发起的先导小组中，须经过民主选举选出组长。在先导小组内部，人人平等，是诚信和奉献精神把大家集合在一起。

先导小组的学习与变革，按照学习—创新型企业的要求进行，以完全陌生的方式开展工作，运用五项修炼的技术应对各种挑战，探索变革的具体道路。他们通过定期的或全部或部分的非正式聚会，进行学习和实验，力求有所前进，有所突破。他们的创建活动可以分为三个阶段的循环：

一是知识学习和培训阶段。先讨论本组创建学习型小组的必要性和创建目标，然后就学习—创新型企业的理论与实务开展培训。培训结束后，要提问，质疑，力图使学习能解决本组的创建问题。接着便是认真读书，可以分成若干读书小组，边读书，边讨论。探讨哪些理论与实务能直接解决本组的问题，哪些理论与实务需要改造后才能适用解决本组的问题，还要在教练的帮助下，演练各种学习技术、工具和方法，培养创建需要的各种技能，直到熟练为止。最后在组长的主持和内部联络人员的帮助下，共同制定小组的变革计划、实施方案、个人分工和如何获得外部的支持等，并达成共识。

二是感情投入阶段。如果不在小组成员和创建计划之间建立情感联系，不在小组成员和小组领导之间建立情感联系，不在小组成员之间建立情感联系，那么，创建工作就不会是发自成员内心的渴求。首先，要使小组成员确信能够取得预期的效果，从而树立信心，投入精力，增强使命感，主动承担责任。其次，要使小组成员确信，组长有能力率领大家进行变革，支持他的工作，分担他的困惑。最后，要使小组成员之间建立友谊和信任，愿意公开自己的观点，接受质疑，相互帮助，共同前进。建立情感的方式，除了一起学习和工作外，还可以一起休闲娱乐。除非有足够数量的成员建立了这种情感联系，否则，变革就不会持久。

三是付诸行动阶段。变革计划，实际上是在最正确的道路尚不明确的情况下制定的，因此，要从探索的角度采取行动措施。要把激情和变革计划中的生长点结合起来，形成一个行动方案。通过计算机模拟进行实验，使答案变成能够完全实现变革项目的成果，才能在实践中取得成功。

在上述三个阶段中的每个阶段，都可能出现反复，造成混乱，甚至把小组摧垮。造成混乱的原因，可能是某种等级权力在作怪，也可能是某种挑战引起的。这时，要停下来重新审视各自的心智模式，重新确定前进的方向，摆脱危机，继续前进。这三个阶段组成一个知识学习、情感学习和实践学习的循环。当第三个阶段完成之后，又要回到第一个阶段。不过，这时的学习重点已经变成了对整个过程的反思，这就表明创建工作或变革工作已经迈上了一个新台阶。每次循环都会使小组成员的情绪有所上扬，更加理解变革的价值，更加增添新的动力。但是，学习不一定总是沿着循环的轨道前进，它总是力图在理论上或实践上有所创新。说不定在哪个阶段上会有新的发现，使理论与实践的结合、文化与能力的结合得到升华，于是出现了变革的突破。这种突破及其经验，最初总是通过内部联络人员悄悄地传播出去，很快传遍整个公司，尚未进行变革的单位就会自动效仿，从而使变革也是创新的范围扩大，而这正是先导小组所要引起的示范作用和带动效应。创建学习—创新型企业所要走的正是这样一条道路。

5.3.4 进行全员培训

古语说："工欲善其事，必先利其器。"要创建学习—创新型企业，就必须真正掌握学习—创新型企业的理论与实务。按照学习—创新型企业的要求，这种学习必须从企业的一把手到普通员工一个不落地学。因为创建需要每个员工的合力，所以，必须让每个员工都熟悉学习—创新型企业的理论与实务，这就需要对企业员工进行全员培训。开展这种大规模的培训，既要达到学习目的，又不能影响正常的生产经营活动，需要做出周密的安排。首先，要召开培训动员大会，由企业主管讲清培训的目的、意义和要求。其次，要由人力资源部、培训部和企业管理部等制定培训计划，具体安排培训事宜。最后，由公司和各单位培训中心实施培训计划，并考核培训结果。

培训的目的是普及学习—创新型企业的理论与实务。这时的培训，还可以采取硬性的措施。培训的内容主要是介绍彼得·圣吉等人所著的《第五项修炼》、《第五项修炼·实践篇》和《变革之舞》等著作内容。为了便于广大员工的学习，可以选用根据这三部书编写的通俗性教材，作为学习的课本，重点讲解五项修炼技术的理论、方法、工具和实务。培训的方式以脱产为主，业余学习为辅。脱产培训以培训中心的培训师和内部顾问（作为内部讲师）的讲解为主，辅以聘请外部专家学者的相关讲座。

全员培训，可采取分层轮训的方式进行。第一层是高层领导、创建领导小组成员、学习指导中心成员、基层领导、先导小组成员、培训师和内部顾问等。不仅要听通俗教材的讲解和讲座，还必须阅读彼得·圣吉等人的原著。目前，有些创建学习一创新型企业的主要领导人仅仅参与了几次研讨会，看了几篇相关的介绍文章，而没有读过彼得·圣吉等人的原著，或是读了几节，觉得不懂就放下，这是远远不够的，很难使创建工作走上正确的道路。第二层是高层领导、基层领导之外的其他领导，高、中级职称的专业技术人员，除了听通俗教材的讲解和讲座外，要求尽量阅读原著。第三层是全体员工，除了听通俗教材的讲解外，可收看相关讲座的录像，提倡有能力的员工阅读原著。这个层次的人员多，又可以细分为管理人员，专业技术人员和操作人员，分别编班进行培训。培训地点以总公司和单位的培训中心为主，以各单位的学习室、会议室为辅。关于培训时间，就个人来说，第一层次大约需要20天，第二层次大约需要15天，第三层次大约需要12天。就整个企业来说，以全员轮训一遍计算，中型企业大约需要八个月以上，大型企业大约需要一年以上。既然是全员轮训，就要分个先后顺序，首先是对培训中心的培训师和作为内部讲师的一部分内部顾问进行培训，可请谙练五项修炼的外部专家学者来企业进行培训，也可把这些人送到外部专业培训机构进行培训。然后，才能按照第一、第二、第三层次的顺序分期分批地进行轮训。在培训过程中，除授课外，还要安排理论、方法和工具的讨论与演练。在第一、第二层次还要安排阅读原著和辅导课。在第三层次中，可以成立课外学习小组或读书会之类的学习组织，通过相互讨论、相互帮助的办法理解消化培训内容。对愿意阅读原著的员工，进行专题辅导。对文化程度较低的员工，应专门编班，深入浅出地讲解，速度放慢，时间可以适当延长。在每期培训班结束之前，由培训中心组织考试，并把成绩记入个人学习档案。对不及格者，在整个培训结束之前，进行总补课和总补考，务必使他们都达到及格的水平。

在学习、培训动员大会召开之后，企业内部的媒体要进行配合性的宣传教育。电视台要反复播放企业主管的动员报告录像，报道培训活动中的好人好事，播放外部专家的讲座录像等。内部报刊要开辟专栏，发表学习中的心得体会文章和难点问题的辅导文章等。内部互联网也要开辟专门的网站，任由员工提出问题和征求答案等。

5.3.5 制定创建的中长期规划

制定中长期规划，就是从企业的现状出发，制定创建学习—创新型企业的基本框架、运作机制和阶段性工作计划，作为创建的总纲和设计阶段性实施方案的依据。其主要内容包括：

1. 重新明确企业发展目标

根据企业现状调查研究报告和创建学习—创新型企业的构想，对原来的企业发展目标进行调整，重新明确企业的发展新目标。调研实现新目标的有利因素和不利因素，设计企业发展战略和政策以适用创建的需要。重新树立企业的发展目标，促使员工追求卓越，明确学习的方向和重点。企业可将阶段性目标分解到每个单位、车间、班组和员工，使每个员工都有明确的具体目标。这种较难达到的学习和绩效目标会使每个员工既产生压力，又产生动力。应当明白地告诉员工，上级只考核结果，过程要由个人和团队自己去设计。只有在做的过程中获取足够的知识和能力，才能实现目标。目标又有可比性，谁完成得既快又好，谁就能得到丰厚的回报。

2. 选准创建的切入点

创建学习—创新型企业的切入点，是现代企业制度“16字”管理方针中的“管理科学”。也就是说，要以“管理科学”为接口，把学习—创新型企业的理念融入现代企业制度的方方面面，而不是打乱目前经营管理去另搞一套。现代企业制度是当今世界最先进的企业管理制度，学习—创新型企业是现代企业制度中的应有之义。现代企业制度注意产权结构和治理结构，学习—创新型企业理论注重经营管理和市场竞争力，两者的侧重点不同，各有优势，融汇之后，既能发挥制度的先进性，又能发挥管理的先进性，不仅没有排异反应，而且还能相辅相成。因此，创建就是要在完善现代企业制度的过程中融入学习—创新型企业的管理方法，即在进一步完善现代企业制度的机构设置、文化建设、资源配置和机制运转等方面纳入学习—创新型企业的管理理论与实务，在改革、改组和改造的同时，实行当代最科学最先进的管理办法，使企业具有强劲的市场竞争力。

3. 设计创建的基本框架

（1）设计五项修炼的学习过程。为了提高员工队伍的素质，必须按照学习五项修炼技术的要求，把人力资源开发放在头等的战略位置上。营造能熏陶人改变人的学习环境，创造不断学习的机会，启动持续学习循环，完善教育培训体系，大力开展组织学习。由于习惯上的原因，员工还不会，甚至不愿意在工作中学习，所以，在准备阶段，包括一段时间的启动阶段，还要用制度逼着学、指导着学，使团队与个人学会学习。待养成习惯后，遇到问题就会自觉地、主动地学习了。到成长阶段，团队就能够运用五项修炼发现问题、进行变革了；就会从系统的角度关心长期的效果，主动进行信息反馈，展示成果和互动共享了。随着成熟阶段的到来，组织学习就能精通五项修炼，用新的思路进行实验。发明创新层出不穷，最终由制度控制转向学习控制，从等级权力型企业转变为学习—创新型企业。

（2）设计企业文化建设大纲。在启动阶段，以现有企业文化为基础，按照学习—创新型企业的要求建设企业文化。通过宣传教育等途径，让员工自觉接受共同制定的经营理念、企业精神和核心价值观。但是，不能强制，要尊重员工个人对价值观和个人愿景的选择，关心员工的生活质量和家庭幸福。到成长阶段，要着重进行企业文化的改造，在新的基础上，建立学习文化、团队文化、生态文化和人与文化。同时，鼓励各单位、各团体形成自己的亚文化。使员工形成新的生活方式和工作方式，促进合作，分享权威，人人都能在生产经营中自由地发表意见，形成人人心情舒畅的生动局面。到成熟阶段，要满足员工职业生涯发展和自我价值实现等高层次需要，解除权利管理的压力，实现人人平等，自觉、忠诚和奉献于企业。企业要重新审视企业的宗旨、经营思想、企业精神和价值观，建成比较完整的现代企业文化结构，并形成自己的特色。

（3）设计企业经营管理的变革过程。启动阶段经营管理的主要特点，仍然是以纵向等级权力结构的控制为主。企业对环境的反应较慢，在原来的轨道上继续改革，如用减员分流办法提高效率，用竞争上岗办法改革人事制度等。同时，也按照学习—创新型企业的要求制定新型的民主管理制度，引导员工和团队参与管理。各基层单位，根据生产经营目标成立团队，进行学习和变革。待变革项目结束，流动型团体即行解散。这样做的结果，自然是人员的流动，横向组织的增加，使团队几乎覆盖整个企业。划小核算单位，会产生灵活和高效的效果。这个阶段的创建工作已经陆续地全面展开，先导小组、团队和启动创建的单位，可能会遇到时间不够用、得不到帮助、脱离实际和言语不一等挑战。创建领导小组的主要工作是千方百计地调动员工的学习积极性。

成长阶段的主要特点是授权管理，分层决策，对环境反应比较快。由于团队成员掌握了五项修炼的技能，鼓励主动精神的工资和奖励制度的出台，团队能够对现行制度、生产经营程序和习惯等进行质疑，发现问题后，或解决问题，调整行为，从而改善生产经营；或用新的思路，变革生产经营流程，而这种流程的变革又会引起一系列的变化。因为新流程需要新的组织结构与之配合，原有的组织结构势必成为前进的障碍，这就必然要改革原有的组织结构，从而导致组织结构的调整或创新。这种调整往往是纵向组织层次的减少，使经营管理在这个局部发生了质的变化。组织结构的调整或创新又使旧的规章制度随之调整或重新制定。这些变化又牵动相关人员的流动和既得利益的调整，成为企业内部关注的焦点，有的拥护，有的怀疑，有的反对。这个阶段是思想最活跃、斗争最突出的困难时期，可能出现恐慌和疑虑情绪甚至怀疑创建工作的挑战。创建领导小组要做好思想政治工作，激发员工的潜能，促进变革的成功和新事物的成长。

成熟阶段的主要特点是以基层为主，对环境反应灵敏，市场竞争增强。由于组织结构团队化，纵向结构减少到最低限度，出现大量的无级别办公室。由于实行授权管理，决策权下移，直到把决策权交给最了解实际情况的员工，使得人人都能在各自的工作范围内做出决定，并对结果负责。以基层为主的结果，是等级权利制度的崩溃，领导者转变成了设计师、教练和仆人。基层决策为主之后，如果不加以适度控制，短期内可能政出多门，争夺共同资源，使企业运作不协调。解决的办法是通过设计相互依存的学习过程进行控制。缺乏系统思考的基层决策为主必然出现短视行为，必然是共同愿景的一部分，只有共同愿景与使命感、核心价值观等相互结合，才能产生对企业的认同感，把企业看成一个整体，做到局部服从整体，合理分配共同资源，并为整个企业负责。没有权利控制，不等于取消一切控制，如制度控制、工作流程控制等。各种分散的流程控制，在各个层次，特别是基层大量存在，他们在系统思考和共同愿景的指导下，必然形成一个有机的整体控制体系，保证企业的协调与发展。团队学习，能使团队功能得到最大限度的发挥，组织学习，能使企业对管理的深层问题进行变革，使得技术创新、管理创新和经营创新成果不断涌现。高层领导在缜密筹划的基础上，把经营目标、核心价值观与自主学习整合到一起，敢于大胆进行深层次的重大管理变革，并带头运作，使企业综合绩效最大化。重大变革的不断成功和市场竞争力的不断增强标志着学习—创新型企业已经建成。这个阶段的创建工作仍然存在不少问题，会遇到学习—创新型企业如何管理，如何传播新经验，如何巩固创建成果和如何设计今后的战略目标等挑战。创建领导小组的主要工作就是千方百计地领导好深层变革，建成学习—创新型企业并明确继续前进的目标。

4. 划分创建的不同阶段

归纳本章的相关内容，可以把创建学习—创新型企业的工作划分为四个阶段。这四个阶段的主要内容，有的已经叙述，有的将在以后章节中叙述，这里只对每个阶段值得注意的事项加以说明。

（1）准备阶段。这个阶段是为创建的整个过程所必须做的一些准备工作而设计的，其主要工作是学习指导中心在创建领导小组的领导下，组织全体员工进行五项修炼的学习与培训和某些理论务虚工作，还不是创建的真正开始。准备阶段大约需要一年多的时间。如果顺利的话，先导小组可在准备阶段后期提前进入创建的具体工作，以便探路和摸索经验。准备阶段的工作好坏事关全局，特别是关系到启动阶段工作的成败。

（2）启动阶段。这个阶段是创建工作的正式开始，要召开启动工作动员大会。由于刚刚开始把学到的理论与方法运用到生产经营的实践中去，员工的新鲜感强，热情高，进展快。新的团队不断成立，几乎覆盖整个企业，团队学习在实践中普遍开展起来，各种挑战也接踵而至。这个阶段，基层领导的作用是关键。启动阶段大约需要两三年的时间。

（3）成长阶段。这个阶段主要是团队学习的深入和它所进行的局部改革和变革，但它却涉及整个生产经营中的一些深层问题，领导和员工的思想都很复杂。种种两难问题不易抉择。矛盾多，困难大，挑战严峻，进展缓慢。基层领导的作用仍很重要，团队领导的作用是关键。成长阶段大约需要五六年的时间。

（4）成熟阶段。这个阶段的任务主要是组织学习和深层变革的全面铺开，是由一般企业转变为学习—创新型企业的关键阶段，是按照事物发展的客观规律，由量变到质变的必然结果。这个阶段的挑战更具本质性，难度更大，需要不断创新才能有所突破。但是，无论是领导还是员工，都呈现出崭新的面貌。这个阶段，高层领导的作用是关键。各种发明创新不断涌现，企业竞争力明显提高。成熟阶段大约需要四五年的时间。

需要说明的是，那种“永远不能说创建成功”的观点是错误的，因为这不符合事物的发展规律。彼得·圣吉博士在《变革之舞》和来中国演讲时一再强调，企业是一个有生命的有机体，要效法自然规律来创建学习—创新型企业。而有机体的发展都有其生长、成熟和衰老的规律。有机体的发展有成熟阶段，学习—创新型企业的创建也必然有成熟阶段，这是必然的发展规律。同样，也必然有衰老阶段的到来，这也是发展规律决定的。不错，学习—创新型企业是一种长寿公司，而这种长寿公司的本质，正是进入成熟阶段以后的长寿。而这个阶段，才是创建学习—创新型企业真正价值所在，因为不仅长寿，而且丰收连连。

还需说明的是：

第一，在当代科学技术迅猛发展的大潮下，一切事物的发展变化都异常迅猛，这使学习—创新型企业的创建不可能有一成不变的万能处方，只能在学习—创新型企业理论、技术和方法的指导下，进行探索。邓小平在1990年说，“什么事情总要有人尝试第一个，才能开拓道路”，“试第一个就要准备失败，失败也不要紧”。本书虽然制订了一个创建的中长期规划，但也只能提供一个大方向、一个大体的框架，在创建时，每个企业应根据具体情况酌情而定。

第二，创建的关键是企业创建领导小组，基础是基层单位，动力是全体员工的真心投入，重点是组织结构的变革和企业文化的建设，工具是五项修炼。

第三，挑战是调节生长的外部条件，是系统为维持其平衡而自发做出的反应，是祸，也是福，正是运用创造力进行变革的机会。应对挑战的策略有五个：一是变革越强劲，挑战越大；挑战出现的时间越早，越明显，越容易克服。团队和基层单位最好能预测将会出现什么样的挑战，以便提前做好应战的准备工作。二是在变革中，启动力要小，不能性急，看到实效后才能继续行动。心中有共同愿景，才能平稳发展。三是面对挑战，要集中精力，把重点放在本质性的挑战上。要采取措施控制危机，并把挑战变成学习机会，找到发展机遇，变坏事为好事。四是对两难问题的抉择，要分清不同目标之间的冲突，让冲突浮出水面，来催化员工的创造力，五是要分清挑战的不同类型，比如是直接的还是间接的、是长期的还是短期的。要根据具体情况采取灵活的措施，不能硬拼。

第四，各级领导都要学会授权。随着时代的进步，需要服从的工作越来越少，需要抉择判断的工作越来越多。因此，授权式生产经营方式是大势所趋。要认清当今社会是授权的时代。权力越集中，下属的依赖性越大，就越不学习。只有授权，才能促进大家学习，提高解决能力的问题。邓小平在 1980 年说："权力过分集中于个人或少数人手里，多数办事的人无权决定，少数有权的人负担过重，必然造成官僚主义，必然要犯各种错误……"这主要是从政治权力方面强调了权力下放的必要性。对学习一创新型企业而言决策权力的分散和下放同样重要。

5.3.6　设计创建的实施计划

设计创建实施方案，就是按照创建的目的要求和中长期规划，编制具体可行的阶段性创建工作计划和实施的方法与措施。其宗旨是让学习统率企业的全部生产经营活动。一方面是各单位、各团队在学习上有所突破，在经营管理上有所变革，提高本单位的效率和效益；另一方面将各单位、各团队进行巧妙的搭配，使之发挥整体大于部分之和的效应。

1. 设计实施方案的必要性

如果没有一个统一的实施方案，每个单位、每个团队都可能开拓出自己的创建道路，即使各自都有可观的绩效，也不能形成整体的合力，达不到提高整体绩效的目的。只有各单位、各团队都执行统一的实施方案，才能达到创建的目标。由于创建是长期的、分阶段的，所以，实施方案的设计也是长期的、分阶段的。如学习的设计，就需要不断更新，而启动、成长、成熟等阶段的学习，同样需要进行阶段性的设计。成熟阶段以后的设计，也应该划分不同的时期。

2. 设计实施方案的内容

实施方案的内容要涵盖企业的全部活动，主要包括以下四个系列：

（1）企业目标系列。包括企业发展战略目标、阶段性目标。阶段性目标层层分解为基层单位直至岗位目标，以及企业发展规划和年度计划等。

（2）组织学习系列。首先，要不断地创造学习机会。包括提供工作场所的学习机会，培训和参加研讨会的机会，国家政策、法律的宣传教育，赋予团队以开发和变革企业经营管理的责任等。其次，要制订合作者学习计划。包括与客户、供应商、同行竞争者一起学习等。最后，要有完成学习计划的条件，包括经费和时间的投入、师资的提供和员工个人学习基金和奖励基金的设置等。

（3）经营管理系列。首先，要制定管理者与员工共同决策制度，包括对企业经营目标、经营战略、生产经营计划和利润分配方案等共同决策。其次，制定新的民主管理制度，包括层层授权管理、过程监控和事后总结等民主管理制度。

（4）企业文化系列。首先，要制定培养员工理想、信念纲要、树立员工正确的人生观、价值观。其次，要通过学习，使企业核心价值观融入员工个人价值观之中，使个人愿景融入共同愿景之中。最后，要实施企业凝聚力工程。培养勇攀高峰的精神，理顺各种积极因素的前进方向，使企业能够顺利的化解内部冲突；克服前道路上的挑战，实现预定的目标。

3. 设计实施方案的方法步骤

实施方案有两种：一种是单项方案，另一种是综合性的阶段性方案。

单项方案在组织学习生产经营和变革中经常出现，需要随时设计，即时实施。如学习过程的设计，是由高层领导根据学习—创新型企业的理论、技术和企业存在的普遍问题而设计的，在征得员工同意后实施。基层单位领导设计本单位的学习过程，在征得本单位员工同意后实施。团队要进行一项改革，由团队领导设计，征得团队成员同意后实施。不同层次的领导，都是设计师，都要履行设计的职责。创建过程，就是不断设计和不断实施的过程。

综合性阶段行实施方案的设计，是一项庞大而复杂的工程。应该从各单位的先导小组和领导中抽调不同层次、不同岗位的 10~15 人，组成一个实施方案设计团队，在一两位高层领导的主持下，分步骤地进行设计。如启动阶段实施方案的设计可分为：

（1）目标引导。从企业经营目标出发，描绘创建取得阶段性成果之后的企业面貌，由此建立个人愿景，并汇入共同愿景。设想实现共同愿景会给企业和个人带来哪些过去没有的好处，需要采取哪些行动来建立和实现共同愿景。这些行动是促进员工接受企业经营理念，核心价值观共同建设企业文化和进行五项修炼学习以及由五项修炼所引发的各种创新活动的动力源泉。

（2）现状分析。从企业现状出发，分析创建学习—创新型企业的有利条件和不利条件。有利条件有党政组织的正确领导、个人和团队学习积极性、良好的学习条件、工作方式的改变；不利条件可能有时间不够用、缺少灵活性、团队缺乏高层领导的支持和帮助、对学习—创新型企业感到怀疑等。有利条件和不利条件二者相互依存，相互摩擦，交替消长。要采取措施激发有利条件，限制不利条件。

（3）增强学习动力。学习动力来源于愿景与现状之间的差距所产生的创造性张力，这种动力能促使团队和员工运用五项修炼的技术在工作中学习，并出色地完成工作任务。要从企业现状中找出哪些因素是学习的动力或障碍，应该采取什么政策和措施克服障碍，激发学习动力。这些政策和措施可能是：创造不断学习和培训的机会；建立学习及学习共享系统；鼓励学习的政策和制度；促进探询、对话的学习环境等。

（4）启动学习循环。持续学习能提高学习能力，引发生产和经营中的改革或变革。在持续学习循环中可能出现如下变化；能以越来越快的速度获取新信息、学习新知识；团队运用新能力、新方式解决变革中的问题；团队学习能力用于建立新程序、创造新业绩；企业利润和个人收入双增加，实现了当初建立的共同愿景。

（5）编写实施方案。归纳整理上述四个步骤的内容，详细列出各要素的清单，筛选重要要素，排列先后顺序，找出创建从何处着手以及“破题”之后的全部工作安排，进行讨论、论证、修改、制定激发学习的措施、应对挑战的心理准备和工作措施。确定创建的基本构架和指导方针，明确划分三种领导群体和任务，理顺党、政、工、团诸机构的职责和相互关系。在取得共识后，编制启动阶段的实施方案，报创建领导小组批准后实施。

方案下达各单位后，各单位需要根据总公司的实施方案，编制自己的实施计划。需要说明的有两点：一是方案的设计工作要提前完成。启动阶段的实施方案应在准备阶段的末期完成；二是这里只提供了一种设计方法，具体内容应根据企业的具体情况来确定。有的问题，在设计时可能漏掉，在实施时还应该进行调整和补充。邓小平在 1988 年说：“改革没有万无一失的方案，问题是要搞得稳妥一些，选择的方式和时机要恰当。不犯错误不可能，要争取犯得小一点儿，遇到问题就及时调整……我们要把工作的基点放在出现较大的风险上，准备好对策，这样，即使出现了较大的风险，天也不会塌下来。”

5.3.7　制定创建成果的评估办法

1. 什么是评估

评估是收集有关创建工作结果的信息，将该结果与过去同类的结果进行比较，并对其意义、收集的方法和对下一步行动有何启示进行公开的评价活动。创建学习—创新型企业的评估是评估人员按照评估标准对评估内容所做出的判断与评价，包括对某个变革项目的单项评估和对创建某个阶段的综合性评估。阶段性综合评估是针对某个阶段性实施方案的进展情况、学习能力、行为变化和有形结果等，进行调查研究，对实现目标的意义和对下一阶段行动的启示等，进行公开的判断和评价活动。评估的基本方法是，运用测量、调查和划分等级的方法，收集有关结果的信息，与过去的结果进行比较看有无进展，与评估标准进行比较看是否完成了某个阶段的创建目标。其主要目的不是向上级汇报，而是进一步促进学习活动和企业的发展。评估是促进学习的重要措施，各级领导需特别重视。

在评估工作中，应注意评估的标准。传统的评估标准会误导和阻碍学习—创新型企业的创建，而改变传统的评估标准又是十分困难的。因为改变评估标准等于改变评估观念、政策和文化。为此，在重新确定评估标准时，要慎重处理以下几个问题：一是正确看待深层变革中的时间滞延问题。变革需要足够的时间，而员工，特别是管理者却容易忽视这个问题，他们往往对进展情况做出过高的判断。二是基层领导要与高层领导建立协作关系，共同探讨如何确定评估标准问题。因为只有高层领导才有权改变评估标准，所以，要与他们一起探讨评估内容的结构、体系和标准，目的是相互支持与共担风险。三是要把评估过程变成提高评估能力的手段。团队成员最关心变革的结果，但他们没有时间专门地进行评估，因此，团队要制定一些短期目标，设计自己的评估标准。及时收集各种数据，记录各种经验和体会，对单项变革进行自我评估，既能促进学习，又提高了评估能力。四是提高各级领导的评估能力。提高的用途主要有：提前讨论某个变革项目的成功与失败的标准问题，越早提出越容易打破传统的评估模式；把对评估标准的新理解与提高业务工作水平联系起来，这样做，能提高对多种评估标准的认识，并非所有的评估都表示进步，对创新过程中的失败及时做出评价，有利于进行调整；要让内部联络人员沟通有关评估的各种不同观念和让评估人员自己去发现评估中的错误等。只有处理好这些问题，才能使传统的评估标准发生根本别改变，从而采用新的标准去评估学习—创新型企业的创建工作。

2. 评估小组的组成

评估是由评估小组进行的。评估小组主要由团队部分成员、团队领导、各级领导和专业技术人员组成。单项评估是由参加变革的团队成员、团队领导、基层领导和财会等专业技术人员组成评估小组，待项目结束后，即时进行评估。阶段性综合评估分别由团队、基层单位和企业的评估小组进行。团队的阶段性评估由部分团队成员、团队领导和少量的上级领导及财会等专业人员组成评估小组，进行自我评估。基层单位的阶段性评估，由基层单位各团队的少量成员、基层单位领导、少量不同层次的领导和财会等专业人员组成评估小组，进行自我评估。企业的阶段性综合评估，由高层领导、少量不同层次的领导和财会等专业人员组成评估小组，进行自我评估。评估是学习者自己的事，是企业自己的事，不需要聘请外部专家组来企业进行评估。各行各业的经营对象不同，学习过程不同，评估标准的设计程序不同，不可能有适用于所有企业创建的外部专家评估组织。那种希望借助专家组来提高企业声望的想法是不切实际的；那种担心自己评估自己会不客观的想法是不必要的。

3. 评估标准的设计

（1）评估标准的数据化和定型化。评估标准是客观存在的，但在本质上又是可以改变的。一线员工，一眼就能看出某个部件不合格，而不需要测量，人本身就是测量系统。评估标准是由团队成员、专业人员和各级领导协商设计的。设计是为了促进学习，而不是为了进行控制。评估标准是由学习能力、生产管理和经营结果等一系指标所构成的综合体系。在这个体系中，只有少数要素是能够进行量化的，如培训成绩、投资额、工程进度、产量质量与成本和销售额等。要把能够量化的要素全部量化为数据，并分别规定出等级标准。还有大量的要素是不能够量化的，如学习能力、变革能力、学习动机、合作、归属感、个性和士气等。而这些不能量化的要素对创建工作异常重要，不可掉以轻心。所以，要根据调查的反馈信息对他们进行审查、分析、判断和定性，也要划分等级。尽管不会特别精确，也要这样做，因为只有这样做，才能将不能量化的要素变成可以衡量的要素，以便进行评估。客户的满意度可以通过问卷调查获得；对团队学习能力可以根据实况录像进行倾听、分析，以便做出判断；而对团队的士气，只能由团队领导做出主观性的判断。将上述能够量化和不能量化的要素整合起来，进入评估体系标准体系的设计。选择评估要素时须注意，如果它没有监督目标进展情况的反馈系统，员工就不会学习；如果没有同时使用几种标准进行评估，就不能促进员工进行学习。

（2）评估指标的筛选程序。评估指标的设计是关系全体员工的大事，员工个人、团队、基层单位和企业都要设计出自己的评估标准和具体指标。

第一，员工个人可以在个人能力开发计划、培训计划完成情况、学习能力等级、与他人沟通、合作程度、技术等级、自我超越次数、创新成果件数、专利件数和收入水平等方面，选择两三个指标作为自己的评估标准。团队可在团队学习能力等级、解决问题的综合能力、内部合作、外部协作、变革项目数量、开发新产品效果，团队文化建设，顾客满意度、生产效率、降低成本、降低废品率和提高经济效益等方面，选择 6 ～ 8 个指标作为团队的评估标准。基层单位可在参加创建人数百分比、参加培训人数百分比、团队间协作、变革项目数量、开发新产品效果，基层单位文化建设、顾客满意度、生产效率、经济效益、发明创造件数、专利件数、环保预算完成率、改善工作条件和投资收益率等方面，选择 8 ～ 12 个指标作为单位的评估标准。企业可在员工参与创建人数百分比、学习能力提高等级、企业文化建设、知识型员工增长率、年投入学习培训费用人均数额、新增企业技术秘密、发明创造件数、专利件数、环保预算完成率、改善工作条件投资费用、超过劳动强度标准津贴、生产事故率降低率、员工社会保障完成百分比、资助社区建设费用、市场竞争力、企业资产增值率、利润增长率和员工收入增长率等方面，选择 12 ～ 16 个指标作为企业评估标准。

第二，评估指标筛选办法也是从团队成员开始的，即由自己选择两三个最能反映自己特点的评估指标，然后向团队解释自己的评估指标及其意义。有的指标很快就会被团队选中或否定，有的指标，由于处在中间状态，团队可根据一定的标准决定取舍。这些标准是：是否体现了团队的主要目标？是否能对其指标进行监控？是否持续有效？是否能达到目标？最后，团队将选定的指标压缩为少量的关键性评估指标。基层单位的评估指标亦如上法，从团队的评估指标中筛选而来。企业的评估指标亦如上法，从基层单位的评估指标中筛选而来。同时，团队、基层单位和企业还要加上反映自己特点的评估指标，分别压缩为 6 ～ 8 个、8 ～ 12 个，12 ～ 16 个指标。

第三，指标选定后，团队、基层单位和企业都要反复检查：所选指标是否符合自己的经营目标？是否与企业的战略目标相一致？如果符合要求，就可以通过各种形式将评估标准和评估指标在各自的范围内公之于众，以便按照标准努力工作。同时，还要通过学习与讨论让团队成员在标准上取得共识，不然，就可能只追求自己的目标，而不顾团队的整体目标。如财会人员注意成本，操作人员注意质量与数量，营销人员注意新旧型号产品之间的差异，而不顾整个团队的利益。

4. 即时评估和阶段性评估

评估既可以分为单项评估和综合性评估，又可以分为即时评估和阶段性评估。即时评估一般是在团队内部进行的。团队成员非常关心自己变革的成果，他们在团队领导的率领下设计评估标准，自己收集数据和其他信息。或者是变革告一段落，就进行评估，使团队成员能在竞赛的同时看到记分板，及时调整行动，尽快取得项目的成功；或者待变革项目完成后，即时进行评估。即时评估的标准和经验又可以作为阶段性评估的基础。阶段性评估是对团队、基层单位和企业的创建工作是否完成了阶段性目标和任务所进行的评估。每个创建阶段的实施方案完成后，都要进行阶段性的综合评价，以便对创建工作做出阶段性评价。由于每一创建阶段的具体任务不同，所以，不同阶段的评估内容、重点和标准也不相同。

在启动阶段，其主要特点是改进。由于先导小组和团队把五项修炼的技能刚刚运用到实际工作中，所以，不可能在生产经营绩效方面看到明显的效果。由于学习活动具有主观性、内在性和缄默性，变革效果具有滞后性，所以，这时不能将投入的经费和可量化的效果数据代入某些公式，产生一些量化的评估判断。因为这是不可能准确的，而且会破坏学习，扼杀创建。因此，这个阶段的评估重点，只能侧重在团队的学习上。评估标准，只能是学习与工作相结合的技能考核上。因为理论与实践的结合有个过程，五项修炼不单纯是与工作结合的技能问题，还有思想、价值观和情感等问题，不是短时间所能炼就的，所以，这个阶段的时间不能太短。只有当团队、基层单位和企业的绝大多数员工，由于学习与工作的结合引起了工作方式的改变，并在各项指标的评估中做出了合格的评价，启动阶段才能结束。

在成长阶段，其主要特点是改革。由于团队学习提高了工作能力，有能力质疑现状并进行改革和变革；由于开发了新技术，改变了工作程序，引发了组织结构和规章制度的变革，确定了新的管理方法，并推动着企业的成长，因此，这个阶段虽还在继续学习和培训，但企业的主导方向是改革和变革。因此，这个阶段的评估重点是生产效率和经营效益的提高。应根据先导小组和团队的成功变革来确定评估标准，包括企业整体气氛上的变化，行为方式上的变化和绩效结果上的变化。这是一个既充满新的经济增长点，又有许多困难和挑战的阶段。团队、基层单位和企业，只有通过新标准的评估，证明确实是由于团队的改革和变革提高了效率和效益，确实是改革和变革推动了团队、基层单位和企业的成长，才能给予合格的评价，转入下一阶段的创建。

在成熟阶段，其主要特点是变革。由于成功的团队经验已经扩散到整个企业，组织学习持续开展，各单位、各团体都进行深层变革。原先比较落后的单位和团体会急起直追，整个企业形成了先进帮后进、比学赶帮超的火热场面。新的经营管理方法层出不穷，使企业改变了常规经营模式，效率和效益快速提高。因此，这个阶段的评估重点是市场竞争力的提高，企业利润和员工收入的提高。评估标准是经营管理的实质性变革。评估合格，就表明已经达到了学习一创新型企业的标准。这个阶段的评估，除了按照既定的规定安排外，还可以邀请少量的专家学者、客户代表参加，通过他们监督评估过程，达到宣传学习一创新型企业优越性的目的。评估通过后，不用向上级请示，由企业主管宣布学习一创新型企业创建成功，同时对有突出奉献的单位和个人进行表彰奖励，并发布新闻，以示庆贺。

第6章 创建的启动阶段

- 启动阶段的指导方针
- 五项修炼中的单项、组合和整合演练
- 创建工作的基本框架
- 挑战及其对应策略
- 深度变革的成功要素
- 评估的程序和方法

学习一创新型企业的创建，不能单纯依靠学习和模仿，关键在于学习和模仿基础上的创新，所以使用“创建”这个动词，是非常恰当的。学习一创新型企业的创建，说到底，是通过心灵的改造来达到企业的改造。而心灵的改造是看不见、摸不着的，其难度之大非比寻常。而企业的改造，更是需要探索、需要实验的，其难度之大是可想而知的。当今的企业，正处在科学技术迅猛发展的多变时代，单项工作变得越来越简单，机器变得越来越聪明，低技能的工作越来越少，高新技术的工作越来越多。不论是高层领导，还是现场作业员工，都必须面对不断出现的新情况、新问题，在动态中即时做出判断和决策，必须不断地学习，具备阅读、书写、辩论、沟通、合作和使用各种智能技术的本领。正是这种快速多变的时代，无法为所有企业的创建工作提供一个明确的万能模式，提供一个单一的创建处方。每个企业经营的具体情况不同，需要也不同，正如医生给人看病一样，即使对同一种病，也要针对每个病人的身体状况，开出不同的处方。但是，学习一创新型企业理论是门企业管理科学，即使在如此复杂多变的当今时代，仍能为所有志在创建的企业指出一些必须做好的重点工作，提供一个策略性的框架，这个框架包括三个要素，即一套指导方针；学习一创新型企业的理论、方法、工具和创新的基本框架。只有这三个要素齐备，并不断追求他们的综合效应，才能把学习一创新型企业的创建工作启动起来。

SECTION 6.1

启动阶段前期的主要工作

6.1.1　确定创建指导方针

确定创建的指导方针是为学习一创新型企业的创建工作确定方向、目标和原则，需要企业领导和全体员工从企业的愿景、价值观和目的出发，共同寻找、研讨和提炼，最终整合出组织的信念和员工想要创造的真正价值。这里的信念是指通过学习所产生的新信念，进而确定新态度，使自信植根于心灵深处。这里的价值不是指为股东创造最大的利润，而是指企业存在的目的与意义，即为社会创造更多的使用价值，为振兴中华的中国梦做出更大的奉献。

指导方针的第一特点是要有哲学的深度，如从哲学的角度来看待马斯洛的层次需要理论，明显地表现出生产力水平、文化教育水平和世界观、人生观的制约。在经济发展水平较低、文化教育落后时，人们的需求主要停留在生理和安全等低层次的满足上；当经济发展和受教育程度提高以后，人们的需要则表现为归属感与相互爱护，尊重与自我实现等高层次。一般来说，工业化程度高的国家和地区中，都能满足员工的生理、安全、归属和爱护等需求。只有在学习一创新型企业中，才能真正做到尊重人的地位、权利、责任和名誉等需要，能提供各种条件，鼓励个人充分发展，进行创造活动，实现人生价值，满足自我实现的最高需要。当我们把企业存在的本质和意义作为指导方针时，就不会把别人视为可以利用的对象，而是共同学习和共同变革的朋友，人们潜在的人生观和价值观就得到了改造。

指导方针的第二特点是伴随第一特点而来的，它把工作流程视为持续变革的对象，变革来源于学习对现行工作流程的质疑，按照整体比部分重要、关系比事务重要的原则，从人际关系的互动中，改造或增减流程。流程的变革必然引起组织结构、管理方式和工作方式等一系列变化，从而使企业增添新的活力。

1. 更新观念是确定指导方针的先导

企业变革首先是观念变革。观念更新是向自我提出挑战，进行一场思维和学习的变革。创建学习—创新型企业，是把传统企业与当代最先进的管理观念嫁接起来，而嫁接的最大障碍是心智模式。我国传统企业员工心智模式的特点是普遍缺乏进取意识，小富即安，无视环境的变化，这给创建工作增加了难度。创建学习—创新型企业不能靠行政命令，必须以更新观念为先导，企业领导带头，以便启发员工更新观念。具体做法应该是：

（1）确定需要更新和保留的观念。要对现有的观点进行调查研究确定传统观念应否保留和抛弃，以便确定保留和更新的内容。

（2）更新观念。通过生产经营实践对不适应的观念进行更新。如“一把手说了算”的观念就应该更新。中国现在的企业中，特别是国有企业，没有一位董事长公开表示一把手说了算，但实际上，仍然是董事长一个人说了算的企业不在少数。这种观念在改革开放初期曾盛行一时。在当代，一位董事长，即使他的信息再灵通，知识再渊博，再多谋善断，其所言也不能是“金口玉言”。因为在经济全球化条件下，解决问题所需要的信息、知识越来越杂，绝不是一个人的工作经验和聪明才智所能办到的，必须靠董事会的集体决策。因此，要将一把手决断的观念更新为集体决策的观念，即科学化、民主化的角色观念。学习—创新型企业的决策观念，也是科学的、民主的决策观念，所不同的是把参与决策的范围从董事会扩大到全体员工，并且以基层决策为主。基层员工也可以依据自己的工作责任，对自己的工作进行决策。因此，创建学习—创新型企业，还要把决策观念再更新为全体决策的观念。又如道德观念也需要更新。道德是在一定社会条件下，调节人们共同生活的行为准则和规范。马克思认为，道德是社会意识形态之一，是社会经济关系的产物，也就是说，它是由一定的社会经济基础决定并为其服务的。在当代，理所当然地要把计划经济时的道德观念更新为市场经济的道德观念。市场经济是追求利润的经济，追求利润是推动社会经济发展的动力之一，是正当的企业行为，同讲不讲道德风马牛不相及。道德和不道德的界限要看其是否有损他人、集体和国家的利益。社会主义市场经济道德反对专制和特权，赞扬和实行平等观念，以保证基本权利的平等和平等基础上的竞争。正是这种平等的竞争，才是新道德赖以确定的基础。从某种角度看，更新道德观念比调整所有制结构还要重要和困难，因为在现实生活中，一旦特权干预经济，造成经济分配的不公平，必然导致道德的败坏。市场经济不单靠法律支撑，还需要道德的支撑。江泽民提出“以德治国”的方针，提高全民的道德素质，特别是提高政府官员和企业经营者的道德素质，对建立和健全社会主义市场经济体制和创建学习一创新型企业都是异常重要的条件。

（3）树立学习一创新型企业的新观念。创建学习一创新型企业，要树立诸如从部分看整体的观念；员工不是接受指令的反应者，而是改变现状创造未来的参与者的观念；员工的岗位活动是反馈回路一部分的观念等。在前文已经讲过，有关学习一创新型企业应该更新和处理各种观念。在这里要强调一点的是：企业不是单纯的物件，它是由人组成的与环境不断交换能量的有机生命体，因此在创建学习一创新型企业的过程中，要特别树立生态学观念。改变基本的思维方式，逐渐抛弃传统的思维方式，效法“自然之道”，不能像移动物体那样来推动学习一创新型企业的创建工作，而是要像对待人那样来启动企业的创建工作。马克思说：“观念的东西不外是移入人脑的并在人的头脑中改造过的物质的东西而已”，意思是说，观念并不是人们头脑中固有的，社会存在决定社会意识，不同的时代会形成不同的观点。因此，更新观念的根本途径，不能从思想意识中去寻找，而是要从物质关系中去寻找，从生产关系、社会关系和生活条件中去寻找。只有变革企业的生产经营实践，才能把计划经济的观念渐次更新为社会主义市场经济的新观念。只有更新观念，才能为创建学习一创新型企业的指导方针奠定坚实的思想基础。

2. 确定基本指导方针

基本指导方针就是全体员工共同创建有中国特色的学习—创新型企业。全员共建的思想基础是：全体员工都有创建学习—创新型企业的愿望，并因此建立共同愿景，愿为企业奉献自己的聪明才智。全员共建的动力来源于创造性张力。为了激发创造性张力，领导者必须把权力和责任同时落实给每个员工。只有每个员工都能承担自己的责任，才会主动实践五项修炼。领导由于使命感、价值观和共同愿景的驱使而扮演了新的角色，其主要责任是忠于真相和探讨现状背后的力量，使愿景和现状之间的差距明显显现出来，借以激发并管理创造性张力。不仅领导者如此，还要使每个员工都如此，才能使各种创新的可能性不断涌现出来。全员共建的途径是领导和员工共同设定企业经营目标、经营战略，共建共享信息渠道，共同选择改革和发展项目，共同决策，共同改革组织结构，共同制定利润分配方案、奖励制度和福利标准等。根据员工的需求和意愿选择学习项目，以所在组织为单位，进行互动式学习，不仅学习和探索本专业的技术发展趋势，还要学习相关专业的知识和技能。同时，要不断地同客户、供应商、同行竞争者一起学习，与政府人员、企业股东、银行业者、学者一起探讨社会和经济发展趋势以及新政策、新法规的要求等。没有全员共建这条基本的指导方针，五项修炼只能是解决问题的手段，而不是创建学习—创新型企业的修炼，学习—创新型企业则只能是空中楼阁。

3. 确定其他指导方针

（1）确定员工发展与企业同步发展的方针。员工是企业内部人际关系的根本，他们有各自的文化、愿景和价值观。价值观可以改变，正是这种改变为实现自我价值提供了可能性。人们的价值观具有多样性，只有承认这种多样性，才能从中选出对于创建学习—创新型企业最有用的观念。只有员工成为学习型的个人，企业才能成为学习—创新型企业。因此，在创建学习—创新型企业的过程中，必须确定员工发展与企业发展同步进行的方针。“以人为本”在学习—创新型企业里的含义，不仅是尊重员工个人的人格，而且更重视个人职业生涯和人生价值的实现。只有使员工之间、员工和管理者之间结成伙伴关系，企业才能和谐地发展。领导者的主要责任就是激发员工的潜能，使之全部释放出来，自我超越，并与企业共享，以实现员工的人生价值。没有员工与企业的同步发展，就没有学习—创新型企业。

（2）确定创建的带动方针。创建学习—创新型企业是学习的革命，是企业管理的革命，是一个由精神变物质的过程，不可能靠行政命令来推动，更不能一哄而起“搞群众运动”，只能靠精神的力量和榜样的力量来带动。创建的一般规律是：由高层领导发动，从基层抓起，由先导小组的榜样作用来带动，团队自愿报名参与创建，由点到面、由浅入深地全面开展。由于企业是个复杂的系统，环境是个更大、更复杂的系统，两者都在发展变化，创建是机遇与风险并存的，所以，每采取一种行动都要广泛地征求意见，切忌感情用事，急于求成。当一个团队面对困难和挑战时，首先要学习分析，然后要寻找伙伴的支持，最后才是采取行动。先采取和缓的行动，试着推动，不行再改，以求稳步前进。

（3）确定不断创新组织结构的方针。组织（或者说企业）是按照一定的宗旨和系统建立起来的。组织结构是构成组织的各个部分的合理搭配与排列。组织为了实现一定的管理目标，通过构建组织结构，确定职位、职责和职权，制定组织制度，开展各自的工作，并将组织内部的各个部分联结成一个有机整体去适应环境的变化，实现既定的管理目标。组织结构介于实践活动和企业目标之间，又是决策和经营管理的载体，其地位和作用都十分重要。有的组织结构能够准确地理解组织的性质和管理目标，能够维系成员间的合作，协调各部分之间的关系，充分发挥人力资源的潜力，以最小的代价实现组织的经营目标，有的组织结构则不能充分发挥这种作用。在我国企业中，现行的组织结构可分为纵向型结构、职能型结构等，它们的功能特点有二：一是不存在适用于各种不同类型企业的组织结构，只有在一定条件下，比较适用于某一类型企业的组织结构。这种情况决定了所有的组织结构都有改革和创新的需要。二是上述组织结构都是为了满足等级权力的控制而设计的，其基本功能都是为了解决权力的集中和指令的统一问题，即维护政令的畅通，一贯到底，不能出现断层和死角，这种情况和学习—创新型企业的要求截然相反。学习—创新型企业关于组织和组织结构功能的观点是：全体员工共享权利，共担责任。其组织结构有如下三个特征：一是对员工的工作、权限和事业都有明确的界定，帮助每个员工找到合适的位置并乐于做出奉献；二是组织的各级经理不但对工作负责，而且对该组织员工的幸福负责；三是企业文化的平等性，不再根据等级制度的级别对员工进行高下的分类，工作在每个层次上都能实现自我价值，并得到承认。因而，从传统企业过渡到学习—创新型企业的过程要确定的方针包括：从封闭过渡到开放的方针；从员工被动接受指令过渡到主动参与管理的方针；从单纯雇佣者过渡到合作伙伴的方针；按照市场变化和企业改革要求随时撤销旧机构或随时建立新机构的方针；由纵向结构为主过渡到以横向结构为主的方针和人员无限流动的方针。学习—创新型企业特别强调组织结构的调整与变革，因为这是组织活力的主要来源。变革的条件是：当某一组织机构运转无效率或成为经营管理创新的障碍时，就要进行变革，以提高运转效率和产出创新的障碍。变革的方式有两种：一是撤销原机构，或另建或不建新机构；二是改造原机构，使之适应形势发展的需要。变革的程序可分为三个阶段：一是准备阶段，进行组织结构诊断，找出问题的症结，聚集足够的变革需要的物质和精神力量，包括舆论宣传；二是变革阶段，由领导和员工共同进行变革行动，人员无级分流，在新机构内建立新的工作制度、价值观和工作方式，并及时调整整个结构组织的运作关系；三是巩固阶段，总结变革的经验教训，必要时进行个别调整，采取强化措施，巩固变革成果，使变革后的运转更有利于学习—创新型企业的创建。组织结构的变革是创建学习—创新型企业的关键点，也是难点，尤其是对传统的国有企业来说，更是如此，因为它意味着大批的管理人员被裁汰。

（4）确定持续学习和不断变革的方针。毛泽东在 1956 年说过：“我们的方针是，一切民族，一切国家的长处都要学，政治、经济、科学、技术、文学、艺术的一切真正的好东西都要学。”邓小平在 1978 年也说：“要提高我们的技术水平，管理水平，没有一点儿创造性不行……”经济全球化趋势，使资金、技术、专利、设备等无不自由流动和转让，员工素质决定着一个企业的命运。在企业里没有任何一个领导能够单独制定政策，制定政策是集体的学习活动。为了让全体员工都来分担风险，必须组织好员工的持续学习，进行实验、修正错误，在未来的行动中采取正确的政策。美国和日本的企业之所以能在长达 30 多年时间内独领风骚，是因为管理者们善于学习和变革，不断摆脱经营管理的旧模式，使企业充满生机和活力。他们经过十年的探索，终于认识到人的价值和智力因素的价值，面向市场的开放策略，员工的合作关系，在效率和效益上重新衡量企业制度、组织形式和观念等，他们认为，有了这些软件，才能实现信息化。信息化 = 信息设备 + 先进管理。什么是先进管理？就是以市场为中心来确定企业的目标和策略；以人为中心的价值观和企业文化；以效率和效益为中心不断变革企业制度和程序。我国传统企业应该学习和借鉴他们的探索成果，更应该学习他们持续学习和不断变革的精神。在创建学习一创新型企业的过程中，既要坚持以我为主的方针，又要坚持洋为中用、古为今用的方针，创建中国特色的学习一创新型企业，并为学习型社会的建设添砖加瓦。

6.1.2 理论、方法和工具的应用

理论是人们从实践中概括出来的有系统的知识结论，是关于世界如何运作的一套根本主张；方法是处理问题的程序、手段和技巧；工具是进行实验所使用的器具和凭借。世界上所有的发明创造都是理论、方法和工具恰当融合的结果。一方面，当新的理论被发现后，就要求建立新的与之相适应的方法和工具，以便进行社会实践；另一方面，当使用新的方法和工具进行社会实践时，又使新的理论受到了检验，并使新的理论得到充实和发展，同时，也使新的工具和方法得到改进和发展。这两方面相结合的持续循环，正是一切科学得以发展的主要动力。

1. 学习一创新型企业理论与其方法工具之间的关系

创建学习一创新型企业的理论是一套全新的理论，所使用的多数方法

和工具也都是新的。每项学习修炼都具有其特定的理论、方法和工具。具体如下：

自我超越的理论有：愿景发挥作用理论、创造性张力与情绪性张力理论和潜意识理论等；其方法工具有：建立个人愿景，保持创造性张力，意识和潜意识结合等。改善心智模式的理论有：兼顾探询与辩护理论，逐步推论理论，拥护的理论与使用的理论等；其方法工具有：检验和改善心智模式，宣示假设对话方法，未来情景想象法，兼顾反思与探询、辩论与探询和“左手栏”等。建立共同愿景的理论有：全像理论，奉献与服从不同理论等；其方法工具有：设计流程，从个人愿景到共同愿景，不断提高服从层次等。团队学习理论有：深度汇谈理论，整合深度汇谈与讨论理论，习惯性防卫理论等；其方法工具有：反思、探询、观察、聆听、开放，有技巧地讨论、辩护、沉默、善用冲突、大墙会议，电脑模拟和实验等。系统思考的理论有：结构影响行为理论，钟摆理论，杠杆理论等；其方法工具有：系统反馈、系统思考，增强环路，调节环路、时间滞延，因果环路图和系统基模等。此外，有的方法工具，除上述的理论支持之外，还有其他理论的支持，如改善心智模式的“左手栏”工具，还有习惯性防卫理论的支持。系统思考的方法还有复杂反馈系统理论的支持，系统基模工具，以及系统动力学的支持等。每种实用理论都有其方法工具，每种方法工具也都有其理论作为基础。只有精通五项修炼的理论、方法和工具之后，才能把它们用于实践当中，运用越熟练便越能以新眼光看世界。

为什么这些方法，特别是工具，一定要有特定的理论作为基础呢？使用方法工具不就在于它的有用性吗？是的，然而，还不止于此。因为，如果你使用了没有理论根据的方法或工具，即便管用，你也无法知道它为何管用；如果不管用，你也无法知道它为何不管用。因为不知道该方法或工具的局限性，所以，也就不知道若运用不当时，会产生什么样的反效果。由于不能触及问题的本质和根源，也就不能打开新的思考方式。因此，要知其然，更要知其所以然。方法工具必须基于理论的支持，才有改变思考方式的力量。大多数为了解决问题而推出的管理工具，无论其本身多么有创新，都不能开启新的思考方式，如从数学的静态统计流程中发展出来的质量控制图，由于它是以传统的静态思考方式为基础的，所以，尽管这种工具有用，但无法达到更新思考方式的目的，原因是静态的思考方式改变不了动态问题的根源，静态分析工具无法了解今天的问题是如何长期演变而成的，特别是问题隐晦不明时，更是难以了解。同时，也没有办法显示出变革可能带来的后遗症。静态思维工具，虽然有的也强调系统中的环环相扣，但这只是从细节性复杂的角度来观察关联性，只能帮助把系统中的要素安排好，而不能查明自己的行动如何导致目前的问题，因而只能采取治标的政策，反而使问题更加恶化。我们需要用动态的观点来解决动态的问题，而从静态的思考方式中很难演变出改变思考方式的工具。由此可见，能够改变思考方式的方法和工具，必须有理论作基础。当新的理论，如五项修炼的理论，被转化为其方法工具的基础时，即学习一创新型企业的理论、方法和工具融合之时，理论就进入了创建学习一创新型企业的实务中。在学习一创新型企业的实务中，无论使用什么样的方法、工具都必须是切中要害的，能够解决问题的。我们只能用学习一创新型企业的理论、方法和工具，去改变思考方武，推动学习一创新型企业的创建。

2. 五项修炼的单项演练

从书本上学习五项修炼和启动阶段在工作中学习五项修炼是截然不同的。在工作实践中学习五项修炼，个人单独学习，可以加强个人对每项修炼的理解，提高修炼能力，还可以从经验中找到具体例证，确定个人发展方向，并获得心得体会，会使你产生恍然大悟的感觉。团队学习需要团队领导的安排和支持，有时还需要辅导者的帮助，其收获要比个人单独学习大。五项修炼，既可以单独演练，也可以组合起来演练，不过同时进行两项以上的演练比较困难。所以，刚进入实践时，还是逐项地演练为好。每完成一项修炼，都对其他修炼有所帮助。单项演练也是理论、方法、工具的综合训练，也可以用到分析和解决实际问题上，其演练和使用的步骤是：发现问题；分析问题的症结；把问题构筑成计算机模型；对模型进行实验和对结果进行分析；选择最佳方案进行实施；对结果进行跟踪调查和评估等。

（1）演练自我超越。自我超越是辨认和实现个人抱负的修炼。一般说，自我超越的人都是不停止学习的人。只有学习新知识，接受新事物，才能发现自己的不足，不满足于现状，给自己提出新的目标，将目标发展成为个人愿景，通过学习提高思想境界，树立创造型工作观和为集体奉献的决心。认清个人愿景和个人现状之间的差距，产生创造性张力，发展实现愿景的能力，向极限挑战，创造出最希望的结果，实现自我超越。一次自我超越之后，由于不满足已经取得的成就，又确立新的个人愿景，进行新的自我超越。这种目标—愿景—超越的循环，就会使员工成长为学习型员工。自我超越是员工个人成长、实现人生价值必不可少的修炼，是学习—创新型企业的基础。它可以塑造一种浓厚的学习氛围，又可以汇聚一种向上的动力，对企业建立共同愿景非常重要。但是，这项修炼也会给员工，特别是基层领导带来很大压力。在创建的启动阶段，能够实现自我超越的人并不多，领导者的责任，就是引导员工向极限挑战，培养自我超越的员工。自我超越的员工越多，创建的成果就会越大。

（2）演练改善心智模式。改善心智模式是弥补认知缺漏，培养正确态度和看法的修炼。个人、团队和组织都存在对企业对环境的既有看法和成见，它深藏在心灵的深处，不容易暴露，也不容易改变，影响着人们的态度和看法、决策和行为。要改变错误的心智模式，首先，要以开放的心态、民主的观念，接纳别人的想法，审视自己的心智模式；其次，凝聚集体的看法，改善原有的心智模式或是创造新的心智模式，消除病根；最后，采取正确的心智模式，求得符合实际的观点，以便采取有效的行动。造成企业慢性问题的根本原因是心智模式。演练的关键是把隐藏在重要问题背后的假设发掘出来，用反思和探询的方法进行面对面的学习，反复地思考和交流，产生创造性而不是适应性的学习，才有可能改善或创造新的心智模式。从这里开始创建学习—创新型企业是比较困难的，因为必须具有锲而不舍的精神，才能精通心智模式。改善心智模式还需要开放和民主的企业环境，而这仍然是我国传统企业所缺乏的，领导者的责任就是要制定一套改善心智模式的指导原则，内容应该包括未来情景企划、开放、分权和实际奉献等，在行动中反思，将心智模式的演练当作一套可以培养的思考技术。

（3）演练共同愿景。建立共同愿景是在共同目标下建立责任感和使命感的修练。建立共同愿景的基础是企业文化。尽管企业文化散存于企业行为、价值观、企业精神和产品之中，但它的功能与作用和建立共同愿景的要求是一致的。共同愿景虽不同于年度计划和中长期规划，但它能激发员工对共同愿景的承诺、责任感和使命感，能为员工的学习提供焦点和动力，激发创造性学习，培养奉献精神，并遵守实践的规则。在启动阶段就要建立共同愿景，要求管理层和员工拥有共同的目标和使命感。管理者的责任就是要引导员工拥有共同的目标和使命感。要使共同愿景具有先进性，提炼核心价值观作为管理共同愿景的抓手，要克服困难，坚持到底，使共同愿景保持动态性。

（4）演练团队学习。团队学习是通过互动培养集体思考能力的修炼。团队通过对话、有技巧的讨论和深度汇谈等，排除学习智障和自我防卫，敞开心扉，公开假设，自由交流，使个人思维转化为集体思维，发展出超过个人才华总和的集体才智。在取得共识的前提下，使团队拥有整体配合的灵活行为能力，以便在实现共同愿景时创造出优异的成果。不断开展团队学习，使一般团队成长为学习型团队。这是一种全新的学习技术，既要有一套复杂的技能，又要有一定的思想境界，在启动阶段尚不易掌握。领导者的责任是组织演练和辅导，使团队成员掌握团队学习的方法、工具和技巧。因为团队学习能激发企业的根本性改变，所以，又是创建学习一创新型企业的关键。正因为它能激发根本性的改变，又具有挑战性，所以需要谨慎地操作这项修炼。

（5）演练系统思考。系统思考是从看片面到看整体，从被动反应转为主动创造未来的修炼。系统思考是建立在反馈和动态性复杂行为日益增多的现实基础之上的。它的本质特征是系统经过一段时间运作之后，产生一种成长和稳定的自发倾向。演练系统思考，可以探讨隐藏在局部行为背后的系统结构运行的巨大能量，从复杂的细节中掌握动态的整体匹配能力，得出整体性的结论。既能使企业的部门、单位各司其职，又能使整体协调运作。系统思考要求，必须先了解问题的系统整体，学会理解企业各部分、各单位的互依互动关系。学会管理的辩证法，从中引出新知识，透视复杂变化背后的系统结构，把杂乱的片断整理成前后一贯的线索，找到问题的症结，认清持续有效的杠杆解。因为解决对外关系问题常常要从内部做起，所以有时又把问题的外因变成内因来处理，从而使企业与环境能够协调运作。认识系统基模是精通系统思考的关键，系统思考能使人们看到许多活动的因果关系环路。检视企业运作情况，会发现很多因果关系环路在出发时间上并不同步，因而没有唯一正确的解。通过各种学习实验室，运用系统模型，进行模拟实验，有效地改变系统结构，达到变革企业管理的目的。系统思考是修炼共同愿景的支撑，当员工相信自己的能力能够改变现状时，共同愿景的建立就胜利在望了。至少有五种系统思考适用于企业组织结构的变革：一是动态复杂性系统思考，它通过广角来看企业；二是开放系统思考，它通过流程和限制来看企业；三是社会系统思考，它通过人们的互动来看企业；四是流程系统思考，它通过信息流来看企业；五是生命系统思考，它通过自我创造的实体之间的互动来看企业。每种系统思考分别适用于不同态度和不同学习风格的人，可以同时运用几种乃至全部的系统思考来进行管理变革。企业变革本身也是一个复杂的系统，要领导这样一场变革，领导者就要首先培养自己识别和运用各种系统思考的能力，及时发现小而影响全局的杠杆点，精熟整体动作的微妙特性。要整体思考，防止局部思考；要动态思考，防止静态思考；要本质思考，防止表面思考。要虚心倾听员工的意见，防微杜渐，避免出现蝴蝶效应和“煮青蛙”现象。

3. 五项修炼的组合演练

五项修炼就像人手的五指功能一样，分别组合和综合运动五指会各有不同的功能。五项修炼中每修得其中一项修炼，就增加一种能力。同时，每习得一项修炼，也都有一个从该项修炼出发，继续演练其他修炼的最佳组合。每演练完一套组合后，可以重复本组合的演练以求精熟，也可以转向其他组合的演练，以求精通各项修炼。它有五种最佳组合演练：

（1）演练系统思考组合。练习完系统思考后，接着演练共同愿景。当你清楚系统结构并想重新设计系统时，浮现的问题必然是：设计的目的是什么？因此，在演练系统思考的早期，就要在共同愿景上下功夫，否则，系统思考的种种作用力可能会限制共同愿景。接着演练心智模式，系统思考会使你感到有改善心智模式的必要，否则，当系统基模浮现时，就不知道如何讨论这些问题。接着演练团队学习。重新调整团队成员之间的关系，以便探求问题的答案。接着演练未来情境企划。系统思考和未来情景企划能自然地互补，两者都提供了分析的工具，使团队去描绘未来的假设。接着演练自我超越。每个员工都是系统中的一份子，最重要的杠杆力量来自员工自我定位和自身作用的改变，因此，必须进行自我超越，发展个人愿景，从创造自我和相互依存中共同来关注企业。

（2）演练自我超越组合。练习完自我超越后，接着演练心智模式。自我超越的关键能力之一是反思现状，进而改善心智模式。只有改善心智模式，才能有效地学习和发展自己。接着演练共同愿景。自我超越会自然地导致共同愿景。为了实现个人愿景，需要他人的合作，也就是和他人一起建立共同愿景。接着演练系统思考。一旦领悟到可以开创自己的未来，就知道现在该怎么做了，这就必须了解所处内在结构(即价值观、信念与态度)和外在结构(即家庭、工作与事业)之间的相互关系。只有通过系统思考，才能对这种相互关系所构成的现状加深认识。

（3）演练心智模式组合。练习完心智模式后，接着演练团队学习。许多心智模式的技巧都和团队学习的技巧相似，因此，同时运用这两种修练的技巧，如既用未来情景企划，又用深度汇谈，就会使演练的收获更大。接着演练自我超越。实践心智模式，注意力会转向自己，想了解自己的假设和自己在企业中的定位，迫切需要实践自我超越。接着演练系统思考。当个人或团队披露主要的心智模式后，会思考应该如何改造组织结构以实现企业目标，自然会进行系统思考。

（4）演练共同愿景组合。练习完共同愿景后，接着演练自我超越。共同愿景和自我超越几乎永远齐头并进，员工在思考对企业的期望时，不可避免地要思考企业对自己的期待，观察现状和愿景，进行自我超越。接着演练团队学习。从共同愿景到团队学习是很自然的过渡步骤，愿景使员工迫切需要学习和如何共同学习，同时，共同愿景又为团队学习所面临的情绪挑战做好了准备。接着演练系统思考。要实现共同愿景，系统思考是基本的工具，员工从实践中能体会到需要有追求愿景的策略，在追求目标时，必须通过系统思考找到杠杆点，利用周围的系统结构来充实系统基模是有用的。接着演练心智模式。共同愿景开辟了探讨相关心智模式的需求，尤其是关于未来的心智模式，当开始规划如何接近现状和愿景之间的差距时，更需要建立共同的心智模式。

（5）演练团队学习组合。练习完团队学习后，接着演练心智模式。实际上，在团队学习过程中，当成员开始显露和检视心智模式时，这项修炼就已经开始了。接着演练系统思考。当团队探讨各种作用力，并考虑系统中各种互动关系时，就需要系统思考的技巧。接着演练共同愿景。团队在工作之前，必然考虑他们的工作与共同愿景之间的关系。共同愿景为团队工作指明了意义，团队学习和工作的目的就是实现共同愿景。

（6）演练的三个层次。五项修练的演练，不论是单项演练，还是组合演练，其精熟过程都像五个等腰三角图形（见图 6–1 至图 6–5）。这种三角图形各分三个层次。从底边起，分别代表具体的演练，指引演练的背后原理和达到精熟程度时修炼者所体验到的精髓世界，分别简称为演练、原理和精髓。

在演练层次上，演练者把时间和精力投入到学习活动上。学习是修炼最具体的部分和焦点。需要对初学者严格要求，才能专注和持续。经过一段时间之后，才能真正看清自己做的是什么，久而久之，演练变得越来越自然，并能主动地给出相应的反应。

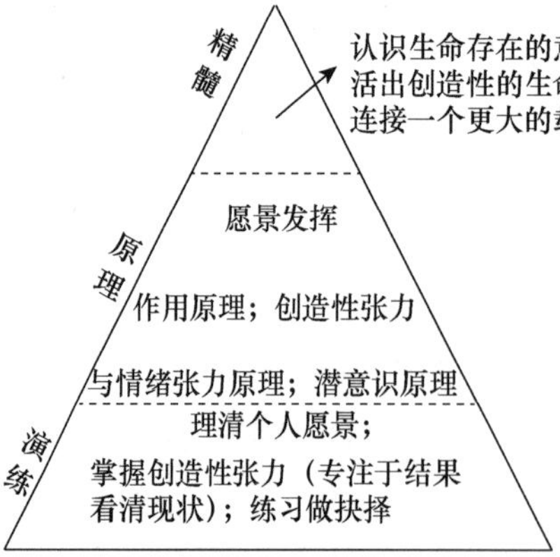

图 6–1　演练自我超越的三个层次

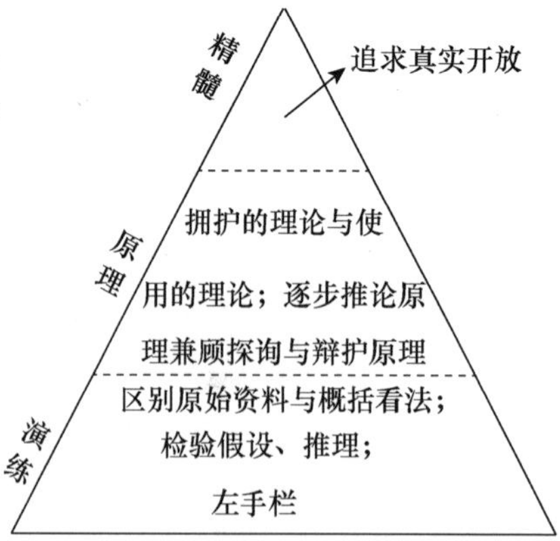

图 6–2　演练心智模式的三个层次

在原理层次上，原理代表演练背后所依据的理论。原理对初学者和精熟者都很重要。对初学者，它有助于了解修炼的理论根据；对精熟者，它有助于修炼的精益求精和向其他人传授这些技能时阐明道理。学习一项修炼需要在了解原理和笃实演练两个方面下功夫。不要以为了解了原理就学会了修炼，错误地将知识上的一知半解当作学习。学习增长知识和行为能力的磨炼过程，二者不可缺一。

倘若把修炼的重点放在精髓层次，就像架设空中楼阁一样，没有任何实际意义。修炼的精髓是指修炼纯熟时，个人或群体自然体验到的精神境界。虽然，这种体验难以具体描绘，但它对于了解每一项修炼的意义和目的，则是异常重要的。

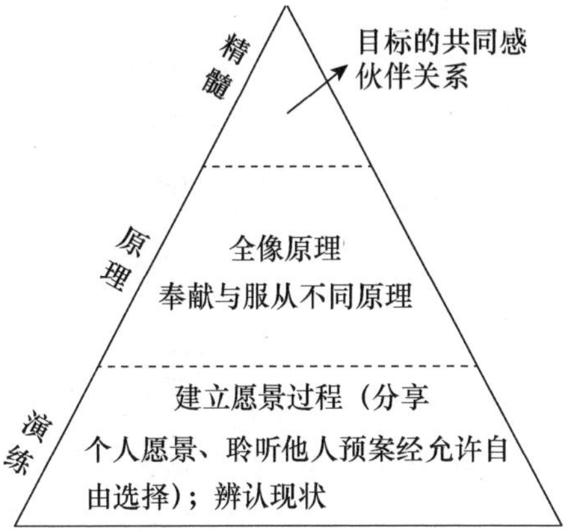

图6-3 演练共同愿景的三个层次

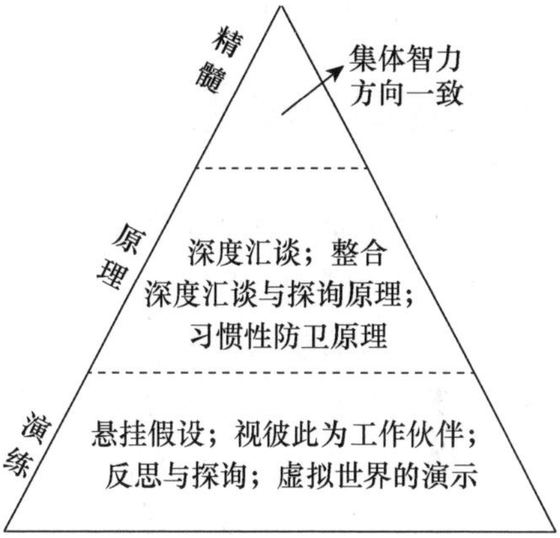

图6-4 演练团队学习的三个层次

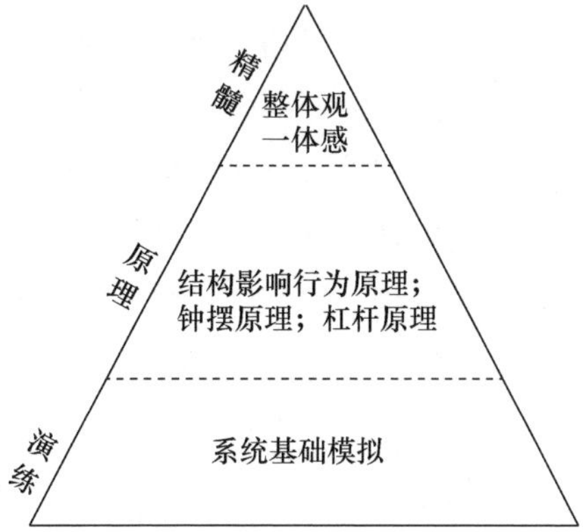

图6-5 演练系统思考的三个层次

和其他三项修炼不同，建立共同愿景和团队学习这两项修炼是集体进行的。因此，在三个修炼层次上，都要以群体的方式进行演练，了解原理和体验精髓。各项修炼在精髓这个层次上开始相互接近（这在五项修炼整合后的图形中可以明显地看出来），有一种共同的体验将五项修炼结合起来，感觉到在相互依存的世界中，每个人都要不断学习才能发挥作用。同时，还能看到各项修炼的差异变得越来越小。如系统思考修炼中的“一体感”和自我超越修炼中的“连属一个更大的整体”；共同愿景修炼中的“目标的共同感”和团队学习修炼中的“方向一致”等，都相差甚小。然而，这种微小的差距，对于修炼造诣甚高的人来说，仍能区分出是在进行哪种修炼。精熟一项修炼不是一蹴而就的。但每习得一项修炼，就表明在新的学习能力上又提高了一大步。

4. 五项修炼的整合演练

整合演练是把五项修炼按照不同的需要整理融合为一个有机的整体进行演练。它不同于组合演练，更不同于单项演练。

（1）整合演炼的重要性。五项修炼，从本质上说，不是用来各自独立工作的，而是整合为一个整体进行工作的。整合，不仅是为了解决问题，更主要的是为了引出新的观念，使企业能够不断地创造未来。整合的重要性主要表现在三个方面：一是能排除学习智障，防止将各项修炼视为互不相干的学习技巧，需要进行五项学习技术的综合演练。二是能使个人、团队和企业从直线视角转变为从整体视角看问题。转变观念，重新塑造员工队伍，使演练得到整体大于部分之和的学习效果。三是能开拓尚未被发掘的个人和企业的成长空间，做从来未做过的新事务。不断改革组织结构，提高市场竞争力，扩展创造未来的能力。有此三方面的重要作用，就必然进行五项修炼的整合，不进行整合演练，就建不成学习—创新型企业。进行整合演练要比单项演练困难得多。这是一项极具挑战性的工作，但其回报也是无可限量的。

（2）整合演练的原则和方法。在五项修炼的整合演练中，心智模式和团队学习是演练的基础，自我超越和共同愿景是向上的张力。系统思考是核心，是发动机，是整合其他各项修炼的理论和实务。把五项修炼的各项技术汇聚成为企业创新的工具，把学习—创新型企业的创建工作变成一项有系统的工作，使员工认识到创建工作不是高不可攀的神秘幻景，而是有具体操作方法的一项踏踏实实的工作。正像麦道公司在 1935 年将螺旋桨、起落架、机体、引擎和副翼整合为 DC-3 型飞机一样，缺少一项都不成其为飞机。对于创建学习—创新型企业来说，五项修炼的整合，也是缺一不可的。缺少系统思考，就无法探究各项修炼之间的互动关系，各项修炼到了实践阶段就会失去整合的诱因和方法，就会失去整合的能力，不会做出整体性的认识。反过来，系统思考也需要其他各项修炼来发挥自己的潜力。其他各项修炼也是朝着系统思考指引的方向前进的，每项修炼都为系统思考提供理论、方法、工具、技巧和语言帮助。缺少自我超越，就不会有突破极限的个人创新；缺少心智模式，就不能打破因袭的思维定式；缺少共同愿景，就不能使领导和员工产生使命感和责任感；缺少团队学习，就无法发挥团队智慧大于个人智慧的总和的功效。总之，五项修炼是密不可分的，是共同发挥作用的。

整合后的五项修炼像一座三层五角尖塔，这座五角尖塔是由五项修炼的五个等腰三角形整合而成的（见图 6-6）。

每个角面代表一项修炼，它们相互依存相互联系，会使员工感到是生活在一个相互依存相互联系的整体之中。整合演练是指同时进行两项以上乃至五项演练。整合演练仍然有三个向上的层次。在多数情况下，特别是启动阶段，只是同时进行两三项的演练，因为同时进行四五项演练的难度太大。领导整合演练，需要能够看出各项修炼的先后顺序和互动关系，先考虑进行哪几项演练、如何搭配，还要考虑怎样做这种兼容式的演练，才能有助于熟悉其他的演练。整合演练初期的顺序通常是：一是发展个人愿景，设计核心价值观，企业使命和其他无形的事务工作以及能使各项工作结合起来的一般价值观；二是建立共同愿景，以明确长期的方向和激励学习热情；三是演练系统思考，因为管理者总是务实的，需要对目前情况和未来发展情况有所了解；四是改善心智模式，因为系统思考包括心智模式与系统运作的互动，单用系统思考而不搭配心智模式，结果会令人失望；五是开展团队学习以创造佳绩；六是不能忽视自我超越，用个人超越来促

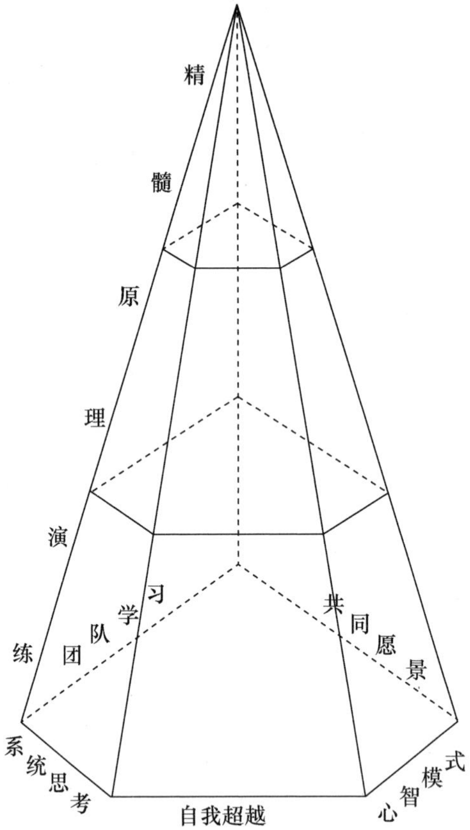

图 6-6

成团队和企业的超越。但是自我超越这项修炼常被领导者忽视，他们往往对员工个人成长持审慎态度，这是需要认真改变的。因为没有个人的超越，就没有团队的超越，就难有企业的超越。这只是一般的原则，具体如何选出两三项进行搭配演练，将因企业的具体情况和面临问题的不同而不同。不过，应该明确，这里谈的是演练，还不是解决实际问题，演练是为了入门和精熟，正像戏剧排练是为了纯熟一样，只有纯熟才能开幕演出。企业决策也需要演练，才能做出正确的决策，只有演练精熟才能创造性地做出决策。人人都知道，跳舞、开车需要事先练习，难道企业做决策这么大的事就不需要事先演练吗？事实上，企业经营管理方面的许多问题往往不经过演练就做出了决策，这是很难不犯错误的。学习—创新型企业就是强调五项修炼的综合演练，而且待练到纯熟、精熟时再做决策。这样做出来的决策，成功的可能性会大得多。

从整合演练过渡到解决实际问题时，应当注意的是：共同愿景和团队学习是着重改变互动方式的；自我超越、心智模式和系统思考是着重检视和改变思考方式的。从某种角度看，企业是员工思考方式和互动方式之下的产物。改变互动方式意味着要重新设计企业的组织结构，人与人、人与流程之间的互动方式一旦发展出新的思考方式和互动方式，就已经是在变革企业的经营方式了。

在通常情况下，高度合作的企业容易接受共同愿景和团队学习，而不容易接受系统思考，因为系统思考要质疑现行的制度和政策。大型企业将发展出不同的整合演练方式，其基层单位往往运用整合演练为当前的问题寻找出路，高层领导团队往往重视全面的整合演练，以解决全局性的战略问题。创建领导小组对各层次进行什么样的整合演练，哪些人去做，条件的准备和时机的选择等，都要做出大体的安排，使不同层次的演练能够相互结合起来，以解决当前突出的问题。

当演练遇到阻力时，不要强行推动，要找出阻力的来源：员工漠不关心？害怕失败？担心失掉既得利益？如果能够化解，待化解后再继续演练；如果暂时不能化解，就要从条件最好、阻力最小的演练重新开始。领导者千万不能以改革者的姿态出现在员工面前，要把自己看作是教练，指导大家进行演练。因为学习是第一位的，而员工是学他们想要学的东西，不是领导认为他们需要学的东西，领导者的基本工作仍然是设计学习过程。在整合演练中，领导要强调三个问题：一是整体的重要性；二是五项修炼比其他管理理论更完整，因为五项修炼有系统思考，能够解决快速成长的平衡问题，而其他理论都没有系统思考；三是改变思考和互动方式，从而改变企业运作方式。每项修炼都有这个优势，整合演练的优势更为突出。只要把五项修炼和其他管理理论、管理方法搭配起来运用，就能够使优势互补，直至创新。

（3）整合演练的作用。从本质上看，企业是员工思考和互动作用的产物，因此，个人和集体都能影响企业的运作。五项修炼告诉我们，如果就现象去解决问题，最后必然失败；如果从问题的整体结构上去解决问题，就能取得成功。整合修炼提出了一种整体互动的思考方式，它不仅能改变传统的思考方式和互动方式，而且为企业提供了一条新的途径。从这条新的途径中，使我们看到了三种隐藏着的巨大力量来源：一是整体运作的力量，是最根本最持久而又最不明显的力量来源；二是共同愿景的力量来源；三是追求真相的力量来源。这三种力量是在整合演练中必须时刻注意挖掘的力量。整合演练的作用还有许多，这里再举出四点：

第一，能提高两种基本能力。其一是应变能力，它以改善心智模式、团队学习和系统思考为主，需要克服学习智障和不断改善理论与方法，才能提高。其二是创新能力，它以自我超越和建立共同愿景为主，又以应变能力为必要条件，需要增加新的演练成果和运用更多的方法与工具才能提高。这两种基本能力都是创建学习—创新型企业所必需的。

第二，能指导信息化建设。信息化建设能否适应企业的需要，除了看硬件软件建设之外，还要看思想观念的建设是否适应。如用传统的观念和沟通方式，即用一级管一级的方式来实现信息化，注定是要失败的，因为企业管理不是为了向上级负责，而是为了向用户负责。因此，必须用新的观念和沟通方式，才能实现信息化建设。当知识成为企业的重要资源时，学习和互动就成为推动各项王作的最有效的手段，管理就是学习和使用知识。要沟通全体员工的思考并取得行动上的一致，必须使用内联网和外联网，这又需要新的企业文化的支撑。如果每个员工都习惯用电子邮件来协调工作，民主集中制的实现就不会成为一件难事。由此可见，一个企业的信息化建设，不仅要有硬件、软件等技术成分，还需要有员工思想观念和行为习惯等“湿件”(大脑是湿乎乎的)成分。而建设这类湿件，既需要思想政治工作的帮助，也需要五项修炼的帮助。如系统思考能把信息看成一个动态的系统，团队学习能把信息转化为知识，共同愿景是激发新知识转化为新观念的动力，自我超越能提供实践中的新信息，改善心智模式能扩大信息沟通的渠道等。企业上网，必须建立在内部信息化的基础上，由内部逐渐延伸到外部，不然，在电子商务中仍然缺乏竞争力。加大信息化建设步伐，不仅是加入世界贸易组织的必备条件，也是创建学习型企业的紧迫任务之一。

第三，能使企业创新管理。五项修炼，特别是系统思考修炼，能把企业管理中的市场、生产、核算、科研和投资等环节整合为一个整体，也就是把组织结构、公司总方针，增长与稳定等结合起来观察。组织结构之所以重要，是因为只有它才能触及复杂问题背后的根本原因，也只有系统思考才能改变组织结构，实现管理上的创新。员工产生学习智障，就是因为不能认识这种结构。企业的主要结构是流程结构(特别是分布在各个流程点的组织结构)及其反馈回路。不认识反馈回路就不能认识系统结构。时间滞延就包含在反馈回路之中。改善系统的方法之一，就是降低时间滞延。运用系统思考对系统中各要素的因果关系进行观察和分析，找出因果反馈环路，分析一连串的变化过程。画出因果环路图，建立思维模型和数学模型，把定量分析和定性分析结合起来，用系统模拟实验方法求解。用企业的实际情况对实验结果进行修正，所得出的最终管理方案，往往就是创新的管理成果。

第四，能锤炼人性。人性是指一定社会条件下所形成的人的本质属性。现代社会心理学认为，人性包括人类的原欲(食欲、性欲、知欲等)和原恶(任性、懒惰、嫉妒等)以及原精神(信仰精神、求知精神、友爱精神等)。人性使每一个人都成为一个矛盾统一体，善恶交织，优劣并存。人性的两大优点是好学和好胜；人性的两大弱点是隐蔽性和主观性。人性的优点中潜藏着巨大的创造力，其弱点中又潜藏着巨大的破坏力。五项修炼已经超出管理的范围，涉及人的价值和人性。进行五项修炼既能够有效地弘扬人性的优点，也能够有效地克服人性的弱点，加速个人和企业的成长。自我超越涉及懒惰、嫉妒等人性弱点，通过对信仰精神的锤炼，就能够发挥创造性张力，克服弱点，为愿景奋斗不息，突破成长上限，实现人生价值。心智模式实际上是人性上的缺陷，习惯性防卫，归罪于外等扭曲了对事物的正确看法，阻碍了人的进步。改善心智模式的过程，就是铲除隐蔽性缺陷、锤炼人性的过程，实现心灵的转换，就能正确地认识事物。建立共同愿景会激发人性中向上的内驱力，为远远超出个人利益之上的共同愿景而忘我奋斗，活出生命的意义。这种把个人愿景融入共同愿景的过程必须克服主观性，乃至脱胎换骨的改造过程，必然是高层次的修炼，是人性的锤炼。团队学习的关键是彼此以诚相待，敞开心扉，进行沟通。而人性的隐蔽性和自卫性却使人各怀心态，言不由衷，妨碍沟通。团队学习所使用的开放、容纳、互动和深度汇谈等方法工具，实际上就是锤炼人性的方法工具。系统思考的精义在于视角的转换，改变扭曲的思维方式，要做到这一点，没有人性的锤炼是不可想象的。总之，五项修炼的整合演练，是弘扬人性优点、克服人性弱点的五道防线，使员工更加富有人性，更加明智。

6.1.3 组织学习基本架构的创新

1. 基本架构创新的目的

架构是指事物的组织、结构和格局等内容。企业的基本架构很多，如组织架构、技术架构、流程架构和学习架构等。企业学习的基本架构是运用各种资源支持员工学习和工作的策略、规章，责任机构、资源和交流渠道等的统称。由于传统企业的基本架构难以支持创建学习—创新型企业的学习和工作，所以，必须创新基本架构。创建的任务就是创新组织学习的基本架构，使员工能够随时随地得到各种学习资源和支持学习，主要有学习时间、高层领导的支持、物资的投入、信息的获得和同事间的交流等。要创建学习—创新型企业，就要提升员工的学习能力，就要进行基本架构的创新。

2. 基本架构创新的原则

创新基本架构的主要原则有三条：一是有利于改善工作质量和提高企业经营能力。为此，必须把工作空间变成学习空间，让员工在学习演练中增强工作技巧和能力，成为学习的主角。二是必须创新整个系统的运作机制。系统的改善是全面的、持续的，应该保证全体员工及时获得足够的学习资源。三是必须呼应社会架构的创新，在社会主义现代化建设中，不断出现有关学习方面的社会架购的创新，如组织结构的改革、工作流程的重新设计、教育体制的改革、信息化建设的全面启动和奖励制度的改革等。

创建的企业必须及时地跟进、呼应，用社会架构的创新来推动企业架构的创新。

3. 基本架构创新的主要内容

基本架构创新的内容繁多，凡是与学习有联系的领域，都有创新的任务。根据内容和范围的不同，分别由高层领导、部门领导、基层单位领导来组织创新。其主要内容是：

（1）学习时间基本架构的管理与创新。时间就是生命，就是金钱，它是企业唯一不可再生的资源。进行整合演练需要时间，当员工进行改善心智模式的演练时，需要花时间检验假设，看出各不同心智模式如何交织在一起，从而形成对问题的完整看法。无法预知创建学习—创新型企业需要花多少时间进行反思，建立模型进行实验和设计学习程序，但可以肯定地说，要比一般企业多得多。学习需要时间。一方面感到时间不够用，另一方面又存在浪费时间的问题。这就出现了一个如何管理时间的问题。管理时间架构，即如何珍视时间、有效地利用时间和不浪费时间。当五项修炼与企业实践融合在一起之后，全体员工，特别是管理者，对时间的观点就会有所改变。行动的时间仍然是非常重要的，但也要留出反思、探询和检验课题的时间。在启动阶段，少数人学会了在行动中反思的技巧，这是有效地利用时间，多数人还不能对自己的行动进行反思，只是不停地工作，这是不会利用时间进行学习。备受尊敬的老一代革命家陈云曾对领导干部提出，每天要用两个小时进行有针对性的学习，以保证八小时的工作效率，即 8+2>10。发达国家有的企业要求员工用 1/4 工作日的时间进行学习，法国曾要求部长级官员任职 5~7 年后必须重新进修。这些都可以作为我们管理时间的参考。对大多数管理者来说，检查自己用在思考上的时间有多少，是个重要的起点。如果没有这样做，就应该找出原因。看看改变的杠杆点在哪里，是个人学习习惯问题，还是根本观念的问题。对广大员工来说，企业不给学习时间，实际上是剥夺员工学习的大问题，是检验创建意图真实与否的大问题。如果企业要求员工不停地工作，无法从工作时间中安排时间进行学习，结果会事与愿违，导致企业的效益和员工的培养“双输”

的结局。时间管理是企业主管最具影响力的领域，影响的方式，不是下命令，而是以身作则。企业主管的工作日程应该如何安排呢？正确的做法是：开会研究的问题只限于复杂的陷入困境的发散型问题，而不是收敛型的问题；主管的工作是：设定方向，而不是把时间耗费在对许多具体问题的决策上；领导主管团队的学习和设计学习程序，而不是把时间耗费在众多的管理细节上；用较多的时间进行自我反思，检查失误，倾听员工意见，而不是拥有一切问题的答案。不能借口迫于时间的压力，只是经过领导班子的讨论就做出最后的决策，而没有经过实验和评估就拿去执行。不能频繁地对非重点问题做出决定，如指令如何促销（而不是探询为什么要加强促销），或指令如何争取客户（而不是探询产品是否满足客户的需求）。

（2）企划是促进学习的基本架构。把企划当作学习，其工具有未来情境分析法、系统模拟实验法等。在创建学习—创新型企业的过程中，企划的功能不再仅是智囊团，也不仅仅是为找出正确答案而存在了，而是改变领导团队对公司、市场、竞争者等问题的共同的心智模式。树立把企划当作学习的观点，应以独特的方式，应对瞬息万变的国内外市场。这些独特的方式包括：向下授权，让基层更有弹性地去把握变化的机遇，以新的假设来探讨新的可能性，发展关键技术以降低成本和攻克难关等。一般来说，高层领导的企划工作(或学习)会议有五个步骤：一是个人愿景。参加企划的高层领导可到远离日常办公的地方去开会，先谈个人的人生愿景，以此为起点，再谈企业的愿景应如何反映他们的个人愿景，讨论“我们应该怎样做，才能发挥公司的最大潜力”问题。二是讨论如何建立企业的共同愿景。三是描述现状，可用系统思考、心智模式技巧和未来情景企划法来描述企业的现状，用更加开放、坦诚和好奇的态度讨论到底是什么问题阻碍着企业的前进。四是制定策略，在对现状取得共识后，呈现公司的愿景，考虑策略的优先顺序，运用四两拨千斤的技巧确定预算方案、资源分配方案，以实现共同愿景。由于方向和价值观都已很明确，就不会在时间和数字上讨价还价了。五是执行计划。会议结束前，让每位与会者都对计划的完成做出承诺，以便执行时清楚自己的责任。在企划会议之后的两三个月内，还要定期召开同样的会议，主要是检查各自的工作和承诺，协调前进步骤，并筹划企业未来的发展方向。由于学习是企业不可或缺的一环，而企划又是企管的一部分，所以，全体员工都无法回避这种学习。这样，学习就不再是偶尔为之的活动了，这和靠教育培训部门来推动学习的企业就截然不同了。尽管教育培训仍然很重要，但与企划比较起来，则退居次要的地位。同时，创新的基本架构也要求改造教育培训工作。让基层领导担负起主要的培训责任，当然，人力资源部门也应有责任，但在员工都承担责任的企业，人力资源部门的责任就相对减轻了。

（3）管理演练场是一种创新的基本架构。建立演练场的目的是促进团队学习，学习要经过演练和实践，不然就会徒有形式。有两种演练场计划：一种是学习实验室计划。它专注于单项问题，如新产品开发等学习实验室，主要是设计、实验和测试。如果把个人电脑联通，就会使团队成员的互动成为可能，通过反思揭露并改善心智模式。设计和测试新产品的过程，就会成为团队学习的演练场。又如生产线旁的学习实验室，这是与企业主要工作相结合的学习场所。实验室完全是生产线的翻版。工程技术人员和工人一起实验新的流程，同时全程录像。事后反思当时的行动步骤，探讨彼此的互动关系，就可能会有新的发现。当大家模拟一些决定时，常常可以类推，并发现以往未曾想过的新的运作方式。电脑摸拟与真实情况的整合，往往会发现新的生产方法和管理方法。另一种是深度汇谈计划，它专注于解决复杂的重点问题，不是针对特定的管理问题，故与学习实验室不同。不论是主管团队，还是其他团队，在深度汇谈的演练场中，都要把重点放在对话的质量和集体思考的能力上，以便深入探究问题的本质和规律。

（4）以基层为主的基本架构。在创建学习—创新型企业的过程中，每个员工的思考和行动都必须结合在一起，这在市场变化多端的今天尤为必要。对基层单位来说，就更加重要。为什么要创造以基层为主的基本架构呢？因为基层单位的领导和员工对市场的变化最敏感，反应最灵敏，有灵活机动的应变能力；又因为基层单位有权自主决策并对经营结果负责，有灵活应变的权力。创造以基层为主的基本架构，对改变经营策略，对企业发展大有好处。

（5）不同层次的论坛架构。在公司总部、各部门、各基层单位，都应该建立适合自己需要的论坛。论坛可以在内部刊物和网站上开辟专栏，同时，也应该定期召开不同专题的研讨会，研讨会是企业早已熟悉的形式。每种形式都要鼓励员工公开讨论企业发展的各种热门问题。通过讨论寻求正确的结论，为各级决策提供依据。董事长应建立决策论坛，每年定期举行，探讨企业发展的重大问题和关键性问题。培训部门也可以从各种讨论中选择必要的课题作为培训的内容。

（6）重组三角形框架。综上所述，创建指导方针的确定，学习—创新型企业理论、方法、工具的应用和创新的基本架构是启动阶段不可缺少的三个要素。这三个要素的相互搭配，又构成了一个大的创建基本框架，可称为重组三角形框架（如图 6–7 所示）。

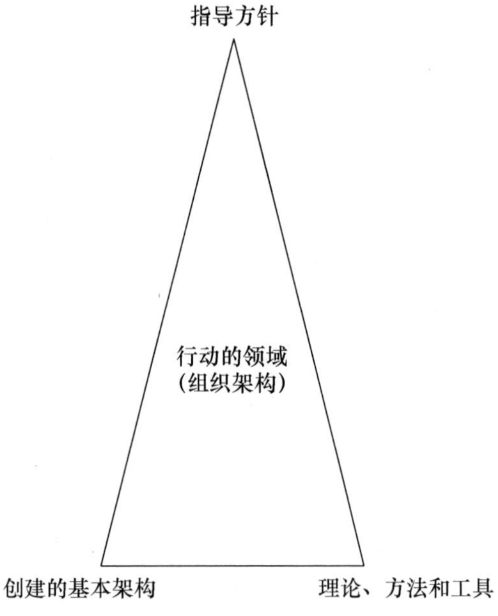

图 6–7

指导方针为一角，理论、方法、工具为一角。创新的基本架构为一角，中间是组织架构，即开展创建活动的行动领域。三角形的每一个角都不可偏废。创建领导小组提出的指导方针能指引员工的创建方向和鼓舞演练热情，学会理论、方法、工具能获得创新的能力，创新的基本架构能为员工创造学习机会和提供学习资源去追求愿景。如果没有员工拥护的指导方针，就会缺乏创建的方向和热情，会使创建工作随着传统的风气而随波逐流；如果没有理论、方法、工具的演练，员工就无法获得创建所需要的能力，使一切改革都成为空谈；如果没有创新的基本架构，员工就无法进行学习，使创建工作成为装饰门面的空洞口号。

在这个创建基本框架中，新观念起着决定性作用。如果不转变传统观念，建立新的指导方针，理论、方法、工具就不能奏效；如果员工不使用理论、方法、工具、新的指导方针也不能在企业里生根。如果没有理论、方法、工具的配合，就会把企业改革的方向引向单纯的精简机构和降低成本的老路上去，企业仍然缺乏自我改造和创新的能力。让企业主管承认现行观念已经过时，往往是一件很困难的事。如许多企业主管大讲“简政放权”“权力下放”，然而，真正引进这种方法和工具来帮助下属，做出聪明决策的企业，不仅很少，而且很可能在权力下放一段时间之后，又寻找借口，把权力收回去了。难怪员工对授权管理常常持怀疑观望态度。企业主管往往急于改变基本架构，以收到正面的改革效果，但是，这种效果不可能如期望的那么快，原因之一就是创新的基本架构和现行的指导方针相冲突。企业改革需要指导方针和创新的基本架构相一致，再配以理论、方法、工具所产生的综合效力，才能推进改革。如组织结构的扁平化建设，这种新建立起来的横向组织之间，比纵向组织之间更加需要相互依赖，更加需要员工的共同学习和系统思考。因为剔除传统的组织观念并不是扁平化本身所能办到的，这种障碍在人们的思想观念之中，不是在组织结构之中。只有坚持开放的态度，认识到旧有的工作方式阻碍企业改革，才能剔除组织观念上的障碍。总之，只有在新观念的指导下来确定创建的指导方针，根据新的指导方针来创新基本架构，并配以理论、方法、工具，才能把被动式的改革引向创新式的改革。因此，创建领导小组必须同时强调三个角的相互作用，才能推动创建工作前进，不然重组的三角形框架就会分崩离析。

6.1.4 启动阶段的标志性举措

1. 召开启动大会

在各项准备工作完成之后的适当时机，召开创建学习—创新型企业的启动大会。参加人员应有公司的各级领导、一般管理人员代表、专业技术人员代表和操作人员代表。公司主管要在大会上做启动创建的动员报告，主要讲创建学习—创新型企业的必要性、做法和要求，号召全体员工踊跃参与创建工作。会后，各级领导要把启动大会的内容原原本本地传达给全体员工（播放公司主管的讲话录像），内部媒体要进行配合宣传，努力营造创建学习—创新型企业的氛围。

2. 宣布成立团队和启动创建工作

在启动大会上，要以创建领导小组的名义宣布并下发关于成立创建学习—创新型企业团队的文件。文件应说明团队的性质、特点和改革成果评估等问题。团队是员工自愿建立的个人关系集合体，是为了实现共同的愿景而成立的，是非正式组织，团队成员必须自愿参加，可以是来自同单位的，也可以是跨单位的；可以是同一层次的，也可以不是同层次的，可以和正式的组织重合，也可以独立于正式组织之外。团队虽然没有固定的规章制度和行动计划，但可以共同制定临时性的组织纪律和确定行动方向。和一般传统企业的团队直接为生产经营服务不同，学习—创新型企业的团队是通过五项修炼的演练间接地为生产经营服务。其中，流动性团队，可根据生产经营中的课题，由少数人发起成立，对该课题感兴趣的员工自愿加入，由员工个人任临时队长。因为随着课题下达有相应的经费预算，所以团队成员必须精干，人员不会过多。如果有几个团队同时竞争一个课题，则由创建领导小组或其分支机构选定一个较好的团队，签订合同，授权自主管理，并由团队自主决定成员待遇，课题完成经评估合格后，团队自行解散。固定性团队也是自愿组建，员工自愿参加的。表面上看与正式组织重合，如 ×× 班组团队、×× 车间团队，原正式组织中的员工，有参加与否的自由。原正式组织的负责人即可作为团队的队长。团队 (流动性团队和固定性团队) 领导人应具备三个条件：一是具有本专业的技术专长；二是能融合团队成员的多学科技术专长；三是能让团队成员自已管理团队，确定方向并释放创造力，又不陷入混乱的领导局面。团队的任务是承担本组织创建学习—创新型企业的全面工作，即创建学习—创新型企业团队。这时，先导小组已经活动了相当长的一段时间，在先导小组成功经验的引动下，新成立的团队可以向创建领导小组或其分支机构申请创建，批准创建就意味着团队正式成立和自动授权，团队就可以进行学习—创新型企业的创建工作了。第一批团队的正式成立，就意味着创建的启动。未被批准创建的团队，不能称为团队，应在原单位继续进行五项修炼的学习演练，下次再进行申请。创建领导小组应根据企业的规模，先导小组的引动力量和申请团队的准备情况，决定每次批准创建团队的数量，刚启动时，不宜批准过多，随着启动工作的推进，可逐渐增加批准的团队数量，使创建工作逐渐从基层团队向上层团队扩散，到启动阶段后期，创建团队应该差不多覆盖整个公司。一般说，中型企业以两年全部启动为宜，大型企业以三年全部启动为宜。在这个问题上，创建领导小组所要掌握的原则是——引动，而不推动；自愿，而不是命令。对批准创建的团队数量要有计划地控制，犯急性病是危险的。

3. 为创建工作选好起跑点

在创建实践中，通向五项修炼的道路很多，每个团队都要根据自己的具体情况，选择合适的起跑点。集体回忆过去所走过的道路，就能明确现在所走的道路，明确过去和现在的道路，就能明确今后要走的道路。在选择起跑点时，前面介绍的五种最佳组合修炼方法，可供参考。此外，再介绍八种选择起跑点的方法：

（1）从个人愿景开始起跑。先建立个人愿景，再建立共同愿景。共同愿景就会成为团队设计未来步骤的架构。在由个人愿景汇聚共同愿景的过程中，还要进行心智模式的演练，由此转入自我超越的演练。该起跑点适用于运作正常的团队或是内部沟通顺畅的团队。

（2）从系统研究开始起跑。先演练系统思考，模拟团队与环境的关系，寻找影响团队集体心智模式结构。由此转入共同愿景的演练，设定团队的工作目标。为了实现目标，再转向自我超越。该起跑点需要较好的团队文化基础，适用于工程团队和财务团队。

（3）从团体学习开始起跑。从这里开始是因为团队尚有些问题需要解决，不解决好，就无法进行创建。要解决团队的问题，就要用深度汇谈或有技巧的讨论进行团队学习，以便使成员之间的行为、态度和立场融合到一起，并与整个企业的行为协调一致。达到这个目的后，开始演练系统思考，再转向建立共同愿景。该起跑点适用于在思想和行为上存在分歧的团队。

（4）从自我评估现状开始起跑。先自我评估团队目前的综合能力和资源状况。同时，要注意其他团队和企业对本团队的看法，特别要注意顾客、供应商和竞争者对本团队的看法，从而对团队做出客观的评价，明确前进道路上的有利条件和不利条件。然后进行共同愿景的演练并转向其他学习演练。该起跑点适用于正规组织建立不久的团队或是新任命单位领导人的团队。

（5）从最上层团队开始起跑。当公司主管团队遇到某种危机时，就需要从最上层解决危机问题。为了克服危机，需要同时进行两项修炼：一是团队学习的演练，反思出现的危机问题，要在改善心智模式和系统基模上多下些功夫，并找到解决危机的办法；二是共同愿景的演练，以了解广大员工的共同愿望，激发解决问题的动力。然后再根据情况确定其他学习演练。该起跑点适用于主管团队失误造成财务危机的企业，或是主管团队中个别成员出现贪污、受贿问题而造成消极影响的企业。

（6）从解决长期存在的问题开始起跑。为了找到一再发生的恶性问题的根本原因，团队需要进行系统思考的演练，让出现问题的系统中的每个成员都参加学习，共同进行系统的动态研究，找到这种老问题一再出现的真正原因。然后进行改善心智模式和团队学习的演练，找到解决问题的长期而有效的答案，再决定进行其他的演练。该起跑点适用于长期存在同样的问题而得不到解决的团队。

（7）从检讨政策结构开始起跑。先从整体上分析企业目前的政策结构，找出支持学习和可能阻碍学习的部分。在企业中，能从整体上反映政策的莫过于财务预算了，要考察财务预算为什么要如此设计。主管团队的学习目的是从财务结构中找到政策结构。对财务结构中的各种数字，只有加以解释，才能了解数字的真正含义，而不同心智模式的领导成员，对同一数字的解释是不同的。因此，要进行揭示和改善心智模式的演练，找到财务结构存在的问题，进而找出政策结构中存在的问题并进行调整，使政策结构合理。然后进行建立共同愿景的演练，并转向其他学习演练。该起跑点适用于政策结构存在问题的企业。

（8）从全面提高质量的努力中起跑。在一般企业提高工作质量和产品质量的努力中，也可以改善工作流程，提高产品和服务质量。当企业采取有力措施全面提高质量时，员工会变得非常渴望学习，认识到建立愿景和价值观对提高质量的意义，就能够很自然地进入共同愿景的演练。由此转向改善心智模式的演练，就会更加接近全面质量管理模式。全面质量体系的建立为创建学习—创新型企业打下了良好的基础。两者之间目标存在许多相似之处，如果发现员工犯错，就找出原因改正，而不是指责。因此，全面质量管理也是创建学习—创新型企业的一个起步方法。当提高质量的努力受到部门的阻挡时，就要进行系统思考和团队学习的演练，创新工作流程，改革组织结构。该起跑点适用于采用质量管理模式的企业或团队。

4. 启动学习之轮

人类的学习都是按照行动—反思这样的循环进行的，学习—创新型企业理论把这种学习循环作为一种工具，称为“学习之轮”。要创建学习—创新型企业，各层领导必须找到利用这种学习之轮的方法，不仅要创造思考的时间，而且，还要让员工进行不同方式的思考和集体讨论。在启动阶段，要普遍启动学习之轮，分为个人学习之轮和团队学习之轮。启动学习之轮时，应该注意各个不同学习阶段的特点：

（1）启动个人学习之轮。个人学习之轮是反思—联结—决定—行动—反思的循环（见图 6-8）。

反思，是利用反思的技巧，观察自己的行动和思维。先回想并检查前段的行动，想想，工作进展得如何？在工作过程中想了些什么？感觉如何？有什么潜在的理论或文化影响了处理工作的方式？现在对目标的看法是否改变？联结，是用系统思考的技巧将自己所构想的可能行动重新组合成为新的工作方式。要找出可能出现的行动与周围其他行为之间的联结。在前段工作中有哪些值得继续遵循的方式？对局部与整体、企业与环境有什么新的认识？逐渐形成下步工作的各种方案。决定，是决定一种行动方案，从上面形成的各种方案中，根据客观条件和自己的特点，选择一种最好的方案，并加以修正和补充。行动，是尽可能以实验的心态来执行工作。因为有前面一个反思阶段的支持，行动起来会比较顺利。当工作结束后，立刻又进入另一个反思阶段。这时的反思很可能比以前的反思更深刻，也可能会有什么新的发现。

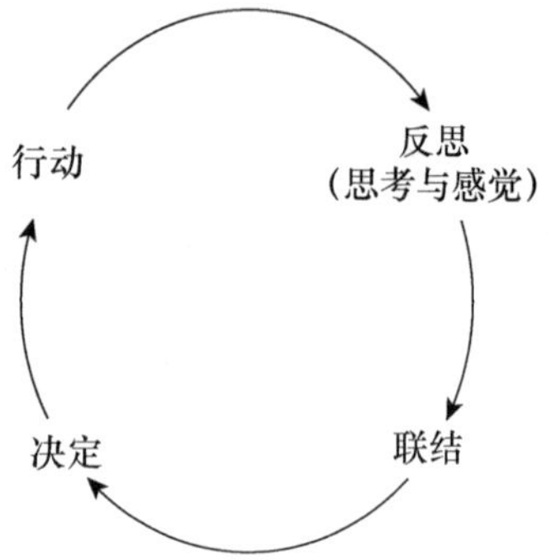

图 6-8

使用个人学习之轮的好处是：会使工作进展得更快，更具有理性；会使学习更具有自觉性，效率更高。经常使用这种工具，会使学习成为一种工作方式和生活方式。

（2）启动团队学习之轮。团队学习之轮是公开反思—意义共享—共同规划—协调后行动—公开反思的循环（见图 6-9）。个人学习之轮的每一个阶段都对应这个团队学习之轮的每个阶段。

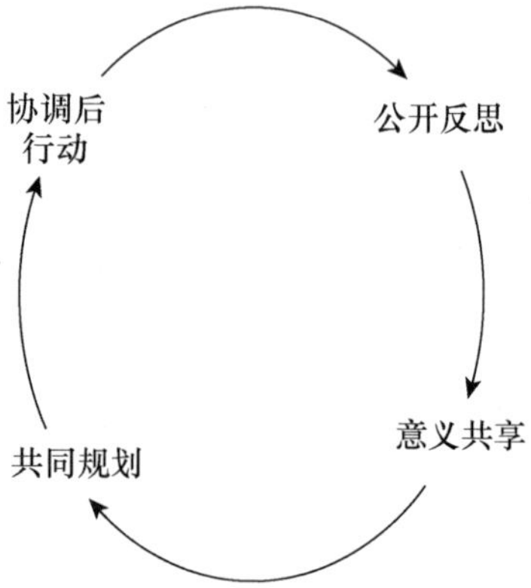

图 6-9

公开反思，是运用有技巧的讨论进行集体反思，会使员工讲出他们的心智模式和信念，挑战彼此的看法，达到互相了解。意义共享，是用探询和讨论的方式形成共识，分享共识，并从中提炼出共同愿景和价值观。共同规划，是用深度汇谈或脑力激荡的方式，共同设计并决定下步行动方案，并找到彼此合作的恰当方式。如果有必要，再用系统思考来规划组织结构的改革。协调后行动，是协调集体行动中团队成员之间的合作方式，协调分散的个别行动中彼此步调的一致性。协调好后，开始行动，因为有前面三个反思阶段的支持，行动起来会比较顺利。当工作告一段落后，立刻进入另一个反思阶段。

使用团队学习之轮工具的好处是：能使成员相互提醒，共同遵守学习之轮的步骤，能使相隔很远的成员之间行动协调，能凝聚团队的集体智慧，又快又好地完成工作任务。团队领导的任务就是想办法让学习之轮保持运转，这需要有充沛的精力、健全的心智和掌握目标方向的能力，并了解各种学习风格不同的成员的心智模式。在团队学习之轮中，每个成员的学习风格是不同的，有的善于分析问题，有的善于系统思考，有的善于提出解决问题的方案，有的善于调和理论与现实的关系去解决问题。每一种人都能为团队做出特殊的奉献。一个团队，如果能同时培养出这四种人，那将是一个学习能力最强的团队。团队领导要知道什么时候重点使用什么样的人，这样的团队将无往而不胜。

SECTION 6.2

启动阶段的挑战及其应对

6.2.1 应对挑战的基本战略

启动阶段开始时，一切都似乎是可行的，基层单位干劲十足。然而，启动阶段的挑战又是强大的，几乎能在萌芽状态就将它扼杀。在挑战面前，领导和员工都可能感到非常失望。应对挑战的战略是：有效地控制挑战，在高度压力下培养员工应对挑战的能力。

1. 什么是挑战

“挑战”这个概念来自自然界的启示，是指调节生长的外界条件。当复杂的生命体成长时，也为本身的成长创造了限制条件，这种限制条件就是挑战。挑战是成长过程中的限制因素，是事物发展过程中的对抗力量，是前进道路上的障碍。当一个促进成长的强化过程与一个限制成长的平衡过程相互冲突时，限制条件出现了，挑战就来了。挑战是系统运行时的自然反应，目的是调节新的成长力量所造成的不平衡，以保持原有的平衡。挑战具有二重性：它既可能是成长失败的根源，也可能是成长成功的动力。这是矛盾双方的斗争，在一定条件下，各向其对立面转化的结果，正如老子所言，“福兮，祸之所倚；祸兮，福之所伏”。

2. 如何认识挑战与变革

挑战不仅发生在自然界，也发生在人类社会的各个领域。在创建学习一创新型企业的过程中，遇到种种挑战是正常的现象。在建立现代企业制度和创建学习一创新型企业的过程中，挑战来自维护传统文化的惯性和工业经济时代的体制、规范和各种职能及管理习惯等方面。由这些旧框架的不同的组合所构成的限制条件，表现出各种不同形式的挑战。但其作用力的方向都是一致的，都与改革和创建的方向相反，部分或全部抵消前进的力量，导致改革和创建的进度缓慢或者失败。当改革的个人成果、关系网传播成果和企业经营成果等三种成长力量协同并进时，遇到一项挑战，这种挑战的反向运动力量，试图保持被学习和变革的力量所打破的平衡。一项挑战被战胜后，另一项挑战又可能接踵而至，学习和变革的力量越大，挑战的阻力也越大。虽然，表面上看，挑战背后的各种限制条件之间是没有联系的，实际上，它们之间都是相互依存、相互联系的，每项挑战都是多种限制条件的集合体。潜伏着的多种挑战，使企业这个复杂系统存在无数的向上张力和反作用力，它们都力图争得存在位置。因此，当一项挑战被战胜之后，再去应对其他挑战时，可能变得更容易，也可能变得更艰难。诚然，每战胜一项挑战，对创建来说都是一种进步，但任何进步都不会保持很久。因为随着创建的发展，潜伏的限制条件会被激发起来，可能表现为旧体制的反弹，也可能表现为旧规范的反弹，员工的传统观念和态度还可能助长这种反弹。认识到这一点，就可以理解为什么要制定持续学习和持续变革的战略了。

3. 应对挑战的基本策略

圣吉博士说：挑战仅仅意味着“对自然界体系生长的外界条件进行调节”，因此，挑战又是“通过集中注意力，利用理解力和创造力做出改进的一种机遇”。限制条件在未被激发前是看不见的，当看见之后再准备应战就晚了。因此，预测挑战来临是十分必要的。由于隐藏在挑战背后的各种限制条件之间是相互联系、相互影响的，所以，所有的挑战都是可预测的。团队和个人都可以根据挑战内部限制条件的内容、性质、结构和阻力产生面的根源等制定相应的对策。如果能够较早、较清楚地预测出将要面临的挑战并提前做好必要的准备，应对挑战时就会有条不紊。当团队和各级领导经常应对这些挑战时，挑战就会减弱以致消除甚或变成工作方式的一部分，能带来新的理解和新的能力，使挑战变成创新的机遇。面对各种各样的挑战，不存在以不变应万变的妙方，先导小组和团队必须不断了解各种挑战之间的联系、挑战内部限制因素的内容、性质和结构以及正在起作用的各种限制条件。要具体问题具体分析，培养相应的新能力，选择适当的战略，战而胜之。学习—创新型企业理论应对挑战的基本战略是：

（1）不要过分推动成长。成长限制模式一般分为两个阶段：先是加速成长阶段，然后是减缓成长速度。由于加速成长，可能对挑战置之不理，一味地追求扩大成果，但限制因素的能量正在聚积，越是不理挑战，前途越是艰难………与此相反，另一种方法是，在加速成长时，就有意放慢速度，抽出时间，讨论可能面临的挑战。要做到这一点不太容易，因为许多企业领导总是认为自己的改革计划是不会遇到任何障碍的，而事实并非如此。限制因素的出现，是事物发展的必然规律，是难以避免的。认清这个道理，是战胜挑战的第一步。

（2）预测和准备应对挑战。由于系统本身固有的时间滞延，深层变革所面临的挑战，先是在潜伏中发生和发展，发展到一定程度则明显地表现出来。当人们看见它时，问题已经变得比较严重了，进行控制也已经很困难了。掌握成长上限基模，就是让你往前看，预测出所要面临的挑战。预测的方法主要有三条：一是从别人的经验中学习，如果别的团队已经进行和你团队同样的改革活动，就要尽量了解他们的情况：他们遇到过什么样的挑战？成功了还是失败了？从成功的经验中汲取策略和办法，从失败的教训中找到有价值的借鉴，总结出你应对同样挑战的方法。二是掌握各种挑战出现的一般规律，圣吉博士在《变革之舞》中列出了十项挑战，虽然出现的时间各不相同，但大体的顺序是可以掌握的。一般说，最先出现的是“没有足够时间”的挑战，而如何治理等管理方面的挑战，可能要在几年后才能出现。三是要有应对挑战的准备时间，应对挑战的准备工作主要是有针对性地培养新能力。新能力的培养，有的比较容易，有的却很困难。可能你预测到了“战略和目标”的挑战，立刻就设计了新的学习计划，却发现培养员工与客户及竞争对手等相关组织等建立信任与合作能力却需要几年的时间。因此，必须留足准备应战的时间。

（3）进行实验。任何团队和个人都不能对挑战给出现成的答案。答案来自经验和实验。通过设计和实验能找到学习新能力的方向。对所提出的解决方法，只能看作是一种合理的假设，尚需证明，而不是答案。实验可能证明假设是对的，还是错的。需要进行一连串的实验，将每次实验后反思的结果，总结成为应对挑战的结论，这才是答案。在应对挑战的实践过程中，还可能要进行必要的修正，这里正可以用上“摸着石头过河”的名言。

（4）重新设计学习能力的目标。学习新能力的限制因素与企业文化中的心智模式有很大的关系。无论进行哪方面的改革，都会遇到学习的阻力，因为员工已经习惯了旧的环境所固有的心智模式。只有通过审视和改善心智模式，才能重新设定学习新能力的目标，只有心中抱着没有现成答案的态度，才能通过假设和实验等程序，找到战胜挑战的答案，同时学到应对挑战所需要的新能力。

谁都无法知道，在创建学习—创新型企业的过程中，究竟会遇到哪些挑战，对于十项挑战，可能全部出现或部分出现，也可能会遇到十项挑战之外的其他挑战。但是不管是怎样的挑战，应对的基本战略都是上述四条。

6.2.2　没有足够时间的挑战及其应对

1. 没有足够时间的挑战

先导小组和团队在开展创建的具体工作之后，除了完成目标规定的正常工作之外，又加上了新的学习任务，于是出现时间不够用的问题。企业主管虽然表示要解决时间的问题，但是，他总在忙其他的事务，况且他也无法控制自己的时间安排。其他领导和所有的管理人员都在跟着企业主管转，整个企业上上下下都在忙。先导小组和团队的领导需要对创建工作投入时间，进行思考、规划、协调和组织学习与培训等工作。需要和别人对话，听取员工建议和阅读文件，需要对下一阶段的学习进行设计。但是，他们被裹进整个企业的繁忙之中，连手头的业务工作都很少有时间来应付，哪里还有时间顾得上创建工作呢?！如果他们没有时间做这些工作，改革就不可能发生。时间限制了创建工作，这就是没有足够时间的挑战。这项挑战不仅在基层存在，在中层、高层，乃至整个企业都会存在。

挑战的实质并不是缺少时间这一现象本身，而是没有科学巧妙地安排和利用时间，如果公司、团队、个人能按事情的重要程度安排自己的时间，有效时间就会出现。如果先导小组和团队能够灵活地安排自己的活动，时间的限制性就不会呈现，改革活动就能够坚持下去。投入学习活动的时间越多，学习能力的提升速度就越快，不仅能使改革活动取得进展，而且能提高员工的热情，挤出时间开展新的活动，最终会发现时间已经不是太大的限制因素。因为培养出的新学习能力促使工作效率提高，相对地节省了一部分时间。但是，随着变革活动越来越多，所需要的时间也越来越多。时间都被管理层的工作任务所占据，不具有灵活性或灵活性很低，学习和变革的时间不能相应地增加，学习能力无法提高，改革活动无起色，就会增加员工的挫折感，降低员工的热情。

没有足够时间，这种情况一旦发生，就会立即给创建工作带来严重影响，大多数创建活动被迫停止或根本无法起步，这就是没有足够时间挑战所带来的必然结果。

2. 应对没有足够时间挑战的对策

许多企业都有管理时间的措施。一般来说，这些措施只能解决短期问题，有一些措施因为分散了注意力反而使时间问题更加恶化。还有一些措施，如按分钟来安排工作，造成一个会议开到一半便急急忙忙去赶另一个会议，开会时间打电话，加班加点地工作等现象，都会使工作更加紧张，承受更大的压力。这些都不是解决问题的根本办法。创建活动所需要的时间必须满足，特别是在启动阶段，更应该给予充分保证。那么，时间从哪里来呢？实践证明，下面的战略是有效的：

（1）合并进行各种改革同类项活动以提高时间的利用率。当不同的先导小组和团队展开创建活动时，各种活动纷至沓来。个人成长规划、质量问题、战略问题、情景规划、学习问题、培训问题、预算问题等，都需要时间。当一项新的活动开始后，往往还要投入另一部分时间。如果能把若干同类项活动合并到一起，不管是哪个小组或团队的，只要目标相同，就可以合并起来一并进行，这样，就会大大提高时间的利用率。

（2）集中精力安排时间。当一个人聚精会神地思考一个问题时，如果被人突然打断思路，待来人走后，再继续思考这个问题时，往往找不到思绪的中断点了，很可能还要从头开始。而且，灵感瞬间闪念，再也无法找回了。接待别人的来访实际上浪费了自己的时间。做一件事，如果连续做，三天能做完；如果断断续续地分开来做，就往往很久都完不成，这就是集中精力的好处和分散精力的坏处。如果能够重新安排时间，就应该集中精力连续地做，以发挥集中精力安排时间的优势。

（3）相信员工能够恰当地分配自己的时间。一群人的工作速度，取决于在场领导者的工作速度，如果领导者中途走开，工作速度就会减慢，这种差别是责任时限不明确和心照不宣的懒惰态度造成的。如果责任时限明确，工作态度就会不同。基于此理，如果允许员工把工作任务带回家去做而不必天天上班"点卯"，他就会把工作和家务之间的时间矛盾处理好，按时完成工作任务。让员工自己灵活掌握工作时间，还可以在组织内部建立强有力的信任体制，把员工看成是奉献者而不是雇佣者，所以，应该相信员工能够恰当地分配好自己的时间。

（4）重视没有安排的时间。工作质量常常依赖没有安排的时间数量，因为可以利用这些时间讨论工作上的问题，处理学习和改革之类没有确定答案的问题，又没有必须出成果的压力。由此可见，提供非正式的松驰时间，让员工放松一下紧张的情绪，不仅可以恢复精力，而且可以随意地进行交流，这是保证工作质量的有效方法。因此，企业尽管有时间上的压力，还是应该安排必要的松驰时间，让员工交流所面临的问题，还可以方便内部联络人员进行信息传播。

（5）培养消除工作繁忙状态的能力。精简机构和人员，使在岗员工更加繁忙，为了减轻繁忙，在工作中有时间进行反思，应取消烦琐的工作和任务。只要认真地讨论一下工作程序问题，就会发现一些工作和任务是没有必要的，取消它不会影响工作目标的实现。

（6）缩短会议时间。在有些会议上，有的人不是开诚布公地讨论问题，而是相互猜测、勾心斗角，这是浪费时间。不是探讨如何给顾客提供更好的产品和服务，而是察言观色，喋喋不休地谄媚领导，这也浪费时间。会议主持者应该对这种不正当之举严加拒绝。缩短会议时间的主要责任在领导，养成开小会、开短会、开三言两语的碰头会议的习惯，30分钟能解决问题的会议，绝不占用40分钟。领导带头节省时间的表率作用是巨大的。

（7）下级也有权对上级说“不”。当一个基层单位正在聚精会神地忙于一项重大改革时，根本没有时间按常规向上级汇报某些不重要的工作。在这种情况下，下级有权对上级部署说“不”。企业主管应当知道下级是有这个否定的权利的。

（8）改变限制时间灵活性的政策。在限制时间灵活性的背后，实际上是旧的政策和观念在起作用。要改变这种政策，就要在企业文化上找原因，这种企业文化往往认为员工是嵌入工厂这台机器上的螺丝钉，是无权安排自己时间的。然而，如果把员工视为企业的主人，与企业有着休戚与共的目标追求，他自然知道应该如何控制自己的时间。只要认识到“人”比“螺丝钉”重要，就能改变限制时间灵活性的旧政策，让员工有灵活支配自己时间的权利。

3. 应对没有足够时间挑战的方法

（1）排除法。排除法是指把多余的工作从系统中排除掉，从而克服官僚主义，把员工从时间限制中解放出来的方法。这种方法要经过设计，把重点放在改革企业文化上，通过培训，使员工对环境变化迅速而有效地做出反应，帮助员工改变对待工作的态度和处理工作的方式，以节省时间，达到提高生产效率的目的。首先，召开排除法会议，讨论由于官僚主义作风而造成的时间浪费，如“这份报告真的有必要吗？”“这个决定需要这么多的领导批准吗？”“我们有必要开这个会吗？”等等。集中到一点，就是想清楚我们有无必要按照以往的方式维持现状。于是，打开了思路，为进行时间限制的改革奠定了基础。其次，是排除法的运用。培训高层领导，使他们具备管理时间的能力，并成为改革的倡导者。帮助高层领导成为排除法操作的教练，再去培训基层领导者，而基层领导的任务就是帮助员工实际操作排除法。领导对某项具体工作提出一个缩短周期的时间指标，具体排除哪些多余的工作，由操作者自己设计与实施。如要求把工作周期缩短 50%，操作者乍听起来可能会感到吃惊。如果让他们换一种思维方式，可能会想出多种排除多余工作的好办法，达到或接近领导的要求。基层领导的另一个任务是制造时间的紧迫感，以促进操作者进行改革。同时，领导者还要提供改革的工具、技术和程序。最后，是把排除法整合为综合学习程序，这个程序有四个重点：一是让所有员工和部分客户、供应商都参加学习排除法，在学习中开发双赢的解决方案；二是从公司内部寻找节省时间的最佳经营方式，凡是能帮助企业节省时间和提高劳动生产率的人都要虚心请教；三是把排除法和重要的人力资源活动结合起来，使人力配备、培训、评估、奖励等和企业目标保持一致；四是创造演示目标，一旦员工摒弃了传统的观念，就能在设计新方法中表现出创造力和革新精神，这时，领导要不断地将目标提高，激发员工的最大潜能。

（2）创造时间法。员工，特别是领导，在日常工作中，如果肯在时间利用上开动脑筋，不拘一格地安排时间，就可以创造出多种可以利用的时间。一是整合计划中各项目的方法，把准备进行的计划项目列成一个清单，加以审视，虽然都是改革的项目，但数量过多，时间有限。可以通过整合进行删减，挑出少数几个最有影响力的项目，优先安排实施，然后，再把剩余的项目分别合并进去，这样就会“挤”出一部分剩余时间。二是分清决策类型的方法。决策类型有告知、推销、检测、咨询和沟通创造等五种。领导者要在由谁决策和怎样决策等问题上有十分清楚的认识，要让下属知道这个决策是属于哪种类型的决策，时间就容易创造出来了。如果只是要求下属去实施，即这个决策是“告知型”的或“推销型”的，那么下属就不必再去考虑其他的方案了，只要奉令行事就行；如果领导说这个决策是“检测型”的，下属就可以直接考虑能不能提出相反的意见；如果说这个决策是“咨询型”的，下属就可以讨论各种各样的补充建议；如果领导说这个决策是“共同创造型”的，这就是要求下属和领导一起进行决策。凡是这样运用决策类型的领导，一般都能创造出 20%~30% 的剩余时间。三是按重要性约会的方法。基层单位领导在一张 8 开纸上写出自己的、部门的、公司的目标要点，然后，另起一行写一个“无”字，再翻开记事本查看未来一个月内的约会。在符合目标要求的约会下面画一条虚线，表示是相关的约会；与目标无关的约会写在“无”字后面。最后计算“无”字标记所占的百分比，如果超过 30% ~ 40%，就表明你将时间花在了不重要的工作上，需要进行调整，以创造出时间做属于目标范围内的事。四是调整注意力的方法。在一张 8 开白纸的上端写上：“在你看来，我在哪些方面投入了过多的注意力？”在纸的另一面上端写上：“在你看来，我在哪些方面没有给予足够的注意？”然后，把这张纸发给团队的每个成员，请他们如实回答。最后把这张纸收回来。读一读，想一想，适当地调整自己的注意力，就可以帮助你创造许多时间。五是减少监督的方法。作为一位业务主管，应该考虑什么样的任务可以交给下属去做而不必进行太多监督。例如，财务主管让一位下属试验一项新的财务预算方案。开始，主管坚持所有的开支都要由主管签字。过了一段时间，下属说：“有时为了等您签字，我要花上三四天的时间，这很误事，能不能将低于 5 万元的开支由我先斩后奏，事后您再签字？”主管同意了。于是，下属在没有过多监督的情况下，提前完成了新方案的试验任务，而且节省出主管和下属两人大量的剩余时间。

（3）最小限度干预法。这种方法，一部分来自《皇帝内经》中的《素问》，“素问”即最简单的问题，如果能把复杂工作变得简单，做起来就会节省大量的时间。团队在忙乱的工作中失去优先目标的情况是时有发生的，因此，最小限度干预法又是集中注意力的方法，能充分利用先导小组和团队的有限时间，以最小的代价获得最大的成果。该方法包括如下四种具体方法：一是做一件新事前，先停止做另外一件事。从事一项新的改革活动意味着从其他工作中抽调时间和注意力，意味着取消现有的规章制度和组织结构。因此应该建议停止其他工作，进行必要的制度和组织的调整，把事情变得简单，以便集中时间和注意力进行更为重要的工作。二是团队沉默。这种方法可以帮助团队培养对潜意识的感觉。潜意识可能有利于也可能不利于团队取得进步，因此应该允许团队成员在任何时候要求有短暂的沉默时间，以便在这段安静的时间内放松一下，暴露无法前进的潜意识，改善心智模式，重新振作起来，再继续工作。这种习惯正是许多坐禅大师默想的精髓，能对重要的问题有深刻的认识。表面上看，似乎是浪费了一点时间，实际上是大大节省了时间。三是检查行动计划的效果。团队对其计划中的各种行动列出清单，讨论每一项活动将产生的效果。再与团队目标进行比较，可能发现有些行动的效果与团队目标是无关的。将这些与目标无关的行动去掉，就会节省相当多的时间。四是有意忽略。即对所有行动进行筛选，因为一个团队不可能同时去做所有重要的事情。因此，可以对有些事情有意忽略，暂时停止一下，以便集中精力去实现想要达到的结果。这样做可以得到无法预料的时间益处。但要注意，有意忽略是一把双刃剑，它虽然能让团队集中精力，但如果不对某些副作用加以管理，就可能在一段时间之后，对结果起破坏作用。

（4）把工作和个人生活结合起来法。团队学习越多，工作成效越好，员工所付出的时间和精力越来越大，使得工作和个人生活之间的矛盾越来越突出，特别是在私人生活日益增加的社会条件下，这种矛盾尤为显著。一般企业管理者认为，解决这个矛盾的唯一方法是将个人生活要求尽量压缩，对企业做出无私奉献，他们认为如果效率再提高 20%，就可以精简 20% 的员工。而实际情况是什么样的呢？员工只能在一段有限的时间内挣扎着工作，不可能长时间如此。即使看见员工在不停工作，企业也只能在低效率下运转。正确的做法是转变观念，把工作和个人生活结合起来，重新设计工作时间结构，只有如此才能使工作效率提高。

学习—创新型企业理念认为，员工家庭也是企业系统的一个环扣，员工个人愿景包括家庭生活目标。领导者要考虑企业目标对个人生活目标造成的损失，支持员工在家庭生活方面的自我超越，把员工在家的时间也视为人生追求的目标之一。要有意识地将个人与企业的界限变得模糊一些，让家庭和企业相得益彰。学习—创新型企业无法建立在破裂的家庭和紧张的人际关系之上，必须找到使工作和个人生活相结合的时间分配方法。对人体生物钟的研究表明：人体生物运作的规律既有睡眠和清醒的循环，也有机警和疲劳的循环，只有遵循这种周期性循环的规律，才知道什么时候应该去工作或休息。重新设计工作时间结构，就要遵循这种基本规律。感到时间不够用，常常是企业的工作方式造成的。如果在重组工作时间结构时，安排恰当的工作和休息的时间，员工就会精力旺盛，无论是工作还是学习，都能处在机警的时段之内。使工作和个人生活形成互有益的配合，对员工来说是个人生活问题，对企业来说却是效益问题。有时，换一种方法安排时间就能带来新变化。如果工作总是被会议、检查和评估等打断，员工就很难按时完成工作量，如果把工作日分成“安静时间”和“互动时间”，结果就会令人吃惊，既能按时完成工作量，又能减轻个人压力。还有一种减轻压力的方法是提高工作时间和地点的灵活性，如弹性工作时间、弹性工作地点、员工轮岗等。让员工把工作任务带回家去做，既提高了工作效率，又节省往返的路途时间，这是工作和个人生活相结合的最佳方式。至于要给哪些员工以这种便利，需要根据工作性质进行设计。

6.2.3 无人帮助的挑战及其应对

1. 无人帮助的挑战

在准备阶段，学习活动的指导，主要是学习指导中心和培训中心，而内部顾问除了培训顾问外，几乎无事可做。到准备阶段后期，先导小组的学习陆续从课堂转到工作现场，内部顾问也就随之对其提供帮助。到启动阶段，随着对创建工作投入力度的加大，新的团队又不断投入创建活动之中，需要帮助的先导小组和团队以及项目越来越多，从最初的训练和辅导，又增加了现场指导、咨询、提示和支持等。这样，内部顾问的任务越来越重，即使放弃对新顾问的培训工作，也无法满足全部的需要。由于帮助不足和无人帮助，使得先导小组和团队不知所措，真有“盲人骑瞎马，夜半临深池”的感觉，学习活动难以取得实质性的进步。有人会说“学习不会起作用”，创建者说：“本来会成功的，只是我们没有得到帮助。”于是，创建工作遇到了无人帮助的挑战。

出现无人帮助挑战的原因是多方面的，其中，主要原因是先导小组和团队是不是主动地寻求帮助？本来，创建中的帮助是以各种各样的形式出现的，关键问题是团队领导是否能够主动地虚心地寻求帮助。寻求帮助的内部阻力多半来自基层领导，团队领导盲目自信和掉以轻心。要让一位领导在同级或下级面前承认自己能力不足是难为情的，这就使基层和团队陷于孤立无援而导致盲目行动。等到最后，当他们看到任何努力都无济于事时，才有所醒悟。另外，在公司上层，仍然习惯于聘请外部的传统型专家来咨询，工作方式的改进往往是针对上层工作的实际总结出来的办法。因此，必然脱离基层工作的实际，而且习惯于提供现成的解决方案，在创建学习一创新型企业，以学习为主导的情况下，这种方式对先导小组和团队几乎不能提供任何有益的帮助。

无人帮助的挑战，由于投入了时间和其他资源，学习能力没有得到明显提高，变革紧张缓慢，回报与付出悬殊太大：员工热情降低，甚至丧失创建的信心。

2. 应对无人帮助挑战的对策

（1）主动地寻求帮助。先导小组和团队领导要尽量提前寻求帮助，“宜未雨而绸缪，毋临渴而掘井”正是此理。因为要找到能满足自己需求的帮助，需要花一定的时间向各类咨询顾问请教。内部联络人员通常负责拓展提供帮助的渠道，在提供帮助者和寻求帮助者两者间起桥梁作用。

（2）培养教练的能力。各级领导和内部顾问与有创建能力者都是教练。学习活动需要找到富有经验、懂得管理并能设计学习或培训程序的人提供帮助和指导。教练的第一位工作是倾听、提问题，帮助学习者弄清心中的疑虑，然后进行帮助和指导。因此，教练要有技巧、同情心和深刻的见解，帮助营造宽松的氛围，促进先导小组和团队的学习和实践。要找到这样的人是很困难的，必须加强对教练的能力培养。

（3）寻找合作的伙伴。面对陌生的挑战，各级领导比其他人更需要培训，以便应对挑战。领导改革活动，为了缓解精神上的压力，主管领导需要寻找一个值得信任的合作伙伴。能在思想上给予帮助，在精神上给予慰藉。同级的党支部书记或工会主席宜成为这样的伙伴，使主管领导能够比较容易地摆脱焦虑和担心，创造性地把握前进的方向和目标。

（4）培训基层管理最佳人选是企业或业务主管。他们的学习精神可以成为榜样，他们亲自授课能使培训更加出色。基层领导的主要责任就是培训下属人员，要设计学习程序，主持培训活动，铸就本单位的价值观和工作方式，以便广泛开展创建工作。

（5）寻求帮助的态度。有些传统企业文化妨碍寻求帮助，如年龄大者轻视年轻人、职称高者藐视职称低者，有的企业领导过分依赖外部专家，忽视本企业人才的潜力；另外，自高自大、自以为是、自我满足和自不量力等，都不是正确的态度。毛泽东于 1949 年说过："不懂得和不了解的东西要问下级，不要轻易表示赞成或反对，切不可强不知以为知，要'不耻下问'先做学生，然后再做先生。这不会影响自己的威信，而只会增加自己的威信。"这话永远是至理名言，应对无人帮助的挑战，需要树立自我超越和集体超越的意识。

3. 应对无人帮助挑战的方法

（1）对领导者培训方式的改变和教练帮助方式的改变。领导者所接受的培训对团队最具影响力，由于领导者的风格不同，所起的作用也不同，但有三条基本素质都是相同的：一是喜欢自己的工作，不能只是为了获得相应的地位和待遇，那么他对培训必然缺乏热情，很难接受培训。二是关注期望的结果，领导的主要职责是确定方向，而不是这项工作的具体操作。教练也会帮助领导者关注公司未来方向、个人愿景和周围人的愿景。三是明晰而坦诚的关系。领导工作的有效性是建立在领导和被领导者之间的关系上，试问一下自己，如果失去现在的职位，员工还会追随自己吗？以上三条是一个领导者必须具备的基本素质。对领导培训的质量取决于领导者和教练之间的交流质量，高水平的教练不仅提供成果反馈，还要对成果给予客观的评价。让领导者从评价中得到启发，去纠正错误或不足。在企业变革中，教练和领导的界限变得很模糊，领导者既要为员工提供帮助，又需要接受教练的帮助，而教练的帮助也不再是学习实验室中的那种指导，它已经成为变革本身的一部分。

（2）核心教练队伍的相互帮助。教练队伍有必要建立一个自己的组织——核心教练小组。每个小组以 6~12 人为宜，应包括提供信息的内部联络人员，小组定期聚会，共同学习，相互帮助。核心教练队伍的职责是培训基层领导和员工和新的顾问，即教练。在培训中，教练要帮助被培训者学会公开自己的观点，接受质疑和讨论，要在过多干预和过少干预之间找到平衡点，不管教练是否在一起工作，都要相互支持，相互帮助，如果有人以精英的身份来标榜自己、重蹈唯我独尊的老路，其他教练就要帮助他克服这种不正确的思想和态度。教练队伍成功的标志有三条：一是进行双向交流，避免单向控制；二是员工习惯了与教练畅谈工作；三是在工作中学习以改变员工的工作方式。

（3）读书小组中的相互帮助。员工训练学习技能的一个简单方法是成立读书小组。可以是同一单位的员工，也可以是不同单位的有同一志趣的员工自发成立读书小组，自己制定活动日程。其中的一个主要内容是定期聚会，讨论共同读过的书，各抒已见，分析自己的心智模式。最后相互帮助分析，相互启发，共同提高。另一个主要内容是定期演练学习技能，如演练对话、反思、“左手栏”和有技巧的讨论等。程序是先由某个成员做简单的介绍；然后共同演练；最后，大家进行评论，相互指导，共同提高。

（4）团队学习中的相互帮助。这也是摆脱学习会议混乱局面的指导方针。团队学习开始比较活跃，后来往往会出现混乱、误解、争执、对峙、紧张等，纷争不断。虽然每个人都想帮助别人，却没有达到目的。因此，团队成员需学会处理这种混乱局面的方法，最有效的方法是重放学习会议的录音，让大家认识到每个人都曾以不同反应方式把学习会议搞得更糟。要改变这种局面，必须改变交谈方式，改变相互影响的模式。只有当每个成员承认自己存在不完善的观点时，思想的禁锢才能打破，混乱才能结束。混乱的原因何在？当局者迷，内部顾问是这样分析的；第一，认清人类相互影响的结构模式，就会知道混乱是由相互牵连而造成的；第二，关注对方的发展，不论情况多糟，都要信守诺言；第三，不掩饰缺陷，承认技能上的差别，并帮助弥补；第四，错误发生后，不进行反思，错误就会延续下去；第五，要在别人最需要帮助时，提供帮助。

摆脱混乱的指导方针是长期形成的，下面介绍的几点可供参考：一是记录并收集自己的言行。鉴别团队学习成功与否的唯一工具是录音机。人的本能是保护自己，自己要做的事，又不是自己愿意做的事，这就是冲突的原因。只有录音机所提供的材料，才能让成员弄清究竟发生了什么事。二是解释所发生的事情。每个成员都要把事情的来龙去脉搞清楚，都要反思自己的哪些言行造成了混乱的结果，自己当时的错误是什么，记下这些会帮助你构建新的思维模式。三是和其他成员一起推敲你的发言。请他们帮助你看到你错误的东西，也能了解每个人忽视的东西。四是把冲突变成每个成员成长的资源，把对方的缺陷看成学习的机会，学会帮助更多的人。五是接受不一致。不论你多么有能力，你所追求的行为和你的行为之间一定存在差距。因此，要接受不一致，相互支持，相互帮助。六是言行谨慎。对缺点（包括自己的）持同情态度，因为每个人的心中都隐藏着不同的人性，也许你不愿见到的“小人”正是一个优秀的人。七是争取外援。外援能帮助你看清你自己看不到的东西，因此，要把顾问当做迈向卓越的投资，而不是治病的药方。

（5）指导者守则（接受指导者也可参照执行）。团队成员必须相互学习和指导，否则，变革就会有风险。指导关系不分上级或下级，最佳指导关系是互利互惠的、其指导原则是：

第一，几乎每个人都能成为有效的指导者。指导要发现问题、判断对错，在你需要指导时，大多数人都会出手援助。只要你虚心求教，别人就会诚意传授真知灼见。

第二，指导关系是双方自愿的。企业领导应该从各方面对其下属进行培养和指导。指导关系又要求相互信任和尊敬，两个人根据亲和力和默契程度确定指导关系。你虚心接受指导，就能诚意聆听建议，尽管从口头接受建议，到心里真正接受，再到付诸行动会有一段时间滞延。在一个企业中，一般有 20% 的人会这样做，如果高层领导正式提倡这种做法，会有 80% 的人为了应景而在表面上做做样子。但这会使 20% 自动选择这样做的人感到压力，最终反而造成一团糟的局面。很多人从心里就反感他人指手画脚，但是一个没有指导机制的企业很可能存在天然的缺陷。

第三，指导者不提供解决问题的具体方法，只是为学习提供指导。在通常情况下，任职时间长的领导的理论知识和经验比较丰富，对环境因素有周到考虑，而年轻人则更接近工作实际。如果一方提供理论和经验，另一方提供详细事例，便构成了双方互为指导者和被指导者的关系，可以取长补短，共同探索解决问题的方案。

第四，指导者只能存在于诚信的企业中。如果该企业在诚信上存在问题，指导就不会取得成功。

第五，指导关系不是永恒的。在不同时期，面对不同问题，应接受不同专家顾问的指导。

第六，对快速成长的员工进行指导是一种高效的策略。在考虑提拔后备人才时，要选那些愿意帮助他人的员工。

第七，谨防虚假指导。有时指导者和被指导者出于各自利用对方的优势以营私的目的而结成“对子”，这对企业的危害不言自明。抵制这种做法的唯一方法是培育一种公开而诚信的组织环境，让虚假指导者曝光。

第八，进行指导是一种爱。爱是帮助他人实现完整的自我，进行指导是提供爱的能量，把双方的潜力调动出来，上升为自我实现的能力。爱是相互的，指导者在帮助别人的过程中，也在发展自我，不过，这种爱的收获是内在的无形的，是逐渐意识到的。

（6）培养能力的策略。如果企业经常依赖于短期的培训，那么结果也只能带来短期的成果。如果想培育出能够长期发展的能力，就要进行五个阶段的学习，即：初学者阶段、合格学习者阶段、能力提高的系统思考者阶段、熟练的系统思考者阶段和专家级系统思考者阶段。完成这五个阶段的学习，起码需要数年的时间。一般来说，企业没有时间和资源让员工参加长时间的学习而成为专家，但是，通过一种能力培训的策略可以在较短时间内达到目标。这个策略是：请外部专家来培训一批初学者；然后再从中培养出合格学习者；再选一部分骨干进行重点培养，使其达到能力提高的系统思考者。回过头来，再让这些能力提高的系统思考者去培养初学者和合格学习者，甚至有的可以达到能力提高的系统思考者的等级。从能力提高的系统思考者中选拔关键人才送到高校去深造，或者让他们参加长期的职业发展学习项目，从实践中达到熟练的和专家级系统思考者的水平。

这些人员的知识和能力，能在提高企业经营管理水平的同时又帮助提高其他员工的能力。运用这种内部驱动和自我强化的学习与培训策略，可以培养出企业需要的大批人才。这是培养人才的捷径，比发达国家培养人才要快。在发达国家持有 MBA 证书的基层经理，一般需要经过 20~30 年的锻炼，才能升到高级经理的位置上。

6.2.4 脱离实际的挑战及其应对

脱离实际的挑战是指在创建学习—创新型企业的过程中，领导者在变革中所采取的行动脱离企业客观存在的具体情况而造成的挑战。要创建学习—创新型企业，必须有应对这种挑战的对策，克服前进道路上的障碍，使创建工作继续前进。

1. 脱离实际的挑战

在创建学习—创新型企业的过程中，把在学习中获得的新知识新能力与创建工作联系起来，建立变革活动与业务工作的关联，即理论联系实际，是非常重要的。为了能在较长时间的变革活动中，保持员工有稳定的投入，团队领导有必要对这种关联性做出有说服力的解释。因为员工所从事的工作都是他们认为必不可少的工作，只有他们认为是对自身、对客户、对企业都重要的工作，才能全身心地投入。如果领导忽视了对这种关联性的解释，那么，全盘的努力就可能付诸东流。尽管各级领导都热情支持学习活动，员工也参加了变革活动。但是，由于员工不清楚这项变革活动究竟能对企业产生什么影响，所以，很多人虽然参加了，无非是随大流而已。于是，变革活动就遇到了脱离实际的挑战，面临夭折的危险。

由于不相关联及脱离实际所造成的挑战，存在潜在的破坏力量。第一，随着变革力度的加大，员工知道能将个人和变革活动联系起来，知道企业需要的侧重点是什么。然而，不相关联没有使这样的条件出现。第二，员工需要了解如何适应变革、如何做出奉献、如何从中获益。如果不能满足这样的需要，员工就不会全力投入。第三，即使在领导的压力下，员工勉强参与了学习和变革，也不会真心投入。他们只能在口头上忠于变革的目标，而实际上并不知其所以然。这种挑战的潜在破坏力，会使先导小组和团队的绝大多数成员不能真心投入。虽然投入的差距几乎一直存在，但是，如果只有几个热心分子相信变革会带来实质性的改善，那么，这项变革活动就不可能有什么重大的进展。

在任何工作中，人们都注重实际的需要。这项挑战限制因素的大小，就在于基层领导能否将变革活动和业务工作的实际需求相结合，如果做不到这一点，员工就会认为这项活动是强加的额外负担。挑战也从侧面证明了进行改革的基层领导的重要性，因为只有他们才能让员工理解并相信变革的意义。而这一点又是高层领导很难触及的地方，容易使变革活动遭到挫折。

理论联系实际对创建工作有两层含义：一是认真搞好学习活动，切实掌握五项修炼的理论、方法、工具；二是将理论、方法、工具与企业的实际相联系，去解决企业的生存、发展和创新问题。理论联系实际是马克思主义的学风，是中国共产党的优良传统。邓小平在 1978 年说过："我们说的做的究竟能不能解决问题，解决得是不是正确，关键在于我们是否能够理论联系实际，是否善于总结经验，针对客观现实采取实事求是的态度，一切从实际出发。我们只有这样做了，才有可能正确地或比较正确地解决问题，而这样地解决问题，究竟是否正确或完全正确，还需要今后的实践来检验。"

2. 应对脱离实际挑战的对策

要求基层领导对变革做出令人信服的相关性解释，是应对脱离实际挑战对策的重要内容，也是创建工作赋予基层领导的重大责任。

（1）在核心领导中树立战略意识。开展一项新的变革活动时，面对不熟悉的投资项目和取得成果的缓慢过程，各级核心领导应该具有战略意识、经济头脑和商业眼光，正确审视他们所倡导的变革活动，对该项变革的成或败做出明确的判断，准备对策，应对挑战。但这并非必须裁员减支，甚至措施或可相反。在变革方案正确和新投资确有战略价值的前提下，由基层领导向下属员工阐明变革的相关性是十分必要的，特别是在投资回报要经过时间滞延才能体现出来的情况下，显得尤其必要。

（2）在团队中明确提出相关性问题。员工之间要有信任感，对其他单位要有负责任的态度，才能使变革活动开展起来。但是，在变革过程中，员工渐渐发现，很难处理对企业忠诚与变革的新使命之间的矛盾。开始时他们对相关性是否存在尚未觉察，过些时候则可能丧失投入的热情。假如领导采取规劝、哄骗，甚至威胁等手段来强迫员工接受变革，这种做法只能加深员工的抵制心理，对变革根本不起作用。正确的做法是，在团队中明确地提出相关性问题，如果你对变革抱支持态度，首先要了解不支持者的目标是什么，站在他们的角度来看其目标与其他成员有什么相关性；再从自身的角度看自己的目标是怎样确立起来的，将心比心地说服不支持者。作为领导者，更应该用摆事实、讲道理的方法，说服反对者。由于反对者想知道他们的举动对公司到底有什么意义，而且，他们的薪酬、前途等在某种程度上都依赖基层领导及其上级决定，所以，基层领导的解释与说明是能够取得成效的。只有解决了变革的相关性问题，才能应对脱离实际的挑战。

（3）要让员工了解更多的信息。管理者有责任为员工提供他们所需要的信息，帮助他们看清其中的联系，了解业务、价值和成果之间的相关性。这样，变革的动力就会发挥出来。每个先导小组和团队都会自己去寻找实现目标的途径，每个成员都会自己去制定标准来衡量所做的努力与目标之间的差距，判断成功或失败，预测变革的风险与回报，主动地去应对挑战。

（4）把学习与企业成果紧密相连。把学习和企业经营成果联系起来，使员工能看到变革在未来所产生的丰厚回报，参加学习的劲头就会截然不同，应对挑战的劲头也会大不一样。

（5）反复思考相关性问题。通常情况下，变革的最初目标都是针对当前的问题提出的，渐渐地，团队用于执行常规任务的时间逐渐转向更长远或更注重愿景方向的工作。投入的时间越多，所受的约束越少，这就需要定期的回过头来检查和思考相关性问题，确认这些愿景与企业目标是否紧密相连。只有相连，愿景的力量才能应对挑战。

3. 应对脱离实际挑战的方法

（1）高层领导倡导变革法。高层领导决心支持下属单位的学习，结合实际，针对关键问题成立团队、设计项目，赋予团队和成员处理问题所需要的权利和责任，确保他们完成任务并对结果进行评估。在短期内，也许无明显的提高，但有一些基本的收益。学习本身并没有创造价值，成功在于运用所学产生新的创造能力。高层领导的责任是建立一个有利于进行变革的系统，以便让基层进行变革。在竞争不断升级的今天，要想使企业持续在竞争中领先的唯一办法，就是比竞争对手学得更快，学得更好。

（2）团队规划变革法。团队在学习中发现企业存在的问题，确定变革项目后，应该按照下列步骤规划变革：一是明确进行变革的动力，是外力驱动、危机引发，还是创新的愿望。二是明确变革的因素在团队内部，还是外部。三是明确预期达到什么样的效果，为什么使顾客满意是最重要的。四是明确如何进行变革，需要培养哪些新能力，如何培养，目前哪些工作会受到变革的影响，有什么样的挑战，准备如何应对。五是明确先导小组和团队成员是否全部参与，是否需要团队以外的人参与。六是明确从哪里得到支持，团队的信誉如何，它对团队有帮助还是有阻碍。

（3）关系网领导支持学习与变革法。关系网领导要大力倡导学习与经营结果之间的相关性，利用信息共享对困扰团队的问题帮助研究探索。具体的办法是：第一，帮助开展学习活动。要进行变革，需要综合学习和应用多种理论和方法，而不仅仅是依靠五项修炼的理论与方法。第二，树立基层领导的影响。关系网领导要认清基层领导是学习和变革的主角，帮助团队做一些辅助研究、探讨和记录等工作。同时，还要把变革的进展情况及时报告到高层领导、其他团队和未参加创建的员工，以扩大变革的影响。关系网领导的工作由基层单位领导和团队领导进行评估。第三，支持和帮助工作的原则。一个关系网领导一般只和一个团队进行合作，解剖麻雀，带动全面工作。建议基层领导在启动变革项目时，要从长计议，由小到大，积极稳妥。第四，不断扩大学习网络。关系网领导要在企业内部不断寻找能接受新学习思想的员工，及时吸收到关系网中来，建议他们针对变革项目成立团队，申请创建工作。如果在项目开始时就进行相关的学习，取得的成绩将更加显著。第五，要确保首次项目的成功。一个变革项目需要多种资源，关系网领导要帮助团队领导识别和寻找资源。必备的资源有三种：一是人才资源，要把能胜任该项目的杰出人才推荐给团队；二是经费，主管单位要提供一部分，还要帮助团队领导多方筹集经费；三是使学习活动成果得到各级领导的认可，尽量使学习活动参加者在各种评估活动中受到肯定和奖励。第六，主动和高层领导讨论变革活动。关系网领导和高层领导讨论变革项目的时间越早越有利。变革项目一般不需要公司的全面支持，但是，如果主管部门认为该项目成果与企业需要之间缺乏联系，关系网领导就要更积极地与高层领导讨论，以求得认可和支持。第七，积极争取人力资源、计划、财务、企管等部门的支持，就会促进团队的学习和变革。

（4）团队阐明变革理由的原则。阐明的方法不是通过谈论，而是通过实验和行动。新的变革先是无声地扩散，借助相互的成功和失败而得以传播。先导小组和团队在选择突破点时，要从那些在短时间内能获得最大成果的地方开始突破，循序渐进地推动。判断变革项目能否带来突破性进展的标准是：第一，具有紧迫感，最好选择中型团队来承担变革项目，因为这样的团队通常比较开放，学习活动有基础，是比较理想的环境。第二，已经具备项目所需要的基本技能。经过准备阶段，到了启动阶段，多数小中型团队都具备了这种基本技能。第三，有权威和自制能力。团队成员有能力实施自己的决定，有足够回旋余地处理可能的困扰问题，而不必经过各级领导的批准。第四，项目在企业中具有影响力。因此选项目本身的意义重大，在实施过程中如有突破性的进展，将成为其他单位效法的榜样。团队按照上述标准阐述变革项目的理由，易于取得各级领导的支持。

（5）团队通往相关性的道路。团队只要把创建的指导作用和价值观与员工个人态度和价值观整合起来，就能找到通往变革的相关性道路。但是参与变革的员工水平参差不齐，多数人要经过三个阶段的学习循环，才能达到应有的水平。第一个阶段是开展读书、讲座活动的知识学习；第二个阶段是在员工和变革观念之间建立感情联系；第三个阶段是把涌现出的激情和价值创造点结合起来的持续行动。通过这三个阶段的无限循环，员工就会理解自己的价值是为公司做出的奉献，把展示相关性作为自己的责任。

（6）公开账目管理。公开账目管理的核心原则也是一种相关性，它以创新的方式公开财务信息，使每个员工都能认识到自己和他人工作的重要性。公开账目管理要从培训员工财务知识开始，以便揭开财务数字所包含的具体内容和未来的发展态势。团队最关心的不再是最后的统计数字，而是能使财会报表从描绘公司经营结果转变为改进经营的参谋与顾问。把这些数字转化为相互关联的工具，比较各团队的成本和其他数字，就可以帮助不同利益的团队做出奔向共同目标的决定。在公开账目管理中，员工是自己劳动结果的拥有者，其薪酬是根据他们的劳动结果决定的。随着财务工作技能的提高，员工会把期望值定得更高，超越团队指标去考虑部门乃至整个企业的收益率，并考虑社会利益。

6.2.5　言行不一的挑战及其应对

1. 言行不一的挑战

销售代表报了价，但销售部门却无后续的工作；服务代表做了承诺，服务部门却没有下文；高层领导为解决整个企业的协作问题，决心从高层做起，召开高层管理人员大会，又一级一级地往下传达，但是，由于没有培养全体员工的协作能力，所以整个企业的运作极不协调……上述现象都是言行不一的表现。企业主管的言行不一，对各层领导和关系网领导都有影响。基层领导不断推出管理新设想，可是从未准备认真地实行。基层已经习惯了某些高层领导的言行不一，认为这只不过是一种惯用的八股文章而已。基层领导本身也没有“时间”与“帮助”等压力，尽管其所属的员工期待他们在真诚与开放等方面做出表率。关系网领导由于没有正式权力，因此也没有任何压力。许多机构中蔓延着不信任气氛，使得工作的开展困难重重。管理人员一面要对绩效负责，另一面又要对变革负责，将这两方面联系在一起的是员工，他们必须把行为和观念结合起来，不然变革就不会发生。因此，进行变革的领导不得不面对各种嘲讽，其来源又往往是为变革前途而焦虑的积极分子。这就是言行不一的挑战，是在满足与顺从的掩盖下发生并长期潜伏和不时显现出来的危险。

言行不一的挑战，远比显现出来的那部分现象复杂得多，也很容易被归咎为管理者的无能。不错，它是表现在一部分企业领导者身上，但其根源却是工业经济时代企业中根深蒂固的观念，即真正的服务对象不是顾客，而是上司。在一些领导者的心中，只要能让上司满意，一切都唾手可得，因此，这些领导者几乎把全部心思用在讨好上司上，毫不在乎言行不一的危害。在这种观念盛行的企业中，歪风邪气很难改变。前进的唯一方法就是进行改革，通过对言行不一现象的反思、实验和示范言行一致的工作方式，同时，还要认清变革的动态因素并采取正确的战略，才能逐渐转变。

（1）言行不一挑战的动态因素。这项挑战是通过两个相互联系、相互制约的过程展现出来的。其一是对领导的信任过程，这对变革参加者来说相对明显；其二是领导个人的反思过程，这对变革参加者来说是比较微妙的。这两个过程都可以在变革的初期出现，又会在需要信任和思考变革的周期中继续存在，因此，会对变革活动造成很大的阻力。一旦变革活动开始，员工就需要知道主持变革的领导是否值得信任，信任程度取决于信任差距的大小。信任差距是变革对领导者所要求的信任度和与个人实际的信任度之间的差距。信任差距与信任度呈负相关关系。如果领导者说到做到，信任度高，变革的可信度就高，员工自然会积极地投入到变革中去；如果领导言行不一，信任度低，变革的可信度就低，员工就会感到领导不可靠，只能消极应付布置的工作。有时信任度很低的工作环境，未必就会出现信任差距，因为怀疑程度高，信任程度就低，而完成工作所需要的信任度也低，两者正好相抵。但是，在变革开始后，不仅要求领导者个人的观念变革，而且要求员工的思想变革，因此，所需要的信任度随之增加了，以前的信任度突然成了问题。如果领导者的信任度低，员工感到是在冒风险，就可能放弃变革；反之亦然。实践证明，在许多变革的早期阶段，还没有取得任何经济效果之前，领导者的高信任度正是变革可信度的主要来源。

（2）言行不一挑战的潜在限制因素，这个限制因素是管理层的观念和目标的清晰度。主要表现在两个方面：一方面，如果员工相信领导的新观念和行动，他们就会自愿努力工作，并与领导一起承担风险。但是，有时基层领导确实相信他们所提倡的观念，并身体力行，然而还是被员工认为缺乏信任度，因为他们还有这样那样的缺点。另一方面，信任差距可以从信任过程进入反思过程，发生一种微妙的影响。这个影响就是变革要求员工进行越来越多的反思，提高自己对观念和目标清晰度的认识。如果没有个人更多的反思，反思差距就会出现，制约员工的热情和忠诚。如果企业内部明争暗斗，缺少安全感，员工不能公开反思，就无法建立个人和企业目标之间的一致性就。有这种限制因素，就无法进行变革。

（3）信任和反思之间的相互制约关系。这种关系存在于企业的各个层次。各级领导的信任度与员工的反思行动相互制约。如果各级领导努力探索自己的观念和目标，正视自己的缺点错误，那么上下级之间的信任和反思程度就会不断提高；反之，则会不断下降。但是员工的观念和目标毕竟有局限性，许多人不可能把个人的抱负与工作环境联系起来。因此，工作重点是鼓励员工对工作进行反思，才能真诚投入。同时也要看到，绝大多数员工对于对工作进行反思是陌生的。传统企业只要求员工照章办事，而不需要有自己的主张。学习一创新型企业则提倡员工拥有自己的主张，明确员工对工作本质的看法和在企业中的角色，如果领导不能创造一个良好的反思环境与气氛，员工不能反思，不能将个人目标与企业目标联系起来，必然会出现言行不一的挑战。

2. 应对言行不一挑战的对策

应对言行不一挑战的关键是管理层观念和目标的可信度，抓住这一点，就抓住了克服这一挑战的“牛鼻子”。

（1）确立适应企业经营水平的目标和观念。企业是一个生命的有机体，有对自己的身份和目标的集体认识，有对共同主张的相同理解。制定最可信的价值观念和奋斗目标，意味着学习和倾听企业机体中蕴藏的抱负。员工有远大的抱负，不仅是为了收回投资成本和提高生产力这些单纯的目标，而且是为了造福社会和提高员工生活质量。为了实现这个宏大的抱负，就要确立与企业经营水平相符的目标和观念。

（2）建立企业目标和观念的可信度。言行不一挑战是对那些支持创建的企业领导而言的，因此，企业领导首先要建立企业观念和目标的可信度。不仅要通过宣传，更要通过实际行动来证明。想获得真实信息的领导，必须把真实信息传递给他人；想知道他人想法和感受的领导，必须表达自己的想法和感受，而不是凭借公司领导的优越感行事；希望实验跨部门合作的领导，必须分担共同的责任，随着环境变得更明朗，员工会更加清晰地觉察到存在问题的严重性，更加深刻地认识到改变言行不一这种不良作风的必要性。因此，对领导的言行不一要公开曝光，让员工会公开批评和评估，不是因为员工怀有恶意，而是他们的生存与发展有赖于领导的履职能力，因为领导改变了企业的运行规则，员工必须检验这些规则是否有效。如果有效，员工会调整自己的行为以配合领导的工作，这才是各级领导得到员工信任的表现。

（3）不要单独行动。领导要承认自我认识有盲点，若看不清楚自己的缺点，也不知道自己的言行中有危及员工的地方，就会影响自己获得员工信任的程度。因此，领导不要单独行动，要有合作伙伴，与之共同努力。合作伙伴主要是同级别的同事、内部顾问和其他朋友。同这些伙伴可以开诚布公地交流，共同挑战心智模式，告诉你真正需要听取又很难接受的意见。没有合作伙伴的领导的工作不但盲目，而且预伏着危险。

（4）培养承受压力的耐心。一遇到困难就火冒三丈不是学习—创新型企业领导应有的作风，这表明又回到了从前的“一长制”习惯。有一两次这样的情况发生，就可能破坏整个变革计划的实施。培养自己的耐心，要在危机或挑战发生之前问自己：是什么事激怒了我采取片面的行动？要预测那些能刺激自己的问题，避免做出不利的举动。要锻炼自己忍耐这些刺激所带来的压力，培养自己的反思能力，又不失冷静。你的观念和行为的一致性越高，压力就会越小，心理负担就越轻。

（5）培养更强的组织观念。造成领导言行不一的原因，有一部分是其职位所造成的优越感，高层领导尤其如此。基层领导直接接触实际，能直接看到发生的问题。但是，高层领导往往是远距离管理，难免出现言行脱节的情况。基层领导应给高层领导一个认识的过程，培养更强的组织观念。

（6）留出讨论个人价值的时间。意识到这一挑战的高层领导，自然强调在各个层次都要留出讨论个人价值的时间。但是，管理人员往往强调按计划实施变革，无视员工对自身价值和抱负被贬低的受伤心理。变革越深入，这种受伤害感越强烈，不利于员工为变革做出奉献。因此，各级管理人员必须留出讨论个人价值的时间。

3. 应对言行不一挑战的方法

（1）公司领导团队的工作方法。把公司总裁誉为"设计师"，并不完全确切，因为公司领导集体都参与了改革思想和改革方案的设计工作，把重大改革的成果归功于高层领导（特别是公司总裁）的做法是不符合实际的。如果认为是高层领导导致了改革成功，那么员工就不会全力奉献。而且，改革也不可能持久。高层领导为改革方向、改革方案做出决策，是他们应尽的职责。在各级领导中，高层领导要特别注意言行一致。这里有四种工作方法可供参考，即扩展业务模型的方法、建立新的领导类型的方法、以动员代替传达的方法和使个人与公司观念一致的方法。

第一，扩展业务模型的方法。基层领导及其下属员工有愿望、有能力把他们的计划付诸实施，但是，如果他们的计划和行动受到上级的限制，就会产生挫折感。因此，高层领导要把管理权和决策权下放到最低层次的结构体系和行动机制，让基层单位、先导小组、团队和员工把握自己工作的主动权。如果依然采取传统的管理方法，员工就会认为，任务完成得好坏都和自己没有关系，可能会造成严重的损失。因此，应该转向让公司的每个单位都有资产负债表的管理结构，投资决策不再由公司总部决定。基层单位从公司总部按一定利率借用所需的资金，不仅要还本付息，而且要分红。公司还要采取相应的管理措施，保证这种模型的有效运作。

第二，建立新的领导类型的方法。为了使新的企业模型有效运作，必须重塑企业的领导类型。传统企业领导模式似乎主管全知全能，实行高度控制和下级服从上级的领导方法。创建学习—创新型企业，彻底改革这种领导模式，高层领导应当是学习的模范，有培养下属改变这种领导模式的当然职责。领导职位并不意味着有无限的权利和特殊的优势，而是意味着有更多的责任和义务。评价领导的绩效，不是依据他们起草的文件和讲话等表面文章，而是根据他们的实际行动和工作结果，员工也必然会更加注意领导言行之间的差距。如果能从“长官型领导”转变为“公仆型领导”，企业的绩效、领导个人的绩效必然随之提高。因为服务的空间是无限的，他们将更加务实、开放和反思，尽量把自己融入整体中去。

第三，以动员代替传达的方法。传达是把领导的主张告诉员工，在符合员工观念的情况下对工作有利；否则，则相反。实践证明，由高层领导编制共同愿景和价值观，然后强令员工实行是不能实现改革目标的。动员是发动员工自愿地行动起来，条件是双方沟通。动员过程主要是倾听员工意见的过程，比传达的方式困难得多。动员的目的是培养员工具有充满活力的新观念，用以指导行为。动员的形式有倾听、专门会议、管理培训和共同学习等。有很多领导还需要学习有效地倾听，因为很多决策都是通过团队做出的。培养观念和行为的动员方法，表示员工与公司关系的实质性转变，从以服从上级决定为代价转变为以投入为代价，换取工作的自主权，为公司创造绩效是最佳的选择。对一些员工来说，接受这种转变是困难的，这意味着更大的不确定性，必须对个人的发展和行为负有更大的责任。但是，在公司给员工自主权之前，员工是不会主动地进行改革的。

第四，使个人与公司观念一致的方法。改革活动的成功取决于各级领导的观念和企业目标的一致性。要树立领导具有这样的一致观念，舍此，没有其他办法。为了让广大员工与公司的改革保持有一致，有效办法是真正考虑并认真落实员工的利益。同样，舍此，也没有其他办法。基于上述理由所建立起来的新的领导方式，使用起来就会变得越来越容易。学会暴露领导工作中的失误，是改革中克服困难轻装前进的有效方法。即使遇到挫折，也不会太过懊丧。这样就会使每个员工的创造都会给公司带来重大的成功，使每个员工为自己团队的创造而感到兴奋。在这种新的领导方式中，如果某个领导的价值观目标局限于挣钱，在学习—创新型企业中将会成为丑闻。

将上述四种工作方法整合起来，可以运用重组三角形来理解（见图 6-10）。

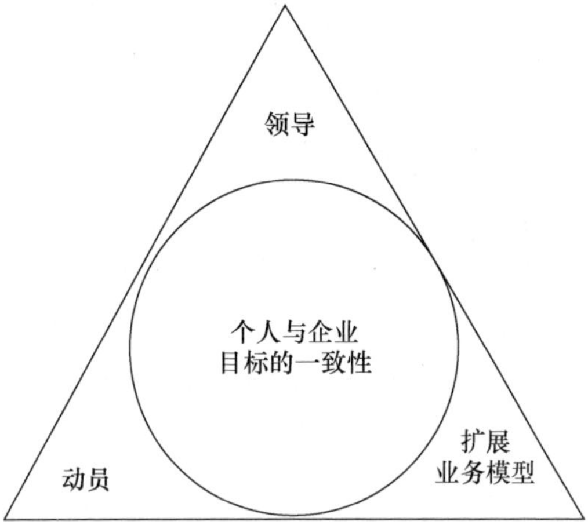

图 6-10

图中的三个角各代表企业改革活动中的领导、动员和扩展业务模型等三个因素，中心代表个人工作因素。把个人的观念与企业的整体目标结合起来，重组三角形把公司领导团队的工作方法有机地整合起来，就能有效地领导学习一创新型企业的创建工作。

（2）领导增强信心的方法。在企业变革中，一个领导者可能同时扮演三种领导角色，即创造变革条件的高层领导，培养和指导员工学习的网络领导和负责具体变革项目的一线领导。为了增强信心，保持言行一致，需要在复杂的环境中定期检查自己：一是，“我的目标坚定吗？”要坚持所期望的结果，并使他人配合行动。二是，“我有足够的耐心吗？”如果操之过急，就会降低的工作效率。三是，“我是否太耐心了？”如果答案是肯定的，就会安于现状，不思进取；四是，“我有足够的勇气吗？”必须敢于帮助员工正视自己的缺点，差距和问题。五是，“我能保持乐观的心态吗？”要相信员工能够取得更大的进步。六是，“我能够把握住机会吗？”要有周密的准备，以应付变革中的突发事件，并把它变成发展的机会。七是，“我是否怀着理解的心态与员工交往？”要相信损害的行为一般都不是有意造成的，可能另有原因，应帮助员工分析产生问题的原因。

八是，“我是否怀着爱心工作？”把爱心化作帮助员工改进工作的行动，才是取信于员工的领导者。

（3）言行一致而又不失平衡的方法。自由交流是学习活动取得成效的好方法，突发事件时要求领导有控制的能力，如何保持正常状态与控制的平衡，是领导方法中一个重要的问题。要言行一致，又要保持平衡，是一个挑战。要应对这项挑战，必须换一种新的工作方法，例如公司总部通知一位基层领导关闭有损环境的工厂，基层领导决心为每一个员工在本公司的其他工厂安排工作，费尽周折，终于妥善安置了全体员工。虽然艰难，但在这个过程中却锻炼了一批人才，而这批人才后来为本公司做出了非常大的贡献。这种在高难度环境下追求崇高目标的行动，需要一些新的工作方法。这些方法主要是：

第一，放弃完全依赖分析的方法。学会一些对话的技巧，目的是让员工从感性的角度来看企业，谈论工作的感觉。这是让员工利用观察方法，用大脑的另一部分进行思考。当然需要找出一种方式，让员工有讲心里话的机会，开发他们内在的潜力，于是，进行五项修炼的演练。当把文化变革和技术变革结合在一起时，“直觉”思维的阻力变小了，学习能力提高了，技术变革信心增强了，两者成为共同发展的互补因素。这意味着可以放弃完全依赖分析的方法。在日常工作中，将直觉和分析、行动和反思、倾听和诱导、流程和系统思考等方法结合起来，化作一种自觉的行动，也可以收到良好的效果。正因为培养了整合这些工具的能力，才具备了挖掘企业潜力的能力。

第二，取得高层领导信任的方法。基层领导必须正确地面对高层领导支持不够的问题。但是，当一位领导对你的部门插手微观管理或日常工作时，你的方法是向他澄清你的工作职责。这种对话有时具有对抗性，但能使他退步，把绩效的责任交给你，取得高层领导的信任为你开绿灯，可以采取学习—创新型企业的方式进行实验，而不必计较来自上层的干预。

第三，指导和培养后备领导者的方法。基层领导，有责任培养未来基层领导者。其方法主要是共同工作，传授项目的具体操作方法和专注的职业观念，并给予机会在实践中锻炼。有时，还要引导他们修正自己的思想和行为，增长才干，即使有突破性的成果，也不宜捧得过高。要挑选那些愿意实验并能提出反馈建议的员工予以提拔。

（4）领导使用人力资源的方法。在变革中，新的领导方法改变了第一把手“一言堂”的做法。那么，领导如何使用人力资源呢？一是从领导做起。为了避免争议，可以暂时搁置一些决策，先统一认识。作为主管领导，面对挑战，有应对的权威和机会。假如一位副职认为展现愿景是削弱他的权利，就要在团队内部敞开心扉地交谈，以便取得“公仆型领导”的共识。这种领导类型非常管用，但在员工面前又必须言行一致。这样就能营造变革的气氛，增强分析问题的一致性。二是建立表扬机制。领导团队能为员工服务，就会使员工看到领导团队发生了实质性的变化。当变革发展到一定程度时，必然要求建立一种员工成就得到认可的文化。领导要珍惜表彰员工的机会。让员工感到领导为他们服务，给他们支持，向他们的成绩表示祝贺。能取得突破性的成果，表明新的体制已在公司的其他单位产生良好的影响。三是形成新的领导风格。须知，任何工作目标的实现，不可能是某位领导一人之功，领导团队的主管必须在内部养成民主作风。如让几位分管的副职，每月轮流主持全面工作，安排工作计划并做出决定。如果主管持有异议，可以协商，而最后的决定仍然由分管的副职做出。

（5）高层领导助手的工作方法。高层领导的助手包括两类：一类是直接助手，如总经理办公室成员；一类是间接助手，如各部门领导成员。在变革中，可能出现这种情况：助手们认为高层领导不愿意放弃权力和控制，而高层领导又认为没有得力助手协助其工作。高层领导越有怨气，助手们越反感。这是一种把责任推给对方的恶性循环。如何破解呢？可由总经理的直接助手（如办公室主任）出面召开有高层领导和主要助手参加的学习会议，议题即领导如何阻碍了助手们的工作。答案要用改善心智模式的方法表达出来：一是“助手有无主导行动的权利”。当高层领导提出一项行动要求时，没有得到助手的及时回应，于是只好亲自去做。助手则认为这是高层领导在保持他们的控制权，因此不便主动插手，只能消极等待。此时高层领导又认为助手有意怠工，产生怀疑和不信任感。于是，恶性循环开始了。二是“高层领导与助手之间的信任是双方的”。应培植相互信任关系，逐步建立信任。三是“助手对主管提出质疑是不合适的”这种心智模式显然是错误的。四是“高层领导不把发生的实情告知助手”。高层领导应该把实情及时告诉助手，助手也应该主动去了解。五是“高层领导不愿意从助手这里得到帮助”。要认识到高层领导也是在他们上级的领导下工作的。以这样观点看待高层领导，对他们提供帮助就顺理成章了。助手们提供帮助，高层领导自会做出积极的反应。只有敞开心智模式，才能练就当好助手的工作方法。

（6）企业主管的领导方法。一是“决心进行变革”。企业要生存就要变革。要变革，就得承担风险。既要充满信心，又要准备犯错误，明白自己的长处和弱点，要接受员工的意见和帮助。二是“为变革做好准备”。为了减少变革的风险，就必须对可能发生的挫折有所准备。相信每个员工都有可挖潜力，着力培养个人成长的企业文化。公司业绩是全体员工行动和决策的结果，而不仅仅是高层领导的努力。一个企业可能在技术上有优势，但在销售环节和与客户的良好关系上优于对手。对那些不想变革的高层领导成员，要通过学习取得认识上的一致，以消除或减少变革的阻力。当下属要求在组织结构上进行变革时，就要提供信息和资源的支持。三是选择时机向董事会汇报。汇报的时机应在创建启动后不久，以使董事会了解创建的启动工作进展情况、成功和失败的可能性并存，使董事会成员在思想上有所准备。四是“变革要坚持到底”。变革是复杂的，容易造成混乱。只有找到内部相互联系的整体结构，才有办法克服。变革的通常情况是，初期业绩会有所下降，这是由于集中投入了大量的人力、物力和财力。进行一段时间后，业绩就会改善。期望的效果可能在两三年后仍未出现，这是对变革的考验。应对变革挑战的方法取决于对变革艰巨性的认识。持续进行变革是非常困难的，因为它似乎看不到尽头。然而，只有持续不断地进行变革，企业才能持续地发展。

SECTION 6.3

启动阶段后期的主要工作

到启动阶段后期，团队成了企业的主要组织结构。变革经过初识阶段的快速成长，开始遇到各种各样的挑战，成长的速度明显减缓，认识上出现了许多分歧。启动阶段后期的主要任务是走出认识误区，坚持团队学习。只有制定新的学习战略，坚持团队学习，才能培养新的能力，继续进行改进、改革和变革，才能把启动阶段的创建工作深入地开展下去。

6.3.1 启动阶段后期出现的问题和原因

当先导小组和团队在实践中开始演练五项修炼并进行改进和改革的时候，容易激起员工的改革热情，干劲大，进展快。当改革进展一段时间后，反对者逐渐增多，这反而会激起团队成员的努力。小胜之后，团队充满了信心，并赢得未参加改革员工的羡慕和认同，纷纷向团队学习，自动组建团队，申请参与创建，使改革团队越来越多。当先导小组和团队继续前进时，逐渐发现，在改革的道路上，推动成长的力量与阻碍成长的力量并存。综合观察，推动成长的力量有:市场的扩大，技术的进步，竞争力的增强，国家政治、经济体制改革的良好环境，现代企业制度的建立和学习能力的提高等。阻碍成长的力量有：传统企业的僵化组织结构和企业文化，照章行事的习惯行为方式，等级权利制度，既得利益群体的利益受损，改变思维方式的困难和改革过程中的其他困难等。这两种力量相互联系，相互争斗，此消彼长。各种困难和挑战使先导小组和团队成员迷惑不解，改革进程放缓，于是引出了许多的矛盾和问题。这些矛盾和问题主要有：

（1）为什么团队成员一直坚持学习，创新能力却总是不够呢？

（2）为什么启动了学习之轮之后仅仅取得一些零星成效，而不能取得大的变革成绩呢？

（3）改革需要工作方式的改变，但如何改变工作方式呢？

（4）有些先导小组和团队为什么会在挑战面前失败呢？

（5）创建工作进行几年了，为什么总是感到离学习—创新型企业还很遥远呢？

1. 启动阶段后期产生问题的根源

上述这些问题的出现，是创建过程中的正常现象。如果将产生这些问题的原因归结到一点，就是学习能力提高程度不足以克服前进道路上的障碍。本来，创建学习—创新型企业就不是一蹴而就的轻松工作，它是要把现有的传统企业管理改造成当今世界上最先进的管理模式，其难度之大可想而知。对进行创建的企业来说，意味着要用学习—创新型企业的管理理念进行脱胎换骨的改造，必然会涉及企业管理中许多深层次的重大矛盾问题。要调动员工的潜力，改造僵化的组织结构，废除等级权力控制，创造真正的民主管理的新体制等。哪一项变革是不经过艰苦的努力就能顺利实现的呢？例如，要调动员工的潜力，就要共同学习，获得进行深层变革的能力，通过变革，提高员工的地位和利益。这样做，员工自然愿意，但是领导愿不愿意呢？就算领导愿意，没有经济效益的大幅度提高，员工的物质利益又从何而来呢？！要领导者放弃等级权力控制，他心甘情愿吗？权力，是人类几千年来争夺的焦点，就算领导愿意放弃权利，但是企业不能没有控制吧？！要改造僵化的组织结构，实行横向的扁平式的组织结构，这就是说大多数人管理人员要被裁汰或者转岗，那些自命为“白领阶层”的人能心甘吗？要创造真正的民主管理体制，这是我们长期追求的理想，可真的要实现它，还有许多具体问题需要解决，需要员工具有新的能力和新的观念。在创建过程中，促进和阻力同时增长。在这两种力量较量的过程中，变革一方深感力不从心，是不奇怪的。既然觉察到了学习能力不足是产生上述问题的根源，就找到了解决问题、克服困难、战胜挑战的方法途径。

2. 启动阶段后期产生问题的具体原因

（1）现场学习感到能力不足的原因。这是因为单靠一线员工、专业技术人员的现场学习，是不能完全解决现场出现的问题的，还需要人力资源部门发挥新的作用。新的作用有三：一是通过制定相应的激励机制，对获得和传授新知识、新能力的员工给予特殊报酬与奖励，以便鼓励在现场解决问题。二是根据现场反馈信息，准确掌握达到目标所需要的新知识和新能力，制定培训和进修计划，以便在现场之外进行培训或送到相关院校进修，补充必要的新知识和新能力。三是制定学习评价标准，评价员工的学习能力，找出现有能力水平与改革所需能力要求之间的差距，为改进学习过程提供依据。没有团队的共同学习，是建不成学习—创新型企业的；没有人力资源部门和培训部门的支持，也是难以建成的。

（2）启动学习之轮未能达到预期变革目标的原因。这是因为刚刚启动不久，还没有激发出集体智慧。一般来说，在团队学习之轮循环的初期，所获得的学习能力，也只能完成些小的改进和改革，还不足以完成大的改革，更难以完成变革。变革，特别是深层变革，需要熟练运用深层学习循环这种工具才能办到。启动阶段的主要任务是熟悉团队和个人学习之轮。只有熟悉学习之轮，才能运用五项修炼，特别是改善心智模式，建立共同愿景和系统思考，包括深度汇谈等激发出的集体智慧，只有这时，才有能力进行改革。改革是一个周期性的过程，包括创造新知、普及新知和运用新知实现改革项目，而这个过程正是持续学习之轮所促成的。

（3）改变工作方式要有个过程。只有在持续不断的学习和改革实践之后，才能改变工作方式。因为持续学习具有产生新知识和创造力的功效，新知识能使员工用新的观念观察和反思工作，这就意味着思考方式、作业方式和工作方式的改变。工作方式的改变能给企业带来根本性的变化。例如，一个团队改变了原来的作业流程，包括改变员工在新流程中的工作方式，从少数人能掌握，经过相互切磋、提炼、升华为最先进的工作方式，在团队中内部推广，而成为团队的新的工作方式。当实践证明新的方式是成功的之后，就会吸引其他团队效仿，逐渐成为整个企业的一种新的工作方式。改变工作方式需要较长的时间，其途径有二：其一，就是上述例子中所讲的通过持续学习，引起的思维方式、思想观念和行为方式的改变；其二，某种刺激(外部的竞争威胁或内部的激励)所引起的工作方式的改变，如一笔可观的奖金。该方式所需时间较短，但不能经常遇到。因此，最好的办法就是把坚持持续学习作为改变工作方式的有效手段。舍此，就没有改革和变革的成功，何谈学习—创新型企业?

（4）某些先导小组和团队改革失败的原因。失败是与成功相对而言的，任何新事物在其成长过程中都伴随着或多或少的失败。推动学习—创新型企业创建的力量，在理论上看起来十分强大，但在实际中的困难与挑战面前，有时又显得苍白无力。推动创建工作至少有三种因素起作用：一是把改革和个人利益挂钩所产生的力量；二是相互帮助的团队互动所产生的力量；三是不断提高的企业绩效对团队与员工产生的鼓舞力量。在这三种力量中，前两种都是学习五项修炼的结果，第三种是混合力量，既包含学习五项修炼的作用，也包含国家政策、法律、思想政治工作等外部有利的大环境的作用。而阻碍创建的力量则是多种多样的，有来自传统管理方式和企业文化等诸多方面的，也有来自环境方面的。有些阻碍力量十分强大，在一时的力量对比中，某些先导小组团队因成长力量过小而失败也是常见的。由被解散的团队成员重新组合，再建新的团队，进行新的改革项目，同样也是常见的。

（5）创建已经几年仍感到离学习—创新型企业距离尚远的原因。造成这种感觉的原因是复杂的。如果是一个劳动密集型企业，由于员工知识水平较低，仅仅是完善员工的知识结构、提高科学技术知识水平到掌握学习—创新型企业理论这个过程，就需要几年的时间。在这个层次上展望前景，当然会感到离建成学习—创新型企业还是很遥远。如果是员工科学技术水平较高的企业，就要在学习五项修炼的能力上找原因了。创建是企业的重大变革，如果学习不能产生新的知识和能力，不能改变行为方式，就不能进行实质性的改变，更谈不上深层变革了。即使勉强推行了，由于学习能力不足，无力克服前进道路上的障碍，自然也会感到离学习—创新型企业目标尚远。此外，对于其他原因，需要具体分析。

清醒认识出现的问题及其原因并解决这些问题，是启动阶段后期的主要工作之一。

6.3.2　启动阶段后期的主要工作

既然学习能力不足是产生问题的根源，当然应该教育员工如何从学习中获得所需要的能力；既然不能同步把学习任务交给整个企业，只好逐步交给部分员工和团队。要想积聚创建学习—创新型企业的力量，还得从学习上下功夫，这就需要制定进一步学习的战略和策略。

1. 制定持续学习战略

持续学习战略就是综合运用各种学习工具坚持学习的战略。在启动阶段后期，这些学习工具主要是团队学习之轮和个人学习之轮，此外，还包括工作现场的学习与现场之外的培训和教育，以及其他形式的非正规学习。学习战略的关键是企业投入时间、空间等学习资源，运用学习工具持续地进行学习循环，以促进改革因素的成长。制定持续学习战略比较容易，困难在于高层领导如何投入时间等学习资源，如何关注学习循环的运转。只提倡利用业余学习是绝对不够的。创建学习—创新型企业切忌学习循环的空转和低效率循环。

（1）学习—创新型企业学习的特殊性。工业经济时代的企业学习，是把企业视为一部机器，每个岗位就像零部件那样有明确的定义和分工，学习就是标准化、规范化的工种岗位培训。个人的学习不会影响别人，也不需要知道其他岗位的规范，整个机器的运转是由管理人员操控。现代企业(对学习—创新型企业而言是传统企业)的学习，是把企业视为一个系统，按动一个按钮，所有零部件都会运转起来。个人学习和集体学习都会给其他人，其他部分带来影响。只要员工相互交流，学习就发生了。学习—创新型企业的学习，是把企业视为人脑，只要一发现问题，个人学习就像神经网络系统那样发挥作用，团队学习就像大脑皮层那样进行思考和指挥行动。信息一到，立刻加工处理，不但能创造性地解决问题，而且能自我组织、自我监控和自我修正，以适应环境的需要。新的信息刚出现，新的学习过程立即重新启动。如此循环往复，使学习不断地持续下去。

（2）实施持续学习战略的方法途径。由于当今世界经济的变化速度太快、情况太复杂，连企业家和专家学者都时时面临许多没有现成答案的问题，所以，企业员工必须在已有经验的基础上持续进行共同学习，才有可能找到正确的答案。其途径必须是非正式学习、非正规学习和正规学习的结合，其方法必须是善于学习和善于发现相结合。非正式学习主要是在工作现场，自觉地把学习安排到工作中去，使学习成为工作的一个组成部分。坚持工作与反思的循环，判断与行动的交替。不仅一线员工如此，其他岗位员工（包括领导）也是如此。企业的大部分工作都不是一次性的，总是在反复地做同样的工作。学习总是对现有工作程序、规范和方法的质疑，以求有所改进和创新。因此，可以从对上一流程行动的反思中，发现新现象并对其进行整理、加工，使之升华为经验、转化为技能，在下一流程中加以运用，使得一次比一次做得更好。在反思中，如果遇到个人不能解决的问题，就要和周围的同事交流，进行共同学习。提出解决问题的假设，进行实验，如果有效，就用它来解决问题；如果工作现场解决不了，就拿到工作现场之外去解决。工作现场之外的学习有两个途径：一个是非正规学习，主要是团队学习，它既可以解决现场解决不了的临时性问题，也可以解决经营管理、技术和产品开发等重大问题。主要方法是通过改善心智模式，进行系统思考，特别是深度汇谈，提出创新的假设，进行计算机模拟实验等，待确定方案后，付诸实施。在实施过程中，如果遇到挑战，予以克服；如果遇到组织结构、规章制度等障碍，就改革组织机结构，建立新的规章制度。诚能如此，无疑是实现了一项改革。另一个途径是正规学习，由人力资源开发部门安排，或者根据现场问题由培训部门开发相关课程，选派现场人员进行培训，或者是与高等院校研究机构联系，提供相关学习课程，由基层单位选拔骨干，离职进修。

（3）实施持续学习战略的条件。能否坚持持续学习战略，除必备的学习资源外，还有三个条件，即焦点、能力和意志。焦点是把注意力集中在改革项目中要解决的关键问题上，不能因为有其他任务而中途转移注意力。能力是解决问题的主观条件，必须通过学习培养出足以解决关键问题的能力，否则，只能原地踏步或倒退。意志是克服困难、坚持实现目标的心理准备，只有坚强的意志才能长期坚持学习和改革。这三个条件，对个人和团队持续学习而言，莫不如此。

2. 制定创新学习战略

（1）创新学习战略的特征。其特征主要表现为企业管理的改进、改革和变革。改进是改变原有模式的某些方式方法，使之有所进步，但尚未触及质的改变，往往是个人学习的成果。改革是把原有模式中陈旧的部分改造成为新的适应环境需要的模式，使之发生部分的质变。改革在创建学习—创新型企业的过程中，往往是团队学习的成果。变革是除旧布新，使原有模式发生脱胎换骨的改造，使事物发生根本性的质变。变革在创建学习—创新型企业的过程中，往往是组织学习的成果。因为变革是事物发生整体的质变，所以通常称为深层变革。深层变革触及大型企业实质性、基础性的组织结构变革，包括员工的价值观、追求和行为的改变，企业的战略、程序和实践的改变，还包括这些变化内容所赖以产生的思维方式的改变。创建学习—创新型企业，主要是指企业在经营管理上发生深层的变革。深层变革要求投入更多的时间、精力和其他资源。深层变革的成功取决于七大要素：一是与实际工作目标和过程紧密相连；二是与不断改善企业绩效紧密相连；三是有实现目标的决策人的积极参与；四是在行动与反思之间保持动态平衡，一面咨询，一面实验；五是给员工充分的时间进行思考和反思，不强令让员工匆忙做出决定；六是不断提高员工系统思考和解决问题的能力；七是把重点放在如何学习和提高学习能力，特别是组织（整体）学习能力上。在创建过程中，改革和变革都是指能做自己从来未做过的事，都属于创新的范畴。创新是由知识、兴趣和能力等综合因素引发的，是一个过程。无论是源于个人因素还是集体因素，都是从这个起点开始，付出巨大努力的过程，包括学习、借鉴、积聚能力、创造条件、营造环境，进行创新实践和克服困难等，把创新起点和创新结果连成一个系统。企业管理和科学技术创新，都意味着通过改革和变革提供一种新的替代物，如石油替代鲸油、电灯替代煤油灯、计算机替代部分人脑、新的管理模式替代旧的管理模式等。无论是资源的替代，还是模式的替代，都存在效率和效益的问题。如果创新不能提供使用价值更高、成本相对较低的新产品或新方法，那么，这种创新就没有实用价值。企业管理创新的效率和效益，涉及企业的各个部门和全体员工，只有把企业这个系统全部连结起来，才能发挥创新的效率和效益，使创新或者说是改革和变革表现为提高生产效率和经营效益。

（2）创新学习战略的主要内容。在创新的艰巨工作中，学习之所以不可缺少，是因为只有学习能够提供创新能力。但是，个人学习、团队学习和组织学习并不一定等于创新能力，因为，如果不改变企业内部的根本关系，不改变对员工自律的认识并授权管理和自主决策等，即使组织扁平化了，团队学习也是徒具形式。能否产生创新能力，取决于四个因素：一是组织结构，特别是其中的工作和权利的分配；二是企业文化，特别是价值观的改变；三是经营战略，特别是对员工地位和利益的态度；四是剩余资源，即有无尚未利用的人力、物力、财力和技术资源等。四者之间形成三种重要关系，即：组织结构和企业文化决定着企业能否持续学习；经营战略和企业文化决定着能否把改革作为企业管理的重点；经营管理和剩余资源决定着能否持续进行改革和变革。如果沿袭集权的组织结构和僵化的企业文化，即使宣布了创建学习一创新型企业，也无法坚持持续学习。如果漠视员工的合法地位和利益而采取单纯的产品战略，即使是灵活的企业文化，也不会把改革作为企业管理的重点。如果只有以人为中心的经营战略，而没有剩余资源，即使有学习和改革的愿望，也不能进行学习和改革。在上述三种关系中，只要有一种关系不符合学习一创新型企业理论的要求，就不能使学习产生创新能力。只有分权的组织结构和灵活的企业文化，才能坚持持续学习，只有以人为中心的经营战略和灵活的企业文化，才能把改革作为企业管理的重点；只有以人为中心的经营战略和充足的剩余资源，才能进行学习和改革。总之，只有上述三个条件齐备，才能使学习产生创新能力，坚持进行改革和变革。

(3) 创新学习战略的作用。对创新学习战略的作用可以这样看：培训是小规模的人力资源开发，有无效率和效益，要看回到工作岗位之后的实践表现。短视性的学习是把引进的技术和市场需求结合起来，可以产生短期的效率和效益，但不能保证长期的效率和效益。为了保证长期的效率和效益，必须追求持续创新学习和企业持续发展，而发展又离不开学习能力所迸发出来的创新。没有创新，企业文化就不能构筑自己的优势，企业就不能持续发展。一时的创新会带出一时的发展，持续的创新才能有持续的发展。学习—创新型企业要求全体员工持续参加学习、研究、实验、创新和开发。因此，必须学会实现目标的一切知识与能力。基层领导要学会克服困难，应对挑战的知识与能力，高层领导要学会经营管理的知识与能力。员工个人通过持续学习所产生的创新能力被纳入共享系统之后，就会增加团队的创新能力；各个团队的创新能力的叠加就会增加企业的创新能力；各个团队的创新能力的大小基本上决定了企业创新能力的大小；而创新能力的增加，又意味着企业竞争能力的增强。这种创新学习战略又不完全依赖员工个人，即使个别人员跳槽离开企业，他的学习创新过程和创新成果还留在企业的知识库中。在新的环境中，企业规模的大小，不再是重要的问题，重要的问题是如何改变产品与服务，以适应顾客的新要求。当全体员工能够持续创新学习，自觉共享，随时都出现创新的时候，企业的竞争力将会日渐增强，这样的企业，就是学习—创新型企业。

6.3.3　启动阶段的评估

启动阶段的评估，应按照准备阶段所制定的评估办法组织进行。即时评估是随着改革项目的设计、实施和最后成果随时进行的，由团队自己组织进行，保存评估文件，以备阶段性评估抽查之用。阶段性评估是由创建领导小组安排的。现将启动阶段评估的具体安排介绍如下：

1. 评估时机的选择

经过两三年的努力，企业已完成启动阶段的实施方案。在整个企业的各个层次中，绝大多数部门、单位都经过批准建立了覆盖各级组织的团队，评估的最好时机应选择在学习成果比较明显的时候，由创建领导小组确定评估时间。

2. 成立评估小组

在创建领导小组安排下，分别成立团队（包括先导小组和各部门）基层单位和企业评估小组。评估小组人员组成，如评估办法所述。每个评估小组人选均由其上级组织决定，并报创建领导小组备案。每个评估小组的人数以十余人为宜，最多不超过 20 人。在评估小组，经民主方式选出组长。小组工作方式如同团队。

3. 制定评估标准

评估标准要回答学习过程中的主要问题，如能否在学习中获得新技能？能否检验并转化经验？能否改变工作方式？能否产生和共享新知识？能否战胜挑战？能否在改革和变革中产生附加值？各评估小组可分别制定自己的评估标准。其办法按评估办法中所列举的评估标准和评估指标进行制定，也可根据其基本精神另行制定。制定后向被评估单位员工征求意见，经修改后确定下来，作为评估的标准。

4. 启动阶段评估重点

由于启动阶段是把五项修炼的理念初次运用到生产经营工作系统中，虽然经过几年的实践，但还不可能进行深层变革，改革的项目也是少数的。因此，启动阶段评估的重点是学习，包括：（1）学习内容，如五项修炼、工作、政治、道德等；（2）学习资源，如学习环境、网络、指导中心、培训中心、学习实验室、学习时间、地点、档案等；（3）学习方式，如不同层次、个人、团队、组织、企业共同体、越界、工作中、工作外、非正式学习、非正规学习、正规学习等；（4）学习政策，如战略重点转移、学习机会、奖励办法、学习文化等（详见准备阶段“提高学习能力的条件和做法”）。评估的另一个重点是学习成果，包括：（1）学习能力的提高，如新知识、新技能的获得等；（2）行为方式的改变，如团队和企业氛围的改变、工作和生活方式的改变等；（3）有形成果，如工作改进的成果、新产品开发成果、管理改革的成果等。在评估绩效时，一定要考虑时间滞延问题。

5. 评估的程序和方法

（1）评估对象和顺序。评估对象包括所有的先导小组，正在进行创建的团队(主管团队和部门团队)、基层单位和企业。未进行创建的部门和基层单位、成立不到半年的团队和正在进行的变革项目，暂不进行评估。评估的顺序是：首先，评估先导小组和团队。评估时间由创建领导小组统一安排，由各先导小组、团队和评估小组分别进行评估。评估结果由所属基层单位汇总。接着，评估各基层单位，由各基层单位评估小组分别进行评估，由企业评估小组集中其评估结果。最后，由企业评估小组评估整个企业，将评估的总结果报创建领导小组审议。

（2）评估程序。评估程序是依据学习过程与经营结果之间的联系安排的。学习过程与经营结果之间的联系是通过学习获得学习能力，学习能力的提高又表现为工作能力的提高。只有工作能力提高了，才能在生产经营活动中取得改进和改革的绩效。这种因果关系的实际联系是非常复杂的，并且是长期的，阶段性评估则是一种短期检验手段，很难反映出学习过程的全貌。但是，为了回顾学习成果，评估是必要的。既然要评估，就得遵从学习过程安排评估的程序，原则是简便易行。

学习过程可分为三个阶段，尽管每个阶段都会出现交叉和重叠的现象，但总的趋势是按照这个顺序进行的。每个阶段都需要一年左右的时间。第一阶段是技能学习阶段。其主要特点是通过学习与培训，接受新的思想观念，扩展知识，学会以不同的方式进行思考，是演练五项修炼，为解决问题、改进工作而获得新技能的阶段。因此，这时的评估应该集中在团队或个人是否获得了新技能和什么等级的新技能上。第二阶段是行为改变阶段。行为的改变促使创新活动出现。其主要特征是具有新的洞察力，开始改变行为方式，运用新技能进行改进和改革实践活动。因此，这时的评估要扩大范围，考察团队和个人思维方式的创新以及战胜困难和挑战的能力。第三阶段是绩效出现阶段。因为行为方式的改变导致了改革和变革的成功进展，从而提高了企业经营的绩效。改革和变革的项目越多，绩效就越大。其主要特征是通过学习改变了常规的生产经营活动。一个团队的创新会很快传播到全企业，引起链锁式创新。在企业绩效和员工收入两方面都有显著的提高。因此，这时的评估，应该综合考察团队运作效率和效益的提高。对团队、基层单位和整个企业的评估也是如此。由于技能学习和行为改变这两个阶段是在绩效出现阶段之前，所以，在评估顺序上，不能只评估绩效出现阶段，而要把这三个阶段都包含在内，并按其自然顺序进行评估，才是完整的评估程序。

（3）评估中的难题。评估难以直接证明学习过程和绩效结果之间的必然联系。企业这个复杂的系统所取得的绩效结果，还有许多其他因素的作用。但是，可用间接的方法证明学习过程和绩效结果之间的必然联系。方法有五：一是在学习过程的第一阶段，让团队成员寻找自己进步的原因，以便评估小组对学习过程与新技能之间的因果关系做出评定。二是在学习过程的第一阶段和第二阶段之间，评估小组可以调查团队内接受过学习与培训的成员和未接受学习与培训的成员所进行的改进、改革与变革项目的数量，进行比较，做出评价。三是在学习过程的第二阶段，调查团队在改革过程的会议上是否比以前的会议更有实效，决策是否更重视群策群力，成员之间是更加和谐还是相互指责。四是在学习过程的第二、第三阶段之间，评估团队成员对组织工作的影响，是否有些成员遇到失败或在创新过程中成绩突出，团队的新经验是否得到了传播。五是在学习过程的第三阶段，评估小组应该调查研究团队每项改革创新所产生的成果及其意义，并把这些成果与没有参加学习活动单位的成果进行比较评估，查找有什么不同。评估小组通过这五步评估程序，就可以证明学习过程与绩效成果之间的因果联系了。需要说明的是，这里所说的学习过程的三个阶段及其五步评估程序，是对整个创建各阶段而言的，它适应启动阶段，成长阶段和成熟阶段、而在启动阶段，由于改革项目较少，所以评估的重点是在前三步程序上。

（4）具体的评估方法。评估是对认知水平、学习技能、行为变化和有形成果的检验、调查、比较、划分等级和综合评价。检验是对所有能够数量化的评估指标进行度量、测验、考核和数量统计与分析评价，是通过对量的研究达到质的认识。调查是通过查阅原始记录、询问、谈话、开座谈会和问卷调查等方式，对所有不能量化的评估指标进行定性分析，达到质的认识，并对实现目标的作用和对下步行动的启示做出判断。比较是将测量的最终数据和调查的判断与过去的数据和评价进行比较，判断是否有进步；与评估标准比较，判断是否达到规定的目标，与没有进行创建的单位进行比较，判断有多大的区别。

划分等级由团队和基层单位评估小组分为两步进行：一是按单项评估指标来划分等级；二是把各项评估指标综合起来划分等级。综合等级就是该被评团队或基层单位的最后评估结果。等级分为不及格、及格、良好和优秀四个（分四个等级便于奖励优秀的单位并激励后进单位）。凡是被评为及格以上的，均可进入下一阶段的创建工作；凡是被评为不及格的单位，必须依据评价和整改意见继续启动阶段的创建工作，自评达标向创建领导小组重新申请，由原评估小组再次评估。

综合评价由企业评估小组进行。分为三步：一是根据企业评估指标，对若干团队（必须包括企业主管团队）和若干基层单位进行随机抽样评估，分别划出单项评估等级和综合评估等级。二是将各基层单位评估小组的评估结果综合起来，划分评估等级；将各基层单位汇总的团队评估结果综合起来，划分等级；抽查若干先导小组和团队的平时单项即时评估记录，综合起来划分等级。三是将企业评估结果、各基层单位评估结果、各团队评估结果和平时的单项评估结果综合起来，对整个企业的创建工作做出总的评价。总的评价分为合格或不合格。合格的标准是有 95% 以上的综合评估等级在及格以上，否则即为不合格。总的评价合格，可以转入下一阶段的创建工作；不合格者，则须继续启动阶段的创建工作，直到补评合格后，才能转入下一阶段的创建工作。不论是否合格，都要说明具体原因和今后努力的方向。最后，由企业评估小组形成书面报告，报创建领导小组，由创建领导小组宣布是否进入下一阶段的创建工作。不管是否进入下一阶段的创建工作，创建领导小组都要把下一阶段的创建准备工作提前做好。

第7章 创建的成长阶段

- 深层学习循环及其启动
- 改革的罗盘
- 深层变革
- 应对焦虑和恐慌的挑战
- 以基层为主的学习一创新型企业的创建

创建学习一创新型企业的成长阶段，是企业经营管理巨变的阶段，是创建工作开始出现本质变化的阶段。先导小组和团队学习五项修炼的技术越来越纯熟，工作技能和变革能力的提高越来越快，团队时刻关注企业的经营目标，有关经营管理、科技进步的改进、改革和变革大量出现。与此同时，新出现的问题触及深层的本质因素，阻碍团队成长，新的挑战更加严峻。面对困难和挑战，各种异见纷至沓来，拥护和反对的意见争持不下。某些领导也持反对意见，使得变革的前景变幻莫测。矛盾的焦点不是集中在客观困难上，而是集中在经济利益和管理权限等深层问题上。但是变革的每一次成功，都会在经营管理、团队绩效和个人生活上有所改善和提高，都会使学习一创新型企业的本质特征凸显出来。高层领导身体力行的价值观越来越深入人心；组织结构改革成了重点议题；新的学习打破了团队的边界，团队不得不应付企业文化问题；团队的成就越来越大，使得未加入团队的员工再也无法置身局外，所有员工都加入各种各样的团队。但是，困难、矛盾、挑战、斗争使成长阶段险象环生，创建道路曲折而漫长。成长阶段是一个充满艰难困苦的阶段，也是一个充满胜利喜悦的阶段。

SECTION 7.1

成长阶段前期的主要工作

7.1.1　重新认识我国企业的经营管理

企业发展的原动力是什么？近百年的企业发展史证明了，只有三个关键环节。即竞争、学习和创新。20 世纪初，美国企业迫于国际经济竞争压力，向欧洲学习管理思想和管理经验，创造了规模经济模式，在市场上击败了欧洲企业。第二次世界大战后，日本迫于竞争形势，向美国学习管理思想和管理经验，创造了质量经济模式，使得美国人焦头烂额。美国迫于竞争形势，又向日本和欧洲再次学习管理经验，创造了重新构建公司的一套办法，从 1993 年起，又对日本企业杀了一个回马枪。由此可见，竞争产生学习动力，学习导致创新，创新推动企业发展。近百年的企业发展史告诉我们，进行经营管理，就是要紧紧抓住竞争、学习和创新这三个关键环节。企业经营包括商品经营、资产经营、资本经营，是以商品生产和商品交换为手段，对内外生产要素和市场要素进行合理流动和优化组合的行为，目的是使资本增值。经营结果的好坏决定企业的命运。企业管理是对内部的决策、执行和控制的行为。把战略目标分解为近期目标，根据内外条件的变化制订具体计划、准则和组织实施，并衡量效果，目的是提高劳动效率。管理是为经营服务的，其成败直接影响经营的命运，其中无不包含着竞争、学习和创新的问题。我国传统企业经营存在的主要问题表现如下：从宏观上看，整体水平不高，市场化不充分和企业主体地位尚未真正确立；

从微观上看，在学习发达国家管理思想和管理经验上，尚未渡过发酵期，还未形成自己的独特优势。主要表现为经营管理理念落后、经营管理水平偏低、经营管理方法和技术手段陈旧、改造企业文化存在困难等。

1. 经营管理理念落后

经营管理理念是随着经营管理实践和科学技术发展而不断更新的，是动态的。20 世纪 90 年代的新理念是业务流程再造。由于网络技术的出现，使经营管理理念出现了一次飞跃，业务流程再造主张企业要从市场需要出发，重新设计业务流程，用内联网整合企业经营管理系统。由此，出现了许多新的经营管理方法，如虚拟办公、流程管理和在线交易等。这项理念创新意义重大，使面向职能分工的管理方式转变为面向业务流程的管理方式，造就了既懂经营管理，又懂信息技术的复合型管理人才。并非凡事都须领导决策，而是通过数据库和软件模型等工具使决策成为每个员工职责的一部分，使企业获得集中管理和分散管理的双项效益。同时，出现了一系列与学习—创新型企业相同或相似的新理念，如组织结构扁平化理念、授权管理理念、员工参与决策理念、领导是新技术专家理念、复合型人才理念和白领蓝领界限模糊理念等。与此相对照，我国企业的经营管理理念则相对陈旧、落后得多了。且不说"企业没饭吃找政府、员工没饭吃找企业"的计划经济老理念，相当多的国有企业仍然仅仅把经营管理看作是领导层的决策，只看眼前利益，不关注市场的整体趋势，缺乏系统观念、竞争观念和战略观念；把经营管理仅仅理解为自然资源的开发和产品的制造，而忽视人力资源的开发。某些国有企业的高层领导把规模经济理解为固定资产的积累而不是市场占有率的提升；把经营管理片面理解为市场营销，而不包括资产经营和资本经营，等等。

2. 经营管理水平偏低

党的十四届七中全会将建立现代企业制度作为国有企业改革的方向，标志着由计划经济向市场经济的转变。企业法人制度、有限责任公司制等，将现代企业规范为产权清晰、权责分明、政企分开和管理科学四大特征。在管理制度上，重点对机构设置、人事制度、工资制度和会计制度等进行改革，目的是转换经营机制，提高经营管理水平。将管理重心由以政府主管部门为中心转移到以顾客为中心，企业由生产型转变为经营型。将经营管理方式由政府下达计划转变为由企业自主经营、自负盈亏，自主制定发展战略，自主筹划生存和发展。其主要要求如下：一是在企业内部人人平等；二是实现经营管理现代化；三是坚持股权多元化原则和利益协调原则。这些要求，对转换经营管理机制、提高经营管理水平起到了有力推动作用。但是存在的问题也不容忽视，如国有资产管理机构还不能有效地监督和评价国有企业的经营状况，不能真正奖优罚劣，择优上岗；尚未建立起完善的人才市场，人才自由流动依然受阻；多数企业的等级权利制度根深蒂固，一级管一级的老办法仍在沿用。不少企业仍然在搞暗箱操作，经营管理不公开、不透明，广大员工不但无权参与管理，而且就连知情权也无从提起；股份公司的内部员工股数量极少，根本起不到增强企业凝聚力的作用。有的企业甚至大搞非法经营，上市公司发布虚假年度报表；骗取出口退税屡见不鲜；不少企业财务制度不健全，大量不正当开支，通过小金库的渠道绕开监督程序成为贪污受贿的暗道。凡此种种，公司制度的优越性难以正常发挥出来。

员工参与企业管理曾经是我国企业的优良传统，曾经创造出不少有效的参与方式，但现在却反而处于停滞状态，很少有员工能参与班组和车间的民主管理，虽然坚持了职工代表大会制度和职工合理化建议制度，但职代会流于形式的多，合理化建议活动只是在统战部门偶尔为之。近年来，一些企业创造了职工参与企业重大问题的讨论制度和定期或不定期对各级领导的民主评议制度，但这些好的做法并没有推广开来。应当清醒地看到，员工参与经营管理，即使在发达国家也是相当受重视的，如由工会任命或全体员工选举的员工代表，占董事会人数的 1/3 左右，占监事会人数的 1/2。而在我国的多数公司中，只有象征性的一两名员工而已。有的国家，有部分或全体员工代表组成的咨询性的工厂委员会，与公司管理机构具有共同决定权或共同管理权，在基层可由工人组成自治小组进行管理等。令人遗憾的是，我国企业的经营管理者，在向发达国家学习管理经验的时候，在诸如管理者年薪制等问题上学得很快，有的董事长的年薪和其他收入与一般员工相差数十上百倍，而在工人参与民主管理等问题上却迟迟没有进展，甚至比改革前还有所退步。这完全不符合当代企业经营管理的世界潮流，倘与学习—创新型企业的要求相比，相差何止十万八千里！

3. 经营管理方法和技术手段陈旧

中外企业在经营管理的内容上是基本相同的，在经营管理的方法上也是大同小异的。有通用的方法，如经济方法、行政方法、法律方法；也有专用的方法，如决策方法、计划方法、协调方法、控制方法和监督方法等。但是从经营管理的细与粗、能力的高与低、技术手段的新与旧上看，我国企业与发达国家企业相比则落后了。如同样是决策方法，我国企业从主管拍脑袋的直观决策提高到利用智囊机构提出各种方案，由高层领导集体优选决策，已是很大进步了；发达国家企业则把决策细分为系统分析型决策方法、确定型决策方法、风险型决策方法和不确定型决策方法。我国企业一旦决策就立即付诸实施，顶多先让少数单位试点一下，成功率低；发达国家企业则普遍运用线性规划、动态规划和计算机模拟实验，证明确实有效后，才付诸实施，成功率高。此外，我国企业在经营管理方法、筹融资管理方法、流程管理方法和虚拟管理方法等方面都亟须改进和提高水平。

4. 改造企业文化存在困难

先进的灵活的企业文化能为企业经营管理提供一种巨大精神力量，僵化的形式主义的企业文化，不但不能为经营管理提供力量，而且是一种阻碍经营管理进步的腐蚀力量。先进的企业文化是一种柔性生产力，为企业发展提供不竭的动力。与物质资源、管理革新、科技进步、结构调整和机遇选择等动力相比，这种动力更为根本、更为长远和深厚。我们在企业文化的改造中注意到了物质的表层文化和制度的中层文化，而忽略了精神的核心文化建设，不时提出空洞的口号装饰门面，搞形式主义。这反映出某些企业领导的思维方式仍是用物质文化夸耀自己的绩效，用制度控制员工的行为，其根源仍是等级权力观念在作怪，不愿也不敢触及企业文化的核心与本质。企业文化的本质是核心价值观，而核心价值观具有很强的功能性和动态性，仅就功能性而言，它要求反映企业、客户、员工和股东的经济利益。将这些内容与员工沟通就会产生认同感和使命感，激发员工的活力和积极性，共同经营管理企业，获得更好的经济效益。如果在企业改革和发展中，受益最丰的只是一部分经营管理者，而不包括广大员工，利益分配不公，哪里能有共同的价值观呢？我国企业欲改造旧有的企业文化，建立适应市场经济的、与发达国家并驾齐驱的企业文化是困难的。难就难在我国企业内部关系复杂，使得员工在经济利益、参与管理和职业生涯发展上的需要得不到满足；难就难在经营管理者不肯放弃旧体制沿袭下来的权力。解决这个问题的办法是学习五项修炼，最好是先建立共同愿景，使共同愿景的相互依靠、相互信任、相互帮助的理念深入人心，使经营管理者在共同愿景的修炼中克服私心杂念，改变心智模式，在思想观念上进行自我超越。承认现代企业的两大任务，一是提高企业的经济效益；二是提高员工的个人工作与生活质量。认识到经营管理者与广大员工是命运共同体，就可以放弃不合时代潮流的思想观念，给员工以符合时代潮流的地位和权力，就可以改造企业文化，大幅度提高经营管理水平。

7.1.2 坚持持续的学习循环

1. 启动深层学习循环

如果说启动学习之轮是个人和团队为了解决工作中的一般问题，那么，启动深层学习循环，就是团队要在实际工作中解决深层的改革和变革的重大问题。

团队在刚刚成立的时候，只是一群志同道合的个人集合，要经过相当长的时间，大家才能学会一起工作，一起学习。当学习之轮启动一段时间之后，团队成员逐渐学会了如何将五项修炼应用到实际工作中去，于是产生了一些新的技巧和能力。新的能力又改变了团队成员的行动和理解能力。当团队成员使用这种新技能时，同时也产生了新的认知和感觉。再经过一段时间的演练，当成员能从不同的角度来观察和体验企业环境时，就开始形成新的信念和假设，而新的信念和假设又促使他们发展出新的技巧和能力。

于是，在学习之轮的基础上又形成了一个新的学习之循环。学习—创新型企业理论将这种新工具称为深层学习循环（见图 7-1）。

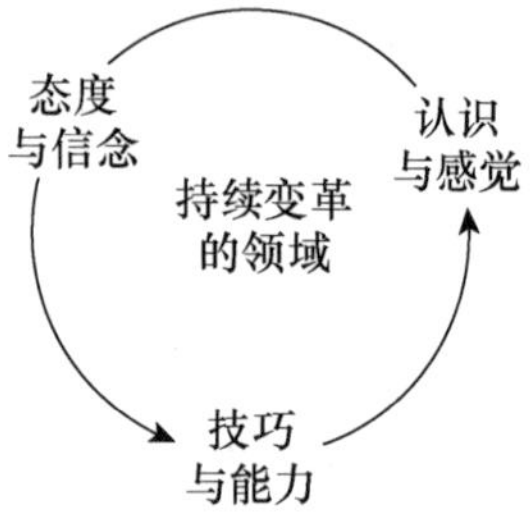

图 7-1

整合演练五项修炼是启动深层学习循环的方法，掌握了新的技能就标志着真正的学习已经开始。当团队成员能做过去不能做的事情时，就表明这种深层学习循环已经开始运转。持续整合演练，就会使学习循环运转不息。深层学习循环揭示了学习—创新型企业的本质，它不仅是发展新的能力，而且无论个人还是集体，其思维方式都产生了根本性的改变。深层学习循环一旦开始运转，就会对创建工作产生积极而深远的影响。

（1）新的能力与技巧。包括三种：一是热情。这种热切的希望能使学习者成为学习型的个人、团队、甚至基层单位。自我超越和共同愿景的演练，特别能培养出这种能力。二是反思与对话。不论是以个人或集体的方式，都能反思深层的假设和行为的模式。发展对话的能力比较困难，因为学习—创新型企业的对话，要求坦陈个人的意见。改善心智模式和团队学习的演练，特别能培育出这种能力。三是概括能力。能看到大的系统和作用力，用可以用验证的方式把感觉到的共同点概括为本质特征，使之上升为概念。想要看清事物的整体，没有这种概括能力是办不到的。系统思考演练特别有助于训练这种能力。这些新的能力与技巧是改革、变革企业所必需的技能，它不是财务会计、机械修理那样的专业技能，也不同于各种专业技能。这些新技能是从五项修炼的整合演练中学习得来的，能改变团队成员的思考和互动方式，从而产生新的认知。

（2）新的认知与感觉。当团队成员培养出新的技巧和能力时，就会感觉到认知的作用与过去大不一样。例如，当成员精通系统思考后，就能看清驱使行为发生的潜在结构。过去可能骤下判断，指责别人，现在却知道了是什么力量驱使他们这样做的。一旦了解心智模式，就会意识到自己形成世界观的方式。不再把顾客看作是难缠的对手，反而能够聆听他们的意见，并感觉到他们的话触动了自己的心智模式，从而质疑过去的假设，开始思考不同的做法。当成员进行自我超越和共同愿景的演练时，就会越来越认识到企业精神存在的必要性，就会明白什么时候是依照愿景而行动，什么时候是在应付发生的事件。当团队必须决策时，成员会从愿景和目标的角度来选择方案，并看到新的可能性。

（3）新的态度与信念。新的认知会逐渐改变态度和信念，这虽然不是一蹴而就的，但是，一旦发生改变就代表着企业文化发生了质的变化。须知，深层的信念与价值观是不同的，而且可能相互矛盾。因此，即使价值观改变，企业文化也未必跟着改变。企业主管团队切不可认为只要宣布了新的价值观，企业文化就会跟着改变，事实上不是这样的。但是当团队成员的经验和态度发生改变的时候，信念和企业文化就会同时跟着改变。学习一创新型企业逐渐发展出来的新的信念与等级权力型企业的信念截然不同。新的价值观不再相信权力等同于才智。相反，愿意表明自己的无知和不足，正是学习的前提，因为只有这样，才能让好奇心和实验精神自由发挥，自信心逐渐根植于内心，相信有潜力创造自己的未来。这种信念来源于真实的开放、奉献和笃信集体智慧的学习态度，它与以分隔、妥协、防卫和恐惧为基础的传统文化形成明显的对比。

启动深层学习循环不是轻而易举的事，要下几年的功夫，才能精通思考和互动的技巧。必须经过一个成长过程，才能对企业与环境产生新的感觉与信念。启动深层学习循环，要求创建领导小组在策略上要从树立团队成员的信念和愿景开始。确定创建的重点，并在成长阶段的前期启动深层学习循环。在进行重要改革时，既要分权，又要控制和协调；既要对环境做出灵敏的反应，又要保持企业稳定运行。找到企业改革的罗盘，让这些两难问题来催化成员的想象力和创造力，以提高企业整体持续发展的实力。

2. 从差异性中学习

在变革中，员工的不同性别、年龄、学历、级别和民族等差异，可能会使一些人有一种与保守或偏见相联系的压力，有一种或明或暗的受到排斥的感觉。管理者应当正视员工中间这种差异的存在，妥善解决差异性问题，有助于全体员工一道学习和工作。如果员工摆脱了以前的一些思维习惯，就可以不让差异影响企业的政策实施和目标实现。解决这个问题有两个办法：一是帮助感到差异压力的员工摆脱困境，首先，是开展团队学习。五项修炼的实践与技巧为克服差异压力提供了良好的工具，“尺有所短，寸有所长”，不论在工作中还是在其他场合，互相间都要保持真诚的不带歧视的交往。其次，领导要帮助受排斥者摆脱困境。差异性排斥问题必然会暴露出来，因为每个员工都在学习反思，那些当事者自然会反映出受排斥的情况。要认识到差异性排斥会影响整个团队的绩效，因此既要使排斥者改变态度，又要帮助受排斥者摆脱困境。最后要找到产生差异压力的根源。差异压力就像创造性张力一样，对团队工作有一定作用。找到差异的环节所在，就可以找到问题的根源，采取措施加以克服，使他们在工作中取得平衡。二是有差异性的当事人要奋发图强。学习五项修炼，能帮助员工改变差异性阻力，不过，这是一个动态的发展过程，要持之以恒地学习，才能最终克服差异性所带来的困扰。

3. 坚持开放的学习和变革

组织学习的目的就是要促使企业管理发生变革。如果改变了机械的思维方式，就会发现变革是复杂的。因此，在组织学习和变革中必须持有开放的态度。开放是与周围的人与事的交流关系，存在于员工之间的关系中，是一种思考方式的改变，是一种思想和精神状态的改变以及进行这种改变的一套学习技能和实践方法。开放有两种形式，即参与式开放和反思式开放。参与式开放是进行广泛参与的关键，反思式开放是产生结果的关键。只有把这两种开放形式结合起来，才可能产生预期的结果。在企业经营管理中，参与式开放是指广大员工能够表达自己的真实意图，让员工参与更多的决策，因此能获得广泛的拥护与参与。反思式开放是指向内看。以挑战自己的假设为起点，不仅要自己检验自己的想法，还要和别人一起相互检验各自的想法。检验想法时，需要借助心智模式反思和探询等学习工具。在参与式开放和反思式开放之间还能产生一种正面效应，即加强领导内部的团结，这是两者能够结合的原因。不过要有两个条件，一个是能使员工发表意见时感到安全；另一个是培养反思和沟通的技能。没有安全感，就不会讲真话；没有技能，就不会有结果。在这两种形式相结合的开放状态下，彼此愿意坦陈假设、相互沟通，相互分享和影响，达到相互理解的目的。推动开放的力量是彼此关怀、爱护、奉献和互为良师益友。当一个团队真正奉献于愿景和开放时，就创造了学习—创新型企业的“小世界”。

4. 找到企业改革的罗盘

指导企业改革的罗盘是重组三角形和圆形图的结合，如图 7-2 所示。组织结构三角形代表创建努力的具体活动，所有的物质结构都始于三角形。圆形图代表以五项修炼为基础的深层学习循环，所有的学习修炼都始于圆形图。两者的结合，使学习—创新型企业的新观念产生威力，标志着创建的团队登上了改革的征途。这个新的图像或者说新的工具，要比单从五项修炼反映出来的图像和单从三角形反映出来的图像都更加完善和丰富。

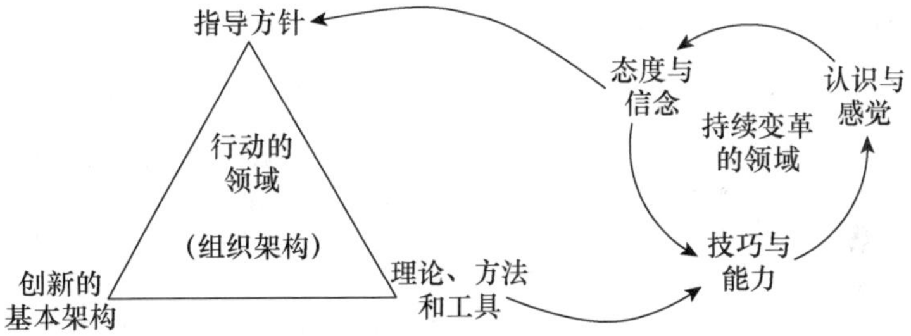

图 7-2

活动的重心在三角形，变化的因果循环在圆形图中。三角形和圆形图的持续影响，代表了创建路途中所发生的一切具体而微妙的变化。一般认为，最具体的事物最实在，最抽象的概括最虚幻。但在学习—创新型企业的创建过程中，有时却恰恰相反。前任主管所宣布的指导方针可能被继任者修改；今天的基本架构，明天就可能被全部翻新；目前使用的方法、工具可能被新出现的方法、工具所取代。这些都是最具体的事物被改变的事实。强调三角形的重要，是因为它是推动改革的着力点，但同时也意味着这样的改革可能持续不了多久，反之，从表面上看，深层学习循环似乎虚幻而不确定，但事实上也恰恰相反，它是持久不衰的。一旦我们以系统思考的方式来观察世界，就始终处在环路之中；一旦我们学会了区别假设和它所依据的原始材料，就会永远注意自己的思维；一旦我们有了愿景，就能永远识别反应和创新的区别；一旦团队进行真正的深度汇谈，每个成员都会牢记这种经验。由深层学习循环所激发的改变是不可逆转的，当团队成员对系统思考和改革开放宣誓共同承诺后，无论何种外力都难以动摇它。

实践深层学习修炼，并非一开始就会自然地保持上乘功力。能否保持上乘的功力要看能否不断地提升修炼和持续实践。学习循环的第一个功效是像个罗盘那样，始终指引着学习的方向。也许，我们不会永远遵循某些修炼的具体做法，但我们知道什么时候该遵守，什么时候该改变。尽管圆形图的变化是真正重要的，但我们最好把注意力集中在三角形上，因为只有在这里集中时间和精力，才能产生具体成果。然而，尽管把焦点对准三角形，还是要密切注意圆形图的发展，因为深度学习循环的过程是微妙的，像旋转的陀螺。开始时，旋转运动在轴心的位置上自转，不久，就发展出第二种运动模式，即环绕最初的位置，除自转外，还发生有位移的公转。除非把陀螺旋转的动态活动当作一个系统来认识，不然，人们很难把最初的自转和后来的公转联系起来。深层学习循环与三角形的活动之间，正像陀螺的旋转一样，在最初的一段时间内，除了三角形的表面活动之外，似乎什么也没有发生。过了一段时间之后，当深层的改变出现之后，也往往没有把这种圆形图的改变与最初的三角形活动联系起来。两者之间的关联是微妙的，只有继续进行三角形的活动，才能继续激发圆形图中的改变。同样的道理，深层学习循环的改变又会反过来影响三角形中组织架构的改变。于是，企业管理中的深层变革出现了，也就是说，三角形的持续活动引起了圆形图的改变，正是圆形图中的改变，才能推动企业管理改革和变革的发生。

7.1.3　进行深层变革

1. 基层变革者的立场与扩大变革拥护者的方法

基层变革者自然会对现行做法提出质疑。如果仅为计较私利而参与讨论，就会失败。倘若针对质疑而参与讨论，就会有所收获，得到整体的反应。如果对现行的做法持偏激的反对态度，就难以达到预期的目标。只有采取同情、参与、创新和协商的变革态度，才能产生相应的效果。变革者在做决定时，必须考虑对客户和企业的影响，不仅仅是提出问题，还要促使传统观念有所改变。变革者忠于企业，并不等于顺从某些上级领导。如果没有这样的变革者，企业就很难适应这个正在变化的市场。

变革者争取拥护者，要用最短的时间、最低的成本，让全体员工都能认识到变革的必要性。争取变革拥护者的方法很多，如培训员工，使其接受变革的思想；增加员工讨论变革的时间；招聘拥护变革的新员工；提供财力支持，推动变革活动；改变机构以支持变革和树立变革榜样。模拟预测结果显示，这些办法在短期内都会增加变革拥护者的数量。但有些办法也有副作用，如大量的培训会影响正常的生产经营活动，大批招聘拥护变革的新员工，会使在职员工出现情绪波动；只有树立良好的榜样，使拥护变革的人数增加，才是最佳的办法。

2. 只有创新才能实现深层改革

（1）什么是创新。创建学习—创新型企业的主要活动是进行经营管理上的深层变革活动，而深层变革的成功主要靠创新能力。企业出售的是有形的产品和无形的服务，产品的价值是使用，服务的价值是感情和信任。当今企业的优质服务是无形的财富，而知识的价值更是无法估量。只有不断创新产品、服务和知识，才能创造效益。就产品创新而言，它是发明创造的第一次商业化应用，是将知识、技术和信息在实践中转化为新产品的能力。创新有两个条件：一是大胆怀疑和勤于思考；二是新旧知识的更替与组合。创新有两个突破：一是实现规模化生产；二是将成本控制在市场可接受的合理水平。

（2）创新的类型。创新有多种类型：一是递增型，即持续地小改革，由量的积累达到质的飞跃。这对稳定现有客户较为有利。二是特色型，即有显著的改进，部分的质变。这对吸引潜在的客户有良好的作用。三是突破型，即在管理和技术上有根本的改变，用新的功能取代旧的功能。这对开辟新市场有较大的作用。突破型创新又能带动产生许多特色型和递增型创新。递增型创新的特点是：成本低，见效快，成功率高，但利润低。突破型创新的特点是：成本高，时间长，成功率低，但利润极高。特色型创新的特点是：处在突破型创新和递增型创新中间。如果把创新类型(递增、特色、突破)和创新性质(产品、方法、程序)分别组合起来，又可出现九种创新的可能性。企业可以根据市场调查和企业创新能力决定采取什么样的创新形式，但产品创新只能使企业暂时居于有利的地位，其利润很快就会被模仿的竞争者所拉平，只有不断创新，才能不断增加利润。产品创新是技术创新和经营管理创新的共同产物，从广义而言，产品创新、技术创新都是经营管理的创新。

（3）管理创新的层次性。就经营管理创新而言，创新的基本能力是创造能力和洞察能力，创新的基础是已经被实践所证明的行之有效的经营管理原则，以此为度来把握变与不变的关系。创新的外部要素有市场竞争（包括商品市场、资本市场和劳务市场竞争）和相应的社会政治文化背景；创新的内部要素有人才、资本和科技，其中人才要素主要是如何看待员工这个企业经营管理的核心和创新的主体，资本要素主要是外部的筹资和投资经营以及内部的成本管理，科技要素主要包括自然科学、社会科学和这两大学科的观念创新。创新与科学技术的发展互为因果，社会科学对经营管理创新有更直接的作用，创新观念是创新的直接动力。资本、人才、科技三要素是经营管理创新的第一层次，是创新的基础。人才与资本要素结合构成效益模式，人才与科技要素结合构成文化模式，科技与资本要素结合构成制度模式。效益模式、文化模式和制度模式是经营管理创新的第二层次，是创新的切入点和关键点。经营管理要素和经营管理模式的创新，必然带来组织结构的变化和创新，是经营管理创新的第三层次，是创新的框架。人才、资本、科技三要素都是社会和市场向企业的投入，企业对三要素的组合，既受市场和社会的制约，又反作用于市场和社会，以实现企业的经济效益和社会效益。由此可见，企业经营管理创新的起点和终点都是市场，经不起市场检验的创新不是真正的创新。创新的任务就是不断整合这三要素，使之处于最佳的组合状态，最大限度地满足不断变化的市场和社会的需求。由此可见，经营管理创新，就是企业根据市场和社会需求变化重新组合人才、资本和科技要素，以不断创造满足市场和社会需求的经营管理活动，因此须不断地改变、改革、引进，即不断地创新。

（4）创新是个过程。创新源于个人或少数人的创意。据调查，创新的初发者，约占员工总数的 2.5%，早期采纳者约占 13.5%，一旦企业提倡某项创新，大多数员工能够接受它（是单摆曲线的中间部分，约占 68%），剩余的 16%，则是迟缓的接受者。创新初发者吸引员工接受的唯一方法是联络早期践行者。早期践行者的特点是发现经营管理存在问题，但苦于无法解决，处于彷徨境地，所以，创新初发者能与之一拍即合。“大多数”和“迟缓者”是传统企业文化的拥护者，比较保守，不易冒然追随创新初发者。激励创新初发者和早期践行者的，不是企业的主流文化，而是他们那个群体的亚文化。这个群体总是希望改进经营管理或是开发新产品，以实现自己的人生价值。创新的结果是企业出现新的经营管理方法，新的经营管理技术和新的产品与服务，这必然会增强企业的市场竞争力，获得更大的经济和社会效益。

3. 深层变革的成长过程

创建学习—创新型企业的核心模式是成长上限模式，它以系统动力学理论和实验为基础，并有自身的图解语言。图解提供了一种方法，使创建团队根据具体情况清理系统的相互关系，认识并推动变革的成长因素和抑制变革的限制因素，显示出促进深层变革的三个成长过程，如图 7–3 所示。图中 R1 代表个人成果，R2 代表内部关系网的传播成果，R3 代表企业经营成果。

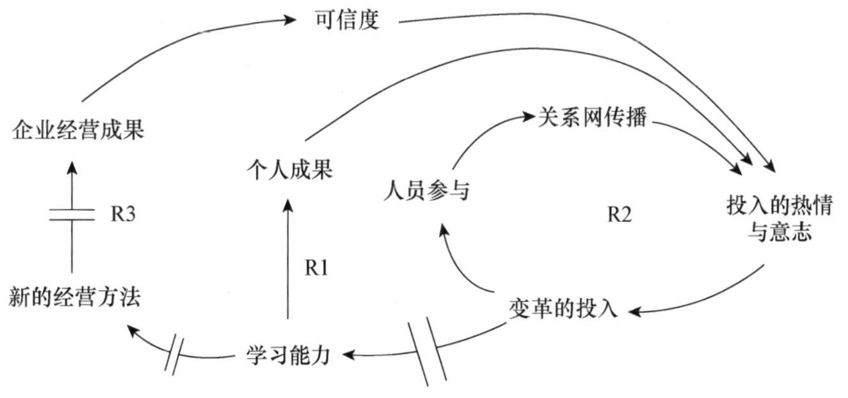

图 7–3

在创建过程中，如果没有成长的强化因素，创建工作就无法开展。强化成长因素的方法有三：一是强化个人成果；二是建立员工之间的关系网络，并由内部联络人员进行传播；三是改善企业绩效。启动这三种方法的共同基点，是员工自觉投入深层变革的活动中，这三种基本强化成长因素的相互作用，正是改革和变革的强大动力。

（1）个人成果（R1）。直接的个人利益是产生深层变革强化力量的首要根源。实现个人成就与增加自己的收入直接相关，这是员工参与变革的个人动力。在团队中积极变革的成员，一旦取得了个人成就，其工作热情和主动性就会倍增，加大对变革的投入，从而激发进一步的学习愿望，形成图中 R1 的环路。学习能力的提高，就会形成不断强化的过程，产生推动变革的力量，这种力量对其他任何一种力量都起着强化的作用。如果不激发这一强化过程，就会失去推动变革的动力。然而，通过增加个人成就来促进企业发展也存在一些困难：一是积极进取的团队成员不同于服从型的员工。他们的一些想法和激情使那些习惯于指手画脚的领导感到恐慌，因为他们不会听从这种领导的瞎指挥。企业如何领导这部分员工是个困难。二是随着员工投身变革程度的增加，掌握工作分寸的能力和选择健康生活方式的能力也同步增加，企业能否满足这些要求和提供适宜的工作环境也是个困难。三是在成长阶段前期，公司的大环境不会因为先导小组和团队小环境的改变而改变，未参加创建的员工，可能对团队成员毁誉参半，都可能影响团队成员的积极性。四是先导小组和团队可能由于自我陶醉而忘乎所以，甚至因偏离目标而四分五裂。这些问题在成长阶段还不能完全避免。创建领导小组须认清这种强化过程的力量，分析这种力量为何常常被忽视和可能带来的影响，并采取相应的措施化解矛盾。

（2）内部联络人员关系网的传播（R2）。由内部联络人员等创建积极分子联成的非正式关系网络，能够沟通广大员工，为共同学习提供相互交流的纽带。这种关系网，对员工理解新观念、尝试和共同分享等方面的作用都比正式管理组织更为便捷。与等级权力型企业中的制度相比，这种关系网更适合传播创新思想：一是他们传播的新观念已经成为日常创建工作中的关键性组成部分；二是他们传播的信息是横向的朋友间的传播，可信度高；三是他们对团队实验新设想的帮助是真诚和无私的。

如果没有充满进取精神的内部联络人员，没有相互帮助共同进取的团队成员，企业也不可能在进行变革时还能保持强劲的发展势头。随着内部联络网络的不断延伸，参加变革的员工和团队越来越多。有关变革活动的信息传播得越来越广，员工的变革热情也日渐增高。于是出现了第二个基本的强化过程，形成图 7-3 中的 R2 环路。这不是一哄而上，因为员工是自愿参加的。在通常情况下，员工是看到新观念创造出令人欣喜的业绩之后才决心投入的，这也就是 R1 环路只有与其他强化过程联系起来才显重要的原因。

至于这个旨在创新的企业所面临的困难有多大，取决于它与等级权力型企业到底有多大的差距。在越来越信息化、民主化的社会大背景下，企业领导不应该再去设法如何去控制员工。这样，差距就会缩小。但是，面对传播创新观念的艰巨任务，一般管理者习惯于采取自上而下的布置方式，即先定计划，再定一套监控措施，最后去实施计划。如果依如旧章，非正式的网络是无法建立的，因为这种网络不可能自上而下地建立。

（3）经营成果（R3）。学习能力转化为经营成果，自然要通过业务实践。一是先摒弃过去习惯了的无效的做法。二是由于学习能力的提高，创造出新的实践方法，就要切实予以实施。由于团队成员彼此信任，能使流程加快，必然会使成本下降。三是当新的经营方针在实践中取得了比以前更好的经营成果时，企业的信誉也就随之提高，使得越来越多的员工愿意投身到同样的变革中去，于是出现了第三个基本的强化过程，形成图 7-3 中的 R3 环路。四是这样的经营成果不仅会得到未参加创建员工的信任，而且，对先导小组和团队成员来说更为重要。因为取得的成果能使他们更大胆地进行反思和调整，去追求更好的业绩。五是对已经取得的成果进行评估，这中间的差距，又会为新的学习循环提供动力。否则，持续学习循环就会变得困难，甚至中断。

通过提高经营成果来强化成长过程是进行企业改革的关键和唯一途径。那么，为什么这种方法不是成长的首要方法，而是排在第三位呢？这是因为，通过提高经营成果来促进成长还存在一些问题。第一，对经营成果的评价并非总是准确无误的。先导小组或团队可能认为所取得的成果是学习的结果，而局外的人可能认为这是因为有个严厉的队长或其他原因，与学习根本无关。即使在先导小组或团队内部，意见也并非一致。第二，革新的方法可能产生不同的结果。有的成功了，有的失败了，可能两个团队都使用了同样的传统方法，结果都是一个越来越糟，另一个越来越好（可能有不易察觉的创新因素）。对此，革新的人主张用创新的方法，反对者则主张用传统的方法。第三，培养新的学习能力。革新业务方式和进行重大改革时，常常会发生时间滞延（见图 7–3 中 R3 环路）。当改革还处在时间滞延中时，业绩不可能立竿见影，甚至变得今不如昔。于是，正在进行变革的先导小组和团队就容易成为被非议的对象。因此，用普通的业务标准来评估改进的目标，常常是非常困难的。当先导小组和团队在政治上、文化上引起强烈反响时，所造成的问题就更加难以解决了。

上述三种成长过程的同时运作，将会出现如下的情况：对变革创新的投入产生新的学习能力和个人成就（R1 环路）; 通过内部关系网传播，参与创建的员工越来越多（R2 环路）；新的集体学习能力产生新的经营方式，提高了经营成果，增强了企业信誉（R3 环路）。这些成果都使员工更积极的投身于变革活动……尽管每个成长过程都因时间滞延而进度不同，但所有这些程序的同时运作，会产生一系列明显的可以持续成长的因素。三个成长过程是相互依存的，一个过程的变化会加强其他两个过程的效果。三个过程的相互促进会使变革成果不断涌现，创建工作不断推进。

（4）领导深层变革的方法。当团队领导和上层领导第一次见到这些成长过程时，可能感到迷惑和不知所措。那么，领导如何采取持续有效的领导方法呢？第一，依靠最初参与变革事业的骨干分子。甚至在启动之前的准备阶段就要精心发现这样的骨干分子，让他们分享领导者的价值观和热情，作为创建的工作骨干。第二，从小规模起步，在稳定中发展。领导不必进行大张旗鼓的动员，可先找几个合伙人，就一些关键性问题进行商讨，设法解决创建中的实际问题。深层变革是个自我强化的过程，领导不必刻意推动，但必须参与共同学习，并认同自己在变革中也可以被改变，发展自己的学习能力作为团队学习能力的一部分。主管团队也要从小规模起步。首先建立更协调的人际关系，把自己仅视为变革的一个向导。然后，主管团队成员，便可以在他们分管的部门中提出另外的学习课题。逐步建立起基层的团队，并使之不断扩散，使主管团队成员成为全体员工学习的榜样。第三，预料的结果与有效的学习工具比空洞的计划更重要。重大变革问题没有唯一正确的答案，答案取决于变革者在实践中所运用的直觉和判断。因此，实验、观察和反思是极其重要的。第四，如果危机或挑战出现，就要先行处理。仅对危机做消极反应是不够的，还要探索出产生危机的深层原因，并把它当做学习的课题。第五，最大的影响隐藏在限制条件之中。限制条件迟早会显现，领导要调动内部资源，迎接挑战，抑制成长的限制因素，增加成长的能量。创建工作越发展，任务越艰巨。

SECTION 7.2

成长阶段的挑战及其应对

7.2.1 焦虑与恐惧的挑战及其应对

1. 焦虑与恐惧的挑战

焦虑与恐惧的挑战，是在深层变革中由先导小组和团队成员之间的公开性和坦诚性引起的。员工反思、坦诚对话，质疑并放弃旧观念，认识到自己的行动如何导致问题的产生，为了解决这些问题而培养新的学习能力，这是进行深层变革的关键。这样的工作氛围更有利于成员之间增进了解和凝聚力，既能提高整体绩效，又能使每个成员受益，这是一方面。另一方面，它又是一种挑战：由于团队成员还在原来的工作模式中工作，因此需要极力维持一种平静的人际关系。事实上，这种平静只是表面现象，潜在的问题还没有暴露出来。随着学习能力的提高，有些成员自信心增强，为了进行变革，敢于提出异议。于是，表面的平静被打破，隐藏的问题暴露出来。其实，这些问题早已露出端倪，只是大家故意视而不见罢了。团队领导也没有勇气正视它，全都采取了封闭的思维方式，认为这一切是不能改变的，不愿也不敢进行公开交流。现在有人把问题的盖子揭开了，大家都感到不安，但是，人们的感觉并不一样。在一部分人看来，这算不上什么威胁，他们直言不讳，希望进行变革，解决问题，提高绩效。大多数人对此却感到焦虑与恐惧，他们并非真心喜欢原来的工作模式，只是习以为常而已，害怕变革。在未感到威胁的那部分员工看来，应该让人们坦诚地交流，承认不同的观点，愿意接受批评，修正自己的观点。而这反而更强化了大多数人的焦虑与恐惧。在他们看来，似乎一切都失去了控制，因此，担心袒露心扉，害怕犯错误，怕暴露自己无知，更怕会得罪人等。从某种角度看，团队的所有成员都或多或少地有这种担心，这就是焦虑与恐惧的挑战。实际上，在新的变革环境中，这种焦虑和恐惧情绪是一种正常的反应。只要学习能力提高到一定程度，就会出现这种心理反应。领导者应当看到这是一种进步的迹象，这种挑战的实质正是给予成员一个培养开诚布公能力的机会。在深层变革中，这种挑战是最容易遇到的，也是最难克服的。原因之一，是它有多种不同的表现，如有人认为学习是浪费时间；变革会挫伤士气；有人表面赞成，私下又反对；有人用沉默来保护自己等。在这些抵触性反应的背后，隐藏着一些不会轻易表露的问题。这些问题有："我自己安全吗？"说真话可能损害别人，又担心别人和领导的报复；"我称职吗？"说真话怕暴露自己的无能，担心不能与人合作，影响领导对自己的看法；"我们相信自己吗？相信别人吗？"认为自己的缺点迟早会暴露出来，现在大家平等了，什么话都可以说出来，反而不敢相信自己和别人了。

很多成长上限结构表明，成功本身也会产生制约成长的力量。随着学习能力的提高，团队成员之间的坦诚交流能力也相应提高。但是，如果提高的程度不够，就会出现一种"落差"，即公开交流的差距。当然团队成员不会注意到这种差距的存在，只是有一种焦虑和恐惧的心理感受。对自己和他人都缺乏信心，影响变革的热情和决心，甚至能使原来看好的变革中途夭折。同时，这种差距又产生了一种进一步学习的动力。学习能力在克服这一挑战中具有双重作用：一是发现和直言不讳地揭露问题；二是通过公开交流以求解决问题。进行直言不讳的公开交流还有制约条件，即有安全感。公开交流需要改善心智模式，还需要团队学习和对话等技巧的帮助，而团队成员对这些技巧的掌握程度是不同的。在这种情况下进行公开交流，就可能造成更大的差距。因此，在成长阶段进行变革的初期，进行公开交流时，特别需要有安全的环境，这种安全环境只能由团队自己创造。这里的安全是指能以一种适当的方式去冒险试验又不受责备，以求在变革和恐惧心理之间建立一种平衡。变革的追求可以驱动学习，学习能力的提高又可以消除交流的差距。消除了差距就能够克服焦虑和恐惧的挑战。在这里，营造安全环境是个重要条件，如果团队领导总是急于求成，或可增加成员的焦虑和恐惧的心理。深层变革一开始，言行不一的挑战很快就会过去，而焦虑和恐惧的挑战却会较长时间地困扰着员工。

2. 应对焦虑和恐惧挑战的对策

（1）通过营造安全氛围和提倡公开交流来缩小开放的差距，其措施包括：

第一，从小事做起，积累能力以求解决较大的问题。出了大的业务疏漏当然要追究责任，但在追究责任时，也要从小事开始。先用反思和探询的技巧处理小而简单的问题，暴露不太丢面子的问题，以此培养处理大而复杂问题的能力。如先分析人们何以对一句话有不同理解，学会分析和处理问题的方法和技巧，再去分析绩效为什么较差，就不会太困难了。

第二，避免正面冲突。首先营造公开交流的安全环境，因为感到有安全感的唯一途径就是营造一种使人感到安全的环境，在这种环境中，成员之间可以相互理解和信任，营造这种环境需要时间和努力。真正的信任是在长时间的交往中逐步建立起来的。员工之间肯主动相帮，就不会感到危险；人们真正的相互理解，安全感就会建立起来。在共同学习过程中，起决定因素的是信任，而信任是不能直接创造的，只能在人们感到安全的环境中相互交往逐渐自然形成。

第三，树立公开交流的榜样。最好的榜样是公司领导者。如果公司领导能够带头公开交流，逐级效仿，就会增加员工之间的信任感。领导进行公开交流时要撇开领导者的身份，不要有先入为主的答案，可质疑、可探询，要虚心听取员工意见。

第四，不同意见是一种珍贵的财富。在会议上发言，意见尖锐对立时，会议主持者应允许对立双方都充分发表自己的见解。尊重他们的学习风格、表达方式和不同意见，因为不同意见最能启发人们的思路，是一种财富。你越是注意倾听对方的意见，对方就越相信你，并增进彼此的信任感。

第五，利用失败促进学习。一个明智的领导者，能使一次偶然的失误变成一个独特而珍贵的树立信任的学习机会。一旦失败，不是去惩罚责任人，而是主动承担责任，和他们一起分析经验教训。这对下属来说，是极大的信任。“失败也是财富”这句名言的意思是，如果能够找出失败的真正原因，汲取教训，就会受益无穷。

第六，主动参加团队的学习和变革活动。给成员自主选择的自由，培养安全和信任感。领导者应该认真听取并解决员工的改进意见，尽量挽留有创意的人才。

第七，帮助掌握公开交流的技能。领导者应帮助团队成员认清他们所采取的行动和实施的方式，帮助他们掌握公开交流的各种技能和技巧。

第八，帮助员工认清企业的改革构想和企业现状之间的关系。领导要向员工讲清企业的前景规划和企业现状之间的差距，需要稳步进行，不断缩小差距。稳步前进需要时间，可能会出现失误和挫折。对此，不要恐慌，应该同员工一起讨论怎样才能取得成功。

（2）减少公开交流差距的不良影响。第一，不要蛮干。在焦虑和恐惧存在时，领导暂时不要费力去推动变革，否则结果往往会适得其反。不要幻想仅仅通过几次会议，就能解决所有的问题。第二，要提醒员工，焦虑和恐惧是由学习过程的不确定性造成的，是一种正常的反应。基层领导如果不能营造一个安全的环境，不能树立学习榜样，不给成员选择的自由，动不动就吹毛求疵，火冒三丈，那么，学习过程就会出现不确定性，少数团队成员不论怎么努力都是徒劳的。这时，上级领导可以帮助基层领导创造安全的环境，内部联络人员应当帮助团队提高变革能力，高层领导也可以传授学习技能。这样，公开交流的能力就会提高，即使存在焦虑和恐惧的挑战，也能把不清楚的问题理清。

3. 应对焦虑和恐惧挑战的方法

（1）消除心中的“灰色印记”。当你发现领导征求你的意见无非是走形式，感到受到了愚弄，尤其当你的意见有误时，更是如此，于是，你会对这位领导留下一种“灰色印记”。每当你感到自己受到伤害或欺骗时，这种“灰色印记”就会埋在心底积累起来。如果用“左手栏”把它写出来，就会感到愤怒、焦虑、痛苦和沮丧。大多数“灰色印记”是可以暂时转移的，或发泄，或寻机报复对方。“灰色印记”对个人来说是不健康的；对团队来说，更是致命的。解决的办法：一是应该意识到它的存在，要进行改善心智模式的修炼，克服自己焦虑和痛苦的心情，避免采取报复行动。二是公开说出自己的“灰色印记”，使对方纠正自已的缺点，也使别的领导接受教训，有益于企业的健康发展。

（2）改变单向控制。多数企业存在某种形式的单向控制，并把它作为排除阻力的手段。当人们感到焦虑和恐惧时，第一个本能反应就是获得单方面的控制权，如交流的主动权，厌恶不同的意见，以此消除威胁，这样做的人通常只有通过反思才能意识到。单向控制阻碍公开交流，靠劝说的方法无济于事。一是进行个人反思——为什么要这样做？遇到什么威胁？这反映了你什么样的心态？怎样才能改变？二是在团队会议上讲出个人反思的结果，并征询别人的意见。然后，说出你的恐惧和希望。最后，请别人帮助你重新回到公开交流中来。这种团队讨论会能产生意料不到的效果。

（3）解决领导集体中的学习障碍。这是企业中一个老大难的痼疾，至今尚无灵丹妙药可以立竿见影地解决，只能依据新理念提供参考建议。一位公司总裁表示他与其他集体成员亲密无间，愿意共同创造未来。但是，其他领导集体成员私下认为总裁固执己见，独断专行，不听取任何不同意见，给企业造成了不必要的损失。倘若全面评价这位总裁还算是个不错的领导，但是，好人也会伤害好人。这种工作环境的弊端，会挫伤有才能的管理者和员工的积极性，会使其他领导失去创新精神，难以适应环境的变化。解决这种学习障碍的办法是：首先，聘请有名望的同行业顾问与总裁进行恳谈，指出他的问题；其次，帮助领导集体建立一种调查研究的机制，专门了解集体中其他成员的畏惧感和因创新受到压制而给企业造成的危害等。提出这些问题本身也会使人感到恐惧。最后，召开一些小组讨论会，并逐渐扩大到整个领导集体成员（包括总裁），讲出平时不易讨论的问题，分析学习障碍所在。开好讨论会的关键是集体成员的真心投入和顾问的精准指导。顾问要基于如下的假设来指导学习过程：一是分析现实。每位集体成员都起到某种推波助澜的作用。必须创造安全的环境，用有效的方法来展现现实情况并让每个成员都看到自己在这一变化的现实中所起的作用。二是强调整体的重要作用。为整体着想是每个集体成员第一位的原则。不管个人权力多大，都必须服从这个大局。三是恢复自我意识。每个集体成员都要认真找出自己的差距，重新振作工作精神。四是承担起自己的引导责任。顾问要认真倾听每个人的意见，与之进行良好的沟通。五是相信人们都是愿意改正错误的。创造真诚相处的人际关系，有助于在下次处理棘手问题时采取合作的态度。以坦诚态度排除障碍的学习过程十分重要。

（4）克服“不知道”所产生的忧虑。克服的方法是：每三四个人自愿组成一个学习小组，进行讨论。孔子云：“三人行，必有我师”。善于听取不同的意见是进步的开端，有创新能力的员工，不是未卜先知者，而是在新的挑战中善于取长补短不断学习的人。

（5）解决动态性复杂问题所产生的忧虑。大型企业中通常存在三种动态性复杂关系体系，即企业领导成员之间的矛盾关系结构体系，技术人员和管理人员之间的矛盾关系结构体系和与员工之间的矛盾关系结构体系。解决动态性复杂结构的矛盾的办法有：第一，理清矛盾关系结构体系。为此，就要排除这些关系结构中的“泡沫”。什么是“泡沫”呢？每个人对自己在矛盾中的角色未能认真思考，就随意表态，这就是“泡沫”。去掉“泡沫”的办法，是研究其背后的根据何在。第二，听出发言者的弦外之音，从而判断发言者的行为模式。第三，进行学习。在双方对立的意见中，切忌凭主观来判断是非，要进行各种关系结构的学习与分析。在学习中可以发现，这些关系结构与自己的认识是不同的，在利害关系激烈冲突的情况下，人们有时会抛弃正常的表达方式，转而使用激烈的表达方式。第四，最后再明确是非责任，以改进工作。

7.2.2 评估与测量的挑战及其应对

1. 评估与测量的挑战

团队的学习、实践和绩效水平的提高，促进了企业深层变革活动的开展，但是，同时也出现了许多妨碍变革发展的制约因素。其中之一，就是评估与测量问题。如何判断一项措施是否有效呢？人们的期望值和观察角度的不同，都会对评估造成影响。既然是新的实践，就需要用新的测量标准进行评估。试图使用传统标准进行评估既会使创新发生扭曲乃至挫折，又会使许多评估变得非常复杂，难以把握。会使深层变革继续进行受阻，于是出现了评估与测量的挑战。

挑战的核心问题是评估标准问题。新的学习与实践是企业不熟悉的一种新理论、方法和工具的实践，因此，需要重新制定评估标准和评估办法。但是，旧的评估标准已经成了企业理念和文化的一部分。挑战的制约来自整个企业和团队内部，两者都与绩效相关。由于变革存在时间滞延问题，团队成员因迟迟看不到效果而引起变得急躁，甚至认为"三月不见效，就不是好的变革"。正是由于企业沿袭传统的旧标准来评估变革的绩效，致使评估的结果不可能准确，甚至会做出相反的评价，认为变革是自找麻烦。变革的可信度下降，人心动摇，导致评估与测量成了一种挑战。

2. 应对评估与测量挑战的对策

（1）改变评估观念。要正确地对深层变革进行评估，必须首先改变评估观念和评估标准，培养团队成员新的评估能力。这样，既能对变革成果做出正确的评价，又能与团队之外的员工进行沟通，使企业对新评估观念和标准产生新的认识。

（2）正确看待变革效果的时间滞延问题。运用新的工具与方法，培养新的评估能力，才能正确对待变革中的时间滞延现象。不要一看见先期成果，就轻易地做出判断和评价，长期而有效的改革成果需要经过一段时间之后才能看到。

（3）与高层领导共同探讨评估问题。基层领导要与高层领导共同探讨变革的评估标准和制定评估标准体系。高层领导要认识到，传统的、旧的评估标准会扼杀变革。

（4）领导要善于发现和正确评价改革和创新的进步。基层领导可制定阶段性的目标，指导员工及时进行阶段性评估，前后对比，就会发现进步的成果。

（5）培养变革领导者的评估能力。变革领导者，首先是团队领导，要重视评估工作。要提前制定变革成功和失败的评估标准，把对统计数字的新理解与提高业务知识相联系，在实践中不断培养和提高评估能力，以便组织领导阶段性评估。

3. 应对评估与测量挑战的方法

（1）测量的困境和理想的评估方法。世界上的许多问题都源于人类的行为方式与自然界运转方式的差异。自然界不可能对所有事物进行测量与量化，只存在关联方式。在人类的漫长历史中，也没有把世界数量化。在古希腊的亚里士多德时代，测量是通过对比进行的；到 16 世纪，意大利学者伽利略使测量可以利用一种单位，这是量化的开端。英国科学家牛顿提出了具有普遍意义的数学公式，奠定了现代量化的科学基础。现代量化是把事物的各种属性分隔开来，然而，实际上这些属性本来是不可分隔的。这就是现代量化不完全准确的根本原因。这种量化方法导致了思维方法的简单化、行为方式的机械论，极大地破坏了人对事物的自然认知感。到 20 世纪，测量进入人类活动的各种组织中，包括企业经营管理。很多人对自然界的运动节奏限制模式则置之不理，只相信钟表、温度计、电脑和其他量化仪器所提供的节奏和模式。在测量工作中，为了目标可以使任何不准确的手段正当化，无法使人们的行为方式和事物的变化方式在测量中正确地显示出来。据美国管理学家戴明统计，一个组织，在所有起作用的因素中，有 97% 是无法测量的，仅仅根据 3% 可以测量的因素所得出的结果何以能够反映 100% 的真实面貌？传统的测量方法，即工业化数字测量方法是在放弃了人对自然界的洞察力和理解力的情况下强行做出的，失去了对事物运作的自然模式的内在感知力。而自然界的运作模式才是我们学习活动的本质，也是人类工作的核心。

理想的评估方法，是寻求一种使人类的行为尽量与自然界的模式相和谐。评估本身不能培养出这种能力。依据传统评估方法，仅仅靠几项可量化的因素，怎么能够客观评定变革是成功还是失败呢？但是，现在还不能取消测量，因为自然界确实存在数量模式，如无数的“二分现象”“五分现象”和大量的比率等。但是，若把测量当作分割理解力的工具就大错特错了。企业财会人员通常就是运用一套机械方法去描述企业的运作方式。为使某种测量体系能够贴近世界的关联模式。正确的做法是：不是从测量的角度评价工作的结果，而是对工作结果进行交流讨论，交流时不使用数据，彼此只讲述事情的发生和发展过程，在讲述和倾听之间相互理解工作。是否正常是通过感觉得知的，衡量的标准是存在的，又是可变的。人本身也是测量系统，在工作中感到称心如意，就是正常的尺度，若感到不适，多半表明工作出了问题。因此，理想的测量方法，应该按照人的自然敏感力进行安排。这种理想的测量方法，需要在创建学习—创新型企业的过程中逐步探索。

（2）抛弃传统的评估方法，建立科学的评估方法。评估的目的是促进团队的学习活动，并最终促进企业的变革。传统的评估方法是评估者收集财务和收益等各种统计数据，经过计算，做出量化的判断。即使附有定性的说明，也不可能做出完整的评价。团队看不到评估报告，也不知道评估者标准。这种评估，无法使被评估者对自己的工作做出判断，结果很可能破坏团队的学习活动。在被评估团队未获得评估结果的反馈之前，只能盲目地工作，一旦得知评估结果不理想，团队成员就会因为沮丧而放弃学习。因此，必须建立一套新的科学而有效的推动学习的评估方法。这种评估方法，就是在准备阶段所谈的方法（见第 5、3 节）。

7.2.3　骄傲与孤立的挑战及其应对

1. 骄傲与孤立的挑战

一个团队通过不断学习和变革，取得了优异成绩，其所在基层单位推广了这个团队的经验，也取得了良好的成绩，于是被公司内部的许多单位请去介绍经验。但是，其他单位的多数人，对这个团队的经验却不以为然。当这个团队听到反映后，用反思和探询的技巧，仔细分析了改革者和怀疑者的不同看法，于是便不再介绍自己的经验了。

在每个改革运动中，把人们从稳定状态推向狂热状态是容易做到的，因为人们一旦确信自己选定的目标是正确的，便不愿再听不同的意见了。一个团队，其成员在一起工作的时间越长，独特的经营方式开发得越多，与其他单位的距离也就越远，上述的这个团队就遇到了这种情况，相信者和怀疑者都确信自己正确。如果该团队失利，其他单位就断定是误入歧途；如果该团队继续发展，又会说这是离经叛道。不管怎样，该团队都成了众矢之的，受到排斥，陷入孤立无援的境地。从该团队内部看，变革越是深刻和有效，其成员的思维方式、行为方式和传统的主流文化就越不同，越容易和其他单位的现状出现巨大的反差而形成对立。似乎改革的成绩越大，对其他单位的威胁就越大。与此同时，改革的团队成员，认为自己走上了光明大道，因而骄微起来。成绩越大越骄傲，越骄傲越不愿意和其他单位沟通和交流。越不交流，遭受的误解越深，受到的攻击越厉害。于是，在该团队面前，出现了骄傲与孤立的挑战。在变革过程中，凡是冒尖的团队，都可能碰到“枪打出头鸟”的状况。这种挑战背后的核心问题是：该团队怎样才能在不牺牲其价值观的前提下，坚持他们的改革方向呢？

在挑战中，当改革团队和其他单位发生分歧时，会出现四种不同的相互联结、相互推动的平衡过程。这四种平衡过程是：

（1）团队的威胁减少了其他单位员工参与的积极性。团队的改革在新的行为方式或业绩方面给其他团队的员工带来了威胁。从传统文化看，新的行为方式对未改革的单位具有威胁性。由于学习与改革，团队成员不惧怕高层领导的权威，能提出切中要害的问题，能暴露领导的“短板”，所以，又是对领导权威的一种威胁。如果团队对这种威胁置之不理，整个企业就会对该团队“群起而攻之”，也容易挫伤那些单位中想要学习和变革的员工的积极性。

（2）团队所需要的帮助减少了。当团队改革遭到围攻的同时，其他单位也有许多员工，想要了解该团队改革的情况，寻求可能有利于自己单位的经营活动。这种想法和行动能加强外部员工对团队改革的理解。有的领导和员工还可能为团队改革提供帮助。但是，由于团队正集中力量进行改革，很少能顾及其他单位的动向，使其他单位失望，产生了一种参与差距。其他单位就会认为团队心胸狭窄，不愿互助，从而限制了外部员工对团队的理解和帮助。团队本身随着参与差距的加大更加封闭。在这种情况下，团队领导自然要保护团队，更加关注改革，想用更好的成果来证明改革的正确性。团队成员也会认为其他单位不理解自己，更加不愿意向外部解释团队的改革情况。结果进一步加强了单位之间的隔阂，这是一个恶性循环，表明了这一挑战所潜伏的危险性。

（3）团队的防范意识降低了他人的参与能力。在创建过程中，吸引和培养他人的参与能力是重要的。外部人员用已经习惯的心智模式看团队的改革，当然感到陌生、迷惑，不解其中味。但是，当外部人员向团队提出要求了解时，团队却不能向他们进行详尽耐心的解释，更加妨碍他们的参与热情。团队采取保守态度的原因，是害怕遭到更多的误解和围攻。这种防范意识使团队更加封闭，必然拉大外部人员的参与差距，妨碍团队更好的前进，也无法使更多的人加入到学习和改革的队伍中来。

（4）团队的骄傲增强了外部人员的褊狭看法。作为改革的副作用，使团队逐渐封闭和孤立，其根源是团队成员日益增长的盲目自信心理。而其中的自信又建立在他们的学习能力和经营成果上，这对继续改革又是非常重要的。但是，它的负面效应却滋生了骄纵和唯我正确的不良情绪。这是难以自我觉察的危险情绪。他们只是感到自己方法比传统方法优越，而这种骄傲和盲目自信，这种封闭和孤立，进一步增强了外部人员对团队的褊狭看法，降低了团队的信誉和外部人员参与的可能性。

在上述四种平衡过程中，前三种都描述了团队的学习和改革对外部人员所构成的潜在威胁，使团队招致孤立与围攻，减少了团队所需要的理解与帮助，降低了外部人员对改革的参与热情；第四种平衡过程又进一步降低了外部人员的参与能力，而且四种平衡过程又在一种恶性循环之中互动，使团队的褊狭性更加严重。这些对团队的改革是非常不利的。但是，我们又可以设法使这四种平衡过程的潜在限制因素不构成显性的限制因素。使其处在一种平衡状态，而不危害团队的改革和其他单位的员工。其办法有二：一是培养灵活的企业文化；二是改变团队的思维方式。灵活的企业文化的重要特性，即宽容。企业在其主要的经营目标之下，允许内部各单位有追求不同的市场机遇和大同小异的运作方式的自由，这是大型企业集团具有适应性的关键。一旦环境改变时，由于有多种反应的弹性能力，能在保持整个系统协调运作的情况下，尽量使处于边缘的业务和亚文化在相应期间内成为主流文化。宽容的文化，在取得目前业务的收获时，也在实验和酝酿下一步的新方式。在上面的例子中，如果其他单位的员工能用宽容的态度来对待那个团队的改革，该团队就不至于陷入如此困难的挑战。要使思维方式与时俱进，就要敢于对目前的思维方式提出质疑，这种能力可以抵御骄傲与孤立的挑战。如上例中的团队，当它把自己封闭起来之后，如果能将外部的批评作为学习的机会，反思自己的思维方式，由封闭走向开放，就不至于陷入骄傲与孤立的挑战之中。

2. 应对骄傲与孤立挑战的对策

这一挑战萌生出许多起着不同作用的其他因素，要想找出有效的对策并非易事，需要认清各种限制因素，方能找到缓解与平衡的方法。下面介绍的对策，有的针对反思的开放性、参与能力和文化的灵活性等方面的限制因素，有的针对当限制因素发生作用时缓解平衡过程中的反应程度。

（1）成为“双重文化人”。基层领导既处于团队改革的亚文化之中，又处在企业的主流文化之中。他们必须维护改革，又必须顾及企业的现状，通过培养适应两种环境能力来达到改革目的，成为“双重文化人”。

在服从公司统一指挥的同时，又要在本团队中大力培养改革的能力，这都是学习文化的内在要求。其实，所有进行改革的基层领导都处于这两种文化之间。培养这种双重文化具有挑战性，既要与企业经营的当前目标保持一致，又要促进团队所进行的改革。后者是其主要任务。

（2）由指导者提供帮助。高层领导和内部联络人员可以作为指导者，帮助基层领导和团队领导理解和克服因团队改革所招来的误解，正确对待外部人员要求参与的热情，向其他基层领导解释团队改革并未对其他单位和员工造成威胁。高层领导要鼓励改革团队和其他单位相互交流、相互学习，而不是排斥改革的团队。

（3）培养团队公开反思的能力。团队的自信是否会演变成骄傲取决于他人微妙的感受。有些团队成员很快就成为真正相信改革的人，但也难免有人心存疑虑。于是，在团队内部出现了一种冲突，解决的关键是团队能否对自己的思维方式进行不断的质疑，并随着冲突的化解变得谦虚和自信，从而克服骄傲。拿团队解决内部冲突问题作为一面镜子来看企业也如此，关键不是所有员工都对企业持同一的看法，而是学习着接受不同的观点，接受团队的不同做法，把不同的观点和做法看作学习机会，用来扩展自己的思维，而不是对自己的思维方式盲目辩护。如果能做到这一点，团队成员就能够理解外部人员的不安，其他单位及其员工也可以理解团队的做法，而不是持怀疑和反对的态度。

（4）培养团队成员的“外交”能力。为了与外部人员沟通，团队要培养自己的“外交”能力。除了团队领导，至少还要有数名成员能够担当“大使”的角色。如定期邀请企业内部其他单位人员和外部的客户、供应商等参与团队正在进行的改革，请他们发表评论和提出建议，让团队成员向来宾解释他们疑虑的问题。接受别人的不同意见和建议，就是在克服怀疑改革的挑战方面取得了成绩。

（5）使用价值观的经验性措施。在发展宽容和灵活的企业文化方面，虽然没有能短期见效的方法，却有一些经过实践证明有效的措施可供参考。其一是建立认同感。认同感是建立价值观的基础，经验表明，以价值观为基础的企业文化，有更大的灵活性。其二是不再要求员工表示忠诚，而是要求员工有承诺精神，领导者要提供兑现承诺的环境。虽然承诺是在自由的情况下兑现的，但它所需要的仍然是价值观中的认同感。其三是把共同目标和价值观相连。这样做，一方面可以创造共同学习的认同感和敢于实验的精神；另一方面可以鼓励灵活性的发展。灵活的企业文化有多种反应的弹性，能使相信和不相信改革的挑战达到动态的平衡，从而战胜这种挑战。

3. 应对骄傲与孤立挑战的方法

（1）逐步改革企业文化。既然不能立即创造出新的企业文化，就只能在深刻研究现有企业文化的基础上改革企业文化。提出新的价值观念，引进做事的新方法，陈述新的指导原则等，都是可行的做法。如果这些做法有效，就要坚持做下去，经过若干年的实践，企业文化就可能出现一套新的假设、新的看问题的方法。正因为这些和过去不同，所以，拥有了新的洞察力、思考能力和灵活性，这就表明企业文化正处在改革和演变之中。

改革企业文化需要采取一系列步骤：一是明确目标。崭新的目标能够改变企业最基本的形态，使之作为思索和感知的正确方式，使工作前景变得可以预见，降低忧虑程度。二是组建诊断团队。针对企业面临的主要问题，选择人员组建一个文化研究团队，研究企业面临的主要问题，从中探索企业文化的表象、价值观和形成的文化观念。三是记录表面现象。要把那些印象最深的表面现象记录下来，从中探讨工作方式、规章制度、程序和习惯等。四是发掘信奉的价值观。找出各种表现背后的指导思想、原则和价值观。多数员工赞同的价值观，就是企业所信奉的价值观。五是探究企业文化假设。将所发掘出的新的价值观与现行的价值观进行对比，找出两者之间的异同，从研究这些差异和矛盾的过程中探讨所要改革的企业文化内涵。六是对企业现状做出准确诊断。要努力在团队中获得清楚的集体认识。为使这些认识准确，可以找其他员工进行广泛调研，以资印证，以便做出不夹杂个人偏见的准确的诊断结论。七是正式进行企业文化的改革。改革需要文化团队的推动，最好还要借助外部顾问的帮助，因为内部人员很难看出自己文化的优劣。改革的领导者要考虑如下问题：想要得到什么样的结果？一般员工、管理人员和高层领导各自应该有哪些方面的改变？改革中会出现哪些助力和阻力？在这些问题的答案中找到改革企业文化的正确道路。灵活的企业文化是应对挑战最佳方法。

（2）转变变革相信者和怀疑者的思维方式。在企业变革的深处存在一个自相矛盾的点，即变革的成果是由变革的信奉者（实践者）和怀疑者共同的思维方式决定的。一个团队进行变革如果没有取得期望的成果，便不能鼓励团队成员进行变革。但是团队所期望的成果又不是单纯由团队自己的思维方式决定的，整个企业的思维方式也起一定的作用。当团队把注意力集中在改革成果上时，它只是把自己的想法强加在整个企业的思维方式上，最终得到的可能不是团队所期望的成果。问题的根源不在于成果本身，而在于企业看待团队的思维方式。如果团队和企业之间以一种不利于实现期望成果的方式相互排斥，就说明企业系统中有一种不相信改革的思维方式在起作用。如果不设法改变怀疑者的思维方式，那么，团队的努力将是徒劳的。团队无法改变别人的思维方式，只能从自己单方面做起，尝试一些有助于发展新能力的思维方式。用这种新思维方式来改变自己，同时也影响怀疑者改变自己的思维方式。只有这样，才能使团队在改革中取得期望的成果。也就是说，团队所期望的改革成果，是由团队成员的思维方式和整个企业的思维方式共同决定的。下面介绍四种这样的思维方式：

一是在思维层次上解决整体与部分的问题。人们在观察公司时，所看到的是不同的团队、单位和部门等，知道他们是相互连在一起的整体，又各自是公司整体的一部分。但是，在考虑工作时，却常常把这种部分当成了单独的存在，所有的基层单位领导都在考虑本单位的工作，这就是分离思维。分离思维对解决局部问题是有用的，但它容易使人们忘记了部分与整体的关系。解决分离思维的办法是直接观察自己单位在全公司中所处的内部环境，这样就会看到团队和公司整体既有相同之处，又有不同之处。只有学会在观察时不再做出截然区分时，才能正确处理整体与分离的关系问题。

二是学会独立思考。人们常常看不清自己和他人的行为有共同性，这是难以实现共同目标的原因之一，这种情况又往往驱使他们相互排斥。持开放态度者遇到保守者时，就把自己也封闭起来了；持宽容态度者遇到不宽容者时，就各自保护自己。对于这种不健康的思维方式或习惯，只能用明确表达自己观点的方法加以医治。这就要求独立思考，讲出自己的真实感受和观点。独立思考需要时间，有时某种新奇想法会在众多一闪即逝的想法中凸现，要善于抓住和理解它，它可能就是新观点的闪光点。而这种新观点正是激发你自身潜力的媒介。

三是用变化的观点看待周围的事物。要想改变别人的看法和行为，就要先从自身做起。以偏概全是束缚思维能力的陋习。培养观察事物结构的能力，确信一切事物都在永恒的运动变化之中，这是恒久不变的真理。

四是不要强加于人。如果一旦看不到别人观点的正确性就断定他们必须改变观点，否则就是用心险恶，这是无端地把自己的观点强加于人。要认识到自己与企业其他部分之间并不存在着天然的界限。要学会开展对话与相互联系彼此配合的工作方式，对人对己都是有益的。

SECTION 7.3

成长阶段后期的主要工作

先导小组创建从准备阶段开始成立，经过启动阶段，到成长阶段后期，已经在创建学习—创新型企业的道路上历经了十数年的考验时间。先导小组在学习和探索中进行了无数次的改革和变革，取得了丰硕的成果和经验，引导其他团队走上创建的道路，推动了创建工作的发展。但到后期已无存在必要，其成员大都分散在重新组建的团队之中。成长阶段后期的主要工作有以下三项。

7.3.1 对企业深层变革的再认识

1. 对企业的再认识

是把企业单纯当作创造价值的机器还是看成有生命的系统？这是创建学习—创新型企业的一个关键性问题。“公司”这个概念，与“同事”这个概念源于同一个词根，原意是“共享一块面包”。因此，“公司”的最初含义是“使每一个人都受益”。然而，产业革命却把公司变成了一部赚钱的“机器”，由全体成员共享蜕变成了业主独享。虽然这种演变曾发生过巨大的作用，但是，随之把员工变成了“机器”的零部件，变成了业主赚钱的机器，这就是工业时代的血腥现实。高层领导把企业当作机器来操作，某个部位出了故障，就让维修工去修理了。

这种机械的思维方式扭曲了人们对企业的认识，进而也影响了人们正确地对待企业变革。当然，用机器式的思维方法也可以进行变革。不过，这种变革既非常困难，又收获甚微。因为企业作为机器只能使用，不能自我变革。主要难题是如何对待员工这个重要的“零部件”问题，毫无疑问，改变人际关系无法同修理“机器”相提并论。难就难在如何才能使员工心甘情愿地接受和参与变革。这需要开放和互利的态度，创造亲和的信任与合作。自从 20 世纪 70 年代以来，发达国家对此进行了很多探索，提出了许多有益的管理思想，其中就包括人情味问题。一批老企业因此有了突破性的改变。但是，对于究竟是谁有权操作这部“机器”这一根本问题还未能真正解决。高层领导仍然操控大权，他们不过问企业的日常工作，只是根据数字、财务报表和投资利润表的变化来操作企业这部“机器”，因此使变革所带来的人情味也大大地淡化了。

学习—创新型企业的理论认为，企业是有生命力的系统，是人性的化身，而不是无生命的机器。这种思想要求高层领导像园丁培育花草那样来对待企业，像培育生物那样为企业的变革和发展创造条件、创造促进企业生长的条件和克服阻碍生长的条件，以及改变在两者之间起重要作用的组织结构形态。企业这个概念，再次发生了深刻的变化，它不仅是个经济组织，同时，又是个有生命的组织。

2. 对企业变革的再认识

当前，传统企业管理模式似乎不再发挥作用。但是，由于机械思维定式的存在，企业变革的难度仍然很大。其主要表现有：大多数领导者过多地关注症状解而忽视从整体上寻找问题的原因；大多数变革者过多地关注员工行为和组织流程改变的细节，而忽视它们之间的相互关系；把精力集中在新的组织结构、新的领导人、新的创造精神和企业重组、合并、收购等外在因素上，即相信用不同的方式重新组合企业就会变得更好，而忽视效法自然法则这一新的视角来为内在变革培育条件，使成长力量和限制力量在相互作用中促进企业的成长。在这里，外在变革主要是指政策和程序的变革（这种变革可请咨询公司帮助开展），内在变革主要是指价值观和思维方式的变革（这种变革企业自己责无旁贷）。圣吉博士认为；把内在变革和外在变革结合起来进行，才是深层变革或深刻变革。

为深层变革培育的主要条件包括：一是只有通过组织学习获得组织、团队或个人成长的能力，才能进行深层变革。这要求革新基础设施，引入新的管理理念，学习和应用五项修炼，使学习成为最好的工作方式等。二是为使变革取得成效，必须有精明和肯于奉献的基层领导者。他们能把第一轮变革的努力推向第二轮变革，最先的变革组织会衍生出第二个变革组织。三是建立内部联络人员的传播系统，既能指导团队学习和变革，又能把团队的变革经验在企业内部推广，从而引发整个企业的变革。四是高层领导将自己视为变革的教练，既有明确的方向和目标，又有指导下属进行变革的能力。变革的过程，一般是循着从小到大、由浅入深的程序。首先是个人或团队的改进，继而是团队的改革和变革，最后发展为整个企业的深层变革。坚持变革的基本方法是培养成长因素和限制因素的互动能力，以克服挑战，完成学习一创新型企业的创建。

7.3.2 学习一创新型企业管理以基层为主

1. 现代企业经营管理的特点

现代企业经营管理是经营者以适应市场需求为目的，以满足顾客需要为前提，依据一定的管理理论和规范，运用现代科学的方法和手段，对生产经营进行决策、计划、组织、协调、控制和监督等一系列活动及其过程所进行的经营管理活动。现代企业经营管理的新观念出现于20世纪40年代的美国，60年代在发达国家普遍推行。我国是在80年代引进这种概念的。40多年来，在企业领导体制、组织结构、管理方法、手段和机制等方面都进行了重大的改革，使企业由生产型向经营型转变，并进行现代企业的制度建设。现代企业经营管理的特点主要有六条：一是注意经营战略研究。认为管理的重点在经营，经营的重点在决策，决策的正确与否决定了企业的成败。二是广泛应用现代科学技术成就。在经营管理上应用系统工程、控制论、信息论、运筹学和计算机以及信息技术等进行决策，组织生产和控制等。三是以人为中心。运用行为科学理论分析影响行为的各种心理因素，采取系列措施协调人际关系，以人为中心来激发员工的热情和积极性。四是重视员工的创造性。大力开展员工的技术培训、价值观教育，强调智力因素，开发人力资源，以激发员工的创造性。五是实现管理方式民主化。采取向下授权的方法，让基层单位自主经营和管理。六是注重经营结果的不确定性。由于市场形势多变，企业不仅要总结过去的经验，研究今天的动态现实，更要科学地预测未来。由于管理对象的复杂多变，所以，经营的结果具有不确定性。因此。企业不能固守某一种管理模式，必须随着形势的发展而变化。

2. 学习一创新型企业经营管理的特点

学习一创新型企业在经营管理上继承并发展了现代企业优良的经营管理方法，与现代企业的经营管理有许多相同之处，但它又有自己的许多新特点。其中最突出的有三点，即以基层为主，通过学习进行控制和实行新型的民主管理。

（1）以基层为主。在一般企业中，是根据自己的目标任务将内部划分为若干部门和单位的，各部门各单位之间都存在职级、权利和责任的关系。将这些关系按照一定的方式有机的组合起来，就是组织结构。组织结构有多种形态，一般都是分层级的，最高层是决策层，人数很少。中层是协调层，即职能部门，是决策层的参谋机构，又根据决策层的意图协调各部门的工作。最低层是执行单位，根据决策层的指令，调动人力、物力、财力等按计划要求完成具体的工作任务。在学习一创新型企业中，推行以基层为主的管理方针，将经营决策权由最高层往组织结构的下层移动，让基层单位领导决策经营管理。这既包括处理基层单位成长和持续经营之间的两难问题，也包括给基层单位的车间、班组乃至员工以完成他们自己构想的工作自由，并对所产生的结果负责。学习—创新型企业为什么要遵循以基层为主的原则呢？第一，是学习的需要。把经营决策权交给基层单位，使员工感到自己是企业的主人，个人的努力将决定企业的命运，这样，就会促进员工主动去学习与应变，学习的速度最快，效果最好。第二，这是由其所处的位置决定的。学习—创新型企业理论认为，在瞬息万变的市场竞争中，基层单位员工对顾客选择的变化、竞争对手的变化和市场发展趋势的变化等信息的获得比高层领导更及时、更详细和更有体验，便于及时做出调整，以应对这些变化。第三，基层单位便于进行新举措的实验。在创建学习—创新型企业的变革中，许多项目必须经过实验才能做出最后的决策。这些实验往往是探索新的管理方法、新的经济增长点，寻求企业发展的新机会，这些实验在基层单位进行是最合适，最实际的。传统企业管理观念则认为，管理者就是决策者，高层领导研究战略是决策的前提，制定规则是决策的依据，确定政策是决策的体现，经营管理是决策的落实，使用干部是决策的保证。总之，决策是高层领导的权利，经营管理是少数领导者运用权力对多数人进行组织和控制，以达到预期的经营目标。换句话说，就是高层领导思考，广大员工行动，将劳心与劳力分开，扼杀了广大员工发挥智力的积极性。而在学习—创新型企业中，则是把思考和行动合为一体，集劳心与劳力于一身，充分发挥广大员工的主观能动性。实施以基层为主的方针，是一种前所未有的挑战，有两个难题必须面对：一个是管理者，特别是高层领导将决策权交给基层单位后，唯恐失去控制的权威；另一个是如何才能使以基层为主有效运行。这两个重要而实际的问题，如果解决不好，学习—创新型企业的创建就会举步维艰。

（2）通过学习进行控制。在传统企业中，各级领导职能由上级授权，主要包括决策、管理和控制。控制职能是在执行计划的过程中，按照信息反馈，把计划规定的生产作业、产品与服务质量、成本费用等标准与实际结果进行对比，找出差距，进行校正的管理活动，是保证执行单位按照经营目标运作和完成计划的手段。执行单位必须有严明的纪律、令行禁止，否则，各自为政，就不能保证完成计划、实现目标。控制的途径有两类：一类是专用的，如生产进度、质量、成本和库存等控制；另一类是各行业通用的，如教育培训、奖惩、预算、经济分析和评估鉴定等。控制的实质是使经营管理活动不能超越规定的范围，始终处于有效的监控之下。企业管理不能没有控制，唯控制的类型不同而已。通过学习进行控制是学习—创新型企业管理方式的特征之一，是指通过对学习程序的过程设计来达到控制的目的。通过设计学习过程进行控制，就是各级管理者根据生产经营活动中出现的偏差、困难和问题，专门为相关人员设计一个学习计划。学习过程本身就包含着校正偏差、克服困难和解决问题的内容和目的，使生产经营活动沿着目标所指引的方向发展，按照计划规定的标准进行。通过学习进行控制改变了控制主体，由管理者进行控制转变为员工自己进行控制。员工通过学习，认清偏差和错误的原因，纠正起来更有自觉性和准确性，还能避免瞎指挥。通过学习进行控制，从前面介绍的控制类型上看，属于通用控制，对所有企业都是适用的。创建学习—创新型企业为什么一定要取消等级权力的指令型控制呢？学习—创新理论认为，这种等级权力控制阻碍学习，不能充分发挥员工的主动精神和积极性。需要说明的是，取消等级权力控制并不是取消生产进度控制等专用类型的控制，也没有取消教育培训等通用类型的控制，所取消的只是等级权力控制这一项。

要知道，让高层领导和中层领导交出决策权和控制权，会产生许多认识上的疑惑和情绪上的波动。首先，会使人产生公司总部是否名存实亡的疑虑。这种不必要的疑虑会使高层领导无法正视自己在变革中另一种更为重要的角色——设计师、教练和仆人的综合角色，从而妨碍主动学习提高新角色的能力。其次，会产生其他一系列的认识误区，如：高层领导如何协调各部门各单位的工作以获得整体绩效？如何同心协力地实现公司的经营目标？基层单位和公司总部之间仅仅设定财务和绩效指标关系，与那些自行决策的控股公司有什么区别？对上述前三个问题都可以通过设计学习计划来正确理解，对最后一个问题应该这样理解：学习—创新型企业的以基层为主并没有否定高层领导对基层单位的控制职能，只不过是控制的手段改变了。同时，公司总部与基层单位之间在所有权和经营权上依然存在隶属关系，与控股公司的所有权与经营权分离是不同的。其实，尚未建立学习—创新型企业的现代企业也正在转向以基层为主的控制方式，这是全世界企业发展的一个共同趋势。企业高层领导如果对上述问题认识不清，就会给创建工作带来很大的不利影响。如果高层领导一方面强调以基层为主，另一方面又不放弃等级权力控制，或是下放了决策权又未培养出胜任的基层决策者，就会使创建工作归于失败。解决这些问题的最好办法是进行五项修炼，主动转换领导角色，改善心智模式会有助于以基层为主方式的有效运作。

高层领导在情绪上的失落感可能比认识上的疑惑影响更大，原因是他们唯恐失去权力控制的错觉。在传统企业中，驱使领导的动力是权力控制，以为没有权力控制，企业就难以运行。因此，即使从传统企业转变为基层为主的现代企业，他们仍然感到企业只有在权力的控制之中才更为稳妥。其实，这是一种高层领导“一切早有现成答案”的错觉，是一种认为必须自己从上面指挥才能管好企业的错觉。高层领导的决策权力，并不等于实际的控制能力。高层领导下达指令，未必就能控制企业中的一切行为，这就是陷于仍然在控制之中的错觉的原因。

从传统企业转向以基层为主的企业，最大难题就是控制问题。在创建学习—创新型企业的过程中，有的企业领导对高层控制决策的信念摇摆不定，徘徊于高层决策和基层决策之间。在经营状况好时，可以采取分权决策方式，一旦企业受挫，总部就会立即把基层决策权收回。这种放了又收的做法，表明高层领导对基层决策缺乏信心。解决的办法，是由企业主管设计一个学习程序，将注意力放在根本解上，就会明白为什么要放弃等级权力控制而采取学习控制的道理。同时，还能看到，由于根本解受时间滞延的影响，在采取根本解的过程中，可以暂时使用症状解来换取足够的时间。这种情况表明，在创建过程中，应该采取由等级权力控制逐步转向通过学习控制的指导原则。如同学习一样，在准备阶段是从强制性的培训开始的，到启动阶段，就要把强制性的学习逐渐转变为主动的自觉的学习。这种渐进的方针，既符合学习—创新型企业理论的要求，又符合领导和员工都需要有一个认识上转变过程的实际。

（3）新型的民主管理。在我国的企业中，民主管理并不是一项新的方针，早在计划经济时期就有了。转入公司制后，按照公司法的规定，也应该加强民主管理。遗憾的是，实际情况往往不是加强而是削弱了。这里说的不是那种有很大片面性的民主管理，而是学习一创新型企业的新式民主管理。学习一创新型企业的民主管理和现代企业的民主管理，虽然理论基础不同，但在内容上是大致相同的，有着继承和发展的关系，包括计划经济时期民主管理中的一些好的做法，也应当继承和发扬起来。为了与现代企业的民主管理相区别，我们把学习一创新型企业的民主管理称为新型的民主管理。新型民主管理的特点主要有两条：

第一，从控制上看新型的民主管理。在以基层为主的企业中，高层领导放弃权力控制，不等于企业没有控制。控制，在任何模式的企业中，都是不能须臾离开的。在企业管理中，使个人或几个人拥有权力进行控制性管理，这是工业革命的副产品，其积极作用随着工业化的进程逐渐走向它的反面，产生了许多不良的后遗症。在今天，一个人或少数人面对全球性的问题，完全是无能为力的。为了克服这种后遗症，兴起了集体领导集体决策的管理方式。企业中有董事会、监事会、经理委员会，而且，越来越科学化和民主化。事实上，所有健康的有机体内部都有控制的流程，如在人体中，有体温、血压、心跳、氧气含量、身体平衡和疾病入侵等无数流程在进行控制，所以，才能维持人的正常生命，保持稳定和成长所需的内部平衡。企业要效法自然界早就存在的控制流程，就应该放弃等级权力控制制度，实行以基层控制为主、以高中层控制为辅的多种流程控制。基层单位，通过五项修炼的学习，使技术开发流程、作业流程、物料流程、质量流程、经销流程、信息流程和财务流程等得到有效控制，全部基层单位也就得到了有效控制。所有基层单位的决策，不断对环境变化做出反应，也就能够使整个企业得到有效控制，维持正常的稳定和发展了。共同愿景的学习能使个人愿景和企业的共同愿景和谐一致。如果高层领导把企业愿景强加给基层单位，基层单位员工顶多能产生服从而不是奉献。如果高层领导能使企业愿景和基层单位愿景不断地互动，相互充实，相互认同，就能使企业的全体员工产生共识。这种从高层领导控制为主转向基层控制为主，从少数人集中控制转向多数人分散控制，从高层领导的集权控制转向所有领导和全体员工都参与的分权控制，就是学习一创新型企业的新型民主管理。

第二，从领导人视角看新型的民主管理。在创建学习—创新型企业的过程中，几个高层领导不可能应对那么多的挑战，只有由基层领导、高中层领导和内部联络领导所组成的“生态领导”群体，才能应对诸多的挑战。这个生态领导群体分散在企业的各个层次、各个单位和各个团队中，有的还在它们中间流动，可以说是无所不在、无所不到，各自发挥着不同的领导作用。在这个生态领导群体中，互有长短，相互依存，相互补充。基层领导在启动和进行重大变革中发挥重大作用，高层领导在支持和激励员工学习方面起重大作用，内部联络领导在指导团队改革和传播信息方面作用重大。各有优势，又能互补不足，如基层领导缺少机会向其他单位学习，高层领导远离实践，内部联络领导没有正式权力等局限性，都能得到其他领导群体的弥补，这个生态领导群体的人数众多，而且，所有员工也都有权对自己的工作做出决定，并对结果负责。领导和员工同样有权有责，这就是新型的真正的民主管理。当企业不再仅由几个高层领导运用权力进行管理，而是培养出各个层次的众多管理者时，企业就进入了一个管理发展的新境界。这个管理新境界是团队实践提供的：他们不是正式组织，没有正式的领导人，团队领导没有正式的规定权力，一切都由其成员共同决策，团队领导及其成员没有任期，项目结束，团队自动解散。团队组建时，多是志同道合的工友，共同推选出一个团队领导进行组织、联络。团队的生活方式就是变革；团队的价值观就是创新；团队的动力就是人类思考方式和自然界运作方式之间的差距；团队的启示，就是没有正式的领导，没有终极目标，也不完全按照计划行事，企业原有的领导变成了设计师、教练和仆人，无为而治，这就是学习—创新型企业管理的最高境界。当然，这种境界是在学习—创新型企业建成之后的若干年才能逐渐达到的。

3. 实行以基层为主的条件

（1）必须是共同愿景的一部分。要想让高层领导自动放弃控制权力是不容易的。只有通过学习，使他们感觉到以基层为主是他们的真正愿景，才可能放弃控制权力。只有在以基层为主是企业愿景的一部分，高层领导相信基层员工学习的作用、应变的能力、奋发的热情和下属的成长值得不惜代价一试的时候，他们才有可能放弃控制权力。否则，他们不会实行以基层为主。除非以基层为主成为各级领导者个人愿景的一部分，包括多数下属员工也有这样的个人愿景，即想拥有较大的自治权力和责任（这一点对跨地区的企业集团尤其重要），否则，各级领导和广大员工都不会去推动以基层为主。只有这两个条件同时具备，高层领导做出承诺，基层单位有经营权，以基层为主才能实行。

（2）必须交叉运用五项修炼。实行以基层为主，各级领导都必须交叉运用五项修炼的技术和工具。尤其是改善心智模式，对以基层为主的企业更是不可或缺的，基层单位必须贯彻公司总部的价值观，否则，各基层单位就会各行其是，企业不能形成合力。在基层与总部之间的互动中，团队学习对双方都有帮助，可以运用有技巧的讨论或深度汇谈来处理双方的习惯性防卫问题。自我超越能提高基层领导的能力，并为建立共同愿景提供方便条件。进行系统思考可以避免基层单位决策的短视行为，能看到各单位各部门环环相扣的相互依存的关系，从企业全局考虑问题。须知，对基层单位都有利的决策，对企业的整体和长远发展却未必有利，会造成共同悲剧的结构。共同悲剧基模和基层为主是否有效密切相关。那种局部不断增强的环路，经过时间滞延会给整体利益造成危害的道理，证明了基层单位决策时进行系统思考的重要性。在实行分权或以利润为中心的企业，出现共同悲剧的可能性更大，许多被激励过度的基层单位会为本单位的私利而争夺共同资源。因为共同悲剧基模的前期运作表现良好，成长快，获利多，所带来的副作用却不易察觉，所以更加激励了基层单位继续加强运作。总部对基层单位的绩效奖励，更加强化了这种短期行为。结果是危害了共同资源，对整个企业也造成了危害。于是，基层单位纷纷解体，这对分权企业是个致命的威胁，使扁平化组织出现危机。面对这种形势，一方面，各基层单位要为整体利益及早进行挽救；另一方面，公司总部要组织各基层单位一起学习共同悲剧基模。同时，采取措施，管理公司资源的分配，将报酬与成本挂钩，要求基层单位负起自我约束的责任。

（3）必须认清挑战的实质。所有挑战的实质都是动态的、相互依存的，而非线性的、静止的。

第一，必须重视平衡和反馈性补偿。说挑战是动态的，是因为挑战产生于自然的维持平衡系统，并抵消变革所产生的力量，因此，必须重视平衡过程和反馈性补偿。改革是在旧事物基础上进行的，平衡系统本身不是改革的阻碍。判定某个平衡系统是否有价值，要看它保留的东西是否有价值。如保持必要的流动资金、足够的生产能力、技术优势和忠诚的顾客等，都是有价值的，对变革有利。而保留呆板文化、等级权力制度、保守观念，误导评估标准和阻挠知识传播等，都是有害的。因此，不能盲目地反对平衡系统。在应对挑战的过程中，如果忽视了保持现状的平衡系统，就会出现反馈性补偿。遇到困难，就去努力克服，同时会产生反馈的反作用力，推动力越大，反作用力越大，这时，再去推动成长是错误的。正确的做法是调解平衡系统，以抵消反馈的反作用力。如当员工对基层领导不信任时，越是鼓动员工努力工作，员工越消极怠工。而当他着手解决自己的信誉问题后，平衡系统就不断地对他的努力做出补偿，使信誉提高。如果不理解挑战背后的平衡系统和限制系统的互动关系，就不明白系统到底应该保留哪些内容。每个系统都努力保留现状中的某些内容，如启动阶段四个挑战背后的限制过程何以能造成成功率降低呢？原因之一是这些变革由于缺少所需要的时间和帮助而无效；原因之二是这些变革由于被认为是脱离实际和言行不一而使员工缺乏积极性。因此，使可能成功的应对挑战的措施最终夭折了。领导者一旦发现正在起作用的平衡系统和它所要保留的事物，就要认识清楚这些限制过程和他们所要维护的东西是什么，如此就可以找到有效应对挑战的策略了。

第二，必须重视非线性思考。说是非线性的，是因为没有把握确定从一种经历推测出另一种经历是正确的。在非线性的思考中，推测往往是不准确的。如把其他企业的成功经验依样画葫芦搬到本企业来就不一定有效；努力使今天的事实与昨天的答案相符，常常是徒劳的。在不同的背景下，只要有一些细微的差别，就会使挑战出现不同的结果，这并非说从经验中学不到东西，而是说真正的学习远比这些简单的公式难以捉摸。只有理解了这些道理，才能为真正的学习奠定基础。只有通过实践和反思学习，才能培养实用的技能。在这方面没有现成的答案，却有一些有效的方法和工具，这就是五项修炼的方法和工具。

第三，必须重视各种挑战之间的相互依存关系。说是相互依存的，是因为克服一项挑战会使克服另一项挑战变得更加困难或更加容易。在多种挑战之间存在三种不同的相互依存关系，每一种关系都同时存在危险与机遇。三种相互依存关系如下：一是转移控制重点。当一种挑战的压力转移到另一种挑战上时，对后者需要更加关注。应对每一项挑战所取得的进展，都可能会给其他挑战带来麻烦，一种限制越放松，另一种限制反而会更加起作用。启动阶段的四种挑战（这些挑战在成长阶段也会有），都存在这种情况：如果没有一个令人信服的理由，就会出现不相关的脱离现实的挑战；如果只有相关性而时间不足，员工就会因为负担过重而失望；如果只有相关性和时间而没有帮助，所做的努力就不会产生良好的结果；如果相关性、时间和帮助都有，就可能出现领导是否言行一致的问题。理解控制重点转移十分重要，因为倡导变革的领导者总是急切盼望变革的成果早些实现。而当问题再度出现的时候，就会感到惊讶。能够理解转移重点的领导者，则时刻防止自满，总是在为日后的挑战预先制定预案。二是注重相关能力。当不同的限制因素源于相同的能力时，就会出现能力的相关性。这些相关能力，在应对一项挑战取得成绩后，就会转而惠及另一项挑战。如在处理无人帮助的挑战时，有效的培训和指导就会同时惠及其他三项挑战。处理脱离实际挑战的战略思考能力和发展企业经营模式能力，就会同时惠及无人帮助的挑战。掌握相关能力的领导者，能够看清某些能力培养比其他能力培养更有效，因为他们能应对多种挑战。不理解能力相关性的领导者，认为各种能力之间互不相关，实为对能力的短视。集体学习能力差，对任何改革都是重大的制约；反之，高度重视学习、思考性讨论和理解复杂问题等核心能力，又是培养许多相关能力的基础。三是特定挑战中存在局部关系。在这种情况下，局部挑战构成了全局性挑战的组成部分，局部的成功也为全局性的成功打下了基础。如团队在提高时间利用灵活性方面的成功，将对企业复杂的时间协调问题有很大的帮助。在信息化的今天，目标和任务的期限不是企业主管规定的，而是通过新建和重组团队以满足不断出现的市场需求，提高时间利用的灵活性，增强员工优化分配时间和协调努力的能力来掌控的。团队领导训练言行一致的能力，可以扩大到整个企业，甚至成为建设学习型社区的能力基础。

（4）必须转换公司总部的角色。在公司总部的新角色尚未重新明确之前，要实行以基层为主是不可能的。当基层领导负起经营与成长的责任时，总部的高层领导要负起更大的责任，包括培育企业正确的价值观、使命感和不断演进的共同愿景。这表明，传统的管理权和控制系统正在被新型的管理理念所取代。公司总部的这种新角色可称为“研究所”和“设计院”，总部的高层领导自然就是“研究员”和“设计师”了，其职责是研究影响企业系统的各种内外力量变化关系，设计出能让全体员工了解这些力量变化趋势的学习过程。这是学习—创新型企业高层领导的一项主要工作，包括培养基层领导改善对整体认识的心智模式，以学习实验室为阵地模拟整个企业的运作，找到各自单位在整个企业中的位置和作用等。把领导者转换为“研究员”和“设计师”还可以改善整个企业的工作流程。但这不是说，高层领导不再参与决策，他们仍然要参与许多重要的决策；不过，设计整个公司的组织学习过程是他们的特殊职责，因为中、基层领导者无法设计全公司的学习过程。为了达到有效的基层为主，高层领导应当鼓励基层领导接受风险考验，对他们在变革中出现的错误要宽容，一般不要追责，错误本身已是惩罚。

7.3.3 成长阶段的评估工作

成长阶段的评估，也是根据准备阶段的评估方法进行，包括团队内部变革项目的即时评估和评估小组对团队、基层单位和整个企业的阶段性评估。成长阶段的综合评估在创建领导小组的领导下，重新分别成立团队、基层单位和整个企业的评估小组。评估的重点是经营管理的改革和深层变革过程及其成果，对创新性的成果要给予准确的评价。其他内容包括深层学习循环的启动，以基层为主和技术与产品开发等。评估标准要比启动阶段的标准高，以反映这个阶段的主要工作和特点。评估的具体工作步骤和办法与启动阶段相同，仍然由创建领导小组公布评估的最后结果。被评为及格以上的团队和基层单位转入下个阶段的创作工作；不及格的团队和基层单位，根据评估不及格的项目继续创建，待补评及格后转入下一阶段的创建工作。应当由团队或基层单位向创建小组提出申请，由创建领导小组安排评估小组进行补评。整个企业被评为合格后，再转入下一阶段的创建工作；若被评为不及格，则继续进行成长阶段的创建工作，待不及格团队、基层单位和企业所有不及格项目补评合格后，才能转入下一阶段的创建工作。

NEW

第8章 创建的成熟阶段

- 当今世界企业管理的新动态和新趋势
- 组织学习及其对创建学习—创新型企业的意义
- 兼顾正常经营和中心设计企业管理结构体系
- 应对企业管理、新战略和新目标的挑战
- 借鉴国内外创建学习—创新型企业的经验

学习一创新型企业，经过成长阶段之后，自然进入成熟阶段。主要标志是：学习、思考、行动结合为一体的组织学习，经营管理是理性的管理。成熟阶段的挑战涉及工业经济时代遗留的一系列深层矛盾问题，不是基层领导和内部联络人员所能解决的，必须由具有丰富想象力和非凡胆识的高层领导进行重新思考和规划设计，方能解决这些问题，并最终建成学习一创新型企业。

为使企业永葆青春，需要企业领导和员工持续学习、持续变革，尽量使企业成为一家长寿公司。成熟阶段是创建工作由量变到质变的飞跃阶段，也是能否最终建成学习一创新型企业的关键阶段。

SECTION 8.1

成熟阶段前期的主要工作

研究创建工作成熟阶段的角度，是从企业的整体出发，这与前几个阶段只是囿于团队和基层单位，偶尔涉及企业全局的情况是不同的。成熟阶段的工作是系统的、全局的工作，是从高层俯瞰整个企业的创建工作。成熟阶段前期的主要工作有：关注企业管理的新动态、组织学习以及在经营中重新设计管理结构体系。

8.1.1 关注企业经营管理的新动态

传统的企业管理，权力集中在高层领导手中，但是，十多年来的经验教训告诉我们，成功的企业都是对其管理体系进行重大变革并向下授权的结果。下面介绍的内容，有的侧重改革的实际做法，有的侧重改革的理论指导，可以帮助我们了解企业经营管理的新动态和发展趋势，这对创建学习一创新型企业很有参考价值，有些可能对我国国有企业的股份制改革具有启发性。

1. 成员所有制公司

成员所有制公司都是大型企业。有一种成员所有制公司，其成员都来自金融机构，他们拥有的不仅是股份，而是企业的永久参与权。靠参与权把多个成员联在一起，形成一个关系网络企业。他们彼此同时是顾客、供应商和竞争对手，个别成员的退出或消失不会对公司产生重大影响。战略和业务方向不是高管制定的，而是由选举产生的管理委员会制定的。这种体制出现的背景是：许多大公司都面临着一种不同于往昔的新问题，即股东要求对公司拥有更大的发言权和更大的责任。产生这个要求有多种原因，如公共金融机构控制了公司更多的股份；由于高额的股份收购，使具有实力的公司能够买断或兼并某些公司；由于管理者只顾企业的日常管理忽视对股东的回报而使股东产生了忧虑等。目前，那种在工业化时代发展起来的集权制企业在全球市场上已经不复存在。专家指出，传统的等级权力管理结构，在知识经济时代可能完全失效。那种从控制原材料到零售链条的跨国公司也正在让位给网络化公司。这些网络公司建立相互合作又相互竞争的关系，从而能使公司高速运作。每个经营单位只能控制其中的部分业务，甚至只能控制某种品牌的一部分。企业没有了核心人物，当然也就没有集中决策了，取而代之的是基层单位的决策。这种变化和发展趋势促使所有的管理结构都处在颠覆性的变革之中，从依赖总部集权的管理体制转到鼓励经营单位的独立经营管理，再转到不断增加的彼此相互依赖的系统管理体制，以平衡总部和基层的决策权。经济发展史表明，总部集权的管理体制是经过长期实践才认识并建立起来的。现在要创建新的管理体系就必须重新思考总部集权管理体系，分析其内部存在的合理因素，使其在当前相互依赖和不断变革的总形势下，有效地发挥作用，分散权力和集中权力应因时因事而异。

2. 责任等级制公司

在企业变革过程中，人们排斥权力等级制度，认为应该取消它。有一种责任等级理论认为，可以用责任等级制度代替权力等级制度。权力等级制度源于奴隶社会，它从法律上把人分为有权者和无权者，又把有权者分为不同的等级，其基本结构是上帝—国王—行政人员—被剥削的农奴。后来出现的公司也是仿照这种结构建立起来的，即董事长—总裁—经理—被剥削的劳工。这种命令加控制的模式显然不利于现代企业获取高效益。经验表明，驱动现代企业获取高效益的方式之一是采取责任等级制度。在这个制度下，企业领导拥有的不再是传统观念的权力，而是对客户、股东、同事、下属和整个企业的责任。等级决定了责任的大小，不同等级有不同的责任。一旦企业目标确定，各级领导就要分别对自己和下属的学习和绩效负责，每个管理岗位和操作岗位都要针对自己的责任寻找答案。除自我**管理之外，还有各方面的监督。如企业总裁的责任是及时指出环境变化，**帮助下属正确把握市场动向，倾听下级领导和员工的意见，与他们一起思考和解决问题，确保下属拥有所需要的技能和资源，鼓励下属尽其所能，**与同事真诚合作等。从总裁到基层员工，一级一级地明确责任，按每个人**所承担的责任行事。不按责任行事的人，不仅不受尊重，而且在经济利益上也要付出代价。

3. 从集权型管理体制向分权型管理体制的转变

实现这种转变要解决的问题有：如何负起伴随自主权带来的相应责任，如何维系各部门、各单位的相互依存关系，如何保持新管理体制在结构和流程上与原有的指导原则相衔接等。在转变中，企业规划部门将成为变革的中心。具体转变步骤有二：

第一步是基层经营实体相对独立，自我抉择，自主经营，自负盈亏。基层经营实体也可以把决策权下放到更低的层次，如团队或小组，以激发员工的积极性。基层经营实体仍然要与公司总部进行交流并向总部负责。各基层经营实体之间要彼此沟通，采取类似于“联邦制”的管理模式。基层经营实体不再向总部申请资金和寻求业务上的指示，他们有自己的资本结构和责任标准。自己决定投资方向，并向总部提供相应的回报，如同公众持股公司一样。重大问题由董事会提供建议和进行监督。各单位内部的董事会是相互联系的平等成员，以促进相互间学习和成果共享。还需设置其他的流程和机构，来保证彼此的合作，如对企业的命运负责，树立共同目标与核心价值观；执行经过改进的流程；设置企业学习和培训中心、由各单位经理组成的公司领导委员会等。由于取消了总部的权力干涉，各基层经营实体必然会有更高的创造性、更高的效率和更强的竞争力。

第二步是走向相互依存。企业转型后，如果基层经营实体完全独立，最好的发展结果无非是与小一些的竞争对手持平，这不是改革的最终目的。如果各基层经营实体相对独立并走向相互依存，就可跨单位共享知识和规模的优势，使企业的整体绩效大于各单位效益相加总和。要做到这一点，必须由各基层经营单位组成网络，遵守共同的行为规范，共享人力资源，分享从学习中获得的最佳经营方法。在相互依存中相互促进，带来难以预料的创新和增长。使员工对自己的单位有归属感，同时，各基层经营实际又是整个企业的一份子，所做所学都能促进整个企业目标的实现。

4.“无序”规划的组织结构

这是成员所有制公司的另一种改革方案，即把最大程度的“无序”行为和稳定所需要的最低限度的等级秩序相结合的组织结构。所有成员公司平等拥有所组成的实体、权力和职能，将得到最大限度的平均分配。其规划的特点是建立一个非总部集权的组织结构。目标是使公司具有无限的持久性和适应性。这种模式也可以供许多需要在内部加强协作和竞争的公司仿效。这种无序规划的主要内容如下：

（1）由独立成员实体组成的网络。作为成员所有制公司的总部，其主要功能是协调网络成员实体的经营活动，不使任何一家成员实体独自负全责。在法律意义上，总部是个非营利机构，其董事会如同大多数政治机构那样由选举产生，选举权大小是根据一个地区的成员实体的销售额确定的。总部的收入来源是向各成员实体收取的服务费用，是按成员实体交易额的一定比例收取的，其支出主要用于网络内部资金的调度和塑造品牌的市场营销等项目。组织结构规则极其简单，即赋予成员实体极大的自主权。只要遵守这一规则，其余完全自主，将权力集中在一个层次上，不但避免了许多协调工作，而且保留了多元化和产品创新等提高竞争力的优势。同时还采用了一套区分地区、国别和国际机制的等级制度。其上层等级结构和下层等级结构是相似的，总部可以创建新的等级体系，也可以根据销售情况提升或下调某个成员的实体等级。在分散经营的条件下，保留等级制度的目的是使成员实体之间不受彼此失败的影响，降低经营风险。

上述的规划设计使得这些独立而又相互依存的成员实体能够相互作用，从而产生稳定性，就像自然界中的不同物种之间的行为，看似无序无规则，却创造了生态系统的多样平衡。

（2）制约和平衡的“联邦制”机构。成员所有制公司的管理结构类似于联邦政府的组织原则，各成员实体放弃一些管理权，以换取联合行动的自由。总部是共同利益的“管家”，主要工作是调节内部成员之间的争端。一系列制约平衡措施，使得无论是总部还是任何成员都无法掌握绝对的控制权。总部不从事经营活动，不与成员实体形成竞争关系。总部制定的新战略，有时会征求成员意见。各成员单位经理组成的管理委员会是组织结构的最高层。其功能类似于最高法院，负责裁决网络中重大问题的是非曲直，并解决难题与纠纷。总部高层的领导负责管理成长所需要的环境，负责判断、协调管理和指导，而不是规划和控制。

（3）平衡合作与竞争的机制。通过成员实体的多元化为公司的改革和发展创造了自然的渐进的解决方案。这种方案可能不完善，但实施的速度要快于精心设计的解决方案。它可以根据实施后的反馈和环境的变化来调整解决方案，这样既加快了速度，又具有适应性，能促进每个成员实体的快速发展。在平衡各成员的合作与竞争中，利用合作与竞争两者之间的自然推拉关系，求得动态平衡。用成员实体之间的合作，使得强势实体无法实施地区垄断，从而保持了平衡。这种平衡技能使经营成果最大化，又能让所有成员实体都受益。

5. 知识经济条件下的企业管理

知识经济条件下的企业生产是根据知识生产的无限性和投资收益递增规律策划的，其基础条件是企业的信息化和员工的知识化。劳动者是知识化的人，劳动对象主要是知识，生产工具主要是计算机，工作环境主要是虚拟的人工世界。其生产方式是计算机集成系统，即用计算机（包括软件）和网络等高技术，将人工知识、信息、物力和财力等生产要素集成系统，发挥自动化的高效率、高质量和灵活性，快速敏捷地开发和制造知识含量高和复杂的产品，以满足多品种、小批量的知识市场的需求。知识是为了销售被生产的，是因为在生产过程中的增值而被消费的。知识产品生产的特点是分散化、小型化和个性化。在流通领域，中间环节消失，大型商场被淘汰，电子商务兴起，营业空间无限扩大。市场竞争从产品竞争延伸到创意的较量，实验室的比赛和学习能力的争先都是知识的交锋。在知识经济条件下，企业在管理思想、管理战略、管理组织和管理方法等方面都有空前的创新。管理的本质虽然仍旧是资源的合理配量，使整体功能最大化。但是，这个资源已由原来的物资资源变成了智力资源。随着形势的发展，其管理思想和战略，必须利用知识经济时代信息技术，从根本上对传统生产方式进行重新思考和重新设计。企业管理的指导思想应该是以人为本。人比资金、设备、技术和知识等生产要素都重要得多，以尊重人为中心进行其他各项的改革，由质量经济向知识经济转型。将投资重点从有型资产调整到无形资产上，以获得产品、成本和速度等关键指标的明显进步。管理的目标是无缺陷、零库存、无怠工和低成本，极大地提高市场竞争力，使财富无限地增长。知识经济管理是将企业内部经验、知识和市场信息、财务报告等资料用有效的方式进行记录、分类、存储、传播和更新，提供给进行知识生产的团队和个人参考。即把知识视为可以管理的生产要素，也是管理科学新增的内容之一。其管理方式是将经营、管理、计划、产品设计、生产制造和销售与服务等环节与计算机集成制造系统结合起来，从接受订单开始，直到销售与服务的全过程，都由计算机系统进行统一的管理。营销管理应该是把有特色的核心竞争力直接指向最终用户，用信息化努力减少库存，尽快把所有产品变成现金。只有这样，才能保持强大的竞争力。知识经济企业管理的具体方式有如下几种：

（1）知识化的人才管理。人是知识的载体，知识资本的核心是人才和技术的结合所拥有的创造能力，因此，员工管理与知识管理难以分开，必须实行企业与员工同步发展战略。在企业实现信息化的过程中，首先实现全体员工的知识化，改变员工的知识结构，使之成为全面发展的通才。实行流动办公制度，员工可携带手提电脑坐在任何场合的计算机前（在家庭工作的人数日益增多），只要输入用户号和密码，就可以进行工作。实行有弹性的工作时间，可随时上下班，以利于创造性思维的产生。传统企业的那种指令性控制将向自我控制转化。企业更加重视向团队和个人授权，进行自我管理和自我调节，以最大限度地发挥员工的能动性和创造性。

（2）学习成为一种工作方式。由于企业结构、产品结构的变动周期日益缩短，团队工作变化多，岗位变化快，所以培训变得更加重要而且频繁。由于培训中心跟不上市场变化的速度，大量的学习只能从工作中获得，从网上获得。从某种角度看，上大学只能获得所需知识的10%，90%的知识需要在工作中获取。组织结构的扁平化、信息网络的普及化，也便于横向和纵向的学习互动。学习突破了年龄和时间的界限，延及人的终生。员工获得知识的方式越来越依靠网络，并尽快将信息转化为知识。可在网上或面对面参加有关问题的研究会，与他人交换信息与知识，也可以在网上开辟虚拟课堂，企业要生产什么样的产品或服务，就让团队和个人在网上学习有关知识和技能。学习逐渐成为员工的自觉行动、自身能力的提高、理性的增强和信息量的增大，有的员工的需求层次提高，更加关注个人的成长发展，时刻关注捕捉发展机会，这样就会使个人发展目标与企业发展目标趋同。学习与工作或者结合在一起，或者交替进行，学习与工作的界限越来越难以区分，学习已经成为工作的一种方式。最先完成知识化的那批人也最早成为知识生产的管理者，谁有知识，谁就能获得管理权，唯有全体员工不断共同学习的企业，方能具有市场竞争力。

（3）更加需要借助企业文化进行管理。这需要建立共同管理理念和分享知识的企业文化，否则学习的方向不一致，不仅会浪费学习的资源，而且会削弱整体的能力。而学习方向一致，又容易产生内部的激烈竞争，使知识无法共享，工作无法进行，需要借助企业文化进行管理。个性化的实现，使得文化的价值日益提高，更需要在管理上突出企业文化的作用。在经济一体化的前提下，在不同文明的交融中，企业管理将站在包括企业文化在内的更广阔的视野去分析和处理员工的心理、言论和行为。形成自有文化和外来文化兼容的动态的价值观念，才能规范员工的思想和行为，在知识经济环境中，更加需要借助这种具有较强包容性的企业文化进行管理，用崭新的企业文化的共同观念、目标和核心价值观来规范企业和员工的行为，实现人文管理的升华。

（4）强调合作管理。分工与合作是人类社会活动的两大模式，传统企业强调分工，形成金字塔式的等级权力结构。随着社会的发展，它的弊端越来越阻碍企业的发展。知识经济条件下的企业管理强调合作，不仅强调企业内部之间、团队之间、部门之间的合作，而且突破企业界限，强调企业与供应商、销售商甚至与同行竞争对手的合作；不仅包括业务上的合作，还包括学习上的合作，以达到智力的集成，走向“局部分工、整体合作”的管理新模式。

（5）灵活的分配制度。在知识经济条件下，具有不同利益的团队和个人在管理上的决策都可能影响整个企业的成败。对于知识的管理，采取计时和计件的管理办法都无效，只能根据团队和个人的业绩大小付给报酬和奖金，因此，分配制度和奖励制度都将发生巨变，需要制定灵活多样的分配制度，对有创新成果的个人，可以把其成果转化为一定的股权授予个人，以利于留住杰出的人才。可以将奖励基金重点用于奖励业绩突出的团队，以鼓励其再接再厉。

（6）培养新型的企业家。企业家与资本家有本质的区别。有资金购买设备场地、雇用员工进行生产销售的是资本家；企业家的主要标志是运用新知识、新经验在经营管理上从事创新的经营者。没有创新能力的经营者不是企业家，企业家的基本能力表现在：有预见潜在的市场机会和利润的能力，有敢于冒险去争取市场的魄力；有动员各种社会资源，为争取市场利润服务的组织能力。如果一个知识密集型企业能有一个或几个新型企业家，这个企业就能在管理思想、管理战略和管理方法上不断创新，在市场竞争中占有一席之地。

从上面的叙述中可以看出，在知识经济条件下，企业管理的发展非常有利于学习—创新型企业的创建。知识经济是孕育学习—创新型企业的温床，也只有学习—创新型企业才能够更好地发展知识经济。

8.1.2 组织学习

组织学习是将学习拓展到整个企业的学习。如前所述，学习是一个动态的概念，以形式的不断变化为特征，可以由个人层次发展到团队层次，进而发展到组织层次。组织学习在企业内部是最高层次的学习，是企业实现团队化之后，个人学习和团队学习的升华，是对动态复杂的环境做出快速有效反应的学习，是跨越内部各种边界生发集体知识的学习，是可以提高信息分享、相互交流创新能力和决策水平的学习。组织学习是个大系统，从战略决策到售后服务的各个环节，都是这个大系统的子系统。组织学习同时发生在研究、开发、计划、设计、制造、管理、市场调研和销售等经营的各个环节。组织学习的目的是不断增长企业的集体知识，进行管理变革，提高竞争力和效益。进行组织学习，包括下列工作：

1. 建立组织学习循环

组织学习可以有比较固定的步骤，如知识的获得、分享和利用等，也可以有不固定的步骤，主要是寻找动态的和不确定的学习环境。环境越是不确定，越是需要进行组织学习。正如从经验中学习会产生一个持续的循环一样，人们在行动后会观察和反思，得到新的认识，选择一项新的行动，并继续从行动中学习，完成一个学习循环，又重新开始新的学习循环。组织学习能产生这样的循环，但是这种循环不会自发产生。企业在建立组织学习循环时，要精心设计并实施，各部门、各团队根据不同的需要，分别参与到组织学习循环的不同环节中，以各种方式将知识创造引入日常工作，进行管理与技术的创新。企业的流程将因此而不断改善，效率将不断提高。组织学习循环分为四个阶段：

（1）信息的广泛产生。即收集信息和创造知识的阶段。各种研究性团队收集和研究信息，是学习的开始和把有用信息转化为知识。把转化过程的新发现（即知识重组，改变知识结构和修正已知理论之后的新发现）向全体员工公布，提供给需要者使用。每个员工都要把一部分工作时间用在收集和研究信息上，以便更好地理解和完成自己的工作。这个阶段向前发展的基础条件是：企业可在“冲突边界”投资，配备信息跨越边界的电子传输系统，辅之以其他手段，如多种职能的团队、技术展览、不同项目成员的组合及关系网络成员的会议等。知识管理人员将他们的工作结果（报告或幻灯片）提交内部数据库，由内部顾问审阅这些材料后选取一些典型事例，编入一个特殊的电子数据“能量舱”中，提供给有关团队在处理问题时参考。这些条件包括整理和提高材料的知识管理者、携带笔记本电脑的内部顾问、外部人员可以访问的数据库，频繁召开的知识管理人员的网络会议和软件的内部共享。因此，员工只要能掌握一个数据库的用法，就可以通过电脑访问其他数据库了。不仅能使员工及时知道企业运作的主要信息，还能为员工提供培训对话的技巧，以便了解各种信息的来龙去脉，而这一切又为组织学习的下一阶段创造了方便条件。

（2）整合与传播。即根据内部环境，重新整合信息的阶段。信息一般是事实知识和原理知识，而技能知识和人力知识则是缄默的，难以传播，但它却决定了一个企业的能力。学习的任务之一就是将这些缄默的知识变成能够传播的知识。整合的目的是存储，以便需要时调出来传播使用。团队和个人发出的信息在传播过程中，如果不能与企业其他部分的环境重新整合起来，别人就难以充分地理解和分享。理解得越深，分享得越多，使用效果就越好。因此，团队和个人在传播信息时，必须充分理解和分享企业的总目标和每个子目标与总目标的关系。定期的知识共享会议，可以弥补这种理解的不足。此外，还要注意团队本身的特殊性，把各种特殊表现同时传播和分享，就会使公司总部和其他部分加深对特殊性的理解和分享，从中得到新的发现，以便更好地解决特殊性问题。这个阶段继续向前发展的基础条件是：设计管理结构来支持整个企业的内部对话、大型研讨会和理解性询问等。要想让这些条件发挥应有的作用，必须把它们作为企业文化的一部分来运作，而不是仅仅作为解决问题的一次性方法来运用。

（3）集体认知。即众多不同思想的交融阶段。每个人都是根据自己的经验来做事和处理问题的，经验分散在每个员工的头脑中，要想达到思想观点的交融和集体共识是件难事。一些员工在不同的岗位所获得的新知识与积累的经验，都会对企业产生重要影响。只有精心安排的对话，才能在对信息、经验等理解的基础上产生集体的认知。对话可在两人之间、团队之间、单位之间、整个企业内部和外部利益共享者之间进行。这种对话是平等的，每个人都根据自己的经验得出结论，这需要挑战彼此的传统观念。只有在对这些冲突观点的理解过程中，才能产生集体认知。当然，理解的差距依然存在，也必须让它存在。多数对话一时难以达成一致的意见，要紧的是能够理解他人得出结论所运用的逻辑和依据，进而理解他人的观点，并通过比较来加深理解和修正自己的观点。这个阶段向前发展的基础条件，即把集体认知转化为具体行动所需要的条件是：分散决策以提高灵活性的速度，承担自负盈亏的责任，资金运用和利润分享等。两个重要条件包括：一是团队真正自主管理，并与企业的目标保持一致。二是员工作为创造集体知识的参与者，自然把自己看成企业的主人并获得恰当的奖励，他们的行动如何与收入挂钩，必须根据每个人都理解的标准进行评估。

（4）有权采取负责任的行动。即规划实验阶段。学习之轮的经验表明，个人只有根据自己的经验采取行动时才能边做边学习，但对组织学习来说，光有个人和团队的学习是不够的。如果个人、团队或基层单位按照自己的意图行事，不理会其他成员、其他团队或者其他单位的知识和见解，就无法进行组织学习。这就是为什么员工采取负责的行动时，必须有足够的自主权。同时，在需要的时候从已经学会的做法中演变出新的形式，让相关的基层单位和团队参与决策，进行试验，共享集体知识的成果。评估结束后，组织学习又被推到第一阶段，重新开始新一轮的学习循环。

总之，到成熟阶段，此前的创建工作已经为组织学习循环打下了一定的基础，但尚未系统地建立管理结构，还未授予员工采取行动的充分自主权等。只有整个组织学习循环能够有机地连接起来，一个把学习融入变革并囊括整个企业的体系才能出现。组织学习循环又是一个让知识创造变成自我改变、自我发展的系统，其运作方式与以前大部分变革的运作方式有很大的不同。以前多是以团队为单位进行学习与变革的，现在是全员都参与的学习与变革。它将信息转化为知识，融入整个企业，做出整体的计划，对企业管理进行彻底的清理与变革。正是员工的主动参与才能推动企业改革，因为他们在学习中培养出了解决复杂问题的能力，而无须等待高层领导指示。这个学习系统还有制衡功能，它能防止不现实或盲目的思想在企业内部蔓延，一种见解或提议无论是来自高层领导还是普通员工，都会受到多重的重视、质疑和评价，只有在获得集体理解和认同后，才能付诸行动。组织学习循环之所以力量强大，是因为全体员工都拥有知识。这个根本性的转变，使得企业内部再也没有劳心者治人、劳力者治于人的现象。正像个人学习循环是通向光彩人生的大门一样，组织学习循环是企业通向世界市场的阳光大道。

2. 重视高层领导的学习

高层领导是创建工作的主导者，因此必须率先学习。但是，高层领导的学习比较困难，因为，这主要不是技能上的学习，而是观念上、价值观上的学习和确定企业方向的学习。而且，大部分内容都是超过他们知识和经验范围之外的，又没有现成的答案可供参考，必须发挥主管团队的集体力量。总裁自然对学习负有主要责任。虽然高层领导的个人智商都比较高，但是，由于每个人的心智模式不同，看问题的角度不同，相互间的信息传递容易出现偏差，结果反而使集体的智商下降。创建学习－创新型企业，要求高层领导经常进行团队学习，把五项修炼置于公司目标与愿景的结合上进行学习，用以分析和处理环境变化给公司带来的机遇或挑战。员工的学习和成长是企业发展的关键。不在于制定策略的多寡，而是要找到几个关键的节点，去推动企业的发展。高层领导的学习，在创建学习－创新型企业的成熟阶段至关重要，因为成熟阶段需要高层领导的直接参与。如果说启动阶段的关键是基层领导，那么，成熟阶段的关键就是高层领导。

3. 建立管理培训中心

真正的授权，首先是高层领导有清醒的认识，指导基层单位采取民主的管理模式，新项目由员工共同决定，每个员工都有管理自己工作的权力和责任。基层单位不是由领导和被领导者组成的，而是由自我认识、自我管理的员工组成的。当然，多数高层领导、基层领导和内部顾问对这种民主管理形式的运作都很陌生，不甚了解——领导和员工如何管理学习—创新型企业，如何管理变革项目，如何根据自己的责任使用权力等，因此要建立培训中心。培训中心应该遵守一些和常规学校不同的原则，主要包括：

（1）要求团队成员长期地参加学习。因为自主意识和自主管理的技巧，既不是短期也不是分散的形式能学会的。要有针对性地进行培训，训练的时间也比较长。

（2）加强培训教师之间及其与学员之间的互动学习。要把授权、自主管理、组织结构、经营和个人发展等课程结合在一起进行学习。

（3）把学习与实际结合起来。学员必须以团队成员身份参加解决实际问题的演练。学习是以团队为单位进行的，每个团队必须有三个层次的代表，即高层领导、基层经理和一般员工。

（4）不断演练学到的技能。如老师讲完了自主管理所造成的混乱局面，学员就要进行演示。从中体验，寻找改变的办法。

4. 建立跨境学习网络

跨境的大型企业，为能持续发展，必须建立共享知识与信息的全球网络。

（1）由总公司负责建立全球学习网络，全面覆盖遍布境内外的基层单位。设立专门的机构，设计科学的学习方法，制定学习规划。跨国学习网络由三组相互联系的成员组成：一是总公司的核心团队，由各基层单位的两三个代表（业务经理或管理主管人员）组成。每个基层经营单位也要成立自己的核心团队。各核心团队每年会商一两次，形成相互支持的网络。二是由总公司提供教师、辅导人员和内部顾问。三是由各基层经营单位主管组成另一种学习网络，使之成为全公司的一个管理结构，共同为企业的绩效负责。可通过这个学习网络通知各单位使用新的管理方法，并彼此监督。这是改革绩效管理系统的核心网络。每个基层经营单位都有自己的实验项目，并与其他单位交流，彼此学习。

（2）来自基层经营单位的开放观念。基层单位改变了保守观念，急于借鉴相关单位的想法和做法，以便探求对自己更好的改革办法，就会逐渐与学习网络上的观点趋于一致，便于统一实施新的管理方法。

（3）成功的五个要素。也是变革的五个重要领域：一是吸引力，衡量指标是参与变革的员工所占比例；二是传播，衡量指标是参与变革的员工接受五项修炼概念所占比例；三是吸引程度，这是对能力培养的衡量，要制定标准进行评估，划分及格和不及格的分数档次；四是团队衡量的办法，调查员工的前进方向是否一致，总公司领导团队能否就重要问题达成一致意见，基层单位有多少团队能越界学习；五是持久性，考察的办法是看一个单位学习与变革是一阵风，还是能够持续坚持下去；能否把新的方法和技巧快速应用到工作中去。

5. 持续创新

可持续发展的观念，极大地动摇了现有的产业思考和行为习惯，它必须能在环保型创新和经营发展之间找到相互联系和相互作用的联结点。没有环保型创新就不可能有持续发展，关键是从环保的角度去培养学习能力，这种组织学习能带来新型的产品及其流程上的突破，可以节省能源和原材料的消耗。此外，"遵守自然规律""循环产品""非物质化"等发展战略，也是组织学习的重要领域。总之，只有做到环保型创新与组织学习的相互强化，才能做到持续创新。在组织学习中，下列三个因素对可持续创新的成功非常重要：

（1）共同愿景和自我超越。当可持续发展成为企业目标的一部分时，就会形成一种变革的"引力"，通常能把个人价值和企业目标统一起来，所以员工会格外努力，这既是他们的共同愿景又能促使他们自我超越。

（2）团队学习和心智模式。可持续发展需要思考新的心智模式和找到可跨越内部边界的新方法。让员工合作创新，并增加企业的效益从表面上看似乎很简单，其实很困难。只有团队学习技巧娴熟，才能够把各个群体的不同观点加以整合，并为企业的创新发展所用。

（3）系统思考。可持续发展的观点形成于对系统的理解，尤其是对经济和社会环境相互联系、相互依存的因果关系的理解。为实现其中的一个领域的目标而采取的行动，往往会对其他领域产生或前进或阻碍的作用。例如，以系统思考为指导，以环保为目的，就能够看到一个系统中频繁出现的环保问题，设计出保护环境的举措，从而创造出有益环境的"绿色产品"，同时提高企业的经济效益。

8.1.3 在经营中重新设计管理结构体系

大企业在进行分散经营并授权基层单位独立运作时，自然会出现如何加强基层单位之间的联系问题——如何做到既不放弃整体优势，又能使企业变得更有创造力与灵活性呢？这是现实的难题。许多企业集团所面对的挑战是协调看起来自相矛盾的如下目标：既要保持长期的发展，又要考虑短期的效益；既要发展全国乃至全球的规模，又要顾及当时当地的现状；既要协调内部各单位的学习与合作，又要保持整体的竞争优势；既要投资创新，又要提高效率和稳定性。在每一个挑战中，都有两个相互对立的目标所产生的压力，而且无法消除，只能作为一种困难加以克服。困难源于三种有关企业管理的思维模式：一是大多数经理受的教育都要求追求效率，把所有的资源用于达到相同的目标上，而且内部边界分明。二是大多数企业相信管理就是硬性结构，如资源所有权、决策权、绩效考核标准和经济激励等，而忽视软件结构，如员工的动机、抱负、信息、知识、思维方式与技能等。企业其实是由许多软硬件混合结构组成的，员工的思考和行为方式正是受到这两种结构的影响。三是思维方式表明，主管经常会遇到很多必须处理的事项，但一时只能选择一两项优先处理，每个事项都占用一部分资源和决策精力。不同企业事项选择的优先级不同，这就决定了基层单位如何划分、资源和奖励的分配方式如何确定等。一般都是以舍弃某一事项作为代价来优化另一事项，于是被舍弃的单位就会遇到困难。这三种思维方式会使企业的不同特性无法有机结合，并在实质上对立，从而导致管理上的困境。因此，改革管理结构常常意味着重新分配权力和资源。对此，有的拥护，有的反对。要突破这种根深蒂固的困境，就要采用新的思路，对管理结构进行重新设计。重新设计需要仿效生态模式，用相互依存的一体化结构取代各自为政的分散结构。整合硬性和软性结构，通过提高基层领导人的思考和管理能力，使企业实现对外的多重目标。重新设计包括下列各项工作：

1. 重新规划设计的过程

进行重新设计，总裁和决策班子要对全公司的工作进行反复推敲，像雕刻家那样，先在脑海里描绘具体形象、规划初步造型，最后落实到设计工作上。重新规划企业管理结构体系，自然是一项全面的改革。进行这一改革的同时不能停止日常工作，要在生产经营中重新规划和设计管理结构体系，这也是在实践中学习的过程。重新规划有六个要素，可分为三种情况来说明，一是共同的抱负，包括愿景、目标、价值观和指导原则，它是企业改革与发展的动力。二是由资源与决策、能力与技巧、评估与奖励以及对结果负责等四个相互关联的因素所形成的硬性与软性管理结构的不同组合，如果组合的发展方向与企业目标一致，企业经营就能够稳定发展，否则企业经营就不会稳定。三是一些可渗透的边界，这是企业与环境之间交换信息与能量的渠道，显示出企业的开放程度，影响企业的发展战略。开放程度大，对企业的运作帮助也大，能使企业适应多种取向并保持内部的凝聚力。如果把上述六个因素所组成的结构系统比作一架正在飞行的飞机，那么重新设计管理结构体系，就是一面飞行，一面重新设计飞机（如图 8-1 所示）。

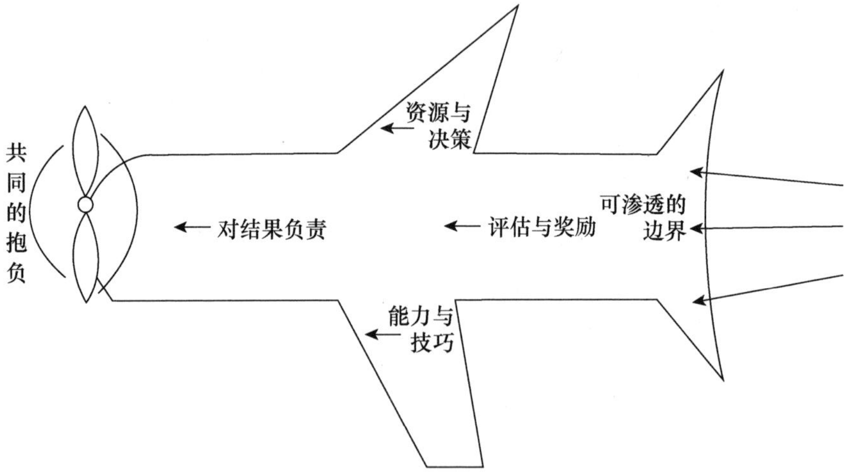

图 8-1

总裁的主要工作就是树立下属的共同愿景，这是调动员工积极性，进行规划设计的核心问题。要使最佳的规划和设计付诸实施，总裁不可独自承担重新规划和设计的责任，管理系统本身就是为了包容和承受来自外部和内部的巨大压力而存在的。内外相关人员都有权利设计企业的经营与发展方向，允许众说不一。总裁的第一要务就是培养高层领导集体具有承受这种压力的能力，共同规划和设计就是培养这种能力的有效手段。总裁要有得力助手，在重新设计过程中，协调各单位的讨论，以便集中精力思考关键问题。

2. 共同的抱负

在基层单位与高层领导的交流中，除规划设计、权力分配之外，还要商讨对经营结果的责任划分。在对企业目标、愿景、价值观和指导原则进行深入探讨时，要把注意力放在团队成员所关心的重要问题上，例如企业的经营成果和员工的报酬问题。如果员工具有同样的价值观和指导原则，有共同的抱负，高层领导就可以减轻权力和控制的压力，员工也得到相应的自主权。共同的抱负又是不断给员工指明方向和重点的参照物，协调系统的运作，保持动态的平衡，稳定企业经营的正常运作。

3. 对结果负责

共同愿景、价值观和指导原则确定后，就要明确战略目标。建立责任制，要求对员工负起责任，同时下放相应的权力。力避只有责任而无权力的老办法。责任是指对目标的赞成，是完成任务的承诺。这是团队形成伙伴关系的基础，为创新的信念共同奋进。

4. 资源的调配与决策

生产经营责任制所形成的伙伴关系，是高层领导规划权力系统的基础。新的权力系统能使基层单位有权调用必要的资源，并自主做出相应的决策，这是基层单位包括团队能完成任务的必要条件。团队成员以合作的方式工作，能在自己的和伙伴的岗位层次上建立横向联系网，以便为取得既定成果优化使用资源。在相互依存的基础上建立协作关系，可以改变常规做法，由自己决定工作方式，去除逐级上报的环节，从而避免了高层领导武断的弊端。培养跨团队决策的习惯，有助于创新。有两种机制可以帮助团队建立横向联系网，一种是管理小组，即吸收其他团队相关人员参与跨越团队的方向性决策，这对决策的成功非常重要。另一种是尽量减少规划。大型企业一直依赖规划和统一标准来保证效率和生产力，从研发部、制造部到销售、服务和后勤部门，都规定了许多管理细则，员工机械地执行规定。在迅速变化的环境中，要求将上述的老方法弃掷，而采用因时因地因事灵活处置工作问题的新方式。高层领导制定基本的指导原则，只规定一条，即不做危及企业信誉和生存的行为，如能够管用，那么这一条也就够用了。

5. 能力与技巧

管理工作水平取决于能力与技巧，能力与技巧是管理的核心。如果领导者自己都没有成长的能力，下属也就很难有成长的能力。常言说“兵熊熊一个，将熊熊一窝”，如果领导者不改变自己的陈旧管理方式，就难以探讨和发现新的管理能力。

6. 评估与奖励

影响重新设计工作的做法有：过分强调个人评估和奖励制度而忽视其与企业的相互依存关系；规定的和实际执行的评估与奖励制度之间的不一致；评估与奖励制度只重视一时表现，奖优罚劣，而不给员工学习、合作、探索留出时间予以纠正，不考虑学习创新过程中犯错误是正常的，等等。重新设计评估和奖励制度时，要大胆革除弊端。大量减少条款控制会使业务单位的责任感和绩效大大提高。

7. 可渗透的边界

不管是企业内部，还是在企业与环境之间，所有的边界都不是一成不变的。边界是人为造成的，目的是为经营管理服务。可渗透的边界有多重方向，仅仅掌握现实的多样性还不够，必须同时顾及以产品生产为主的单位和其他单位以及这些单位的潜在要求。为此，可建立跨内部边界的横向联系点，经常进行双向交流和学习，增强与外部环境的联系。如果只是为了增强商业运作的灵活性就设立专门的管理部门，这会带来许多的新麻烦，不可取。有效的做法是不建立新的机构，而是投资训练新的技能，如系统思考的技能，这有助于处理多方面的业务，同时履行多种责任。使高层领导一人分管多项工作，责任涉及整个企业也是可取办法。通过责任分担而达到相互依存，是通向正确方向的一大步。尽管还存在矛盾，如管理人员可能相互竞争，对此，解决的办法是用多重视角思考问题，分清是在自己的责任范围内还是跨越边界发表意见，这样就会显著地减少矛盾。跨越边界可以使竞争对手成为合作伙伴，可在未曾预料的领域发现新市场。学习一创新型企业要学会如何在不断跨越内、外边界的环境下工作，在出色的组织规划的基础上开辟企业的未来。

SECTION 8.2

成熟阶段的挑战及其应对

8.2.1 企业管理的挑战及其应对

1. 企业管理的挑战

随着深层变革的不断发展，基层单位的自主权和决策权越来越多，基层单位和团队认为基层决策反应迅速，适应性强，有利于经营管理。高层领导却担心在向下授权的过程中，会削弱等级权力制度的有效管理，如对长短期发展的平衡管理，对不同流程的整合与重组管理等。这时，等级权力管理体系仍在管理上发挥作用与影响，但是这种等级权力又不断地被拥有自主权和各自利益的基层单位的决策权所削弱。然而，在相互依存性不断增加、需要加强整体管理的情况下，这种根据局部利益的决策也难以走得很远。改革者要求更多的自主权和决策权，高层管理者一时又不愿充分放权。出现这种困境，预示着在相互依存关系不断增强的同时，基层单位要充分发挥自主权和决策权的优势，还须冒极大的风险。如何获得变革所需要的自主权和决策权，是一个挑战。

进行变革的团队迟早要承担独自管理责任和运用权力的问题。可以肯定的是，每当自主权和集中权发生冲突的时候，就会出现管理的挑战。团队可能感到自己是受害者，任何维护自己权力的反应都会使挑战更加严峻。

与此同时，高层领导也在遇到管理挑战问题，改革总部集权为基层分权，可能是员工从一个集权者的束缚中解脱出来，又陷入两个或更多个争权者的困境。分散权力，又常常使没有足够业务能力的人获得决策权。这又使得高层领导面临既要为下属工作的结果负责，又不敢轻易介入下属工作的两难境地。企业应适度配置权利和明确责任，追求企业发展的持久性、适应性和多样性，这是走独立探索的正确道路。另一种办法就是借鉴采用新管理体系成功的企业经验来建立自己的新型管理体系。

管理挑战的潜在结构是三种内在的制约因素，导致三种相互联系又相互制约的冲突过程。

（1）来自团队自主权的冲击。是指团队的自主权和高层领导对团队授权程度之间的冲突，实际上是团队自主与上层的控制所引起的冲突。冲突的原因在于，随着团队学习能力和自我管理能力的提高，已经能把握自己在整个管理体系中的角色，要自己制定发展战略、寻找发展机会，自己决定方向和项目、做出投资决策和实行新的作业流程等，于是提出继续扩大自主权的要求。但是由于高层领导对团队自我管理能力尚存疑虑，不肯给团队更多的自主权，于是导致自主权与控制权的冲突发生。当冲突出现时，管理层会加强对团队的控制，使团队成员感到管理层正在“收权”，而管理层会觉得团队没有全局观念，不顾及自己的决策对公司的不良影响。结果双方都失去了原有的热情和积极性。团队对成员失去了吸引力，高层领导也不愿意被贴上“收权”的标签，对团队的支持程度下降。这一平行的制约现象实则是对自主权的接受程度不同所造成的。

（2）来自团队与其他单位的整合冲突。即使管理层对基层自主权表示认可，团队也有可能在其他方面与现有的管理制度发生冲突。当团队学习能力提高，与其他团队之间的相互依存程度加强，而其他单位的相互依存需求没有提高时，就可能发生冲突。由于创新团队的精力完全集中在自己的改革问题上，很容易忽视这种相互依存的关系。而企业对团队相互依存能力的要求通常超过团队的实际能力，于是出现了“整合差距”。当团队进一步扩大其改革范围时，如邀请与其他单位共同的供应商参加学习，而其他单位并不理解，或许认为是在挖自己的墙角，这种整合差距就会变为整合冲突。冲突可能出现在团队继续应用改革的做法介入企业整体规划的领域时发生。这时，团队和其他单位与高层领导都感到相互间已发生龃龉，从而导致高层领导重新对团队加强控制。只要某个团队的创新与其他团队其他单位拉开了距离，这种冲突就必然会发生。

（3）来自团队与其他单位和高层领导的双层冲突。团队创新可能与其他单位与高层领导同时发生权力冲突。团队改革如果涉及关键的相互依存关系，而其他单位的相互依存能力不能及时跟上，此时高层领导必须对这种关键的相互依存关系加强管理，如合作开发新产品，创新流程和加强供应链的相互联系。这种关键的相互依存关系即使在企业内部也不宜公开传递，以免竞争对手窃密。所以高层领导对整合差距很警觉，看到创新团队给其他单位带来了问题，自然要加强控制。而这又给创新团队造成了新的不平衡。创新团队自认有能力解决跨单位的问题，开发新的商机，而其他单位却进行横向的抵制，高层领导又极力限制创新团队。于是出现了另一种整合冲突，既打击了创新团队的积极性，也降低了其他单位的热情。

管理挑战潜在的三种冲突过程可通过多种形式表现出来，但总的结果是相同的：如果只有创新团队单独开发的创新能力，变革就不会长久；如果只有高层领导实施更为灵活的管理体系，变革也不会长久。只有两者同步变革，创新才能持续地进行，否则就会使保守的现状占上风，导致改革停滞不前。

管理挑战对基层和高层领导有不同的内涵。对团队和基层领导来说，体现在与现有管理体系的束缚冲突上。对富有创新精神的高层领导，体现在如何稳妥地将权力和责任分配下去。只有从这两个角度来理解管理挑战的动态结构，才能找到有效的对策。这里的关键在于了解创新设计与应急举措两者同时存在的必要性，即管理结构设计（包括指导思想、经营战略、管理架构和制度等的正规设计）和在管理过程中和针对环境变化必然采取的短期的临时措施这两者同时存在的必要性。高层领导的责任是规划设计正式的管理体系，如果这种正规设计和应急举措的新管理机制在互动中能够相得益彰，就证明应对管理挑战的努力基本有效。但是，企业中的每一位成员的实际工作表现，都会影响管理流程的运作，创新的管理机制容易被日常生产经营活动所干扰，因此，基层和高层领导应该是相互依靠的伙伴关系，一方凭借自我管理能力，创造新的实践；另一方则依赖于这些能力所创造的新的管理机制。如果设计良好，则企业的运作，既能根据环境的变化进行灵活的调整，又能使高层和基层保持动态的平衡，企业这艘航船就能乘风破浪，奔向既定的彼岸。

2. 应对企业管理挑战的对策

应对这一挑战需要两套策略。其中一套供改革团队使用。他们在现有的管理结构内工作，需要培养自我管理与相互依存的能力，解决潜在的现行管理机制发生权力冲突的能力。另一套是供高层领导使用的。他们是新管理体系的设计者，对规划有深刻的认识，并制定新的管理结构体系，用来平衡基层自主权和全局的相互依存的关系。只有改革团队和高层领导的合作，才能战胜挑战。

（1）团队的对策。当团队遇到来自公司总部和其他单位的阻力时，唯一的办法就是建议总部重新规划设计公司的整个管理结构。但是，团队必须清醒，没有能避免所有矛盾的组织结构，自己应尽早学习克服现实的和潜在的矛盾的能力，这对团队和基层单位至关重要。

第一，注意自己的权限。当越权行事时要讲究策略。团队的变革项目有时必须做出他们责任权限以外的变革，这时须注意团队的权力界限。要请上级领导出面为自己保驾护航。要扩展视野，找出与现有管理体系的共同点，扩大团队的影响，积累能力和信誉，与相关单位搞好关系，解释团队项目计划在哪些方面与这些单位的责任相重叠，请他们帮助团队工作。

第二，从企业改革成果的角度陈述变革方案。要向团队内部，特别是高层领导和同级领导解释新的改革方案。方法是陈述时先外后内，先阐明如何满足市场的需求或克服新的竞争威胁，再谈如何实现团队的抱负，这样比较容易见效。在应对关联性挑战的过程中，表现得越干练，支持率就越高。

第三，将高层领导优先计划的项目作为团队创造性思考的重要内容之一。培养团队了解高层领导面临的压力和机遇的能力。要经常和高层领导交流他们感到困惑的问题，特别是现行管理结构中在边界或连接点上存在的问题，帮助领导认清不同单位整合的必要性。要帮助高层领导减轻压力，找出组织结构的原因。不要把遇到的问题原因笼统地归咎于领导人的能力、智力甚至品质问题。

第四，报经上级批准，可与不同单位的团队一起实验。这是展示新管理结构价值的一种有效的机制，以实际效果去建立长久性的跨单位合作，证明横向联系的优越性，但不宜夸大永久性结构的优点，否则容易使人望而生畏。

（2）高层领导的对策。第一，确立指导思想，包括重新规划企业的方向。指导思想的作用是帮助员工树立共同理想和行动方向。思想只能提供指导而不是规划，但它比规划更强大，因为思想能支配行为。当某种思想成为管理体系的基础时，它就成了指导思想。常见的指导思想是局部和整体的关系，前者促使单位、团队和个人做出有利于团队的更好的决策，后者则强调使企业整体受益，两者并行所产生的矛盾，促使各层人员权衡其中利弊，择善而从之，而不是把协调局部和整体利益的责任推给管理层。指导思想是企业决策的依据，是新价值观的体现，是公司章程和公司法规的基础，为规划决策提供框架。一旦发现权力被滥用，公司就可以收回权力。如果企业的权力来源于科学的指导思想，那么权力就不属于少数人，而是全体员工行使民主的权力结构，这样就颠覆了传统企业由少数人确定指导思想及其产生的等级权力结构。

第二，建立特定结构，以防范集权主义复活。当基层经营单位推行一项棘手的政策决策时，会遇到很多阻力，通常把决策权层层往上推，易使集权主义复活。阻力又可能来自不习惯决策并推诿责任的管理者，也可能来自那些失去决策权又担心失去控制权的人。为防范集权主义复活，可以由各基层单位负责人组成一个独立的“内部委员会”或“内部董事会”，发挥咨询和监督作用，但不介入具体的经营管理，各基层经营单位自主经营，以释放出强大的活力和创新能力。

第三，审慎制定规章制度。规章制度规定员工的行为。在由掌控公司权力的领导制定规章制度时，应审慎从事。应根据变革所带来的新的行为方式及其影响制定规章制度，不能为了个人的私心而搞权力重新分配的政治游戏。

第四，防微杜渐。管理问题充满了复杂的细节，在设计管理体系时会涉及很多的细节，如参与和解决冲突的通道；股东、政府和客户的外部影响程度；高层领导的高额薪金及优惠待遇等特权；信息流通的方式；晋升、奖金、期权和其他福利等奖励结构等。这些大小不等的因素在复杂环境中都会产生巨大的影响力，牵一发而动全身，基层自主权的微微扩大，就可能形成新的工作方式。

第五，做好克服困难的思想准备。对管理体系进行重大改革，包括高层领导在内的任何人都不拥有绝对的权力。建立以共同愿景为基础的管理体系是一项艰巨的赢得大多数员工认可的改革过程。高层领导可重新设计和重新规划企业的未来。

总之，高层领导和基层员工都要知道，企业实际上是存在两种权力结构：一种是管理层自上而下的现存的正式权力结构，另一种是自下而上正在改革的非正式权力结构。两种结构有时会发生对立，不可能消除任何一方。所面临的挑战是让这两种权力结构和谐共存。在改革管理结构体系时只能获得初步的统一意见，这要从高层领导入手，达到共识与合作，形成关于管理思想、制衡机制和消除集权主义倾向的共识，一定要先确定一套重新规划和设计的流程，以防有人暗中做手脚。避免让参与主要规划的人提前知道本人将在新系统中担任的职务，避免权力的诱惑可能造成的在设计中行为失常。设计新的管理结构是困难的，实施则更困难，要准备好面对某些人情绪上的剧烈反应，在转向分权的管理结构时会发生很多变化，一些高中层领导者会或明或暗地反对他们失去控制权的改革，一些基层领导则急于获得自主权。管理的变革是一个渐进的过程，也是走向成熟的过程，可能需要几个月或几年的时间才能完成，同时还要对那些失去原职务的领导给予适当安排，这样才能使管理改革稳妥发展。

3. 应对企业管理挑战的方法

（1）推行员工持股和建立企业集团。当企业遇到危机时，最好的办法就是先培训员工，把经营成果与自身利益挂钩，也可以让员工持有相当的股份，其余股份由管理者持有，用这种办法渡过经营危机。为了保持员工队伍稳定，当经营状况好转之后，选择新的投资机会，建立新的有限责任公司，从原公司中分出一定的股份，作为员工的报酬。新公司自主经营、自负盈亏，并向原公司上缴利润。运用这种方法不断地建立新公司，数年间就可以发展成为企业集团。集团内部的各公司之间是相互依存的合作关系，根据项目需要可以共用专业人员和设备，使每个新建公司都能积极自主经营。这是一种新型的管理结构，也是一种新型的管理方法。

（2）发挥学习型股东等五种人群的交错影响与作用。通常，多数股东被当作单纯的出资者只获利而不参与管理，但学习—创新型企业的股东能帮助公司提高学习能力和改善经营，从而增加公司的收益。在创建学习—创新型企业的过程中，管理层应把股东作为公司结构中起制约和平衡作用的有机组成部分，共同参与、相互监督，提高经营业绩。公司系统有五种这样交互影响的人群。即股东、董事会成员、财务审计人员、主要管理人员和其他有关人员。在实际运作中，可分别采取五种不同的作用方式。

第一，股东通过质询施加影响。作为股东，有权质询公司领导人的经营理念与行为，企业经营也需要这样的质询，而股东正是最佳人选。

第二，董事会的监督作用。董事会有权遏制公司高层领导谋取私利和违规行为的发生，帮助他们学习、反思。在我国国有企业里，往往采取董事会成员和经理兼职的做法，这就很难说清其中的利弊关系了。

第三，财务管理须提供人力资本信息。目前通行的财务规则还是基于 19 世纪以机器和房地产作为公司主要资产的财务管理模式，但知识经济时代大企业的主要资产已经转向知识和拥有知识的员工。且不说财务规则需要改革，只就人力资本（知识和技术）是如何随着学习的进展而增值的，股东们几乎茫然无知，包括在员工学习和培训上的投资、员工个人学习支出预算、资金收益率等数据。能清晰连续披露这些数据的公司，就可能获得更大的竞争优势。总之，财务报表不能只统计有形资产的变化，还应反映“无形资产”即“知识”和“人力”的价值变动状态。

第四，高层领导应具有长期投资的胆识。指数投资是超过一代人使用的较好的长期理财策略，但是大部分高层领导口头支持长期投资理念，实际上却认为长期投资意味着外部控制。从常规来讲，可能有这种情况，但对学习—创新型企业来讲，长期投资已经不再是外部控制，而是专为企业提供的又一种非常好的创造财富的机遇。

第五，员工所有制。传统企业管理体制的目的在于控制，员工无主动性可言。员工持股计划，能为员工提供学习的动力，是企业发展的新方向。员工深知自身利益与企业的利益密切相连，是积极投入创造性学习、增长和更新能力的最佳环境。员工所有制并非尽善尽美，但毕竟是结合公司和员工利益的有效制度。

（3）巧妙发挥企业文化的影响力。在公司合并或收购中，可能发生权力冲突，考量双方文化因素的影响力，合并产生的合力不会立竿见影，有时要在数年之后才能发挥作用，因此在探究双方的财务和营业状况时，审视文化因素对合并的价值也同样重要。双方合并涉及的主要问题包括：一是角色。合并双方文化会如何影响新实体？新实体推崇哪些新的价值观？二是控制。哪一方的文化将占主导地位，还是双方共同营造新的企业文化？哪一方的负责人会有优先决策权，还是设置新的权力机构？提前解决这些问题，就可以减少合并时的矛盾。三是行动。新企业的前途和如何达到目标的手段首先在高层讨论，然后由整个合并企业员工参加讨论，树立前景目标和价值观。基层团队接触实际，对文化影响力的理解程度往往比高层领导更深，讨论中多倾听和思考基层团队的意见，变革行动的成功率就会提高。

8.2.2　传播的挑战及其应对

1. 传播的挑战

传播企业变革经验，是一项既重要又困难的问题，一些企业往往重视向其他企业学习，却忽视向本单位内部学习，企业内部有很多有价值的实验，彼此却很少交流，高层和基层领导也不善于把有用的经验从团队传播开去。在知识学习上的投资高、回报低，原因就在于在内部存在孤立、竞争，不信任和忽视团队的经验，企业未能将变革经验广为传播，致使变革成果无法推广。如何让整个企业即时学到进行深层变革的经验，采取何种架构、制度，使企业避免不断重复的工作呢？这就是传播的挑战。挑战的主要表现是许多员工不相信变革，抱残守缺。其他表现有：一个团队正在研发的变革方案，却是另一个团队早已完成的项目；一个团队的生产创新，销售团队却不予理睬；参加一项经验介绍会，却认为没有什么新奇之处；有的团队认识到其他团队的变革价值，也依样画葫芦，但由于心急求快和缺乏指导而失败，于是干脆放弃努力。而创新者对自己的创意缺乏自信，团队成员对其他员工正在学习的新知识缺乏好奇心，则是重要的隐形挑战。传播固然困难，但毕竟还是能够传播并最后普及整个企业的。这种传播主要由实践团队开始，这种团队是自然形成的，存在于正式组织之外，有自己的文化和传播机制，它的力量正是来源于它的非正式性。它能像正式组织那样发挥作用，通过工作中的互动传播知识、技术和管理新经验。传播新经验的能力，取决于企业基础结构的构建水平，如果企业潜在的利益超过传播能力，就会出现传播差距，导致企业变革活动的有效性下降，进而使学习能力降低，原因是设计一个跨越整个企业的学习机构要比设计团队学习机制复杂得多。其他单位和团队能否接受传播的新经验，取决于能否培养一种员工跨越边界的文化，以期提高深层的理解能力。对知识的最新定义是“有效的行动能力”。因为知识分为显性的知识和隐性的知识，显性的知识能用语言和数字表达出来，然后组合为不同的概念，可以编码和传播；隐性知识则是指思维模式，假设、技巧和发挥能力等，通常意识不到它的存在，既不能转换成显性知识，也不能转换成一个可供传播的对象，不能由一个人递给另外一个人，也无法从语言文字和数字中进行学习，只有在学习和实践过程中有意培养有效行动的新能力时才能真正得以传播。通过总结经验教训，逐渐把这些隐性的知识融入自己的行为，直到满意为止。这就是隐性知识在工作中产生的方式，也就是新知识传播的方式。

事实上，传播的挑战在积累了大量变革经验之后已经出现，并持续了较长的时间，变革经验积累越多，越需要尽快传播出去，以便尽快推广应用。如果缺乏这种传播能力，传播距离就会拉长，限制广泛地进行变革，出现挑战。企业传播新经验的能力取决于：（1）学习与培训能力。最有效的传播是通过提供越界合作的机会实现的。变革者为了获得新的见解、支持和指导，需要向“先行者”学习。培训能力体现在有能力的培训者人数，尤其是相关团队，他们有直接经验并有义务帮助新的变革者进行学习。（2）组织界边的可渗透性。所有的组织都有既成的边界，可渗透性即开放性，允许信息、物质和能量的流动。问题是组织边界的可渗透性程度能容纳多少人员越过边界进行互动，并形成新的变革团队。（3）信息基础结构的建设。变革者需要随时知道该向谁请教什么问题，还需要媒介帮助得到相关报告、文档和录像等。如果沟通渠道畅通，学习就会容易些；反之，则比较困难。（4）学习型文化。这是一种鼓励跨越内外边界的合作和有效学习的基础结构文化。学习的基础结构文化是指企业资源和创造机会促进反思和共享的方法，它能使学习型文化变成现实。一旦传播成为挑战，企业整体环境就会影响传播的数量和质量。员工之间的伙伴感和关心程度决定了相互帮助的程度，那些以私利竞争和政治权术为特征的企业，其传播的能力会大大降低。

2. 应对传播挑战的对策

（1）培养传播能力。应对传播挑战的主要对策是培养与增强传播变革经验的能力，即上面介绍的培训能力、组织边界的可渗透性、信息基础结构的建设和学习型文化等。

（2）重视内部联络人员的传播。内部联络人员是新思想、新经验传播的载体，是促使实践团队有效运作的重要一环，是促使意见有分歧的基层领导彼此沟通和相互帮助的媒介，是培训共同价值观和新思想的推手。计算机通信系统，只能传送而不能加工筛选信息，内部联络人员却能将信息进行过滤，判定意义，控制信息和知识的相关性，把有用信息送到最需要的员工手里。内部联络人员通过一对一的培养和辅导，帮助员工获得高效工作的能力，就是传播的最佳方式。

（3）鼓励多种形式传播。传播和推广经验的形式很多，只举出三种为例：一是实践团队的作用。实践团队的理论是与传播形式共同发展形成的，主要通过内部联络人员把变革经验推广到需要的团队，还可以由愿意变革的团队派遣学习小组到实践团队共同工作，在实践中学习。二是由变革团队公开发布关于变革经验信息，供其他单位、团队借鉴。这可能导致原变革团队和新变革团队之间的竞争，这种竞争是企业变革的双赢竞争。三是计划变革的单位与团队召开全员大会，共同学习实验团队的变革经验，与实验团队协调地进行变革。

（4）为内部信息传播提供有效的媒介。例如，定期举行大型团队交流，就要借助媒介来进行，如电子邮件、计算机网络会议、备忘录、报告和录像等。但是，这些媒介手段的效果远不如面对面交流好。因此，需要建立知识库等更有效的信息技术，把不同形式的联机培训、辅导和探询等置于媒体中去，就如面对面的交流一样，能够互动与共享。

（5）培养理解性探询的能力。在处理同外部合作伙伴的关系时，最适合运用理解性探询的方法。理解性探询可诱发出对方丰富的经验和思想，帮助人们更好地表述自己赞成的提议，这对解决引起争议的跨边界问题非常适用。理解性探询还能养成一种把移情作用引入日常工作中的方法。移情不是同情，是对他人处境的一种换位思考的处事方法的理解，能使一方轻松地理解另一方的情感、思想和动机。要做到移情，需尝试不同的见解和假设，能暂时把自己的观点搁置一旁，这样才能探究他人有别种见解的原因，从他人的角度理解他人的见解。优秀的谈判者，都是运用此方法的高手，会设身处地从对方的角度思考问题，不管是同意还是反对对方的观点，都能谈得融洽并受到尊重。

（6）让研究工作成为高层领导责任的一部分。在企业中，会有许多创新同时出现，管理者如何帮助员工及时理解这些创新呢？重要的手段就是组织学习和研究，当今鲜见有企业不对员工研究能力进行大量投资就能获得发展的。为使这些研究成果能够付诸实施，还要对新的管理流程和协作方式进行变革。但是，在没有明确研究责任之前，这些“空对空”的研究缺点是不可避免的。高层领导工作的新职责之一，就是保证企业能向最具创新精神的员工学习，把团队经验转换成通用的工具和流程，最终形成适用的标准，以便推广。企业扩展知识的能力取决于各级领导的两个研究能力：一是对新出现的学习工具和方法进行鉴别、归纳并做出判断；二是善于发现勇于变革与创新的实践团队。高层领导的研究责任之一是向基层领导和团队领导推广实验团队的创新经验，因此，培养各级领导尤其是一线领导的研究能力，又是企业的一项重要任务。要想成为知识型企业，就要建立各种类型的研究机构，企业的领导和员工应该把研究作为变革的一部分，并在研究成果和实践之间架起一座桥梁。

3. 应对传播挑战的方法

（1）采用能增强传播能力的技术手段。在信息技术的大发展中，人们的人际交往技能基本上没有提高，虽然接触的人数都空前增加，但是思考和反思的机会反而越来越少。在设计企业开发和传播知识的基础结构时，必须重视这一基本现实。增强传播能力应采取以下技术手段：

第一，把被动的文档换成积极的知识库。报告、网络技术正在使网址、项目、计划等数据演变为动态的知识库。这些知识（从人才挑选到与团队相关的知识）在互联网上漫游，被全部整合进数据库中，各基层单位的变革项目提交的文档不断充实知识库的内部命令，知识库成为知识的一面镜子和记忆形式，能帮助团队看到在过去一年中所用信息的模式。其结果将优于团队集体思考所用时间，会有更多文化内涵和更高的价值。

第二，提高自我能力的活动。一个信息交流系统应处理三种类型的管理活动：一是企业运作的活动，如产品开发，市场营销和财务管理等；二是提高企业传播能力的活动，主要是五项修炼中关于如何提高传播质量的内容；三是提高自我能力的活动，包括成立一系列进行变革的团队，比较哪种策略可能给团队带来更大的成功，并给团队成员提出提高能力的要求，使他们明确努力方向。

第三，提供适时的反馈信息。计算机能识别和记录自然语音，这就使同步记录学习会议内容成为可能，为事后反思提供了适时的反馈材料。同时，这项技术对培训、辅导和记录每个人的学习等也有很大的帮助。

第四，联通合作伙伴的知识库。把合作伙伴（供应商、承包商和客户）的信息交流系统（包括知识库）与企业的交流系统联通，使之具有交互操作的功能，就等于增加了更多的计算机、服务器和通讯工具。这样做，既节省了共同体的沟通成本，又扩大了联网系统，促进新技术的开发，使团队变革更好地与客户交流。

第五，鼓励高绩效团队加强与外部科研机构和专家的联系。创新常常来源于吸纳不同领域的新思想的启发，加强与外部不同领域研究机构与专家的联系，可以得到多元化的最新信息。但是，企业的管理研究机构应设在企业的内部，以便在对实际问题的实验中进行研究。这是因为，在企业与大学研究机构之间没有信息交流系统，无法在双方之间进行新成果的探询。因此，应当鼓励高绩效团队与外部研究机构和专家建立经常性的联系，共同研究企业管理与变革的问题。

（2）推广在线讨论的传播方法。员工和团队的沟通方式主要是登录内联网、电子邮件和计算机会议等，了解团队和企业的动向信息。这种方式成本低又便捷。在线意味着和人面对面地进行讨论。首先，团队要召开所有成员参加的面对面的会议，每半年召开一次，以便彼此交流。然后，可以就共同目标进行在线讨论。这种讨论需要主持人或辅导员进行协调，他们被视为权威，接受挑战。现实中的权力结构不会在线上消失，领导与下属在线上对话，下属的坦诚程度就会受到限制。媒体的局限性可以掩盖很多具体情况，但也有好的作用——可以说出当面不便说的心里话。然而，也容易造成误解，需要主持人进行排解与控制。在线讨论需要有安全感，可通过在线的“桌下传条子”方式，与团队的某个人单独保持联系，以保证对话安全。在线讨论可以使成员面对面讨论从未有过的深刻观点，进行反思，提出问题和回答问题，这又是团队学习的好方法。

（3）利用“学习史”作为传播经验的工具。创新的经验没能推广，新开发的技术不能广泛使用，这对创建工作是非常不利的。如果能有一种可靠的工具把其他团队的经验传播过来，就可以站在别人的肩膀上进行新的创造了，这种传播工具就是“学习史”。它是一个团队或企业重大事件的书面记录，可用书面传播，也可用内联网进行传播，成为其他单位和团队进行反思性学习的辅助工具。“学习史”的编写主要是通过思考型访谈收集资料，提炼主题，检查应用的原话（编写时采取匿名的方式），并把他人的评论也编写进去，可用双列式，将问题和答案并列，以便读者思考和选择。准备进行变革的团队可组织成员集体学习“学习史”，选择相关内容，让每个成员通读并反复讨论，学习创新团队的经验以及如何应对挑战，找出团队解决问题应采取的措施；并根据团队变革项目的问题和“学习史”的启发，创建自己的变革理论和制定变革方案，予以实施。在创建自己的理论时应遵循的原则有三：一是原原本本地使用现状和数据，以保证研究结果的正确性；二是发挥想象力，切入实际与关键问题；三是强调适用，以保证变革的成功。倘以研究者的方式进行研究，结果可能是正确的，但要实施确实有难度，因此必须严格遵循适用的原则。从长远看，“学习史”是多项修炼之间的桥梁，能把企业目标与培养变革能力直接联系起来，因此“学习史”往往受到企业高层领导的欢迎。“学习史”的应用范围很广，除团队学习之外，还可以用到组织学习的咨询上，它能帮助高层领导决心坚持组织学习活动，记录企业变革中的重要事件和评估变革的价值和影响等。运用“学习史”，不必非等本企业“学习史”的编撰完成，可先借用其他企业的“学习史”参照，只要内容与己相关，也能取得成效。

（4）重视非正式的横向传播方式。传播方式可分为正式的和非正式的两种。正式的信息传播方式，在企业内部，一般是行政系统自上而下或是自下而上进行传播。这种传播方式，收效一般或很差，部分原因是很少有人真正思考这些“老生常谈”式的信息。真正有效的信息往往是团队之间的横向传播，尽管没有正式渠道，有效信息常由“实践团队”首先传出。（“实践团队”无法定义，暂以此名称之），因为这个团队没有固定的成员，没有名称，也不召开会议，但他们却实实在在地传播着信息。如休息时楼道里的闲谈，使用特定计算机软件的人的相互约会，交流技术上的体会，好友的聚会等，他们传播信息的效果都非常好。原因是他们彼此平等对待，无所顾忌，有共同的爱好与追求，所以能在一起实践改革，最终会扩展到公司可以接受的范围。它的意义在于能帮助人们找到非正式的方式，找到向共同目标前进的方法。有别于正式团队那样的学习和思考形式，如果引导得法，其传播新经验的效果是惊人的。

（5）学会用“分水岭事件”教育员工。改变一个人的根深蒂固的观念十分费时费力，但有一些方法能在短期内见效，如新兵训练营和新员工入厂教育等，这些都是分水岭事件，分水岭事件是加速思考和改变观念的重大转折，类似于“巨大的灾难和痛苦能够瞬间凝聚人心”的道理，能使人们在认识上达到质的飞跃。它能提供一种持续性的基础结构，能使真实问题在短期内完全呈现，引起人们的高度关注，令人恍然大悟。在企业和团队的巨大变革时期，员工也容易接受新的思想方法，只要有一个仪式上的分水岭事件的刺激就可以影响众人的行为，并能持续很长时间。企业各级领导都要学会利用分水岭事件教育员工。企业有两类分水岭事件：一类是重要时刻的重大事件，如公司宣布创建学习—创新型企业，各级领导者一齐介入，向员工宣传创建学习—创新型企业的前景，并组织落实。员工展望并相信企业的光明前景，就能成为一个激动人心的分水岭事件。另一类是自发出现的分水岭事件，如突然失去了重要的客户，出现新的竞争对手或是一项重要的决策，引发了众人的反对等，类似的事件不是可重复的，而是自然发生的。当一个分水岭事件发生时，领导者应考虑：你对传播来的事件预兆信息了解多少？你如何发现真相又如何做出应变处理？你能听到事件中没有发出的声音吗？在处理分水岭事件时，总裁应邀请一些下属领导者，到一个超然物外的处所，讨论道德、权力和生活目标等精神领域的问题，然后才来思考企业变革的未来机会和每个领导在其中的角色，让大家感到精神振奋，思路一新，去迎接新的考验。

8.2.3 战略和目标的挑战及其应对

到创造成熟阶段后期必然出现一个问题——如何最终建成学习—创新型企业和今后如何持续发展？这牵扯到企业如何完成创建学习—创新型企业的最后几项工作，如何建立新的战略与目标等问题，自然会出现战略和目标的挑战。

1. 战略与目标的挑战

企业进行深层改变，必然使员工对自己的行动赋予更多的意义和热情，关心企业的现在和未来的发展方向。在创建学习—创新型企业的初期，在共同愿景的演练中就曾经问过“我们到底想创造什么？”“我们的目的有何价值？”随着变革的不断深入，这些问题越来越有针对性，团队和员工越来越多地思考企业的战略和目标问题。这是极具挑战性的问题，因为团队的创建工作是在打开一个一直被高层领导封闭的禁区。传统观点认为制定目标和战略是高层领导、战略规划部门和战略顾问的工作，不是团队和员工的分内之事，而这正是制定新战略和目标的最大障碍。那些资深的管理人员正是这些传统观点的捍卫者，坚持战略和目标仍然由高层领导制定，企业仍然以计划为中心才是正统。所以，当一个职位低但真正具有变革精神和能力的员工，就战略和目标的制定问题发表真知灼见时，也会使一些高层领导不屑一顾，并对其进行压制。当一个有创新能力的团队，把其关于战略目标和新规划公布时，高层领导会借口这是越权而加以扼杀。于是矛盾出现了，挑战开始了，问题的症结不在于制定战略和目标本身，而在于高层领导的心智模式尚未修炼成功。就是说，在创建工作即将成功的形势下，高层领导应该用一种新的经营理念来思考新的战略和目标，以体现员工的远大追求和抱负。经营理念主要是运用思考和质询来定义公司的环境、任务和完成任务应具备的核心能力。它只是一种不断变化的假设，既是假设，就应该接受不断的检测。那么由谁来进行这种检测，如何检测，如何对待那些挑战现行理念的团队和个人呢？如果高层领导正确对待挑战的团队和个人，就应该明确宣布公司的抱负和设想以及问题所在，号召全体员工一起来检测经营理念，新的战略和目标就有望诞生。

随着团队学习能力的提高和变革经验的积累，新抱负和自信心日益增强，他们会质疑公司的原有设想，包括对经营和市场本质的设想。“我们到底想创造什么”等基本问题迟早会具体化为关于战略和目标的整套新观点。而企业的整体重新思考以及再创造战略和目标的能力成为一个限制因素，如果这种能力低于团队创新的能力，就会出现明显的“再创造差距”，来自团队的新观点就会受到高层领导的压制，使员工对企业的奉献热情下降。同时，团队会质疑公司领导提出的目标，进而对公司的生存提出质疑。在一般情况下，员工不会质疑公司的目标是为股东创造最大限度的收益，然而创新团队追求更高效益时，往往觉得公司的目标与他们的实际目标不协调，认为单纯追求经济效益这个目标显得太狭隘，不应是企业追求的终极目标。当创新团队和相对保守的公司领导之间发生矛盾时，有关战略和目标的挑战就会出现。如果高层领导压制创新团队，创新者就会产生疏离感，甚而脱离公司。如果挑战的分歧得以消除，经营绩效就会显著提高，尽管团队提出的观点并不一定都是可取的，但团队的创新观点确实是思考战略和目标问题的主要源泉，这是一方面。另一方面，集体的重新思考和再创造能力是一种潜在的能力，是正确制定战略的核心力量，它往往出自那些善于思考的高层领导。可是当这种能力低于团队的创新能力时，也会成为团队的限制因素，当高层领导质疑并推翻原有观点，以全新的观点付诸行动时，其能力就会提高，当其与团队能力相等或接近时，两种能力汇合起来，成为重新制定新战略目标的动力，有时新战略新目标的观点会出现在“边缘地带”的团队中，经过多年的积累后，才对公司产生重大的影响。应对战略和目标挑战的关键是公司是否具有挑战现行观点和重新塑造自己的能力，不管是大刀阔斧还是小步前进，都会战胜战略和目标的挑战。

2. 应对战略和目标挑战的对策

公司提高重新思考和塑造自己的能力，与员工进行关于战略和目标的坦诚对话，是应对挑战的主要对策。具体包括如下内容：

（1）用情景规划的思考方式，来考察盲点和预测未知事件的信号。每个企业都有自己的盲点，难以发觉自身存在的问题。重新思考的核心问题当然是如何避免企业走下坡路。从局部看，这包括学会感知外部信号，特别是那些被忽视的和尚未看见的信号。高层领导在进行决策和制定计划时，要有意引进一些具有潜在威胁的观点，又不至于引起员工的防卫心理。情景规划的优势就是让不同人员思考出各种各样的未来情况，在不迫使他人执意维护正统观点的情况下开拓出新的思路，用以应对战略和目标的挑战。

（2）将规划和目标相结合。传统的企业计划工作忽视员工真正想要创造的未来，如果能把思考外部环境的变动影响和员工的抱负与能力结合起来，就能够把公司的战略和目标的选择方案凸显出来，以便做出衡量，择优而定。

（3）确立服务的准则。把服务精神作为公司的行为准则，就是造福社会，并遵循自然界的“共生”原则。如在贫困地区建厂开矿，惠及所在地区人民；又如开发减少或消除环境污染的新技术，为保护自然环境做出贡献等，都是体现服务精神的战略和目标的选择。

（4）强调员工的参与。让全体员工实际参与制定公司的战略和目标，促使全体员工清醒地认识公司的选择与限制因素，提高对公司战略和目标的关心程度，这不等于减轻高层领导的责任，只是通过吸纳公司各方面的观点来更好地确定公司目标。下列三个群体必须参与制定公司的战略和目标：年轻员工、远离公司总部的员工和新员工。年轻员工与公司未来发展的关系极大；远离公司总部的员工对事情的看法可能与众不同，而且他们的呼声往往被忽视；新员工尚未被行业的教条同化，见解新颖。在讨论公司目标时，尤其要思考当前利益和发展目标的深层目的，如利润率和收益分配等极其重要的问题，因为这是员工家庭生活的保障，是创立新产业的物质基础。

（5）揭示并检测现行战略的预期效果。传统方法是利用统计报表预测行为，从上年末的数字初步预测下年度的收入和利润等指标，预测未来和过去相似或略有发展。一项战略计划的制定基于许多设想，包括经营环境，市场需求和公司实力等，相互关联和未知的因素太多，很难分辨出原因和结果，很难检测行为是否合理与可行。赢家把成功的原因归结为使命感、洞察力、价值观和战略等环节，难道输家就没有这些认识吗？现在可以用计算机模拟方案所产生的效果，寻求正确的战略，能揭示各种潜在因素的互相关系及其影响，并迅速得到结果提供有益的反馈。这是迄今为止检测战略设想的最新办法。

（6）培养员工的战略思考能力。俗话说“人无远虑必有近忧”。让员工参与公司战略制定并不难，难的是培养员工为公司增值的能力。关键不是把战略思想带进学习过程，而是把学习成果带进制定战略的过程。需要探索的是用什么办法才能培养员工执行战略的新工作方式。有两种互补的对策可以应对这种挑战：其一是培植企业文化，帮助员工理解经营的基础原理，如何工作才能有效的创造价值，自身的哪些创造性优于竞争对手；其二是合作思考的技巧，包括思考和改善心智模式的技巧，这对战略性的思考是极其重要的。

3. 应对战略与目标挑战的方法

（1）管理愿景规划差距。公司的愿景是动态的，是与时俱进的，因此，制定战略的团队应考虑不断变化的目标与妥善安排先后顺序。近期愿景的支持者希望收益率快速提高，加快促销开创新业务。中期愿景的支持者认为近期愿景有隐患，因为不择手段加快促销会冷落原有的顾客，使顾客的忠诚度下降。长期愿景的支持者认为应抓住更大的发展机会，用现有的市场满足新顾客的需求，重新界定团队的服务并重新塑造公司的未来。让员工感到愿景之间的差距是好事，各自的观点各有千秋。因此管理愿景差距的方法应该是：各取所长，力避其短，使双方合作以实现各自的目标。

（2）通过探索重大问题制定战略。从本质上看，问题自然是由行为引发的并且吸引注意力、知觉和努力方向，因此，对问题的思索能产生知识和能力。企业的重大问题即战时问题，探索重大问题，对员工创造预期的未来是极其重要的，比被动接受指令要好得多。战略探讨是提出问题，使员工从中学习新知识，而不是对问题进行老一套的争论。对那些一时不知如何回答的战略问题，可以做一种“设想”，设想是利益共享者已经具备迎接挑战的智慧和创造力，如果有合适的环境和技术，就能找到实现战略的措施和机会。发现战略问题如同淘金，其结果既难得又珍贵。有几种思考方式：一是评估环境。感知大环境，对照目前经营的企业愿景，找到环境所暴露出来的问题做出回答。二是发现核心问题。在众多相关的问题中，寻找具有核心意义的问题，思考问题之间的关系，具有战略意义的核心问题有时会突然显现出来。三是设想未来可能出现的景象。这就为对重大问题做出反应预案提供了线索，并在企业现状中展示了一些行动的新领域和机会。四是制定可行的战略，对可能出现的重大问题制定预案，可行的战略就开始出现。不断地评价内外环境，就能揭示出与战略相关的其他问题。管理层召开战略讨论会，发现有交叉功能的新机会，考虑实现战略所需的核心技术，帮助各单位看清全局，把员工联合起来，发挥集体的智慧和能力等，就能制定出一项可行的战略。

（3）通过对话制定战略。过去由高层领导和战略规划部门制定的战略往往习惯于照旧章办事，容易造成企业发展缓慢。现在企业已经开展了组织学习循环，通过对话来制定战略予以克服。因为这是以学习为导向的方法，其中有能力有兴趣思考战略问题的员工，用改变游戏规则的办法来提高企业的经营水平，应吸收他们参与战略的制定工作，既不脱离实际工作，又要参加下列四个阶段的活动：

第一，扫描活动。组织全体员工对公司和环境再认识，从各种渠道搜寻带有战略意义的信息，肯定会涉及经营战略各个方面的问题，然后把所收集到的信息汇集到战略小组。小组定期召开讨论会，讨论各种新发现。

第二，思考活动。对公司现状、经营方式、变革与发展状况进行压力测试，研究从扫描中得到的数据，寻求适应当前的经营方式。如果数据不合，就应该对经营方式提出质疑，这需要各种不同的思考方式。小组可请有直觉思维、创造思维、横向思维和理性思维的员工加盟。起沟通作用的高层领导应当造访各个小组，在对话和讨论中，可能突然发现新的经营方式，再分别与各职能部门进行讨论，高层领导会把各种不同意见整合到一起。

第三，选择活动。这是个关键阶段，要对经营方式的各种不同看法做出选择。各小组在对话中，要详细考虑每个选项。起沟通作用的高层领导再次造访小组，可能就在对话的互动中敲定决策。

第四，实施战略活动。实施战略不是严守指令，而是要有机智灵活的战术。因为情况瞬息万变，预测的结果出现偏差是正常的，并不是坏事，它证明计划的某个环节可能是错误的。参与制定计划的员工应该监督和评估计划的实施。纠偏的工作，就是去调查这些情况并及时通知相关单位，实施战略计划阶段重新把员工带回到制定战略的扫描阶段。

（4）创造新战略。当公司战略处在十字路口时，每个员工都面临对未来的选择，是安于现状，还是参与创造新的战略呢？当然多数员工希望创造新的更有效的战略。为此，要用情景规划的方法，把握创新与现状之间的平衡，才能创造新的战略。下列四个步骤有助于达到这个目的：

第一，抛弃无所不能的自负。情景规划的目的是认真研究环境的变化，并适应其变化。专注于自己所希望的未来，可能忽略其他重要的信息。必须抛弃无所不能的自负态度，才能对战略问题产生探求的好奇心，创造出新的战略。

第二，走进更具有影响力的“灰色地带”。只有当人们摆脱自我中心的观念，抛弃控制他人的欲望，并诚恳与他人合作时，才可能有战略上的创新的智慧。事务发展的结果并非是“要么赢、要么输”的两极分化方式，还有两极之间的许多其他方式，其中的一种是通常被忽视的两极之间的“灰色地带”，这个地带往往控制力减弱而自制力增强。这是一个非常适合新战略的形成的区域。要创造新战略，就要设法走进这个地带，并有意识地对新战略的生成施加影响。

第三，加进精神因素。创新战略，不仅需要有理解和认识客观事物的智力因素，还要有思维和心理等精神因素，才能深刻了解各种事物之间的真正联系。认识到这一点，就会在必要时做出让步，达成协议，创造出新的更有效的战略。

第四，用新战略改造企业。要改造企业，首先需要改变仅仅是为适应环境而作出反应的被动态度，需要有远大的目标、敢闯的精神和科学态度。使用新战略去规划最有竞争力的企业，去创造与远大抱负一致的未来。

（5）转向学习—创新型企业战略。主要包括下列内容：

第一，强调转变公司战略的必要性。转变公司战略，基层经营单位是期盼的，公司领导从一些基层单位创建学习—创新型企业的经验教训中，看到了企业发展的无限潜力。目前存在的问题主要是：投资收益率不高；高层管理人员的观念陈旧，眼前的成功机遇稍纵即逝。要持续发展，必须把企业的经营战略转变到学习—创新型企业的观念上来。公司上下达成共识，决定转变公司的战略。

第二，规划组织结构的改革。转变战略必然要求组织结构的改革与之配合。用学习—创新型企业的观念重新审视原组织结构时，会发现这个结构庞大、层次多、反应迟钝、动作缓慢，容易滋生官僚主义，妨碍新战略的执行。应该按照学习—创新型企业要求重新规划组织结构，其要点是：以基层经营单位自主经营的结构，取代原有的等级权力制结构；创新出一种能反映公司意图、顾客要求和员工能力三者关系协调的结构；培训员工掌握新的经营知识和能力；在公司总部建立一个加速机构改革的机构；开发各级领导的学习能力以改善经营战略和价值观。组织结构改革是个持续不断有始无终的过程，员工和领导者都须有一个适应的过程。

第三，必须转变一些陈旧的思维方式。在创建学习一创新型企业的过程中，已经改变了一些旧的思维方式。现在，随着经营战略的转变，还必须转变原有一些思维方式。主要有：一是转变对员工长期指导的思维定式。员工知道随着授权而来的责任和义务，用不着旁人指手画脚。二是转变频繁变更领导分工的思维定式。管理结构的改变，使得公司领导成员都负有经营方面的责任，他们必须经常深入基层了解经营情况。如果频繁更换领导人，每个新任者都得从头做起，会影响经营的效果。三是转变经营仅仅是为股东谋利的思维定式。经营的目的是利益共享，除股东外，还有员工、顾客、供应商等，更重要的是为社会和国家创造价值，这才是企业存在的基本理由。认识到这一点是困难的，但非常重要。四是转变忽视公司声誉的错误思想。公司声誉是社会上不同人群对公司看法的总和。见利忘义，会损害公司声誉；超值服务会带来更大的信誉。五是转变技术装备决定论的传统思想。由于组织结构的不断改变和其他许多方面的变化，使得市场竞争无法仅凭技术上的优势。新的优势源于学习，源于正确的经营战略。归根到底是顾客的取舍决定了企业的成败。

第四，衡量战略转变是否有效。具体方法有：一是看经营变化。如果企业的某一部分真正发生了变化，就能显出它对经济效益的影响，同时，也应该在经营的其他方面看到变化的出现。二是凭感觉。感觉虽是个人思维的特征，但也不能低估它的作用。通过谈话和体验等方式，可以感觉到大部分员工的精神面貌如何，感觉到企业内部有没有解释放出创造力。一般情况下有经验的管理人员的感觉能力都很强，应该相信他们的直觉，重视他们的判断。三是进行问卷调查。用以了解员工对战略转变的看法。战略转变不仅是思维方式的转变，也是对学习和变革态度的转变，更是借助企业文化进行管理的转变，这些转变都可以从问卷中找到答案。

SECTION 8.3

成熟阶段后期的主要工作

成熟阶段后期的工作，包括始终建成学习—创新型企业和建成后的新工作，是企业由量变到质变的飞跃。成熟阶段后期的工作有如下几项。

8.3.1 学习并借鉴其他企业的创建经验

自《第五项修炼》一书问世以来，中外许多企业都在创建学习—创新型企业。但是，由于创建本身的艰巨性、等级权力传统的顽固性，至今，在全世界还没有一家企业建成名实相符的学习—创新型企业。美国是学习—创新型企业的发源地，创建的企业最多、成绩最大，经验也最多。然而，创建速度最快的企业也只是完成了启动阶段和成长阶段，只有个别企业刚刚走向成熟阶段。我国是在 20 世纪 90 年代后期开始创建学习—创新型企业的，总体来看，尚在准备阶段徘徊。有的企业虽然宣布了启动创建工作，但是，并没有进入真正意义上的启动阶段。有些企业，还没有真正走上创建之路，建议正在创建和准备创建的企业，认真学习国内外创建工作的经验，从以下案例中得到启发，找到自己创建工作之路。

1. 福特汽车公司

福特公司由亨利·福特于 1903 年创办。生产汽车、拖拉机、电视机、电子通讯系统、卫星和其他地面站设备以及供应本公司的钢材、玻璃等产业。国内有 6 家子公司，国外有 180 个分厂。公司总部设在密歇根州的迪尔本。

（1）公司组织学习经理麦克斯维尔介绍运用“学习史”情况：一是向新员工分发“学习史”，让他们初步了解公司的学习情况；二是向内部关系网分发“学习史”，由他们带领团队学习。每周学习一段内容，开一次讨论会，让他们发现并解决自己的问题。三是向高层领导分发“学习史”，“学习史”如实地记录了正确和错误的事，高层领导仔细阅读，以帮助他们坚持学习。

（2）林肯大陆车型开发团队介绍学习实验室的学习情况：

（赛门是专案经理，负责督导新车型计划；纪纳克是业务企划经理；金姆是内部关系网领导，团队的合作者）我们从 1991 年开始建立学习实验室，此时团队刚刚成立六个月。为这部新车型工作的 300 人中，大部分是其他单位的人。为了达到目的，最好的杠杆解是搞好团队内部的人际关系。由于削减预算，我们必须在流程上有重大的改进。但没有现成答案，在团队推行了学习型组织做法。

读《第五项修炼》，进行培训，举办两天的研讨会，又请彼得·圣吉等人来讲系统思考和流程改进。我们对他们的讲课内容各有看法，争论不休，这时的挑战是“我们能不能像个团队的样子”。在半年多的时间里，核心小组成员每个月都在金姆的指导下开一次会，通过讨论汽车设计来学习彼此如何交流，用推论的阶梯、系统基模和流程图等工具，描绘出问题之间的关联。我们发现有几种情绪是所有问题的症结，如怕犯错误，不肯分享信息，不求别人帮助，怕别人超过自己，参与进来的高层领导喜欢权力控制等。但小组内的关系在慢慢改善，如上司不再教训别人了，大家似乎愿意听坏消息了。我们希望有个学习实验室，金姆帮助我们设计了一个。第一次学习用时两天，由汽车主要设计人员参加。没有让赛门参加，因为他的级别太高，可能会影响大家的发言。第一天复习创造性张力和系统基模等工具。第二天探讨基模。基模工具是金姆根据车型开发流程设计出来的。每两个人一组，在电脑前探讨，如增减工程师数量、改变完成期限、改变流程和重新设定目标等，并观察系统的变化情况，我们认识到了隐藏的系统关系，并因此跨过了一道坎，我们能开始讨论系统问题了。最有震撼力的是学习实验室里非电脑的讨论部分，高层领导不再持无所不知的态度，静静聆听，也不自我防卫，和大家一起找答案，大家真的是在一条船上了。结束学习实验室的学习之后，起初还不明确自己学到了什么，后来在会议中运用它，发现效果真的不错。有一次赛门到外地出差，一个级别很低的工程师给他打电话说："我不知道什么原因，车体做得太宽了，我希望暂停样本制造，等弄清原因后再说。"这件事非同小可，第一，级别太低的人是不能给高层主管打电话的；第二，在福特，汽车制造的时间表是神圣不可侵犯的；第三，这个工程师说他不知道原因，无疑是在宣布自己工作的失败。然而这三件事竟同时发生了。还有一次，准备让五六个团队进入学习实验室。但是，第一个团队在里面搞了很长时间。原因是要证明其流程的有效性，因为只有有效才能得到主管的支持，才能继续进行这个项目。在该项目最后一次实验室学习中，我们增加了一个半小时的深度汇谈，有几个好为人师者在深度汇谈中。遵守只能聆听、反思和不发表演说等规则，其结果令我们心花怒放。最后，我们戏剧般地推出了新车型，提高了质量，节省了时间。但挑战并没有结束，一是有些人要把成就归功于赛门，而不是团队集体。二是大部分团队成员回到原单位后，如果是几个人同在一个单位，会彼此激励，改变周围的同事。如果只有一个人，他就会与周围的人格格不入，他该如何与人相处？三是，团队该如何能让大体系融入我们的学习和进步当中？

（3）克·里欧（福特行政发展中心经理兼维斯顿公司关系网领导人）介绍关系网领导人的工作。他说：

我一直在幕后组织人们参加学习，帮助一个团队工作。我们关系网领导人定期会晤、商谈、研究个别的和共同的问题，目的是使学习活动能够继续下去，合作对象是一线经理。一次一位副总裁问我："为什么只开展了十来个项目？太少了，要多开展几个，轰轰烈烈地搞起来。"我回答说："关于学习—创新型企业项目或建立学习实验室的事，可以轻松地推广到世界各地的维斯顿工厂，但是，各地情况不同，我们还不知道哪些方法能在全球适用。”我们进行尝试，担心发展太快效果会不好，每个人和一个团队合作都会有真实的体验，“真实”对学习—创新型企业很重要。我们 1992 年启动了两个项目，现在有十几个项目，更多的项目还在酝酿中，最终目标是推广到维斯顿所属的 70 多个企业。我们从不说应该参加学习了，等一线领导打电话来找。只有当他们有学习的要求时，才能搞好学习。随着学习人数的增加，由这些人形成学习网络，也就把大家联系在一起了。进行实验需要人才、资金、时间等，要帮助一线领导找这些资源，需要人力资源部提供必要的培训，还要尽早与高层领导讨论团队的变革活动问题。

（4）沃马克（福特所属维斯顿公司副总裁）介绍下属的自动系统运营公司的变革。他说：

到 1989 年，已经没有人否认日本人在逼着我们提高生产率了。当初，日本人虚心地向我们学习，并做出了许多改进。电气燃料处理部的领导感到形势逼人，一起研读《第五项修炼》，认为应该更快地学习，以提高我们的竞争力。于是派运营委员会去参加组织学习的各类研讨会。接下来，连续八周，每周花两个小时讨论下一步计划，并成立了一个新产品发布和经验推广小组，讨论“哪些地方做对了、哪些地方做错了、哪些地方还可以改进”之后，又组织一系列单位的团队（包括经理、交易员和操作工）尽量借鉴“无等级”会议的形式，让大家畅所欲言，建立信任感。虽然曲折，但确有进步。到 1992 年，开始了一些小规模变革活动。每个成员公司都组织了一个项目，其中的一个项目是改善与供应商的关系。过去与供应商讨价还价时，从不考虑对方的成本，现在成立了合作小组，对整个单位的成本和质量都产生了积极的影响。1997 年，我们面临的挑战是如何发展非福特业务。在维斯顿公司的七位总经理中，有三位坚信拿出时间开展学习很值得，有两位认为只要学习能提高利润就可以，另有两位无动于衷。我表示可以去试一下，并提醒他们要给每个人处理问题所需要的权力和责任，并对结果进行评估。在两三个月内，看不出有多大的提高，但是有一些基本的效益。培训本身没有什么收益，收益在于尽快地把学到的东西用到实践中去。在竞争不断升级的今天，要成功，唯一的方法就是比竞争对手学得更快更好。

2. 英荷壳牌石油公司

英荷壳牌石油公司是1907年由荷兰皇家荷兰石油公司(1890年成立)和英国壳牌运输与贸易公司(1897年成立)合并而成的，经营石油、天然气、化工、金属、核能和煤炭等产业，生产活动分布在100多个国家的500多家企业中。总部设在英国伦敦与荷兰海牙。

（1）菲尔·卡洛尔（1993年起任壳牌公司总裁，美国麻省理工学院工作组成员之一，参与《变革之舞》的编写工作，后为佛洛尔公司总裁）介绍壳牌公司的重大变革。他说：

> 20世纪80年代末，经营开始恶化。裁员、紧缩开支等残酷措施并没有使公司的业绩水平提高，但是，如果不找到变革的真正理由，如果不是对变革充满热情，就不要开展学习和采取变革活动。决定变革，就有通知董事会的责任。在壳牌，直到变革启步后才通知董事会，目的是让他们有个思想准备，并不是希望他们对是否变革进行表决。从1993—1998年，我实施和领导了壳牌的重大变革。期间，圣吉等人曾以不同方式参与了壳牌的变革。为时六年的重新组建是一项牵扯许多方面的大变革。变革目标是建立新的管理体系，即基于“子公司”的原则，把权力尽可能地下放到各地的经营企业。从前的成本中心，如信息技术部门，现在变成了半自治的企业。与得克萨斯公司的合资炼油厂成为新的联盟。在公司内部，终身聘用的旧保证已被对价值、前景和个人实现的重视所取代。不断地学习已被注入团队的实践和位于休斯顿的公司学习中心中。变革的最终目标是前所未有的创新精神和重新焕发的热情与忠诚。其结果不仅是为股东创造价值，还要使公司成为最好的工作场所，并为公司所在的社区创造更多的价值。有时，我被誉为公司重组的“设计师”，这是不确切的，因为在我之前，已经有人接触了革命性的变革思想。把任何重大成就归功于某个高层领导是危险的。作为公司“领导委员会”的成员，我们不得

不为变革的方向做出决策，为实现变革的方式做出决策。回顾过去，有四个问题应该引起我们的注意：

一是扩展业务管理模型。许多经理和员工都希望和有能力把想法付诸实践，因此，我们放弃了严密控制的组织结构，力图创造一个把管理权和决策权推到更低层次的结构机制，从而扩展成为一个新的管理模型。

二是重塑领导方式。改革的通知是1994年1月份发出的，为使新的企业模式运转起来，必须重塑领导方式，改变高层领导就是决策的观点。高层领导的责任是学习和培养下一代领导人。领导职位所意味的不足更多的权利和特权，而是更多的责任和义务。

三是把“贯彻”改为“动员”。变革开始时，没有多少人相信会坚持下去，走过的弯路是由上层拟定愿景和价值观，然后向下传达和贯彻。八个月后，我们认识到“这不行”，于是把“贯彻”改为“动员”，让大家一起讨论价值观和愿景。我们进行反思，学习倾听，加强学习而不是培训，并建立公司的学习中心。我们感到，这比建立企业模式还难，因为它能根本改变员工和公司的关系。

四是个人和公司观念的一致性。变革成功与否取决于每位领导者与公司目标的一致性，必须问自己“我们所想所为与公司的利益一致吗？”“能让数万员工拥有共同的观点吗？”我们必须认真考虑并落实员工的切身利益，这是变革成功的关键。

（2）壳牌中国分公司培训部经理瑞尼尔介绍过程学习。他说：

首先要了解：公司的业务需求是什么？谁需要学习？怎样提供学习？提供学习又要了解中外的培训机构，通过选择，建立自己的培训网络。近几年，我们重点是教员工如何解决问题。同样的问题可能有几种不同的解决方式，需要不同的技能，所以，过程学习又是技能式的学习。它分两个部分：一是技能认可。技能标准有国际的、国家的和企业内部的。根据技能标准来认定每个员工的水平。认定是给一个工程项目让你去做，在做的过程中进行评估。评估高度透明，员工知道评估标准，即在什么情况下、什么时候、由谁来评估，这就给员工提供了学习机会。评估员会告诉你需要看什么书，经过什么程序、和谁合作等。通过评估就知道了你的工作程序和结果。如果评估认为你未达到标准，公司会给你培训的机会；如果认为你达到了标准，就给你发一个认可的证明书。二是技能进步。假如你想得到晋升、加薪，通过学习，有了进步，还要通过考核，达到了规定标准之后，该晋升的晋升，该加薪的加薪。

（3）壳牌领导委员会顾问皮尔斯介绍企业变革的目的。他说：

企业变革产生的经济效益是不可否认的，但它的最大作用是给员工提供了一个成为完整人的机会。把对企业变革起主要作用的态度、价值观和个人内心深处的态度与价值观结合起来。如果你不真诚，言不由衷，同事就会揭穿你。达到这个程度不容易，大多数人都要经过三个阶段的学习循环才能达到。这三个阶段的学习循环，一是学习圣吉等人的著作；二是加强彼此的情感联系；三是以学习的眼光进行探索性的实践。一般说来，经过一个循环，就可能把个人态度与价值观和企业的态度与价值观结合起来了。循环不止，就会达到越来越高的境界。

（4）壳牌规划部经理伯茨介绍变革的谋划。他说：

1994年初，总裁卡洛尔召集十位高层领导开会，讨论未来的管理方式，这次会议叫“领导委员会”。为准备这次会议，我们规划部门事先做了几种不同的管理体系模型，但都被会议否定了。大家谈论下放权力的好处，并把这作为变革的取向，于是，选择了“联邦制”管理模式。在壳牌历史上，长期以来，管理方式是建立在权威基础上的，从1994年开始向相互依存关系转变。公司所属的经营单位拥有自主权，自行决策。高层领导逐渐远离统一控制，最终实现了从中央集权治理向分权型管理的转变。对重大问题由专门成立的内部委员会提出建议和监督。成立由各经营单位负责人组成的内部委员会，是从汉诺威公司的改革经验中学来的。这些内部委员会成员有着相互联系相互依赖的成员资格，对重大问题一起商量，提出建议。同时，又建立了其他机构和流程以保证经营管理上的合作。这样，这些原来独立的公司和新成立的合资公司都能满腔热情地去闯荡世界了。在变革改型后的几年中，壳牌业绩的增长超出了任何人的预计。1998年，在石油市场低迷的艰难环境中，我们公司依然取得了很好的增长。

（5）简要介绍阿里·德赫斯(荷兰皇家壳牌公司董事长)的《长寿公司》一书。德赫斯在书中首创了“学习中的组织”这个极富创新的概念。企业的寿命有长有短，瑞典的斯多拉公司已有 700 多年的历史，日本的佳友公司已有近 400 年的历史，都可以说是长寿公司。跨国公司的平均寿命为 40 ～ 50 年。在公司成立的最初十年是死亡率最高的阶段。企业的寿命为什么如此的不同呢？原因在于指导思想的不同，看其经营者是否把企业的本质看成是人类的一个社区。长寿公司有如下特征：一是对周围的环境非常敏感，有创新和适应的能力。二是有凝聚力和认同感，员工间的合作是企业生存的关键。经理必须从内部经选举产生，对企业的发展负责。每个公司要把自己看成一个舰队，每条船都是独立的，而整个舰队的力量，又大于每条船之和。三是宽容和分权，这是和内外部实体建立关系的能力。四是财务上的保守。节俭、不装大方，有效控制自己的增长与进化。总之，公司是个有机体，有自己的思想和性格。有生命，就要成长、发展和死亡。只有自身的生存和发展，才能对社会发挥最大限度的作用。拓展生命周期是第一位的，利润、产品、服务、公共利益都是第二位的。从资本社会转变到知识社会，以经济效益为目标的管理已经过时；由受资本支配转变为受知识支配，才是当今时代的规律。20 世纪，资本变得非常巨大，变得可以用知识来代替，变得以人为本了，成为企业成功的关键。除非加快速度，否则，竞争对手就会超过自己。工作的复杂性产生了一种需求，要求工作团体成为创新者、知识传播者和估价者，代表公司做判断的不再是少数高层领导，而是新知识的推动者。从优化资本管理转变为优化人员管理，重视转为生产要素的知识和公司外部环境。学习理论先锋皮亚杰把这种改变称为“在调节中学习”。成功的公司是能进行有效学习的公司，但这不是说资本不重要，它仍是必不可少的，因为没有资本就不可能达到如此高的经济水平。从理论上看，员工的培养和资本的培养是相互促进的，一个有生命的学习型公司，必然对它所处的环境有灵敏的反映。

3. 美国通用电气公司

因为公司名称英文字母缩写是 GE，所以中文翻译有时译成“奇异公司”，可能是含有钦佩之意吧。1892 年由爱迪生通用电气公司和斯坦利电厂合并而成，产品种类多达 25 万种，包括电器、电子产品、化工产品、塑料、X 光设备和宇航设备等。在世界 300 多个城市设有分厂和办事处。总部设在美国康涅狄格州的费尔菲尔德。

（1）GE 前总裁杰克·韦尔奇的管理体制改革。1981 年，韦尔奇上任时，公司财产价值 120 亿美元，到 1998 年扩大到 2 800 亿美元，成为跨国公司的龙头，世界 500 强的第九（1998 年《财富》杂志排行榜）。韦尔奇对管理体制的改革主要有四个方面：

一是向官僚主义开刀。把管理层次由 20 多个减到八级，又减到四级，即总公司、经营公司、生产厂和一线班组。在生产厂和经营公司实行“零管理层”，即厂长、经理一竿子插到底，中间不设管理层，在生产经营中提倡快速反映，强调责任制。他的经营秘诀是“把事情简单化”，把每个经营单位都办成“更快、更集中、更有自主权的经营实体”。

二是取消一切单位的副手。主要行政岗位只设一人。当其出差或休假时，则指定一位下级主管临时代理，既不增加管理人员人数，又能使下级得到锻炼。

三是实行无边界管理制度。要求所有人员（管理者和被管理者）在经营过程中都处在一种平面相交的环境中。人员之间没有层次、没有等级，工人可以直接向厂长提出建议。如果合理，立即采用，无须层层审批。通过培训，人们相互尊重、信任，靠自身的意识、责任和义务，而不是靠上级指令和监督完成任务。员工不仅能干好，而且往往有创造性。这样做，不仅减少了管理层次，提高了对市场的适应能力，而且对“统得过死”的管理制度提出质疑，是管理史上的新突破，实质上是用平面管理理论代替了流水线管理理论。继福特之后，韦尔奇又开创了一个管理的新时代。

四是破格提拔人才。韦尔奇上任之初，力排众议，提拔一位来自意大利的中层干部任公司副总裁，结果干得非常出色。他经常告诫部下，“作为企业的领导，什么时候也别挡在员工的成长道路上，给他们创造机会，让他们去实践、去赢”。韦尔奇的新管理模式包括三个要素：第一是建立共同负责的团队。从参与决策到对整体绩效负责，可使员工更加献身工作、努力学习和成长。第二是持续培养个人才干。领导培养下属，持续开展学习活动，使员工成为共同负责的团队成员。第三是建立共同目标。有了共同目标，便可授权，更放心地让员工负责。

（2）GE 管理培训中心。韦尔奇认为，教育是学习型企业管理的中心环节，把教育与管理联系起来，并制度化，在确保完成工作的同时，提高能力，这是现代管理的精髓。他就任后，将加州大学管理学院院长请来，任公司副总裁兼公司高级管理培训中心院长，并委托这位管理专家物色国内外著名教授来中心任教。中心位于纽约西北部风景秀丽的哈德森河畔的克劳顿村。韦尔奇把中心视为创新实验室，是激发新主意的场所。他要的是革命。认为人才是学习型企业最宝贵的财产，引进人才重要，内部培养人才更重要。引进个别人才易，引进成批人才难。对引进的人才还要进行再教育。一般人才的培养由政府公共机构来办，专业培训必须由企业来办。只有好的环境和培养计划，才能留住人才。成功的企业家，同时也是教育家，其主要的职责就是培养下属。韦尔奇经常到管理培训中心给高级经理讲公司的经营战略，一起探讨如何实施公司的改革计划，并鼓励大家向他提出挑战性问题。不仅对管理人员进行培训，对技术人员也进行培训。认为科技创新已经成为企业生死存亡的重大问题，科技人员不培训，就无法适应工作的需要。而且技术与管理的关系日益密切，管理人员如果不懂生产技术，要管好企业是不可能的。科技人员也要懂一点经营管理，技术创新往往需要合作，合作要有组织，有组织就有管理。要用科技教育和管理教育相结合的办法来培养企业家和技术专家。在知识经济时代，创新型人才，往往又是国际型人才，企业改革要面向国际化。人才成长即公司成长。教育制度与人事制度合一，在企业高层由一人管理，做到最好的培训，最好的人才，最好的待遇。建立一套职务职能标准，当职务大于能力时，就要开发职能培训，使能力与职务一致；当能力大于职务时，就要进行职务开发，提拔重用，使两者保持动态平衡。学习成绩考核，是由学员写一份企业改革建议方案并提交公司，按公司采用率来判定成绩的高低。韦尔奇把 50% 的时间耗在人才培训上，他的最大成就是培养了一批一流的人才，使 GE 成为“生产人才的工厂”。

（3）GE 加速变革部门经理威尔林 · 黄介绍公司的文化革新。他说：公司努力成为一家重视变化的企业。当突如其来的事件发生时，我们事先无法预测，但我们能看到它的变化，并迅速做出反应。“排除法”是从1989年开始采用的，它的重点在于变革企业文化，即帮助员工改变对待工作的态度和处理工作的方式，达到对外部环境作出快速反应的目的。其文化变革贯穿在如下七个阶段的学习活动中：一是排除法和矩阵框架讨论。从1989年开始，每次举办1 ~ 3天的“矩阵会议”，讨论官僚作风引起的时间和效率的浪费问题。因为浪费常发生在不同单位、等级和职能的交叉点上，所以采取“对角斜面小组”的方式进行讨论。让各小组把改革的想法写在矩阵式的学习表格上，交给领导酌情实施。二是向外部寻找最佳经营方法。从20世纪90年代开始，派人去寻找最好的经营方法，对找到的员工予以奖励。先后引进了在重要会议上交流经营管理方法的做法、沃尔玛公司迅速了解竞争对手新举措并迅速做出反应的做法。三是程序图。1991年发现，但凡不断发展的公司，都学会了把注意力集中在程序图上。于是，GE让多功能学习团队学习程序图技术，并在程序图中设定“延伸目标”，让人们以不同的方式思考目标，达到节省时间的目的。四是变革加速课程。1992年，为公司400名高级经理开办了七届研究性培训班。提供一个模式和一系列分析工具，让他们根据本单位情况确定一项变革项目，以便领导本单位加速变革。五是战略计划。为了不断推出创新的产品，GE启动了一系列有深度的创新变革，培养新能力，开发新技术。六是帮助客户成功。与客户共享一部分学习技术。有时提供额外服务，以赢得更多的业务伙伴。七是“六西格玛”质量程序。1995年，韦尔奇要求GE成为六西格玛公司。六西格玛起源于摩托罗拉公司，包括定义、评估、分析、改进和控制等质量保证程序，目标是在100万次几率中错误不超过3次。总之，目的是通过七个阶段的学习活动，在达到经营管理目标的同时，变革相应的企业文化，形成平等、平和、民主的GE公司文化。

（4）GE中国分公司培训部经理姜宏宪介绍GE竞争力的源泉。GE公司的竞争力源于学习型企业的三个重要方面，即企业学习文化氛围、开放型的组织结构和学习培训系统。第一，学习文化氛围。企业的竞争优势有四个要素：一是不断创新；二是讲效率；三是好质量；四是顾客信赖。这四个要素中都包含着学习，形成学习的文化氛围。文化的重要组成部分是价值观，GE公司21世纪的价值观是诚信、注重业绩和渴望变革。GE的竞争优势是和价值观紧密相连的。第二，组织结构。经过多次变革，GE 的组织结构扁平化了。组织结构和管理体制的变革，都基于企业文化的特点，没有这个基础，企业就不会成功。第三，学习培训体系。公司在世界各地有一个培训标准，叫管理课程，共六门课。必须一级一级地往上走，其基础是表现出色的年轻员工，课程有统一的教材，统一的师资，统一的授课方式。最高的课程是副总裁以上人员，每年集中在克劳顿村举办。从最低层到最高层一律采取选拔方式，即由所属经理按照绩效表现选拔。在克劳顿村的培训中，任何一个经理都要有讲课能力，并作为考核业绩的一个指标。GE 公司就是通过上述三个方面来提高企业竞争力的。

4. 微软公司

1975 年，比尔·盖茨和另外两个人在一个旧车库里建立了微软公司，主要产品是软盘及软盘中包含的高知识。这些知识的应用打开了计算机应用的大门，是一个崭新的产业。微软是世界上名气最大、发展最快的软件公司，它的成功标志着知识经济时代的开始。

（1）科索马罗等介绍微软的学习经验。微软建立学习—创新型企业的战略是“通过不断地进行自我批评、信息反馈和交流而力求进步”。由这个战略分解为四个学习原则，即四个大学习系统。

原则一：从过去和当年的研究项目和产品中系统学习。学习时间占用工作时间的 7.1%。开展了五项学习活动：第一是事后分析活动。要求项目组、开发部，每完成一个项目、开发一个产品后，都要写一份事后分析报告，至少召开一次讨论会，着重揭露问题，坦率地进行自我批评。报告一般由开发、管理、测试等部门的主要人员执笔，主要格式是哪些做得好，哪些做得不好，下个项目如何改进。草稿用电子邮件在公司内传看，谁都可以添加意见，最后由作者定稿。发送高级管理员、项目组、开发部。项目组开会讨论，做出中期工作修正，调整进度表。公司对典型经验在内部宣传。这个过程是痛苦的，经历了不少挫折，但主要收获是通过分析和自我批评得到了学习。第二是过程审计活动。审计是不定期的，在项目遇到困难时，更要审计。每次一周，通过看资料、谈话、鉴定等工作，找到一个过程典范，促进项目成功。反馈审计是有压力的，要一再告诉被审计对象，这只是一项技术交流，通过交流得到学习。第三是休假会活动。每年组织一次正式休假会活动，由项目开发的主要人员参加。目的是就不同部门的软件开发、质量控制和如何获得用户支持等问题交流信息、相互切磋。每次集中在一两个问题上，一般是先读有关软件的权威文件，然后讨论如何提高技巧方面的问题。用休假创造一个宽松的环境，进行集体学习。第四是小组学习资源共享活动。正式休假会的层次高，参加人员少，其他人员没有学习机会。因此，为使中层经理和其他人员在不太正式的场合经常交流各自的收获，相同部门的经理们相约举办午餐会，就特定项目交流经验。其主要部分要录像，以便传播。各开发组职务相同的员工也相约举办非正式的午餐会（酒食自带），交流经验，分享好主意。这些内容也可以用电子邮件来联系相同领域的其他人员，这是不同工作人员之间的知识共享学习。第五是自食其果活动。让微软员工率先使用自己生产的产品和工具，以体验顾客的接受程度，从而制定各自的评估标准。如果性能太差，也得找出差距，写出备忘录，保存项目资料，并向相关小组反馈信息。这样就出现了许多好的建议，以便改进产品。这是自己发现问题，进行反思，得到学习。

原则二：通过数量化测量的反馈进行学习。测量标准是一些统计性的度量体系和资料，可比对质量加以评判，这是一般公司做决策的方法。微软只采纳了其中一小批测量标准，这也是对事后分析报告的一种对策。微软的测量标准分质量、产品、过程三类，如质量标准为四等，即整个产品不能使用、报废；一种性能不能使用，且无替代方案；一个产品不能使用，但可以替代；只有表面的微小的问题，可以使用。测量数据公布后，各项目组间共享信息，进行反思和改进。改进是以过程为中心进行的事后分析，并找到最佳做法。各自展示自己的技巧，相互学习。

原则三：以客户的反馈信息为依据进行学习。微软把客户的反馈信息作为学习的主要来源。为了获得客户信息，主要采取了三项措施：一是开设用户热线电话，在产品出售 90 天内，话费由微软承担。派开发员、测试员听取客户意见，整理分析，提出改进意见。二是进行用户满意度调查。为了客观，每年用 50 万美元请咨询公司进行调查，调查对产品、对公司、对售后服务的三个满意度。三是评选忠诚用户活动。忠诚用户是对三个满意度都满意，保证以后还买微软产品，并向别人推荐微软产品的客户。

原则四：促进各产品组之间的联系，实现资源共享。主要措施有三：一是成立同工种操作沟通系统、相互学习，共同提高操作技巧；二是开展相互交流活动，将看到的有关企业发展的好书、好文章相互交流；三是开展“东走西逛”活动，各产品开发组之间多串门、多约会、多聊天。通过对话，可能产生新思路、新观念，达到相互学习的目的。

（2）微软中国公司人力资源总监张铭介绍微软留住人才的秘密。微软留住人才的秘密是企业文化。从外部看，微软有个大品牌，好的形象和市场中的一定地位，这些文化能留住人才。从内部看，微软有培养员工学习的能力，能留住人才。微软留住人才的文化表现在以下四个方面：第一，微软是个非常开放的公司，在微软工作非常辛苦，但大家做得很开心，原因就是它弘扬开放的文化。第二，微软是个形象非常好的公司。员工离开微软都回答问卷调查（所有的跨国公司都这样做），所有离开的人都有一句话“微软是一个伟大的公司”，原因就是它有一种树立企业形象的文化。第三，微软是个特别重视个人发展的公司。在微软，每个员工都有一定的权力来做他的工作，领导有意培养下属的工作能力。领导出差，上级领导可直接找你的下属了解情况征询意见。领导不怕下属超过自己，能做到你的位置，说明你能做更高的位置。原因就是它有一种全员学习的文化。第四，微软是一个非常平等的公司。微软分布在各国的分公司，无论在哪个国家，其员工都拿同样的工资。原因就是它弘扬一种平等的文化。好的企业文化能留住优秀人才，优秀人才多的企业其竞争力就强。

（3）微软市场竞争举例。20 世纪 90 年代初，微软公司和 GE 工具公司有一次关于数字处理软件的市场竞争。微软重视售后服务，GE 工具也重视售后服务，两家都招聘并培训大量售后服务的热线人员，也都把技术信息调到计算机系统屏幕上。但是，GE 工具的基础结构设计者，因为对该公司的一些做法不满意而辞职，并在微软找了一个类似的职位。因此 GE 工具的基础结构设计从此止步不前。微软的“知识库”允许公司的服务代表和软件工程师查询和相互学习，而 GE 工具的“知识库”却很少有人使用。GE 工具的产品质量提不高，销售额自然下降许多。究其原因，就是两个公司的售后服务有差距，导致了不同的结果。

5. 北京城建八公司

北京城建八公司（以下简称八公司）隶属于大型国企北京城建集团，其前身是建设北京早期地铁工程（一号线）的工程兵师，企业变革前兼有军队和国企的双重等级集权制管理体系。

八公司于 2013 年初承建房山区青龙湖农民转移安置住宅工程项目，是市、区两级政府的重点惠民工程项目。由于项目经理部运用学习—创建型企业管理模式所创造的骄人业绩，《中华建筑报》2015 年 2 月 6 日《观点》专栏以整版刊登记者周东领报导项目经理的专文《责任情怀，实干圆梦》。文中详述了工程的艰难复杂程度：

在 276 米 ×466 米的狭窄长方形地块上拥挤着 27 栋 9 ~ 11 层的住宅楼和 1.8 万平方米的地下车库，总建筑面积近 20 万平方米。全部栋号须同时开工，又正值 7 月份地下水位上涨的雨季，所有栋号均须 CFG 桩基处理，2015 年居民入住时间已经封死。

40 多家 2 000 多人的各项专业分包工程队同时进场，几十台大型塔吊、挖掘机、推土机、铲车、叉车、打桩机、太拖拉卡车在遍布排水管孔的空间内日夜轰鸣、穿梭进出，恰如“螺蛳壳里做道场”。倘若按传统的施工管理模式，工地十之八九会陷入“一锅粥”状态。

项目经理部运用学习—创新型企业管理原理，统筹全局，系统谋划：

（1）把反复学习、增强员工的奉献社会、施工为民的管理理念置于首位。为转移安置的居民着想，急市、区两级政府之所急，在施工管理实践中考验个人愿景的真假与水平。

（2）群策群力，反复研究讨论任务、设计、方案，多次模拟实验，报公司审核、修改，严格依系统思考理论，几上几下，反反复复，终于编制出完善的《总承包管理大纲》和“总承包管理路线图”作为施工的法规性文件。详列各单项工程（工种）的顺序、进度、质量、安全、物料、技措、现场管理、立体交叉作业、大型机械出入时间、顺序、班次、场地交替轮换，指挥调度，劳力平衡，员工生活、工作、学习、经验交流，创新推广……事无巨细，尽皆纳入系统管理之中。“横向到边，纵向到底”，全程落实管理责任制，人人任务饱和，事事有人负责。不仅按期交验了优质工程，还奇迹般地消弭了重大安全隐患和伤亡事故！他们自始至终牢牢抓住“系统”和“思考”两大关键，预期的成果自然水到渠成！

（3）设计和创新管理结构体系，也是在反复讨论中用足了功夫。面对“三多两少”的工地实情——同时开工项目多、作业人员多、开动机械多；场地短缺（少）、时间不足（少）——严密整合各施工专业的顺序、衔接、交叉，物料保障、机械交替、人员调配，凡作业面的工作均无一遗漏地纳入网络管理，如铁路的列车运行图一般精准。通过实时网络，各专业管理人员对本职工作了如指掌，工作紧张而有序，绝无“焦头烂额”之感！

（4）精心设计施工管理流程控制，有效避免了工地常见的“撞车”“披皮”“反工”“停工”“待料”等故障发生，工期缩短，质量达标，成本降低。

（5）从企业共同愿景出发，视关联单位为友好、友善、友谊的共同体，消除自私偏见和以邻为壑的壁垒，凡有过业务往来的单位，无不乐于共同合作，即使款项结算不及时，也从无矛盾与冲突，众口称赞项目部“不自私！”。这同某些奉行拜金主义至上的企业有天壤之别！倘无学习—创新型企业的修炼功夫，实难做到。

（6）公司领导层实行从集权到放权的转变，深知项目部经理和员工都是公司按学习—创新型企业理论培养的学习型精英。项目部经理也层层放权、放责，员工责、权、利界限分明，挂钩紧密；“党、政、工、团”齐抓共管扎实体现出来，各司其职，各负其责，各展所长，各得其所。年轻员工放手在工作中成长，体验到个人愿景和企业共同愿景的高度一致才是实现个人理想的坦途。

该项目曾上演了一幕“人心齐，泰山移”的好戏：2013 年 2 月 3 日，农历腊月廿三，习俗的“小年”，项目部突接建设单位请求帮助，要在农历腊月廿八建成2.5千米长的围墙。已到“年关”，所有施工、机械、材料单位都已关门走人啦！无米之炊能做吗？项目部竟然神奇般动员外地500人施工队来京，搬请施工机械、材料供应商破例行动，分秒不差地于腊月廿八上午建成围墙！待妥善安置民工、机械各回原位之后，辞旧迎新的爆竹声已此起彼伏。建设单位领导说：真没想到你们还能说到做到！

项目部就是凭借践行学习—创新型企业理论，成为技术和管理人才的吸纳器。在这里无“没活干”之忧，无因工作失误而被斥责或处分之虑。项目部从2005年组建至今，时常同时开工几个项目，常有回头客项目主动送上门，这在当今建筑市场僧多粥少的形势下，也是社会对项目部的公允评估。公道自在人心！他们有自知之明，深知“路漫漫其修远兮！吾将上下而求索”的哲理，学习—创新型企业的创建正未有穷期！

6. 江淮汽车公司

1996年，董事长左延安学习《第五项修炼》后，认为江淮汽车公司应该创建学习一创新型企业，于是召开党委扩大会议，拉开了创建的大幕。左延安用系统思考的办法，找到了江淮汽车的比较优势是底盘生产，为了集中发展这个优势，甩掉了发动机生产线，并由底盘生产延伸到整车生产，由小而全变成了专而精。1997年成立集团公司，创建工作从学习入手。左延安认为，学习是一种对知识的驾驭、领悟和把握能力，是知识经济时代生产力的核心要素。因此，要把企业建成一座学校，不仅出产品，更要出人才。在培训中心的三期工程中，建成了具有现代化水平的教室，还建成了带卫生间的学员宿舍和供探亲用的标准客房。不少教师是用高薪从重点大学聘请的，从台湾省聘请的一位教授，一天的讲课费就是一万元人民币。公司领导认为，学习一创新型企业的核心是弘扬人性。学习能力就是生存本领。因此，一切都要围绕着人做文章。其中的人才工程是金字塔式的，塔尖是高层领导和专家，要有洞察力和胆识。其培训方式是面向世界，走出去，请进来。塔身是中层管理人员和专业技术人员，要有感悟力和创新意识。其培训方式主要是与中国科学技术大学商学院合作办学。塔基是思考型、创造型、奉献型的员工队伍，是竞争力的保证。其培训方式是“40+4”培训模式，即每周工作 40 小时，双休日第一天上午培训 4 小时。这是江淮汽车的独创。培训内容按照专业、岗位分别确定，聘请专家编写教材。总的体例如下：一是员工思想、道德，只有堂堂正正地做人，才能踏踏实实地做事；二是专业基础知识，既要拓展知识面，又要提高知识层次；三是专业知识，要精通本专业知识，要一专多能。无论是教授讲课，还是岗位练兵，都强调“官兵”互动。学习应变的不再是个人而是团队，实行内部顾客链管理。连续 9 年，年平均增长率高达 50%，被媒体称为“江淮现象”。改善心智模式，才能认识到：企业首先要有利润，否则就无法生存，但是必须有更高的东西来引动它，才能有向上的张力。左延安说：我们创造财富的目的是提高人民生活的质量，要有远大的目标和使命感。因此，公司决定每卖出一辆车，就为保护环境捐献 100 元。

8.3.2　对企业领导进行有意识的监督

有意识的监督是指导员工对企业领导的监督．圣吉博士认为：有意识的监督是一项复杂的修炼，可能是五项修炼之外的第六项修炼。同其他修炼一样，有意识监督的修炼，也需要在企业进行学习和实践。

1. 监督的意义

进行了五项修炼的员工，自然会对领导的不良行为进行监督。这项修炼的着眼点是从长远的角度来关心人、培养人和爱护人，是把现有系统嵌入一个更大的系统中，作为大系统的一部分来看待，以便对多年后出现的问题进行深思熟虑的思考，防止不良后果的出现。监督的内容主要有：高层领导的重大决策对企业未来的影响，是否与大系统的目标一致和可行，领导是否有侵害员工利益的行为和贪污、行贿等损害公司信誉和利益的行为，员工的地位和权利是否得到了保障，员工是否能够感到对未来的责任和知道如何采取行动等。它的意义在于不仅能使领导用社区意识来培养员工，进行管理和发展企业，为大于自身的目标服务，而且能使企业长远的社会投资这种不易操作的任务变得能够有效地操作。其目的是保证企业和社区的可持续发展，并为学习—创新型社会的建设做出贡献。每个员工都有监督领导的权力，相互监督要成为人们之间的一种自然意识。因为每个员工都希望企业能够健康的发展和寿命绵长。其实这种监督工作在企业里早就存在，只是现在变得经常化和规范化了。

2. 监督的能力

有意识监督是一项不容易操作的修炼，不可能立即掌握，只能通过学习，获得敏锐的洞察力和长远的眼光，逐步提高监督的能力，才能做到。要想使员工能对企业相联的大系统负责，起码要学习和掌握以下六种能力：一是财务能力。要具备理解并按照财务程序办事的能力，如辨识某领导是否在原料成本中作弊。二是社交能力。人际关系质量直接影响企业的经济效益，要具有发现社交中的损公肥私问题的能力，如辨识某领导用低于出厂价出售产品从中索取回扣的行为。三是理性能力。它注重培养员工个体及群体的学习和思考能力，如对个别领导不给团队学习时间，单纯追求产量的行为进行监督。四是情感能力。它能帮助员工感觉到环境中微小变化的信息，监督领导的不健康行为对企业和社区声誉的损害。五是环保能力。它反映了人们对物质环境的重视，要监督领导破坏环境安全的各种有形建筑和不当排放废物的行为。六是精神能力。这是指意识、思维和心理变化等精神方面的能力，是有意识监督中能使领导感到最不舒服的监督。它虽然抽象，却可以感知，如监督领导对员工的斥责，侮辱人格和排斥等行为。任何领导都要尊重员工的监督权力，给他们思考问题的时间，并在方法和条件上予以支持。员工有权通过会议的形式，对领导存在的问题做出结论，并把结论送达企业的监督机构。涉及违法问题的，可直接向法院提起诉讼。

8.3.3　按照学习一创新型企业的标志最后完成创建工作

由于国家、地域、行业和企业的具体情况不同，决定了其创建的具体内容、学习风格和变革历程等的不同。因此，创建的结果，会出现各种不同类型的学习－创新型企业。但是，由于创建都遵循共同的理论与实务进行的，所以，其主要标志又都大体相同。这些主要标志如下：

1. 能持续不断地学习（知识化、信息化的程度不断提高）

（1）终生学习的观念：全体员工都持续学习和实践学习一创新型企业理论与实务和其他科学技术知识；活到老，学到老。

（2）营造学习氛围：企业驻地、工作现场、学习室、休闲区和员工生活区都有浓厚的学习氛围。

（3）保证学习资源：企业为员工提供个人学习经费预算（学习费、培训费、进修费等）、学习资料（书刊、录音、影视等）、学习工具（计算机等）、学习时间（工作中、培训、进修）、学习场所（工作现场、学习室、学习实验室、培训中心、学习中心）和学习档案（个人、团队、组织、企业共同体，文字的音像的）。

（4）建设学习网络：组织学习网络（个人、团队、组织、供应商、主要客户、股东、社区、政府等）、内部联络人员网络（与员工组成的、与基层领导组成的、与高层领导组成的传播团队经验的网络）、信息交流网络（计算机系统内部联网、外联网、内外通讯网络、内外人际关系网络等）。

（5）学习方式，主要包括：个人学习、团队学习、组织学习、企业共同体学习；正规学习、非正规学习、非正式学习；内部越界学习、企业外学习、全员培训、团队培训；单项演练、组合演练、整合演练、学习之轮，深层学习循环、组织学习循环和高层领导的学习。

（6）学习目的：提高学习能力、创新能力、变革能力；大批出现知识型人才，进行管理变革和提高企业竞争力。

（7）学习政策：为所有员工提供学习机会；鼓励个人学习，激励团队学习，实现组织学习；由培训为主转为学习为主，由灌输为主转为激励为主；使员工成长与企业同步，重奖学习效果好的团队。

2. 内涵丰富的企业文化（标志着企业文化对企业变革的支持程度）

（1）崇尚学习与变革的企业文化：用五项修炼锤炼人性；借助文化管理企业；对变革试验的失败采取宽容态度。

（2）设计不同阶段创建的文化建设目标，包括生态文化，学习文化，团队文化，人和文化等。以价值观为核心，强化员工的主体意识，鼓励基层单位和团队的亚文化发展。

（3）有中国特色的思想政治工作。

3. 经营管理的变革和创新（标志着经营管理水平的提高程度）

（1）树立不断变革的观念，包括：把经营战略的重心转到学习上的观念，管理人员和员工平等的观念，全员决策观念和利益共享观念等。

（2）不断变革的措施，包括：有创建领导小组，学习指导中心，三种领导群体的区分与合作；有共同的愿景，经营目标，中长期发展规划；有创建指导方针、基础框架、阶段性实施方案；有提高员工地位的政策，鼓励个人职业生涯发展，员工建议奖励制度；实行新型的民主管理，由集权制向分权制转变，不断变革管理结构，给基层和团队自主权；重新规划和设计企业发展战略，使企业不断变革、不断创新。

（3）不断变革的过程，具体包括：寻找起跑点，用先导小组引动团队变革，变革的主力是团队，团队要争取多方面的支持与帮助；变革过程由选择项目、制定变革方案、团队实验、克服挑战、改变工作方式、创造新知识、创造新的管理方法和制定新的规章制度等环节组成；变革是周期性的，深层变革必须有知识的创新，不是所有的变革都能成功，不是所有的变革都会引起组织结构的改变。

（4）变革的成果，主要包括：一次变革的成绩有大有小，最终结果是由量变到质变的飞跃；实行新型的民主管理体制，责权利对称，以基层为主，相互依存，共同实现企业目标；新的组织结构对市场反应灵敏，富有弹性；有促进变革的规章制度，随实践的发展不断修改；内部管理市场化，互为供需方，靠合同进行管理；公平合理的分配制度，对员工的回报丰厚，提高了员工的生活质量；学习成为一种工作方式，追求人生价值的实现；领导转变为设计师、教师和仆人，接受员工的监督；企业人才辈出，新型企业家不断涌现，企业竞争力空前提高，实现可持续发展。

4. 学习一创新型企业的社会义务（标志着企业对社会的奉献程度）

（1）为社会提供了更多的财富和服务，为国家提供了更多的税收，为社会培养了大量的人才。

（2）不时为社会公共事业和弱势群体提供物质上和人才上的帮助。

（3）与所在社区进行合作，为创建学习型社会做出奉献。

到创建的成熟阶段，上述这些学习一创新型企业的主要标志大部分已经陆续显现，但是一定还有一些主要标志尚未显现。为了完成创建任务，创建领导小组应当将这些尚未出现的主要标志找出来，提示各级领导和员工有针对性地设计学习过程，进行变革，让这些标志一一出现，最终建成学习一创新型企业。

8.3.4　成熟阶段的评估

成熟阶段的评估是创建工作的最后一道程序，不完成这道程序，就不能算建成了学习一创新型企业。

成熟结算的评估，其组织程序、办法仍然按照准备阶段提出评估办法进行，即同启动阶段和成长阶段的评估相同。但是，由于成熟阶段的评估实际上就是对学习一创新型企业是否建成的评估，所以，这次评估必须全面而严格，并侧重在企业整体的评估上。因此，要适当增加企业评估小组的人员，并邀请社会上的专家、学者和正在创建学习一创新型企业的著名领导组成评估监督小组。对评估过程的各个环节和结果进行检查监督，提出更正错误的建议。其监督职能类似公证机构的职责，同时，也是履行传播创建学习 - 创新型企业经验的义务。在评估内容上适当增添一部分能反映学习—创新型企业本质特征的内容，并确定量化指标和主观评价尺度，由企业评估小组从以下六项中各选若干分项作为本次评估的附加指标。具体评估标准是：

1. 员工知识化提高程度

（1）企业现状调查时全体员工文化程度，平均为 ×× 学年，本次评估时为 ×× 学年（提高幅度必须大于一学年）。

（2）用于员工个人学习经费年平均不低于员工平均工资的 1%。

（3）每周在工作时间内提供给团队的学习时间平均不小于三小时（不包括培训、进修和学历教育时间等）。

（4）以行政单位为基础的团队有内部联络人员一名，每个基层单位有学习实验室一个，管理培训中心或学习中心一个。

（5）随机抽查若干团队的个人学习档案，团队学习档案，并做出合格或不合格的评价。

2. 企业信息化程度

（1）对企业共同体学习网络做出合格或不合格的评价。

（2）对内部联络人员帮助团队学习和传播团队经验做出合格或不合格的评价。

（3）内联网的覆盖率达到 95% 以上，个人 (包括家庭) 上网率达到 50% 以上。

（4）外联网上网率达到 3% 以上。

（5）内部通讯网络 (包括国外所属企业、办事处) 覆盖率达到 100%。

3. 个人和团队学习能力的提高程度

（1）通过具体操作对抽查的个人学习能力做出合格或不合格的评价。

（2）通过对变革项目的抽查，对团队学习能力和变革能力做出合格或不合格的评价。

（3）知识型人才 (有本专业高新科学知识、有个人专利和集体专利证书或管理创新方面的专著者）在传统产业占员工总数的 25% 以上，在高新技术产业中占 60% 以上。

（4）通过选点调查，对员工成长与企业成长同步做出合格或不合格的评价。

4. 企业文化对变革的支持程度

（1）通过调查研究，对企业文化、亚文化做出合格或不合格的评价。

（2）通过调查，对企业核心价值观的制定过程做出合格或不合格的评价。

5. 经营管理水平的提高程度

（1）通过调查，对共同愿景和经营目标是否反映全体员工意志做出合格或不合格的评价。

（2）通过调查，自主决策的团队达到 100%，基层经营单位自主管理率达到 95% 以上。

（3）抽出团队一个变革项目的档案，对变革过程（变革方案、方案实验、战胜挑战、改变工作方式、创造新知识、创新经营管理方法和制定新的规章制度等）做出合格或不合格的评价。

（4）选出两三个变革的新型组织机构进行讨论，并做出合格或不合格的评价。

（5）通过调查，对若干基层单位的相互依存关系的实例进行讨论，并做出合格或不合格的评价。

（6）由企业领导推荐 3~5 个具有重大意义的变革项目，进行讨论，综合做出合格或不合格的评价。

（7）检查重大安全事故发生率、重伤、死亡率是否超过规定标准，做出合格或不合格的评价。

（8）检查管理人员贪污受贿腐败案件的发生率，根据不同程度做出合格或不合格的评价。

（9）对员工满意度进行调查（用随机抽样的办法调查，人数不少于员工总数的 10%），内容包括：分配制度是否公平；权责利是否对等；

领导方式有无强迫命令；领导有无训斥犯错误的员工；在工作上是否只担责任不给权力；在人际交往中是否得到温暖等，并做出合格或不合格的评价。

6. 企业对社会的奉献程度

（1）举例说明企业对社会的奉献，并做出合格或不合格的评价。

（2）说明本企业在哪些方面对创建学习—创新型社会做出了奉献，并做出合格或不合格评价。

各项评估完成后，将基层单位和企业评估结果交给评议会审议。评议会成员包括团队、基层单位评估小组代表，评估监督小组和企业评估小组成员。评议的内容，是对团队、基层单位和企业的评估结果进行审核。然后，将所有的合格或不合格的项目分别加起来，并计算其占总项目数的百分比。如果合格项目占 90% 以上，即为最后评估结果合格，否则即为不合格。最后，评议会通过讨论，对评议结果（无论合格还是不合格）做出评价。由企业评估小组写出“创建学习—创新型企业评估报告”，报创建领导小组。如果评估结果为不合格，则根据评价的不足之处，继续创建，择时再进行评估。如果评估结果为合格，则由创建领导小组择机宣布建成学习—创新型企业。这是企业的一件大事，是全体员工十几年努力的结果，应当庆祝。对突出的团队，基层单位和个人予以表彰奖励。同时，邀请媒体广为宣传。

8.3.5 学习—创新型企业的前途

学习—创新型企业的建成，只是为企业的持续发展奠定了一个坚实的基础，只是初步摆脱了工业化时代形成的僵化管理模式的束缚，只是“万里长征”的第一步，今后的道路还很漫长。建成学习—创新型企业，能保证企业在较长时期有强大竞争力，有可能在本行业名列前茅；但是并不能保证永远具有这种竞争力。同世界上其他事物的发展规律一样，学习—创新型企业也要经过它的初生期、青春期、成年期、更年期和衰老期，未来的前途取决于下列几种因素：

1. 重新设计和重新规划的初生期

学习一创新型企业的初生期，如同人的少年时期一样——热爱学习也很贪玩，要经过生活的各种锻炼和考验。在 21 世纪，企业面临的全球性作用挑战，仍然是工业化时代副作用的进一步恶化，如环境破坏、经济发展不平衡、等级权力作祟、教育体制不公平、家庭结构退化等。这些问题不是学习一创新型企业所能全部解决的，但它必然会给企业带来影响。面对困难的挑战，企业应该对继续成长的道路重新规划设计，针对挑战的具体内容进行持续组织学习。战胜挑战，以保持持续发展的活力。如果骄傲自满，坐享其成，就可能在未成年时夭折。

2. 朝气蓬勃连创奇迹的青春期和成年期

这个时期的学习一创新型企业，最易接受新事物和最富创新精神，发明创造层出不穷，在事业的许多方面成就卓越，如同最辉煌的工业革命一样，它没有整体设计，许许多多小的改革、小创新在互动碰撞，汇聚成诸多领域的顶尖成就。这些成就无人领导，也不按统一的计划进行，全凭员工自觉，但它却孕育了最旺盛的生命力，造就了一个时代的辉煌。这种自觉行动受着一种美好共同愿景的驱动，它能使不同的思想统一起来，使不同行为协调起来，都为着美好的理想奉献着自己的才智，而不受领导和员工更替的影响。这是学习一创新型企业的鼎盛时期，持续发展的时间最长。如果不出现像战争等不可抗拒力量的冲击，是不会轻易衰减的。

3. 更年期和衰老期也能永葆青春

这个时期是学习一创新型企业的转折时期。更年期的主要特点是机体转型。由于对环境的抵抗力下降，在主要领导者更替、员工队伍青黄不接、业务转型、市场急剧变化等紧要关头，都可能出现企业的竞争力下降，甚至企业寿命过早结束的局面。如果在这些重大的关头能够猛然醒悟、重新思考、重新设计、持续学习、持续变革，仍然可以战胜困难，与时俱进，永葆其美好的青春。

衰老期的特点是无能为力，这个时期是企业按照生命规律，被自然淘汰的时期。许多的辉煌业绩成了历史。创建时期的各种挑战又重新频频袭来。过去应对挑战的经验已经不再适用，面对许多难题，企业心有余而力不足，慢慢衰亡下去是可以理解的。然而，如果企业内涌现一批新型的领导者和员工，继承初生期、青春期和成熟期谦逊好学等优良传统，并接受新时代的新观念、坚持学习和变革，仍然有可能使老树发芽，返老还童，使企业重振雄风。

如果说学习—创新型企业的平均寿命是300年的话，它所依靠的主要是生态文化。这种生态文化的共生性，能对其他文化采取包容的态度，萝卜白菜各有所爱，桃花杏花共生一园。这种生态文化的循环性，野火烧不尽，春风吹又生，能使一代代的领导和员工持续地学习和变革，企业的生命就会超过300年，而成为长寿公司。如同瑞典的斯拉多公司和日本的佳友财团，至今还以崭新的面貌活跃在世界市场上。如果某一代的领导和员工不再坚持生态文化，不再学习和变革，哪怕只有短短几年，企业的寿命就会终止。

参考文献

[1] [美] 彼得 · 圣吉 . 第五项修炼——学习型组织的艺术与实务 [M]. 上海：上海三联书店，1998.

[2] [美] 彼得 · 圣吉，等 . 第五项修炼 II 实践篇 [M]. 延吉：延边大学出版社，1998.

[3] [美] 彼得 · 圣吉，等 . 变革之舞 [M]. 北京：东方出版社，2001.

[4] 徐韵发，张声熊 . 学习型组织与现代管理 [M]. 天津：百花文艺出版社，1998.

[5] 王延超，崔永刚，张国亭 . 工业企业经营管理 [M]. 北京：中共中央党校出版社，1996.

[6] 于中宁 . 现代管理新视野 [M]. 北京：经济日报出版社，1996.

[7] 李秀林，王于，李淮春 . 辩证唯物主义和历史唯物主义 [M]. 北京：中国人民大学出版社，1991.

[8] [美] 约翰 · 奈斯比特 . 大趋势——改变我们生活的十大新趋向 [M]. 北京：新华出版社，1984.

[9] [美] 约翰 · 奈斯比特 . 亚洲大趋势 [M]. 北京：外文出版社，1996.

[10] [美] 阿尔温 · 托夫勒 . 第三次浪潮 [M]. 北京：生活 · 读书 · 新知三联书店，1984.